Les tabous dans l'entreprise

Éditions d'Organisation
Groupe Eyrolles
61, bd Saint-Germain
75240 Paris cedex 05

www.editions-organisation.com
www.editions-eyrolles.com

Avec la collaboration de Dominique Van Egroo

ISBN 10 : 2-7081-3732-8
ISBN 13 : 978-2-7081-3732-5

Philippe Arbouch et Alexis Triclin

sous la direction de Fabrice Signoretto
avec la collaboration d'Alexandre Ableis

Les tabous dans l'entreprise

Prévenir et gérer ces risques dont on ne parle jamais

EYROLLES
Éditions d'Organisation

À nos épouses

Avant-propos

Ton vif, style alerte, ce livre ne manque pourtant pas de profondeur. Il est traversé d'une double ambition. Identifier d'abord les problèmes que chacun, dans l'entreprise, voudrait ignorer jusqu'au jour où l'incident survient, la tension s'exacerbe, la gêne devient patente au point de troubler profondément les vies de travail. Les sujets abordés, de l'alcool aux autres addictions, en passant par le stress et le harcèlement, sont donc d'une gravité avérée. Le livre précise, ensuite, sans lourdeur, ce que le droit oblige ou invite à faire pour prévenir ces problèmes ou en traiter les pathologies.

Le repérage de ces problèmes refoulés, que nos auteurs peuvent donc appeler des tabous, demande expérience et acuité d'esprit. Les auteurs en sont dotés, conjuguant une déjà longue pratique de l'enseignement de haut niveau, destiné notamment à de futurs juristes et gestionnaires d'entreprise, et une riche activité de conseil et d'assistance juridiques. La pédagogie et le sens pratique habitent leur livre, car l'art des auteurs n'est pas d'avoir caché leurs qualités de juristes ; leur ouvrage révèle bien leurs qualités. Leur art est plutôt d'avoir refusé le dogmatisme et d'avoir préféré un livre où l'information et l'observation fine côtoient le rappel à l'ordre, la suggestion.

Dans cet art, il y a sans nul doute un pari des auteurs : faire prendre au sérieux certains problèmes difficiles, mal-aimés, et le droit qui les régit, mais sans dramatisation. Dans la liste des tabous, des risques dont on ne parle pas, ou pas assez, ces auteurs rangent l'âge. C'est, dans cet ouvrage mûr et enlevé, la seule raison d'étonnement. L'âge : un tabou ? sans doute. Un risque ? non. Le signataire a l'avantage sur les auteurs de savoir que l'âge coule, inexorablement. D'incertitude, il n'en est point.

Chacun s'instruira dans ce livre et y puisera, n'en doutons pas, connaissances nouvelles et sagesse dans l'action.

Antoine Lyon-Caen
Professeur à l'université de Paris-X Nanterre
Directeur du master droit social

Sommaire

Préface

L'entreprise, espace particulier au sein de notre société, a comme tout milieu ses règles explicites et implicites. À partir de son histoire, en fonction des rapports sociaux et personnels qui se déploient en son sein, des attentes et des volontés tantôt convergentes et tantôt divergentes de ses acteurs, et conformément à la réglementation et aux « lois » économiques en vigueur, l'entreprise a la possibilité de promouvoir et d'interdire. Elle a ainsi un rôle d'initiative et d'influence qui se propage bien au-delà d'elle-même.

Même si elle est, en tant qu'élément du corps social, imprégnée, et parfois dépendante, des valeurs, des représentations et des habitudes qui traversent l'ensemble de la société, l'entreprise a des responsabilités spécifiques à assumer. Il lui revient ainsi de prendre des initiatives face à des modes d'organisation et des conditions de travail qui risquent de compromettre, voire compromettent déjà le développement individuel et collectif de tous ses membres. Elle ne peut, elle ne doit, au sein de son espace de responsabilité, ignorer des comportements qui altèrent immédiatement ou à terme sa propre vie, au travers de celle de tout ou partie de ses salariés et, au-delà, celle de la société tout entière, chaque travailleur étant également un citoyen.

Cet ouvrage a le mérite d'exposer avec force et précision plusieurs difficultés majeures qui parcourent le monde de l'entreprise. Elles sont mêmes qualifiées de tabous. Et ce avec raison, il faut bien le dire, au moins pour les addictions qui sont l'objet de mes activités professionnelles et associatives. Je situe ces tabous à deux niveaux.

Au plan général, l'alcool et sa consommation sont encore aujourd'hui un sujet largement tabou pour de très nombreux Français. Portant autant que porté par une image de détente, de convivialité et de plaisir, utilisé comme une marque d'intégration et donnant l'impression de faciliter les rapports sociaux, l'alcool est considéré comme un élément positif de la culture sociale. On le voit non seulement à l'occasion des rassemblements festifs, mais aussi dans beaucoup de collectivités comme les facultés et les grandes écoles, et bien sûr comme les entreprises. Mais l'alcool est aussi un produit modificateur de conscience, porteur tantôt d'espoir en raison des valeurs viriles de dynamisme et de puissance qu'il exalte, tantôt de soulagement pour celui dont il brise les soucis et l'angoisse en lui pourvoyant l'oubli et le sommeil. L'alcool devient alors un moyen d'occulter fallacieusement les difficultés personnelles et familiales, mais aussi sociales et professionnelles. Inviter les consommateurs à s'interroger sur leur consommation se heurte de ce fait à de nombreuses résistances et oppositions. Sensibiliser aux risques que comporte une consommation excessive d'alcool sans verser dans la prohibition, alerter les personnes sans les condamner ni risquer de les exclure alors qu'elles sont déjà en souffrance, remettre en cause les incitations qui les entretiennent dans leur fuite en avant et qui vont au-delà de la réglementation est un exercice d'équilibre, peut-être même d'équilibriste.

Concernant l'entreprise – ses dirigeants, bien sûr, mais aussi l'ensemble de ses acteurs –, l'interpellation et le rappel des responsabilités sont également nécessaires. L'un des grands mérites de ce livre est de le faire, non pas comme une condamnation sans appel, mais dans cet esprit de prévention auquel tous les acteurs du monde de l'addictologie sont très attachés. Situer les problèmes, présenter les points de repère qui permettent de les identifier et d'engager l'action, dire en même temps la nature et la forme des responsabilités sont autant de moyens pour produire un changement réel et visible, et convaincre de sa faisabilité.

En ce sens, cet ouvrage engage tout responsable d'entreprise. Comme il le souligne d'entrée, les difficultés majeures qui affectent la vie professionnelle ne sont plus ignorées. Mais il ne suffit pas de savoir pour parvenir à lever le tabou : un changement est nécessaire. L'organisation d'une démarche de prévention, appuyée sur des actions de sensibilisation, d'information et de formation de tous les acteurs de l'entreprise est l'un des moyens privilégiés pour introduire ce changement et permettre une transformation progressive de l'organisation et de la culture de l'entreprise à l'égard de l'alcool, mais aussi du tabac et des autres substances psychoactives. La prévention des risques professionnels, et notamment ceux, nombreux et à terme toujours graves, liés aux conduites addictives est aujourd'hui une étape incontournable pour l'entreprise soucieuse de devenir une entreprise citoyenne.

L'expérience de la pratique clinique et de la prévention en addictologie montre que c'est un combat aussi nécessaire que complexe et difficile. Il l'est du fait notamment de la rapidité actuelle des évolutions sociologiques liées à la globalisation : course à l'innovation technologique, accroissement des contraintes économiques, changements des comportements sociaux. L'être humain a besoin de temps pour changer et s'adapter. Il a besoin de parole et surtout de reconnaissance et d'estime, ainsi que de points de repère pour lui permettre face au travail prescrit d'affirmer son comportement et d'appréhender son espace d'initiative et de créativité.

L'alcool est évoqué dès le début de l'ouvrage avec raison. Les responsables de la santé publique le considèrent comme un déterminant majeur de santé : il représente la première cause de mortalité prématurée, avant 60 ans, et la deuxième cause de la mortalité évitable après le tabac. Ensemble, tabac et alcool représentent

100 000 morts évitables par an et induisent un coût social évalué en 1998 à environ 30 milliards d'euros, soit 2,5 % du PIB de la France. L'agence Restim a évalué avec l'ANPAA à *« 1,25 % de la masse salariale globale, charges comprises, les dépenses annuelles des entreprises pour payer les coûts cachés occasionnés par les addictions des salariés à l'alcool et autres substances psychoactives »*. Il y a donc urgence.

La consommation de produits psychoactifs – alcool, tabac, drogues, médicaments – peut facilement, insidieusement, passer du « normal » au « problématique » et au « nocif », et les risques qu'elle comporte ne se résument pas à la seule dépendance… qui n'arrive qu'aux autres. Il est de la responsabilité de chacun de ne pas attendre le drame de l'accident, voire de la catastrophe, ou l'extrême limite pour agir… Réduire les risques et prévenir les dommages ne peuvent se limiter aux seules tentatives pour compenser les dommages avérés, comme l'injonction de soin faite aux salariés devenus dépendants ou, au mieux, leur accompagnement dans le retour et le maintien dans l'emploi. C'est avant que le problème doit être identifié, et que les soutiens doivent être proposés avec clarté, respect et loyauté. C'est avant que doit être assuré le diagnostic des risques professionnels et engagée la démarche de prévention.

L'ouvrage traite d'autres difficultés tabous : le stress, les discriminations, le risque routier, le harcèlement. Il y a de nombreux points communs entre eux et les addictions, ne serait-ce que parce que les uns favorisent souvent les autres. Le plus important, parmi ceux-ci, est certainement la priorité que toute organisation, que toute société, doit accorder à chaque personne, et plus particulièrement à celle qui souffre et qui est la plus vulnérable. C'est une question de dignité qui passe par des droits et des devoirs, le respect mutuel, la prise de conscience et la capacité à assumer ses responsabilités. Cela concerne l'entreprise. Toutes les entreprises.

Dr Alain Rigaud
Président de l'ANPAA

Introduction

Alcool, tabac, drogues, stress, harcèlement moral et sexuel, risque routier… dans l'entreprise. Pourquoi aborder ces différents problèmes, plutôt classés comme des problèmes de société, dans un même ouvrage. D'autant que les directions d'entreprises considèrent, bien souvent, que les conduites addictives sont affaires de personnes ou que l'entreprise n'est pas la seule cause du stress.

Autre interrogation : pourquoi rassembler dans un même ouvrage l'étude de risques aussi divers que le stress ou le risque « prestataire », ou encore le risque « Internet » ?

La réponse à ces deux questions tient dans les dispositions de l'article L. 230-2 du Code du travail aux termes desquelles *« le chef d'établissement prend les mesures nécessaires pour assurer la sécurité et protéger la santé "physique et mentale" des travailleurs de l'établissement… »*. Pèse ainsi sur le chef d'entreprise une obligation générale de sécurité qui est le corollaire de son pouvoir de direction. Et il paraît logique que l'employeur, ayant autorité sur les salariés, soit responsable de leur sécurité. C'est du moins la logique partagée par le juge pénal et le juge prud'homal qui l'appliquent non sans sévérité, comme on pourra le constater tout au long de ce livre.

Ainsi, selon la chambre sociale de la Cour de cassation, l'employeur est tenu, en vertu du contrat de travail, à une obligation de « sécurité de résultat ». De son côté, la chambre criminelle considère que pèse sur le chef d'entreprise une « obligation générale de sécurité ». « Obligation de sécurité de résultat » d'un côté, « obligation générale de sécurité » de l'autre, pourquoi cette différence terminologique ? Cela mérite quelques mots d'explication.

La nature des responsabilités mises en cause devant chaque juge est différente : l'une est pénale (c'est la société qui condamne un comportement qu'elle juge déviant) et l'autre est civile (c'est un particulier qui demande à ce que son préjudice soit réparé ou indemnisé). La responsabilité pénale suppose en principe une faute personnelle et consciente ; la responsabilité civile peut être mise en cause même sans faute ou du fait des personnes dont on a la responsabilité.

Concrètement, l'obligation générale de sécurité du juge pénal permet de considérer que l'employeur a commis une faute personnelle lorsqu'il est démontré qu'il n'a pas veillé personnellement à la stricte et constante application de la réglementation. En d'autres termes, il ne sera relaxé que s'il a pris toutes les mesures nécessaires pour assurer la sécurité, ce « indépendamment des mesures expressément rendues obligatoires par les textes relatifs à la sécurité des travailleurs » (Cass. crim. 19 novembre 1996, Bull. crim. n° 413).

Quant à l'obligation de résultat du juge prud'homal, elle permet de condamner l'employeur qui n'a pas tout mis en œuvre pour assurer la sécurité et la santé physique et mentale des salariés. C'est sur ce fondement qu'un employeur a été jugé responsable de la prise d'acte de la rupture de son contrat par un salarié qui se plaignait de l'absence d'application des règles de protection des non-fumeurs dans l'entreprise. En l'espèce, l'employeur a eu beau faire valoir qu'il avait apposé les panneaux réglementaires, cela a été jugé insuffisant par le juge qui a considéré que l'employeur devait aussi exercer son pouvoir disciplinaire pour empêcher les salariés fumeurs de contrevenir à l'interdiction de fumer (voir p. 72).

Ces jurisprudences des deux chambres sociale et criminelle de la Cour de cassation sont, en définitive, très proches l'une de l'autre. Elles ne font que traduire les dispositions d'une directive européenne du 12 juin 1989 qui considère que *« l'employeur est obligé d'assurer la santé et la sécurité des travailleurs dans tous les aspects liés au travail »*.

Enfin, quand on précise que la santé des salariés au travail se conjugue au sens « physique et mental », on comprend que le temps de la politique du laisser-faire est dépassé et que celui de la prévention de ces risques « tabous » est devenu une nécessité pour tout chef d'entreprise diligent.

Au demeurant, si l'employeur met en œuvre des mesures de prévention, d'information et de formation efficaces, sa responsabilité ne peut être mise en cause. Là est d'ailleurs la limite de l'étendue de la responsabilité de l'employeur.

Cet ouvrage se veut didactique, concret et positif. Didactique, il l'est parce que son style est clair et simple et que l'accès à l'information y est direct. Un chapitre par risque et une même présentation pour chacun d'entre eux. Concret, parce qu'il essaie de délimiter précisément les limites de « l'interdit et du possible ». À cet égard, le lecteur trouvera en fin de chapitre des séries de questions/réponses pour lui permettre de savoir concrètement ce qu'il peut et ne peut pas faire. Positif, car s'il décrit précisément l'étendue de la responsabilité des employeurs, les auteurs ont également largement insisté sur les politiques de prévention et de concertation pouvant être mises en œuvre pour chacun de ces risques.

Chapitre I

L'alcool dans l'entreprise : un risque connu, mais encore sous-estimé

L'alcool et l'alcoolisme dans l'entreprise : un fait de société

La perception de l'alcool dans la société d'hier

Les boissons contenant de l'alcool ont été longtemps reliées au magique, au divin, au sacré dans l'imaginaire collectif des civilisations capables de les produire. Dans des sociétés où la religion structurait la vie de chacun, l'alcool permettait d'accéder à un autre monde : celui du surnaturel qui se confondait parfois avec la mort.

Cet imaginaire collectif a évolué en intérêt collectif dans lequel ces boissons ont conservé leur caractère sacré et convivial. L'alcool relève des codes sociaux qui s'imposent à nous, par le mécanisme de l'habitude.

Pourtant, il faut savoir que jusqu'au XVIIIe siècle, l'alcool était rare et cher ; les boissons fermentées se conservaient peu et se transportaient difficilement. Elles étaient finalement plus accessibles aux classes privilégiées qu'au peuple.

La révolution industrielle va bouleverser ce schéma en permettant aux ouvriers d'avoir accès plus facilement à l'alcool qui, sans tomber dans une vision trop caricaturale, sera utilisé pour échapper à la misère et faire face aux difficiles conditions de travail (grande souffrance physique, surexploitation, etc.).

L'émergence du problème de l'alcool dans la société d'aujourd'hui

Le problème de l'alcool revêt une réalité complexe, connue, mais encore taboue. Car l'alcool et l'alcoolisme, avant de constituer un problème professionnel, représentent une réalité sociale et sociologique. Quelques indications chiffrées permettent de s'en convaincre.

La consommation excessive d'alcool est la troisième cause de décès en France après les maladies cardio-vasculaires et les cancers. L'alcool est responsable indirectement de :

- 4/5 des décès par cancers des cavités buccales, pharynx, œsophage ;
- 1/3 des décès par tuberculose ;
- 1/3 des hospitalisations en psychiatrie (hommes) ;
- 1/2 des homicides ;
- 1/3 des accidents de la route ;
- 1/5 des infractions avec incidences juridiques (homicides, incendies, vols, etc.).

Ne parlons pas ici des drames familiaux non recensés par les statistiques.

Pour aller plus loin

Consulter le site de l'ANPAA (www.anpaa.fr). L'ANPAA, est une association nationale œuvrant pour la prévention de l'alcoologie.

Les experts du Comité national de défense contre l'alcoolisme partagent la population en quatre groupes face à la consommation d'alcool :

- 84 % des consommateurs sans risque ni maladie liée à l'alcool (ces personnes consomment de l'alcool, parfois, lors d'une occasion spécifique) ;
- 6 % de consommateurs à risque potentiel qui ont besoin d'une aide « légère » de type conseils (ce sont des personnes ni dépendantes, ni malades pour l'instant) ;
- 4 % des consommateurs excessifs qui ont besoin d'une aide modérée. Ce sont des alcoolisables sans dépendance réelle de l'alcool ;
- 6 % d'alcoolo-dépendants qui nécessitent une intervention thérapeutique très lourde.

L'entreprise, le salarié et l'alcool : état des lieux

Les rapports existant au sein des entreprises entre un salarié et l'alcool sont complexes. L'imprégnation alcoolique d'un salarié peut-être faible et pour autant entraîner de graves conséquences en cas d'accident. La prise d'alcool peut se dérouler pendant le temps de travail ou au contraire hors temps de travail.

Une triste réalité dans le monde du travail

En France, 8 % à 10 % des salariés souffrent de dépendance à l'alcool et, dans le monde du travail, la société a mauvaise conscience, car elle considère l'alcool, le fait de boire, comme un « bien vivre ». Lors de l'organisation des fêtes d'entreprise, l'alcool est rarement oublié : les repas et les pauses sont parfois très largement arrosés.

Les problèmes d'alcool sont en effet toujours très difficiles à aborder en entreprise, car il prévaut une situation de déni permanent, aux origines très complexes, consistant à voir les problèmes dans l'entreprise d'à côté, mais jamais chez soi. Or, dès qu'une entreprise a un personnel significatif sur le plan statistique, on peut dire qu'à coup sûr sa population, aussi bien les employés que l'encadrement, se répartit face à l'alcool en quatre sous populations :

- 70 % de consommateurs « normaux » ;
- 20 % de consommateurs à risques ;
- 8 à 10 % de malades alcooliques (dont plus de la moitié ne se voit pas) ;
- 0 à 2 % de sujets abstinents.

L'alcoolisme tue encore dix fois plus d'ouvriers et d'employés que de cadres supérieurs. Selon une étude de l'INSERM, l'imprégnation éthylique chronique agit comme un discriminant social. Et de tous les pays d'Europe, c'est en France que cette disparité sociale est la plus marquée.

Le risque de dépendance à l'alcool

L'instauration d'une dépendance à un produit n'est pas liée à la quantité de produit consommée, mais au type de relation qui s'installe entre le produit et l'individu : ce qu'il lui apporte, une réponse plus ou moins efficace dans des situations difficiles génératrices d'angoisse. Par conséquent on peut tout à fait :

- Être consommateur (même en forte quantité) sans être dépendant ;
- Présenter des pathologies sans être dépendant ;
- Être dépendant en consommant des quantités socialement acceptables et sans manifester de troubles apparents ;
- Devenir dépendant après une période, parfois longue, de faible appétence et/ou attirance pour le produit.

L'alcool modifie l'état mental, agit sur le psychisme, transforme l'image des événements extérieurs. Ainsi l'alcool peut agir comme :

- Désinhibiteur ;
- Euphorisant ;
- Excitant ;

- Antidépresseur à court terme (puis dépresseur dans un second temps) ;
- Anxiolytique ;
- Anesthésiant.

Par ailleurs, le ou les effets ressentis seront différents selon les consommateurs :
- En fonction des circonstances, du contexte socio-relationnel ;
- En fonction des doses absorbées et du degré des boissons ;
- En fonction des effets attendus, etc.

Comme la plupart des drogues, sa consommation régulière peut entraîner une certaine tolérance, puis une prise d'alcool plus importante, pour aboutir à une dépendance.

Comment identifier le comportement à risque

Il n'est guère facile de détecter un comportement à risque lié à l'alcool. Comment d'ailleurs distinguer entre un sujet alcoolique et un salarié dont les facultés sont temporairement altérées en raison d'un traitement médicamenteux. Pourtant, de multiples études scientifiques permettent de dresser le portrait du sujet alcoolo-dépendant.

Les signes d'alerte permettant l'identification d'un risque lié à l'alcool

Les traits caractéristiques généraux d'un sujet alcoolique

Le sujet alcoolique présente fréquemment les traits suivants :
- Immaturité, tant affective que sociale ;
- Image négative de soi ;
- Fragilité et hypersensibilité ;
- Dépendance aux institutions, aux services sociaux… ;
- Intolérance à la frustration ;
- Crainte de l'isolement ;
- Tendances dépressives ;
- Anxiété présentée comme un véritable sentiment d'insécurité ;
- Difficultés d'introspection ;
- Histoire familiale difficile.

Par ailleurs, il ne faut pas oublier que l'alcool absorbé par la bouche suit un trajet destructeur complexe. Aucun organe n'échappe à sa toxicité. L'alcool a un effet toxique par contact direct sur les voies digestives et un effet indirect par ses produits de dégradation qui perturbent le métabolisme fondamental de nombreux organes vitaux (cerveau, foie, cœur, rein, etc.).

Les signes d'alerte propres à l'individu

L'alcool provoque une altération de l'état général : fatigue, maigreur ou surcharge pondérale, tremblements, agitation ou somnolence, etc.

Certains signes d'alertes biologiques peuvent par ailleurs permettre de déceler une situation préoccupante, mais la perturbation de plusieurs paramètres est seule véritablement significative. Les alcoologues considèrent en effet que l'association minimum de trois anomalies est seule révélatrice d'une consommation excessive d'alcool. Ainsi, une augmentation isolée des gammas GT[1] n'est pas suffisante pour poser un diagnostic d'alcoolisme.

Les problèmes familiaux peuvent constituer des signes d'alertes comportementaux qu'il y a lieu de prendre en compte : agressivité, divorce, instabilité.

Les problèmes professionnels du salarié constituent un paramètre à ne pas négliger : arrêts de travail répétés, absentéisme, désintérêts, conflits avec les collègues, fautes professionnelles, accidents du travail, chutes à répétition, besoin ou refus de l'aide des autres.

Les problèmes judiciaires peuvent être la conséquence d'un état d'ébriété, voire d'un alcoolisme chronique : conduites délictuelles, retrait de permis, condamnations pour agressions, tapages nocturnes, etc.

Les signes d'alerte propres aux conditions de travail

Différents facteurs, propres aux conditions de travail, peuvent influencer la consommation d'alcool. On citera par exemple certains éléments comme :

- Les facteurs d'ambiance (air sec, chaleur, bruit) ;
- Les horaires de travail (travail posté, travail de nuit) ;
- Le travail isolé ;
- Les efforts physiques ;
- Le travail automatisé (monotonie des taches, taches répétitives) ;
- Le sur-stress ;

1. Dosage sanguin qui peut révéler un état pathologique au niveau du foie.

- La sous-responsabilisation (absence de gratification, de reconnaissance) ;
- La pression extérieure (clients, fournisseurs, partenaires, repas d'affaires, négociations de contrat) ;
- La facilité d'accès à l'alcool (restaurant d'entreprise, fêtes) ;
- Les relations entre collègues (situations conflictuelles) ;
- La crainte du licenciement ou d'un simple blâme ou avertissement.

Cette alcoolisation du salarié va engendrer des risques pour l'employeur qui sont au nombre de neuf.

Les neuf risques liés à l'alcoolisation au travail

L'alcool est en effet susceptible de générer de nombreux types de risques. On citera notamment :

1. **Les risques de diminution des performances professionnelles.** Ces dernières concernent l'efficacité, la productivité et la qualité du travail. Les risques sont donc les suivants :
   - Une baisse de la productivité due au manque d'attention, aux pertes de temps, aux retards répétés, aux arrêts de travail fréquents (la durée d'absence d'un alcoolique est en moyenne 3,3 fois plus longue et la fréquence de ses arrêts 1,4 fois plus élevée que celle de l'ensemble du personnel),
   - La baisse de la qualité : médiocrité du travail, malfaçon…
2. **Les risques socio-relationnels liés aux modifications du comportement sous alcool.** Sous alcool, même avec une alcoolémie faible, on constate une libération de la parole ; quelques dixièmes de grammes d'alcoolémie en plus et le ton monte ! L'effet désinhibiteur de l'alcool aidant, le seuil du passage à l'acte verbal est rapidement atteint ;
3. **Les risques liés à la consommation alcool/médicaments.** Les Français sont, faut-il le rappeler, les premiers consommateurs de médicaments psychotropes au monde (anxiolytiques, antidépresseurs, etc.) ; la moindre quantité d'alcool prise avec ces médicaments a un effet multiplicateur avec, pour conséquence, une forme d'ivresse et des comportements inadaptés (dès deux verres de vin ou deux bières, par exemple) ;
4. **Les passages à l'acte, la violence.** L'effet excitant et désinhibiteur de l'alcool révèle, chez certains sujets, une agressivité et une violence plus ou moins contrôlée. Entre 1 gr et 1,50 gr d'alcoolémie, on constate une recrudescence de passages à l'acte qui peuvent s'exercer, en entreprise, contre les objets ou, pire, les personnes. Toutefois, il n'est pas exclu que la pulsion soit auto-agressive et que le passage à l'acte s'exerce contre le sujet lui-même ;

5. **Les risques liés à la potentialisation avec les solvants industriels.** Tout comme pour les médicaments psychotropes, la consommation d'alcool (même faible) après ou avant inhalation de solvants provoque également un effet multiplicateur. Par conséquent, l'effet sur l'organisme est amplifié ;
6. **Les risques d'accidents du travail avec des machines, des véhicules.** Au-delà de 0,30 gr d'alcool par litre de sang, la vigilance, la précision du geste sont affectées : la désinhibition favorise la transgression des règles de sécurité. La dangerosité des activités suivantes est alors considérablement augmentée :
   - La conduite de véhicules de transport, de levage, de terrassement (de type Fenwick, grues diverses, excavatrices),
   - L'utilisation de machines, d'outils,
   - La manipulation de matières dangereuses (chimiques, nucléaires, haute tension),
   - Les travaux en hauteur (toits, échafaudages, pylônes).

   Par ailleurs, il ne faut pas perdre de vue que l'alcool peut générer des conséquences graves, hors conduite de véhicule automobile, d'engins ou de machines. Les qualités nécessaires pour gérer un trafic, des opérations délicates avec des appareils électroniques, des décisions stratégiques peuvent être gravement altérées ;
7. **Les risques d'accidents de la route.** Il n'est guère besoin d'insister sur les effets de l'alcool sur la conduite de véhicules automobiles : entre 0,30 gr et 0,50 gr d'alcool pur par litre de sang, les capacités indispensables sont altérées. Une alcoolémie de 0,50 multiplie le risque par deux, et une alcoolémie de 0,80 gr multiplie le risque par dix ; soit à 100 km/h (avec 0,80 gr/l), 0,5 seconde de retard au freinage (soit 14 mètres de plus qu'un freinage du même conducteur avec un taux d'alcoolémie à 0,00) ;
8. **Les alcoolisables (polynévrites, cirrhoses, cancers) entraînant le décès du salarié.** L'alcool, en raison de son effet toxique, porte atteinte à de nombreux éléments du corps humain et contribue au développement de pathologies associées. Ces atteintes somatiques ne sont pas réservées aux alcoolo-dépendants, mais aussi aux consommateurs réguliers…
9. **La dépendance alcoolique facteur d'une insuffisance professionnelle du salarié.** Elle concerne 8 à 10 % de la population totale.

Comment prévenir et gérer le problème lié à l'alcool

Compte tenu de ce qui précède, l'alcool constitue donc un danger. Le renforcement de l'obligation de sécurité qui incombe à l'employeur doit conduire à adopter des mesures. L'employeur dispose en effet d'outils juridiques permettant de lutter contre les risques liés à l'alcool. Cependant, les outils juridiques de contrôle peuvent être mal acceptés par le personnel. C'est pourquoi l'employeur devra développer un esprit de concertation avec les différents acteurs de l'entreprise afin de recueillir l'adhésion de tous au projet anti-alcool.

L'employeur peut s'appuyer sur le Code du travail pour gérer l'alcool dans l'entreprise

Les règles édictées dans la Code du travail sont fondées sur une conception hygiéniste, héritée du XIXe siècle. Même si le Code du travail réglemente assez peu l'alcool, il confère à l'employeur des moyens juridiques de protection du travailleur en limitant l'alcoolisation sur les lieux de travail. À ce titre, le Code du travail poursuit trois objectifs fondamentaux :

- Limiter l'introduction d'alcool dans l'entreprise ;
- Interdire la présence de personnes en état d'ébriété ;
- Permettre aux travailleurs de satisfaire leur soif en leur proposant des boissons non alcoolisées.

Pour répondre à ces objectifs fondamentaux, le Code du travail réglemente directement la présence et le rôle de l'alcool dans quatre articles. Un autre article vise indirectement l'alcool en instaurant une priorité pour les boissons non alcoolisées.

La limitation de l'introduction d'alcool dans l'entreprise

L'article L. 232-2 alinéa 1 du Code du travail prévoit en effet que :

> *« Il est interdit à toute personne d'introduire ou de distribuer et à tout chef d'établissement directeur, gérant, préposé, contremaître, chef de chantier et, en général, à toute personne ayant autorité sur des ouvriers et employés, de laisser introduire ou de laisser distribuer dans les établissements et locaux mentionnés à l'article L. 231-1, pour être consommées par le personnel, toutes boissons alcooliques autres que le vin, la bière, le cidre, le poiré, l'hydromel non additionnés d'alcool. »*

L'interdiction de l'état d'ivresse dans l'entreprise

L'interdiction découle de l'article L. 232-2 alinéa 2 du Code du travail qui dispose que :

> *« Il est interdit à tout chef d'établissement, directeur, gérant, préposé, contremaître, chef de chantier et, en général, à toute personne ayant autorité sur les ouvriers et employés, de laisser entrer ou séjourner dans les mêmes établissements des personnes en état d'ivresse. »*

Le non-respect de cette interdiction est puni d'une amende de 3 750 euros par l'article L. 263-2 du Code du travail. Cette amende est appliquée autant de fois qu'il y a de salariés de l'entreprise concernés par l'infraction.

Le non-paiement du salaire dans un débit de boissons

L'article R. 143-1 alinéa 2 du Code du travail prévoit qu'il est impossible de procéder au paiement du salaire dans un débit de boissons, sauf si la personne y est employée.

> *« Le paiement ne peut-être effectué un jour où le salarié a droit au repos, soit en vertu de la loi, soit en vertu de la convention.*
>
> *Il ne peut avoir lieu dans les débits de boissons ou magasins de vente, sauf pour les personnes qui y sont employées. »*

Le non-respect de cette interdiction est puni d'une amende de 3 750 euros par l'article R. 154-3 du Code du travail. Cette amende est appliquée autant de fois qu'il y a de salariés de l'entreprise concernés par l'infraction.

Le non-paiement du salaire en liquide

L'article L. 232-3 du Code du travail interdit de payer un salaire ou un complément de salaire en boissons alcooliques.

> *« Dans les entreprises industrielles et commerciales, les "conventions ou accords collectifs de travail" ou les contrats individuels de travail ne peuvent comporter de dispositions prévoyant l'attribution, au titre d'avantage en nature, de boissons alcoolique aux salariés. »*

Les dispositions du présent article ne s'appliquent pas aux boissons servies à l'occasion des repas constituant un avantage en nature.

Une priorité marquée pour les boissons non alcoolisées

Le Code du travail instaure une obligation de proposer des boissons non alcoolisées. À cet effet, l'article R. 232-3 du Code du travail dispose :

> *« Les employeurs doivent mettre à disposition des travailleurs de l'eau potable et fraîche pour la boisson. »*

L'article R. 232-3-1 prévoit également que :

> *« Dans le cas où des conditions particulières de travail entraînent les travailleurs à se désaltérer fréquemment, l'employeur est tenu, en outre, de mettre gratuitement à leur disposition au moins une boisson non alcoolisée. La liste des postes de travail concernés est établie par l'employeur, après avis du médecin du travail et du comité d'hygiène, de sécurité et des conditions de travail ou, à défaut, des délégués du personnel.*

Le choix des boissons et le choix des aromatisants, qui doivent titrer moins d'un degré d'alcool et être non toxiques, sont fixés en tenant compte des souhaits exprimés par les salariés et après avis du médecin du travail.

L'employeur détermine l'emplacement des postes de distribution des boissons qui doit être à proximité des postes de travail et dans un endroit remplissant toutes les conditions d'hygiène.

L'employeur doit, en outre, veiller à l'entretien et au bon fonctionnement des appareils de distribution, à la bonne conservation des boissons et surtout à éviter toute contamination. »

Par ailleurs, le Code des débits de boissons interdit de vendre à prix réduit des boissons alcoolisées dans les coopératives d'entreprise (article 12). Les boissons alcooliques sont également interdites dans les distributeurs automatiques.

L'encadrement de l'alcool par le règlement intérieur

Le règlement intérieur, qui constitue un acte unilatéral de droit privé, est régi par la loi du 4 août 1982 ; il a pour but d'édicter des règles en matière d'hygiène, de sécurité et de discipline sans apporter des restrictions qui ne seraient ni justifiées aux libertés individuelles ni proportionnées au but recherché.

À ce titre, l'employeur peut et même doit, pour des raisons de sécurité justifiées, imposer à ses salariés des règles de bonne conduite, notamment pour empêcher la propagation d'alcool sur le lieu de travail.

Le règlement intérieur, l'outil d'interdiction de base pour l'employeur

Les règlements intérieurs retiennent de longue date des dispositions spécifiques et restrictives relatives à l'alcool, mais on note dans de nombreuses entreprises une tendance au renforcement de ces restrictions. Il est possible en effet de préciser dans un règlement intérieur :

- Des dispositions relatives à l'introduction, la présence et la consommation d'alcool ;
- Les raisons qui justifient les restrictions envisagées (manipulation de machines ou de produits dangereux, conduite de véhicule, notamment) ;
- La nature des contrôles qui peuvent être pratiqués (alcotest, éthylotest, éthylomètre) ;
- Les sanctions disciplinaires en cas de violation des dispositions relatives à l'alcool.

À noter

En raison des contraintes de sécurité toujours de plus en plus complexes, certains règlements intérieurs renvoient même aux incriminations prévues par le Code de la route, notamment la répression de la conduite en état d'ivresse (article R. 233-5) :

> *« La conduite de tout véhicule, même en l'absence de tout signe d'ivresse manifeste, sous l'empire d'un état alcoolique caractérisé par la présence dans le sang d'une concentration d'alcool pur égale ou supérieure à 0,5 gramme pour mille sera punie d'une peine d'emprisonnement ou d'une amende ou des deux. »*

Les restrictions pouvant être mises en œuvre par l'employeur

Compte tenu de l'étendue de sa responsabilité, l'employeur est tenu de contrôler la présence d'alcool dans son entreprise ainsi que l'état de ses salariés. Mais on peut se poser la question du périmètre de l'interdiction. Peut-elle concerner toute l'entreprise ? Oui, selon nous, dans certains secteurs d'activités soumis à des contrôles étroits et internationaux, comme dans l'industrie nucléaire, chimique ou pétrolière.

La vérification de l'introduction d'alcool dans l'entreprise

Elle s'opère essentiellement par deux moyens :

- **La vidéo surveillance.** En tout état de cause, si l'employeur a le droit de contrôler et de surveiller l'activité de son personnel durant le temps de travail, il ne peut mettre en œuvre un dispositif de contrôle qui n'a pas été porté préalablement à la connaissance des salariés. Par ailleurs, si la vidéo surveillance mise en place enregistre les allées et venues des salariés, elle constitue une base de données qui doit être déclarée à la Commission informatique et liberté (CNIL). À défaut, une sanction ou un licenciement pour faute serait sans fondement dans la mesure où le mode de preuve serait considéré comme déloyal ;
- **La fouille des armoires, vestiaires ou tiroirs.** Elle ne peut être prévue par le règlement intérieur que si celui-ci précise qu'une telle vérification ne peut être effectuée qu'en cas de nécessité, que le salarié doit être informé de son droit de s'y opposer et d'exiger la présence d'un témoin, et enfin que ce contrôle doit préserver la dignité et l'intimité de la personne.

La position des tribunaux

Dans un arrêt récent, (Cass. soc., 11 décembre 2001, n° 99-43.030 FS-P, Ratajczak c/ Sarl Bianchi), la Cour de cassation a estimé qu'un employeur est fondé à opérer des contrôles pour rechercher dans l'armoire personnelle d'un salarié la présence d'alcool. Un salarié jouissant d'une forte ancienneté avait été licencié pour faute grave, son employeur lui reprochant la détention de canettes de bière à l'intérieur de son armoire personnelle et une consommation d'alcool à l'intérieur de l'entreprise, contrairement à une note de service. L'employeur ne peut apporter aux libertés individuelles et collectives des salariés de restrictions que si elles sont justifiées par la nature de la tâche à accomplir et proportionnées au but recherché, ce qui en l'espèce était le cas.

Comment vérifier l'état d'ébriété du personnel

Pour contrôler l'état d'ébriété d'un salarié, le règlement intérieur peut prévoir l'utilisation d'un dispositif de contrôle sous certaines conditions.

L'administration recommande un usage fondé des contrôles

La position de l'administration consiste à dire que le recours à l'alcootest ne peut être systématique. La circulaire DRT n° 5-83 du 15 avril 1983 réserve la possibilité d'un recours à un alcootest dans le cas où il s'agit de vérifier le taux d'alcoolémie d'un salarié qui manipule des produits dangereux ou une machine dangereuse, ou encore conduit des véhicules automobiles, notamment s'il transporte des personnes.

L'évolution de la jurisprudence vers une possibilité de contrôle accrue

Le contentieux devant les tribunaux s'est développé dans un premier temps devant les juridictions administratives, mais la Cour de cassation a récemment apporté des précisions importantes en ouvrant la voie à des contrôles plus nombreux :

- **Le Conseil d'État**, traditionnellement protecteur des libertés individuelles, a jugé de longue date et à plusieurs reprises que l'utilisation de dispositifs de contrôle de l'alcoolémie constituant une atteinte aux droits de la personne ne pouvait être justifiée qu'à l'égard des salariés occupés à l'exécution de certains travaux dangereux ou à la conduite de certaines machines (CE 8 juillet 1988, SA Comptoir Lyon, Allemand, Louyot et CE 1er février 1980, Sté des peintures Corona). Dans un arrêt RNUR (CE 9 octobre 1987), le Conseil d'État a même jugé que le recours à l'alcootest ne pouvait avoir pour objet que de prévenir ou de faire cesser immédiatement une situation dangereuse et non de permettre à l'employeur de faire constater par ce moyen l'aptitude d'un salarié ;
- **Mais un arrêt récent de la Cour de cassation** du 22 mai 2002 (SA Piani/Vaisseau) marque une inflexion. La haute juridiction légitime l'utilisation du test d'alcoolémie en s'éloignant de la position du Conseil d'État. Cet arrêt modifie fortement la jurisprudence en rendant possible une sanction disciplinaire, voire un licenciement pour un état d'ébriété constaté sur le lieu de travail.

L'employeur est désormais habilité à opérer un contrôle

À condition que :

- Le contrôle soit permis par le règlement intérieur ;
- Les modalités de contrôle permettent une contestation du salarié ;
- L'état d'ébriété soit de nature à exposer les personnes ou les biens en danger.

Lorsque ces trois conditions sont réunies, la sanction peut aller jusqu'à la rupture du contrat de travail.

À noter

La personne habilitée à constater l'état d'ébriété n'a pas en revanche été précisée, à ce jour, par la Cour de cassation. Qui est habilité à opérer ces contrôles ? S'agit-il du médecin du travail, d'un médecin mandaté par l'employeur, d'une infirmière, d'un laboratoire indépendant ?

Un certain nombre d'entreprises optent pour la voie médicale. Il convient de savoir que le secret médical primera alors. Cette restriction s'imposera naturellement à l'employeur et se conçoit aisément s'agissant d'un salarié malade, mais moins s'agissant d'un salarié en état d'alcoolisation même légère, en contradiction flagrante avec une consigne de sécurité.

La position des partenaires sociaux est plus nuancée. Pour le Conseil supérieur de la prévention des risques professionnels (au sein duquel siègent les partenaires sociaux), rien ne justifie la mise en place systématique d'un dépistage. C'est au médecin du travail, dans le cadre de la détermination de l'aptitude médicale au poste de travail, qu'il appartient de décider d'avoir recours à des examens complémentaires, et par exemple au dépistage. Le chef d'entreprise ne doit pas être amené à pratiquer lui-même le test de dépistage pour constater l'aptitude d'un salarié. Le médecin du travail jouit en effet d'une indépendance professionnelle.

Que faire face à un salarié en état d'ébriété

Comme il a été vu, il est interdit à tout chef d'établissement et, en général, à toute personne ayant autorité sur les ouvriers et employés, de laisser séjourner dans les établissements des personnes en état d'ivresse sous peine de sanctions pénales (article L. 232.2 du Code du travail).

L'employeur doit donc interdire au salarié l'accès des locaux ou lui permettre d'y séjourner. Cependant, l'employeur en renvoyant son salarié chez lui l'expose à un danger important. Les seules possibilités offertes à l'employeur sont donc :

- Soit de faire raccompagner le salarié à son domicile ;

- Soit de le retirer de son poste de travail en le maintenant dans l'entreprise pour qu'il se repose en attendant que les effets de l'alcool s'estompent.

Attention

Si le salarié utilise un moyen de locomotion l'exposant lui-même ou autrui à un risque grave, nous vous conseillons de le faire raccompagner soit par un collègue, soit en taxi et de vous assurer qu'un tiers majeur et lucide est présent à son domicile.

La gestion du risque alcool au travail suppose une discussion collective

Si l'arsenal juridique est irremplaçable pour contribuer à une véritable politique de maîtrise de l'alcool, seule l'implication de tous permet d'atteindre cet objectif. La mise en place d'une politique du risque alcool associant tous les partenaires de l'entreprise est une technique qui est aujourd'hui fréquemment utilisée avec succès par de nombreuses entreprises.

Une concertation étroite entre la direction et le CHSCT[1]

Que le problème soit posé par le service médico-social, par l'ingénieur sécurité ou par quelque acteur que ce soit, il doit être repris institutionnellement par la direction le plus rapidement possible avec une attitude volontariste. Il convient de définir et mettre en place une politique claire, et de communiquer sur celle-ci.

Cette politique doit être commentée par la hiérarchie qui doit montrer son adhésion aux valeurs qu'elle défend. Il s'agit d'un document qui ne doit pas excéder deux à trois pages, mais qui doit montrer explicitement que l'on rompt définitivement avec la « non-gestion » ou la gestion implicite précédente, les incohérences, les non-dits. Ce texte doit être court, simple, clair.

Il s'agira de signifier l'intention et de poser le problème tout en l'inscrivant dans le temps, ceci à travers une démarche de réflexion, de concertation et de communication. Pour ce faire, la direction doit saisir rapidement l'instance dont relève cette question – le CHSCT – et proposer des mesures visant à éviter les accidents et les maladies professionnelles.

Seule la direction peut impulser le processus, en concertation avec le CHSCT, et charger un petit groupe de réflexion de faire des propositions de démarche. Il s'agit de dresser un état des lieux qui orientera la mise en place d'une politique de

1. Comité d'hygiène, de sécurité et des conditions de travail), organisme consultatif qui exerce une action permanente sur les lieux même de travail en vue d'améliorer les conditions d'hygiène et de sécurité.

gestion du risque alcool en entreprise. Par conséquent le CHSCT, qui analyse les risques professionnels auxquels peuvent être exposés les salariés, est habilité à :

- Soutenir la politique de gestion du risque alcool de l'entreprise ;
- Réfléchir et se prononcer sur les moyens de prévention des risques de l'alcoolisation qui concernent l'ensemble de la communauté de travail, et l'aide aux personnes atteintes par la maladie alcoolique.

Ce sont donc ces deux acteurs qui sont à l'initiative de la mise en place de la politique (auquel peuvent être associées les organisations syndicales de l'entreprise) et qui constituent alors le groupe de pilotage, c'est-à-dire l'organe décisionnel.

Les éléments clés pour l'établissement d'un plan anti-alcool

Pour réussir une démarche « anti-alcool », il convient de respecter certaines règles. C'est la clé d'une démarche réussie.

Affirmer une politique claire de l'entreprise

Le risque alcool est alors pris en compte comme tout autre problème de sécurité (il faut dédramatiser et ne pas confondre santé publique et santé dans l'entreprise). Un groupe est constitué pour étudier la question, comprendre avant de juger et faire des propositions. La démarche concerne ainsi la totalité des salariés quelle que soit leur place dans le système.

Consulter le CHSCT et obtenir son soutien à la démarche

Il est parfois nécessaire de consacrer une séance entière (ou presque) à un débat sur le sujet. La présence d'un intervenant en pédagogie de la prévention du risque alcool peut être un atout. Son discours se doit d'être clair sans être trop technique, mobilisateur sans être moralisateur.

Former en alcoologie les organes opérationnels

Chacun pense connaître les effets de l'alcool. La réalité scientifique est plus complexe. Aussi, une formation adaptée peut-elle permettre de sensibiliser les membres du groupe alcool afin de préparer :

- Une application cohérente, précoce et mesurée de la législation générale sur l'alcool en entreprise ;
- L'élaboration d'outils internes permettant de gérer le risque et les transgressions de façon constructive.

Valoriser les partenariats et communiquer

Et pour ce faire :

- Encourager les réseaux de solidarité et de participation ;

- Favoriser la circulation de l'information sur l'alcool, sans moralisme ni jugement.

Distinguer clairement dans l'entreprise trois niveaux opérationnels

Pour que le risque alcool soit en effet bien géré en entreprise, d'un point de vue opérationnel il est nécessaire de distinguer trois niveaux d'action :

- Le registre de la loi qui revient à la direction ;
- Le registre de la prévention affecté à un groupe de salariés de l'entreprise ;
- Le registre de l'aide et du soin qui dépend avant tout des organismes et institutions relevant du médico-social.

Chacun de ces niveaux est aussi important. Il ne servirait à rien de prévenir sans communiquer sur le respect du Code du travail ou du règlement intérieur. En effet, ces trois modes d'action doivent fonctionner en synergie et sont complémentaires. Revenons sur chacun de ces trois niveaux.

Intervenir sur trois niveaux

Premier niveau d'intervention : le rôle de la loi dans la gestion du risque alcool

Agir en utilisant la loi

Il serait illusoire d'attendre tout et trop de la loi et/ou du droit face à un problème aussi complexe que l'alcoolisation au travail. Or, en pratique, on relève trois carences principales :

- Dans de nombreux cas, les directions et la hiérarchie ne font pas vivre la loi ;
- Les personnes exerçant une responsabilité de proximité à ce sujet ne sont souvent pas formées. Elles manquent souvent d'orientations claires. L'arme du licenciement pour faute lourde est assez souvent inadaptée ;
- Le manque de politique claire sur le sujet : chacun doit se débrouiller avec les moyens du bord et son jugement personnel, ses propres normes et critères ; un manque de cohérence caractérise donc les interventions. Les managers de première ligne sont souvent seuls à devoir affronter le problème.

Il est donc essentiel que l'encadrement montre une adhésion sans réserve à la démarche, par le geste et la parole, sans oublier l'obligation d'exemplarité.

Le rôle primordial de l'encadrement se joue en termes de qualité de relation de management, de rappel de la loi, et en termes de vigilance : il s'agit ni de dramatiser, ni de minimiser les incidents, mais de les utiliser pour poser des limites pour tous. Cependant, dans tous les cas l'employeur doit agir en cas de crise pour assurer la sécurité des personnes et des biens.

Une situation de crise peut être définie comme toute situation mettant en cause un ou plusieurs salariés présentant un comportement perturbé, qu'il soit lié ou non à une alcoolisation, susceptible de porter atteinte à la sécurité, à la qualité du travail ou à l'image du service. Ce type de situation est délicat, dans la mesure où rien ne prouve au moment de l'incident que le salarié soit sous l'emprise de l'alcool.

Agir en utilisant un protocole de gestion de crise

Le règlement intérieur ne peut tout prévoir, notamment dans le détail des procédures internes propres aux diverses situations. Afin de gérer les problèmes d'alcool et ne plus « faire l'autruche », l'entreprise doit donc se doter de procédures internes codifiées, connues et suivies par l'ensemble de l'encadrement, que les intervenants en alcoologie nomment « protocole de gestion de crise ». En voici le contenu :

Contenu type de la procédure du protocole de gestion de crise

1. Phase d'analyse de la situation

On observe les faits : le comportement du salarié peut-il avoir des incidences sur la sécurité (la sienne, celle des autres), sur la qualité du travail ou l'image de l'entreprise, ou encore sur la sécurité de l'outil de travail ?

2. Faire cesser la situation de danger (retirer le salarié du poste)

À ce stade, il s'agit de chercher le dialogue et d'éviter toute attitude ou propos hostiles, moralisateurs, accusateurs. Il n'est pas utile de prononcer le mot « alcool » à ce moment, d'autant plus qu'aucun élément objectif ne permet de le faire. Il est indispensable de calmer le jeu : l'important est que l'agent quitte son poste de travail.

3. Mettre en place des procédures institutionnelles permettant de clarifier la situation

- Utiliser l'alcootest si le règlement intérieur le prévoit ;
- S'adresser au médecin du travail qui prononcera une inaptitude temporaire.

4. Organiser le départ du salarié du lieu de travail

- Infirmerie ;
- Domicile (si inaptitude prononcée et présence d'un tiers chez le salarié) ;

• • •

• • •

- SAMU si danger immédiat vu l'état de la personne (risque de coma éthylique, etc.).

5. Noter sur un rapport destiné à cet usage (fiche) la description des faits

Il faut noter la date, l'heure, les circonstances, les comportements observés, le risque évalué et enfin le déroulement du retrait de poste. Le protocole doit prévoir une « clause de prescription » ; au-delà d'un délai à fixer, l'absence d'incident de même nature entraîne automatiquement la destruction de la fiche.

6. Avertir le supérieur hiérarchique. Informer le médecin du travail

7. Provoquer un entretien avec le salarié dès le lendemain si possible

- Restituer l'entretien dans le cadre de la relation de management quotidienne ;
- Se positionner dans un souci d'aider à résoudre les problèmes rencontrés au travail ;
- Reprendre les faits et poser la loi par rapport à ces faits ;
- Évoquer d'éventuels problèmes que pourrait avoir la personne ;
- Proposer de l'aide si nécessaire (interne : médico-social ou groupe d'aide externe).

Deuxième niveau d'intervention : la création d'un groupe de prévention du risque alcool en entreprise

La prévention n'est qu'un des axes de la gestion du risque alcool en entreprise, bien qu'elle soit essentielle. La création de nombreux groupes de prévention au début des années 1980 a donné l'illusion d'une solution simple permettant de « déléguer » le problème d'alcool à des volontaires qui se sentaient motivés par l'aide aux alcooliques. Les résultats ne furent pas toujours à la hauteur des espérances.

Les erreurs commises et à ne pas commettre sont les suivantes :

- La première erreur est de penser que la création d'un groupe de prévention pourrait tenir lieu de politique et dédouaner la hiérarchie de s'impliquer en continu dans la gestion du risque ;
- La seconde erreur tient au profil induit par l'appel à volontaires sans précautions particulières ;
- La troisième erreur concerne la confusion entre la prévention qui s'adresse à tous et l'aide qui ne concerne que les personnes en difficulté avec l'alcool ;
- La dernière erreur, liée aux représentations alcoolémiques, réduit la prévention à l'information, censée éviter tous les problèmes de comportement avec l'alcool.

Pourquoi un groupe de prévention alcool

Une action concernant l'alcool dans une entreprise est toujours impopulaire et inquiétante pour le personnel, ceci pour des raisons culturelles, mais aussi historiques et idéologiques. Si une telle action est portée exclusivement par la direction, ou même par le médico-social, les craintes de quelque chose de répressif ou de normatif n'en seront que plus vives, et les représentations plus négatives.

La meilleure réponse trouvée jusqu'à présent à cette problématique reste l'approche globale, voire communautaire :

- La démarche concerne toute la communauté de travail, depuis la base jusqu'à la direction (l'ensemble pour l'ensemble) ;
- Le CHSCT, compte tenu de ses missions, peut (et doit) jouer un rôle central avec la direction pour décider cette démarche, la suivre, en valider et évaluer les productions ;
- La participation directe de tous en permanence n'étant pas matériellement possible, un groupe représentatif et mandaté donne l'impulsion et assure l'animation de la démarche sous une forme la plus démocratique possible.

Objet de la création d'un groupe alcool

Globalement, le groupe doit rassurer et rendre la démarche acceptable par tous et pour tous. La principale erreur consisterait à attaquer de front la culture alcool locale et le produit. Dans l'entreprise, le groupe de prévention doit donc :

- Se faire connaître, reconnaître, légitimer son existence (logo, slogan, informer sur les objectifs poursuivis) ;
- Resituer le problème alcool comme un problème de sécurité et non de morale ;
- Utiliser tous les moyens de communication de l'entreprise, formels et informels pour modifier progressivement les représentations liées à l'alcool ;
- Étudier la problématique exacte de l'entreprise, faire des analyses et des propositions, dégager des axes d'action à proposer à l'employeur et à l'ensemble des partenaires sociaux ;
- Se garder de vouloir tout faire. C'est une chose d'observer et de faire des propositions d'action, c'en est une autre de les mettre en œuvre. Le groupe est un miroir et un laboratoire pour l'entreprise. Il ne doit pas devenir le seul outil de la démarche générale de gestion du risque alcool. Bien d'autres compétences peuvent être mises à contribution, en lien et en cohérence avec les propositions du groupe alcool (le service sécurité, communication, formation, etc.).

Constitution du groupe alcool

La décision ne peut être prise que dans une instance institutionnelle (CA, CE, comité de direction, CHSCT). Cette décision ne peut résulter que d'une volonté politique de la direction (un soutien sincère des syndicats est nécessaire).

- **La représentativité du groupe.** Le groupe doit refléter la réalité de l'entreprise à partir des critères réels du système :
  - Horizontalité : si possible chaque unité, ou service, doit être représentée,
  - Verticalité : les différents échelons hiérarchiques doivent être présents,
  - Proportion par sexes, en respectant la dominante masculine ou féminine de l'entreprise ;
- **Modalités de constitution du groupe :**
  - Un pré-groupe est désigné institutionnellement pour constituer le groupe de prévention (l'assistante sociale, le médecin, le DRH, un ou deux représentants du CHSCT),
  - Le pré-groupe définit un profil pour le futur groupe afin qu'il soit représentatif de la sociologie de l'entreprise,
  - Après accord sur le profil, chaque membre du pré-groupe recherche des personnes correspondantes aux profils définis : tant de hiérarchiques, tant d'agents de production, tant de personnes de tels et tels services.

À noter

Le plus difficile pour le pré-groupe est de convaincre ses différents interlocuteurs que la démarche d'un groupe de prévention est totalement différente des représentations négatives (culture alcoolémique) qu'ils peuvent en avoir *a priori*. Par ailleurs, le groupe, pour pouvoir répondre à son mandat, doit bénéficier d'une formation en alcoologie et en méthodologie de prévention. Il s'agit de le doter d'une réflexion et de connaissances de base sur le sujet, mais aussi et avant tout d'acquérir un langage commun et de définir une identité d'équipe de travail.

Les principaux conseils à donner à un groupe de prévention

Il convient pour le groupe de prévention de :

- Se référer à la politique de l'entreprise ;
- Sortir de la logique alcoolémique ;
- Cultiver la cohérence : pour être crédible, une direction ne peut pas en même temps investir dans la prévention du risque alcool et enfreindre elle-même la réglementation par des pratiques d'alcoolisation dans l'entreprise, ou sanctionner des infractions de certaines personnes et en occulter d'autres (la main droite ne peut pas ignorer la main gauche) ;

- Rester prudents et modérés : il s'agit ici de trouver un équilibre passant par la négociation et la communication ;
- Rendre compte impartialement de la réalité de l'alcool en entreprise ;
- Cultiver la rigueur méthodologique : il faut savoir observer, pour comprendre, et agir ;
- Savoir se situer : la prévention est pour tous, quelle que soit sa place dans l'entreprise, et ne concerne pas directement les seuls salariés alcooliques ;
- L'information est nécessaire mais ne doit venir qu'après les actions qui rassurent les personnes, montrent que l'on a changé de registre, que l'on peut « parler vrai autour de l'alcool », qu'il ne s'agit plus de moraliser, de juger (voire condamner et exclure).

Par ailleurs, il convient à l'employeur de donner au groupe les outils nécessaires à l'accomplissement de sa mission, notamment par :

- **Le mandat institutionnel :** définition de la mission donnée au groupe par l'employeur ou son représentant. Le mandat rappelle la politique retenue en matière de prévention :
  - La place du groupe dans le dispositif élaboré,
  - Le nom des membres du groupe,
  - Le sens de la mission et son objet en termes généraux,
  - La durée de la mission,
  - Les moyens donnés aux membres du groupe et au groupe : temps, local et logistique, budget ;
- **La charte du groupe** qui énonce la philosophie et les intentions du groupe, se déclinant en termes de valeurs, et précise les limites d'intervention. La charte est à la fois le cadre éthique du groupe et son contrat moral avec les différentes composantes de l'institution. La charte doit être largement diffusée au moment où le groupe précise son identité (nom et logo) pour se faire connaître et reconnaître ;
- **Le référentiel** qui donne une définition des principaux concepts alcoolémiques et leur acceptation par le groupe. Le référentiel concrétise le langage commun adopté par le groupe et sert d'outil de communication sur le fond (l'alcoologie) ;
- **Les modalités de fonctionnement** du groupe.

Troisième niveau d'intervention : l'aide aux salariés en difficulté, le rôle du médecin du travail et du groupe d'aide

Plusieurs acteurs peuvent intervenir à ce stade – une assistante sociale, les associations spécialisées en alcoologie (par exemple l'ANPA), les mouvements d'abstinents (Alcooliques anonymes) –, mais le médecin du travail joue un rôle majeur dans la constitution d'un groupe d'aide.

Le médecin du travail

Il faut avoir présent à l'esprit que le médecin du travail se situe dans le registre de l'aide et non dans celui de la loi, ce qu'il ne manquera pas de rappeler en s'appuyant sur le secret médical consacré à l'article 75 du Code de déontologie médicale. Il est donc souhaitable de bien faire comprendre à l'ensemble de la collectivité de travail, et notamment aux représentants du personnel, que signaler précocement un consommateur à risque au médecin du travail n'est pas dénoncer mais secourir.

Lorsque la loi est posée par ceux qui en sont chargés, un grand pas est franchi dans la gestion institutionnelle du risque alcool dans l'entreprise. Le médecin peut alors sereinement se consacrer à l'approche individualisée des personnes en danger avec l'alcool, et à l'approche préventive collective du risque. Les possibilités d'action du médecin du travail sont les suivantes :

- **Conseiller le chef d'entreprise ou son représentant** (article R. 241-41 du Code du travail et suivants), les représentants du personnel, les services sociaux en ce qui concerne notamment « l'éducation sanitaire dans le cadre de l'établissement en rapport avec l'activité professionnelle » (6e alinéa) ;
- **Dépister les consommateurs à risque** ;
- **Prendre en charge les malades alcooliques.** Le médecin du travail tente avec ses moyens de convaincre le salarié de se rendre dans une structure de soins, il doit également préparer son retour dans l'équipe de travail avec l'aide de l'infirmière et de la hiérarchie ;
- **Faire de la prévention primaire.** Schématiquement, on peut dire que plus il y a d'alcoolisation dans une entreprise (culture et attitudes favorables à l'alcool, et ce depuis la direction jusqu'à la base), plus il y aura d'alcool circulant ; plus il y aura d'alcoolisation et plus il y aura de risques et de troubles liés à l'alcoolisation. Contrairement à une croyance fort répandue, le vrai problème est davantage l'alcoolisation que l'alcoolisme, le second n'étant qu'une conséquence de la première. Or, l'évolution des mentalités, des attitudes et enfin des comportements liés à l'alcoolisation demandent du temps, beaucoup de délicatesse et de communication respectueuse : parler, sensibiliser chaque fois que c'est possible ;

- **Participer à la gestion des crises** (ébriété au travail). Il est toujours souhaitable que le salarié qui n'est « pas en état de travailler » soit conduit à l'infirmerie, vu par le médecin, puis raccompagné chez lui si une inaptitude temporaire est prononcée.

Le groupe d'aide en soutien

C'est un groupe de personnes, très motivées et mandatées par l'employeur, qui est à l'écoute de la souffrance et des difficultés exprimées par toutes personnes en difficulté avec l'alcool. Le recrutement ne peut se faire que sur la base du volontariat, et les membres du groupe doivent recevoir une formation à l'accompagnement des personnes alcooliques.

Le groupe a tout à gagner en recrutant des personnes abstinentes stabilisées, pourvu que leur abstinence soit un peu consolidée et qu'elles aient pu prendre du recul sur la maladie alcoolique. La fonction du groupe est l'écoute, l'aide et la solidarité, l'information personnalisée et l'orientation. Le groupe peut :

- Recevoir des personnes en difficulté venues d'elles-mêmes chercher de l'aide, ou adressées par un collègue, un hiérarchique, etc. ;
- Recevoir des conjoints qui le souhaitent ;
- Mettre en place une écoute des agents d'encadrement de proximité confrontés à la gestion des personnes alcoolisées régulièrement afin de leur permettre de prendre du recul et réfléchir à la conduite à tenir dans l'intérêt des personnes parties en cure (et qui le souhaitent).

Comment sanctionner un salarié en état d'ébriété

L'alcool est source de risque. Il peut aussi être source de responsabilités, pour le salarié comme pour l'employeur.

De la sanction disciplinaire... au licenciement pour faute du salarié

Le non-respect des dispositions du règlement intérieur, l'introduction ou la consommation d'alcool sur le lieu de travail peuvent justifier une sanction. Au même titre, un salarié peut être puni en raison de son état d'ébriété ou de son intempérance, la sanction pouvant aller d'un simple avertissement jusqu'au licenciement.

Depuis longtemps, la jurisprudence s'est montrée plus sévère à l'égard des salariés qui exercent des fonctions pour lesquelles l'état d'ébriété constitue un danger (par exemple, le conducteur d'un camion transportant des produits dangereux). Cette dureté s'est récemment encore accentuée. Les sanctions liées à la consommation d'alcool pendant la vie personnelle du salarié, notamment les contraventions ou délits au Code de la route, peuvent désormais justifier un licenciement.

L'employeur peut sanctionner un salarié pour un motif lié à l'alcool survenu à l'occasion de l'exécution du contrat de travail

La jurisprudence apprécie la faute au regard des conséquences pour le salarié et pour autrui (l'employeur notamment), en considérant que la connaissance de la situation ou son acceptation par l'employeur est constitutive d'une faute sérieuse. Ce dernier se doit donc d'agir.

A été reconnu comme constitutif d'une faute sérieuse justifiant un licenciement :

- L'état d'ébriété d'un salarié se manifestant par des hurlements, des injures sur le lieu de travail et de la grossièreté vis-à-vis d'un fournisseur ;
- L'état d'ébriété fréquent d'un plombier chez ses clients : la faute grave n'a pas été retenue, car ce comportement réitéré était toléré de longue date par l'employeur ;
- L'introduction et la consommation d'alcool sur le lieu de travail à l'occasion d'une pause, en contravention avec le règlement intérieur, qui est une cause réelle et sérieuse, mais ne constitue pas une faute grave dès lors que le salarié n'a jamais été sous l'empire d'un état alcoolique caractérisé (CA Paris 17 octobre 2002, 21 Ch. B, n° 01-31096, Vanfleteren c/ Sarl Euroguard, RJS 2003, n° 1485)

A été reconnu comme faute grave (la particularité de la faute grave est que l'employeur peut licencier le salarié sans verser au salarié fautif des indemnités) :

- Le fait pour un salarié de se livrer, en dehors du temps de travail, mais dans l'enceinte de l'entreprise, à des violences inexcusables en état d'ébriété. Il a été considéré en l'espèce que le salarié avait violé une obligation professionnelle. « Si les faits se sont déroulés en dehors du temps de travail, ils ont eu lieu au sein de l'entreprise ou M. X se trouvait indûment en violation des dispositions du règlement intérieur. » (Cass. soc. 28 mars 2000, n° 97-43.823 Minereau c/ Sté Casino de Royan, Bull. civ.V, n° 127) ;
- Le fait pour un salarié, coupeur désosseur interpellé en état d'ivresse alors qu'il conduisait la camionnette de l'entreprise. Le salarié avait déjà fait l'objet de trois avertissements dont un pour intempérance. De surcroît, l'utilisation par un salarié en état d'ivresse d'instruments coupants utilisés dans un abattoir était de nature à générer un danger pour lui-même et pour autrui ; il incombait

donc à l'employeur, sauf à engager sa responsabilité, de mettre fin à cette situation de risque (CA Bordeaux 13 novembre 1982, Ch. soc. B, n° 99-4881 Agard c/ Sté Augoumoise d'abattage, RJS 2003, n° 1484) ;

- Un salarié, mécanicien motoriste, avait persisté, en dépit de plusieurs avertissements, dans des habitudes d'intempérance qui mettaient en danger la sécurité des autres salariés de l'entreprise. Il a donc été jugé que le comportement de l'intéressé, constitutif d'une faute grave, était de nature à rendre impossible son maintien dans l'entreprise pendant la durée du préavis (Cass. soc., 22 octobre 2003, n° 01-41.321 F-D, Ratier c/ Sté Transports Strade, LS n° 845 22-12-2003) ;
- L'état d'ébriété répété d'un responsable de restaurant en contact avec la clientèle constitue une faute résultant d'une violation de ses obligations d'une importance telle qu'elle rendait impossible son maintien dans l'entreprise pendant la durée limite du préavis (CA Versailles 27 juin 2002, 5e Ch. B soc. n° 99-21.551, Genet c/ SARL Tennis Club de Chantecoq, RJS 2003, n° 134).

L'employeur peut sanctionner un salarié pour un motif lié à l'alcool survenu en dehors de la vie professionnelle

La jurisprudence a amorcé sur ce point une évolution particulièrement importante en décidant qu'un fait extérieur au contrat de travail, mais présentant un lien étroit avec son exécution pouvait aussi valablement fonder un licenciement.

Un salarié d'une entreprise de transport est désormais tenu d'un comportement exemplaire non seulement pendant, mais également hors temps de travail : *« Le fait pour un salarié, affecté en exécution de son contrat de travail à la conduite de véhicules automobiles, de se voir retirer son permis de conduire pour des faits de conduite sous l'empire d'un état alcoolique, même commis en dehors de son temps de travail, se rattache à sa vie professionnelle et est donc constitutif d'une faute professionnelle. »* (Cass. soc. 2 décembre 2003, n° 01-43.227, FS, P + B + R + I).

En l'espèce, un chauffeur de poids lourds, alors qu'il conduisait un véhicule en dehors de l'exercice de ses fonctions, a été contrôlé positivement. Son permis de conduire lui est retiré aussitôt, avant d'être annulé par une juridiction pénale. Son employeur le licencie pour faute grave en raison du danger qu'il présente pour lui-même et pour les autres usagers de la route. Il s'agit donc d'un tournant, car dans une espèce comparable, en 2001, la Cour de cassation avait jugé que le fait imputé au salarié, qui s'était déroulé en dehors du temps de travail, relevait de sa vie personnelle et ne pouvait constituer une faute (Cass. soc 26 septembre 2001, n° 99-43.636, Paulin c/ Sté Miko).

S'il était besoin de se persuader du bien-fondé de cette nouvelle position que vient d'adopter la Cour de cassation, on relèvera qu'il a été décidé de retenir cet arrêt pour le rapport de la Cour de cassation, lequel ne retient que les décisions les plus importantes de l'année.

Dans tous les cas, l'employeur doit respecter certaines formalités de procédure pour décider d'une sanction ou d'un licenciement

Si l'employeur décide de sanctionner son salarié, il peut envisager une procédure disciplinaire ou engager une procédure de licenciement.

La procédure de sanction disciplinaire

La procédure prévue par le Code du travail est destinée à garantir les droits de la défense du salarié. C'est pour cette raison qu'elle s'inspire de la procédure de licenciement. L'article L. 122-41 du Code du travail organise deux procédures distinctes, l'une simplifiée, l'autre renforcée :

- **La procédure simplifiée**. Pour toute sanction, même mineure comme un avertissement, le salarié doit être informé des griefs retenus contre lui par notification écrite dans le même temps que celui où la sanction est prise. Cette notification doit être motivée pour permettre au salarié de connaître la nature des faits qui lui sont reprochés et qui font l'objet d'une sanction. Parmi toutes ces sanctions légères, l'avertissement est le plus pratiqué. Lorsqu'un employeur hésite entre deux types de sanctions, il doit, pour se déterminer, prendre en compte les conséquences éventuelles sur la carrière du salarié.

  L'employeur doit obligatoirement informer le salarié par écrit des griefs retenus contre lui, soit par lettre recommandée avec accusé de réception, soit par lettre remise en main propre contre décharge.

- **La procédure renforcée** : une convocation à un entretien préalable pour les sanctions plus graves. Une procédure préalable est applicable aux sanctions autres que l'avertissement ou qu'une sanction de même nature qui n'a pas d'incidence, immédiate ou future, sur la présence du salarié dans l'entreprise, sa fonction, sa carrière ou sa rémunération.

  Lorsqu'un employeur envisage de prendre une sanction, il doit convoquer le salarié à un entretien en lui précisant l'objet de la convocation et en lui précisant qu'il pourra être assisté lors de l'entretien par une personne de son choix appartenant au personnel de l'entreprise. La convocation est remise en main propre au salarié contre décharge ou adressée par lettre recommandée dans les 2 mois à compter du jour où l'employeur a eu connaissance du fait qu'il estime fautif (C. trav., article L. 122-44 et R. 122-17).

Attention aux délais

Le délai entre la convocation et l'entretien n'étant pas précisé par le Code du travail, la Cour de cassation exige simplement qu'il soit « suffisant » (trois à quatre jours). En revanche, après avoir recueilli les explications du salarié, il faut attendre un jour franc au moins et un mois au plus pour notifier la sanction qui doit être motivée. Passé ce délai, il n'est plus possible de sanctionner.

Lors de l'entretien, l'employeur doit indiquer le motif de la sanction envisagée et il doit recueillir les explications du salarié (C. trav., article L. 122-41). Le salarié peut se faire assister par une personne de son choix ; celle-ci doit obligatoirement appartenir au personnel de l'entreprise. Il s'agira le plus souvent d'un représentant élu du personnel ou d'un délégué syndical. L'employeur, peut également se faire assister par un de ses collaborateurs. L'entretien a pour but de recueillir les explications de la part du salarié ; il est également conçu pour permettre à l'employeur d'expliquer sa position.

À noter

Lorsqu'il apparaît qu'un salarié a commis une faute d'une telle gravité que l'on souhaite l'écarter de l'entreprise durant la procédure disciplinaire (les faits liés à l'alcool peuvent le justifier), il est possible de prononcer une mise à pied conservatoire qui n'est pas une sanction, mais une simple mesure conservatoire. Une fois le salarié mis à pied à titre conservatoire, il est alors possible d'engager un licenciement.

La procédure de licenciement

Si l'employeur juge que les faits sont suffisamment graves, il peut par ailleurs engager une procédure de licenciement en veillant à respecter les différentes étapes de la procédure et en motivant très précisément la lettre de licenciement.

Les étapes de la procédure d'un licenciement pour faute liée à l'alcool

1. Convocation à l'entretien	2. Délai	3. L'entretien préalable	4. Délai de réflexion	5. La notification du licenciement
Elle doit indiquer la date, le lieu de l'entretien et son objet, ainsi que la mention du recours à un tiers (salarié ou conseiller du salarié).	Cinq jours ouvrables, quelle que soit la taille de l'entreprise. Peu importe la présence ou l'absence de représentant du personnel.	Il permet à l'employeur d'exposer ses griefs et de recueillir les explications du salarié ; il réunit le salarié et l'employeur.	L'employeur doit respecter un délai de deux jours ouvrables entre l'entretien et la notification	Par lettre recommandée avec accusé de réception où sont indiqués les motifs de la décision de l'employeur. Lié par ses griefs, il ne peut plus en invoquer d'autres.

Le risque de responsabilité pénale de l'employeur liée à l'alcool

Le principe de la responsabilité pénale de l'employeur

Du fait de son pouvoir de direction, l'employeur a une responsabilité très large dans le cadre des relations de travail.

En principe nul n'est tenu responsable pénalement que de son propre fait (Code pénal art. 121-1). Mais l'employeur étant seul titulaire du pouvoir de direction et du pouvoir disciplinaire, il est également seul à pouvoir exercer une action de prévention et de surveillance. Ainsi qu'il a été rappelé, il doit donc respecter les conseils de sécurité, fournir le matériel adapté au respect des règles et veiller à l'application de cette règle. S'il manque à une quelconque de ses obligations, il commet une faute personnelle engageant sa responsabilité pénale.

> Monsieur Lecontremaître n'a pas correctement surveillé le chantier dont il avait la responsabilité. Monsieur Louvrier, salarié de l'entreprise est blessé. C'est Monsieur Lepatron, employeur de Monsieur Lecontremaître et de Monsieur Louvrier qui bien que n'étant pas présent sur les lieux sera traduit devant le tribunal.

Non seulement l'employeur est responsable pénalement de son fait personnel, mais aussi civilement du fait pénal de son salarié.

Comment limiter la responsabilité pénale de l'employeur : le principe de la délégation de pouvoir

S'agissant de l'alcool, la véritable difficulté sera toutefois de trouver les vrais responsables. On peut facilement admettre qu'une personne seule ne peut tout diriger, tout contrôler. Il faut donc déléguer son pouvoir pour être efficace économiquement. Le juge pénal encourage ce mouvement en reconnaissant l'effet exonératoire de la délégation de pouvoir.

Déléguer, c'est partager la fonction préventive de la direction d'entreprise, c'est trouver les personnes capables d'agir. La délégation est appréciée de manière concrète au regard de la situation dans laquelle la personne se trouvait au moment des faits, elle ne signifie pas qu'un dirigeant qui a délégué ne sera jamais condamné, le tribunal ayant toujours la possibilité de condamner un dirigeant malgré la délégation de pouvoir invoquée par lui. Toutefois, l'employeur peut déléguer ses pouvoirs.

Ce qu'est la délégation

Noyau dur, clé de voûte du droit pénal du travail, celle-ci à pour but d'opérer le transfert de responsabilité, et donc de permettre l'exonération du chef d'entreprise. Elle fera partie du statut même de certains salariés, mais, de façon tout à fait étonnante, cette délégation de pouvoir qui est au centre du débat judiciaire n'a été organisée ni par le code du travail, ni par le code pénal. C'est donc une création jurisprudentielle.

Cette délégation a pour effet d'exonérer l'employeur de sa responsabilité en cas d'infraction pénale commise dans l'entreprise. C'est alors la personne déléguée qui devra être condamnée, sauf bien sûr s'il est prouvé que l'employeur a corrélativement commis une faute d'imprudence ayant contribué à la réalisation de l'infraction. L'employeur se préserve par la délégation ; c'est un véritable outil d'organisation de la sécurité dans l'entreprise, permettant souvent de choisir un responsable plus proche du terrain, là où peuvent intervenir les infractions, et donc plus apte à y remédier.

Attention

Ne pas confondre délégation de pouvoir et délégation de signature

La délégation de pouvoir transfert à une autorité délégataire désignée par sa fonction une compétence que le délégant ne pourra plus exercer tant que la délégation n'aura pas été rapportée. Elle entraîne donc une modification de l'ordre de compétence.

La délégation de signature, quant à elle, est une simple modalité de l'organisation interne d'un service qui vise seulement à décharger le délégant d'une partie de son activité. Elle ne fait pas perdre à son auteur l'exercice de sa compétence. Celui qui délègue peut continuer à prendre des décisions dans les matières objets de la délégation, elle n'entraîne pas le dessaisissement du délégant.

Pourquoi déléguer

Déléguer pour mieux gérer l'entreprise, car l'employeur ne peut pas tout contrôler, peu importe d'ailleurs la taille de l'entreprise. La question du « pourquoi déléguer » pourrait même être retournée puisqu'un chef d'entreprise qui ne déléguerait pas commettrait une faute dans l'organisation de l'entreprise.

Qui délègue

C'est celui qui a le pouvoir de le faire : qu'il soit le « vrai » chef d'entreprise ou qu'il ait reçu délégation… pour déléguer. La Cour de cassation a considéré qu'on pouvait retenir la culpabilité d'un chef d'entreprise lorsqu'il est démontré que la mauvaise coordination de l'équipe du matin et du soir et l'absence de détermination de responsabilité de chaque équipe étaient à l'origine de défauts de sécurité ayant provoqué l'accident. Le juge a même précisé *« que l'organisation de la sécurité incombe au chef d'entreprise auquel il appartient de préciser les tâches et responsabilités de chacun, de donner les directives et délégations de pouvoir nécessaires »* (Cass. crim. 19 janvier 1982, Schmit et Thomas).

Partout où le chef d'entreprise peut être déclaré responsable (entrave, sécurité de travail, embauche, délivrance des bulletins de paie, installation de sécurité), il peut déléguer… Si dans un premier temps cette délégation ne concernait que les personnes les plus élevées au sommet de la hiérarchie, la chambre criminelle de la Cour de cassation a donné une définition beaucoup plus large à la qualité de préposé.

Cinq arrêts rendus, tous en 1993, ont admis le principe selon lequel (sauf lorsque la loi en disposait autrement) *« le chef d'entreprise qui n'a pas personnellement pris part à la réalisation de l'infraction peut s'exonérer de sa responsabilité pénale s'il apporte la preuve qu'il a délégué ses pouvoirs à une personne pourvue de la compétence, de l'autorité et des moyens nécessaires ».*

Assez curieusement, la jurisprudence a eu l'occasion à de multiples reprises de préciser les conditions pour être un délégataire et assez peu pour être délégant. Il faut à l'évidence avoir le pouvoir de le faire, exercer une autorité au sein de l'entreprise telle qu'elle puisse être déléguée et tout simplement, être pénalement responsable d'une infraction virtuelle.

Tout dirigeant d'entreprise d'une structure quelque peu complexe devrait donc se poser la question : s'il arrive un accident, si une infraction est commise par un de mes préposés, puis-je en être considéré comme responsable ? À partir du moment où cette question est posée, le raisonnement sur la délégation de pouvoir peut fonctionner. La délégation de pouvoir ne prive pas d'ailleurs le chef d'entreprise de s'assurer que le délégataire respecte bien l'objet de sa délégation. Autrement dit, le chef d'entreprise ne perd pas le pouvoir de contrôler le délégataire, voire de le surveiller, ou de le révoquer avant qu'il ne soit trop tard.

Si le délégataire est autonome, il ne devient pas pour autant un électron libre dans l'entreprise et n'acquiert pas avec la délégation une indépendance, il reste bel et bien un salarié de l'entreprise.

Qui est délégataire

Le délégataire doit être celui qui exerce effectivement la responsabilité puisque la délégation de pouvoir a pour unique objet de permettre le transfert de cette responsabilité. Le délégataire doit donc être la personne investie de l'**autorité**, de la **compétence** et des **moyens** nécessaires pour exercer sa mission.

Qualifié professionnellement, formé, il doit disposer d'un pouvoir de commandement suffisant pour obtenir des salariés placés sous surveillance l'obéissance nécessaire au respect de la loi ; c'est l'autorité. Il doit disposer également d'un minimum d'indépendance : s'il doit à chaque instant en référer au chef d'entreprise avant toute décision concernant la sécurité, on ne peut pas considérer qu'il est un véritable délégataire, pas plus d'ailleurs que celui qui n'est qu'un simple intermédiaire.

Indépendant et disposant d'un pouvoir disciplinaire, cela signifie que le délégataire doit bien sûr avoir le droit d'infliger des sanctions. Ce qui ne signifie pas d'ailleurs forcément le pouvoir de licencier. La délégation ne peut pas être donnée pour l'exécution d'un même travail à deux, voire plusieurs salariés en même temps. C'est l'idée de la délégation unique.

Qualifié, bien formé, correctement payé, ayant une ancienneté certaine dans l'activité considérée, pouvant embaucher du personnel, commander du matériel, disposant d'un pouvoir disciplinaire, le délégataire devra donc disposer de moyens réels. Ce qui exclut bien sûr la délégation de pure forme, vaguement prévue dans l'organigramme de l'entreprise et ne s'accompagnant d'aucune mesure concrète de transmission des attributions.

La Cour de cassation a été également sensible au fait que l'on ne peut pas « mettre sur le dos » du délégataire les erreurs de méthodes imputables à la direction, lorsqu'il y a notamment des erreurs stratégiques graves ou pouvant entraîner des conséquences sur la sécurité des salariés.

Dans quelles conditions le délégataire doit accepter

Bien sûr, le délégataire doit savoir à quoi il s'engage. Le chef d'entreprise avisé saura indiquer la nature et la conséquence de la mission confiée dans le cadre de cette délégation de pouvoir, mais surtout préciser quelle réglementation il s'agit d'appliquer. C'est au délégataire, assez curieusement d'ailleurs, de ne pas forcément accepter les conséquences pénales de la délégation, il lui suffit d'en être informé.

Remarque

la subdélégation est-elle possible ?

Depuis 1983, la Cour de cassation a rappelé qu'aucune règle de droit n'interdisait la subdélégation, mais qu'il convenait que le primo-délégataire soit expressément autorisé à déléguer des fonctions qui lui sont confiées. Ceci ayant pour effet d'exclure des subdélégations en chaîne.

Depuis 1996 toutefois, la chambre criminelle de la Cour de cassation a affirmé que l'autorisation du chef d'entreprise dont émane la délégation de pouvoir initiale n'est pas nécessaire à la validité des subdélégations de pouvoir dès lors que celles-ci sont régulièrement consenties et que les subdélégataires sont pourvus de l'autorité et des moyens propres à l'accomplissement de leur mission. L'absence de formalisme prévaut toujours, il n'y a pas nécessité d'un écrit. Le primo-délégataire qui donne une subdélégation renonce bien évidemment à la subdélégation qu'il avait consentie à un autre salarié de l'entreprise.

Pourquoi être délégataire

Être délégataire, ce n'est pas forcément pour embaucher, ce n'est pas forcément pour commander, c'est pour être responsable et acquérir une responsabilité pénale, celle du chef d'entreprise.

Quelles preuves

L'écrit n'est pas indispensable, mais la délégation doit être précise et non ambiguë. Une délégation par oral est évidemment fragile puisque la jurisprudence estime de façon habituelle qu'un accord verbal est ambigu par nature, donnant au juge un plus large pouvoir d'interprétation.

Sur un plan pratique, il est largement conseillé de toujours faire un écrit dans le cadre d'une délégation de pouvoir. À l'inverse toutefois, la production d'un écrit n'établit pas forcément l'existence d'une obligation. Pour la Cour de cassation, ce n'est qu'un élément d'appréciation parmi d'autres. Au pénal, il y a, on le sait, la liberté de la preuve et le principe de « l'intime conviction[1] » : **un témoignage peut tout à fait remettre en cause la validité d'un écrit**.

C'est au chef d'entreprise évoquant les effets exonératoires d'une délégation de préciser l'étendue du pouvoir délégué, ainsi que le titulaire de la délégation. Bien sûr, une délégation établie en termes généraux ne pourrait être valablement invoquée.

À savoir

La délégation de pouvoir est également possible en matière de représentation de personnel, en matière de transport, en matière de durée de travail, en matière d'emploi, et même en matière de tenue des registres obligatoires destinés à l'inspecteur du travail.

Des exemples de mises en jeu de la responsabilité pénale de l'employeur liées aux problèmes de l'alcool

Avant-propos

Ainsi qu'il l'a été démontré, l'employeur est responsable pénalement. Il peut déléguer ses pouvoirs.

La difficulté pratique pour aborder le problème de la responsabilité de l'employeur se situe moins dans le droit pénal du travail que dans le droit de la responsabilité tout court. Il faudra donc s'intéresser à des infractions qui sont des infractions de droit commun (et non spécifiques au droit du travail). Ces infractions sont essen-

1. Qui devrait plus justement être appelé « le pouvoir souverain d'appréciation du juge de fonds »

tiellement la mise en danger d'autrui, la non-assistance à personne en danger, voire le délaissement d'une personne hors d'état de se protéger.

Le procureur de la République recherchera si l'employeur, celui qui pouvait agir, celui qui devait agir, a fait tout ce qui était en son pouvoir pour éviter que soit commise l'infraction. Ce qui dictera le fait de poursuivre ou pas sera bien évidemment la gravité des faits, la gravité des conséquences liées à l'alcoolisation. On peut admettre en premier lieu que si la personne alcoolisée a occasionné la mort d'autrui ou une incapacité totale de travail, que l'opinion publique s'en est à juste titre émue et que la presse a relayé cette émotion, le procureur de la République sera d'autant plus enclin à rechercher qui a pu contribuer, même très indirectement, à la commission de cette infraction.

L'employeur qui aura laissé s'organiser un pot avec de l'alcool à l'intérieur de l'entreprise, l'employeur qui aura facilité une alcoolisation d'un de ses salariés, l'employeur qui n'aura pas tout mis en œuvre pour empêcher un de ses salariés alcoolisé d'occasionner un dommage pour lui-même ou pour les autres pourra se voir poursuivre en qualité de complice ou de coauteur.

Exemples

La sévérité dont fera preuve le procureur de la République sera bien évidemment beaucoup plus grande si l'employeur est à l'origine de l'alcoolisation du salarié. Laisser un salarié en état d'ébriété dans des situations telles que :

- Conduire un véhicule ;
- Utiliser une machine dangereuse ;
- Monter sur un échafaudage…

… peuvent aboutir à la mise en examen de l'employeur et/ou des délégataires de pouvoirs, qu'il en soit résulté des blessures ou le décès du salarié lui-même ou d'une autre personne.

L'employeur doit prendre la responsabilité de constater si un salarié n'est plus à même d'effectuer un travail sans danger pour lui-même ou pour les autres. Il doit non seulement constater, mais il doit intervenir.

La faute grave est maintenant retenue à l'encontre du salarié qui, à la suite d'un contrôle d'alcoolémie effectué sur un chantier par son supérieur hiérarchique alors qu'il était au volant d'un véhicule automobile, a transporté un autre salarié de l'entreprise (dès lors que le règlement intérieur de l'entreprise prévoyait l'interdiction d'accéder au lieu de travail en état d'ivresse et que le recours à l'alcotest pour vérifier le taux d'alcoolémie était possible), la légitimité du licenciement reposant sur le fait à la fois qu'il était permis de contester le contrôle d'alcoolémie, mais aussi et surtout que l'état d'ébriété du salarié exposait les personnes ou les biens à un danger. C'est bel et bien la notion de danger qui pourrait entraîner la responsabilité de l'employeur qui doit être appréhendée par lui (22 mai 2002 Cass., Ch. soc., arrêt Piani).

Les jurisprudences globales sur la responsabilité de l'employeur sont encore hésitantes, mais on sent très nettement une tendance au durcissement. En effet, si un jugement rendu le 23 mai 2005 par la 7e chambre du tribunal correctionnel de Lyon permet d'exonérer l'employeur puisque le repas se déroulait hors du temps de travail et que seul du vin avait été commandé, on peut admettre *a contrario* que si ces deux critères n'avaient pas existé, la responsabilité de l'employeur aurait été totalement engagée. C'est donc les infractions du droit commun réprimées par le Code pénal qui peuvent trouver à s'appliquer lorsque l'employeur met en danger délibérément la vie d'autrui (art. 223-1 du Code pénal).

L'interdiction d'introduire et de consommer de l'alcool relevant d'une disposition particulière de prudence, la violation peut donc servir de fondement à des poursuites pour mise en danger délibérée. C'est le cas d'un responsable hiérarchique laissant un agent en état d'ivresse travailler ou prendre le volant. Ceux qui ont laissé organiser le pot ou prendre le volant peuvent être alors des auteurs indirects.

Ce que sanctionnent les tribunaux, c'est surtout le fait de ne pas avoir su créer les conditions d'une protection du personnel (éventuellement contre le salarié lui-même, en lui prenant ses clés par exemple).

L'employeur peut-il « externaliser » le risque pour s'exonérer de sa responsabilité ?

Il y a fort à parier que le procureur de la République apprécierait assez peu l'attitude de l'employeur qui souhaiterait ne pas assumer sa responsabilité en facilitant l'organisation d'un pot lié à l'activité professionnelle (par exemple, un départ en retraite) à l'extérieur de l'entreprise et hors du temps de travail, mais en contribuant financièrement à l'élaboration de ce pot.

Il faut rappeler que le juge pénal n'est pas lié par les conditions strictes du droit du travail ; il peut très bien estimer que le lien de subordination existait encore bien que l'on fût en dehors du temps de travail.

Le collègue d'un salarié en état d'ébriété doit également agir…

Sans déresponsabiliser l'employeur, il faut noter que les salariés ne peuvent être simples spectateurs et qu'ils doivent veiller dans la mesure du possible, pour eux-mêmes et pour les autres, au respect des conditions d'hygiène et de sécurité.

Si un salarié s'aperçoit qu'un de ses collègues n'est pas en état d'accomplir la mission qui lui a été confiée, il lui appartient donc de signaler ce fait au supérieur hiérarchique qui devra, *in fine*, prendre la décision de le maintenir ou non à ce poste.

Autrement dit, le collègue de travail qui en tout état de cause a « couvert » un autre salarié pourrait voir également sa responsabilité engagée, même si aujourd'hui ce n'est pas encore chose courante.

Dans ce prolongement, les articles L. 231-9 et L. 231-8 du Code du travail permettent aux représentants du CHSCT et aux salariés de signaler immédiatement à l'employeur toute situation de travail dont ils ont un motif raisonnable de penser qu'elle présente un danger grave imminent pour leur santé...

Exemple de condamnation d'un salarié

À titre d'exemple, le secrétaire d'un comité d'entreprise a été condamné le 15 octobre 2002 par le tribunal correctionnel de Nevers pour avoir organisé un repas de fin d'année arrosé à l'issue duquel un des participants, salarié de l'entreprise et conduisant une voiture de la société, en état d'ébriété, avait provoqué un accident mortel. Le secrétaire du comité d'entreprise de la société d'une entreprise de travaux publics, poursuivi pour *« introduction ou distribution de boissons alcoolisées dans l'établissement employeur »*, a été condamné à 2 000 euros d'amende et à verser solidairement avec sa société, au titre des préjudices moraux, 5 000 euros à l'épouse du conducteur tué dans l'accident et 5 000 euros à leur enfant âgé d'un an. Le secrétaire du CE, en sa qualité d'organisateur, aurait dû contrôler les consommations d'alcool (LS n° 13750 21 octobre 2002).

Le droit de retrait du salarié constatant l'état d'ébriété d'un de ses collègues

La question peut se poser du salarié qui se prévaudrait de la règle pour exercer son droit de retrait des locaux de l'entreprise si un autre salarié sous l'emprise de l'alcool représentait une menace pour la tâche qu'il occupe. Selon nous, ce droit de retrait pourrait être considéré comme légitime en fonction du risque encouru.

En définitive, en vertu du renforcement de la responsabilité de l'entreprise en matière d'hygiène et de sécurité, des infractions générales peuvent être imputées aux personnes morales, mais, en matière d'homicide ou de violences involontaires, la cible privilégiée de la responsabilité morale des personnes morales est les accidents du travail. Rien n'empêche à ce jour d'imaginer une poursuite de la personne morale qui aurait, par ses représentants légaux, contribué à l'établissement d'une situation dangereuse...

Les jurisprudences en matière d'amiante doivent faire réfléchir sur ce point puisque la véritable question de santé publique s'est imposée pour l'amiante. Ne peut-on imaginer que dans le cadre d'une vaste campagne visant la sécurité routière, par exemple, on recherche de plus en plus une reconnaissance d'une poursuite en responsabilité des employeurs pour leur inaction face aux problèmes d'alcool.

Questions/Réponses

Les « pots » d'entreprise

Question

« Dans mon entreprise ou dans mon service, nous souhaitons qu'une bonne ambiance continue à régner. C'est pourquoi la hiérarchie organise régulièrement des pots pour fêter les départs en vacances, la naissance d'un des enfants de nos salariés, ou un départ en retraite bien sûr. Puis-je continuer à organiser ces pots, et, s'il arrivait quelque chose à un de mes salariés à la sortie d'un pot, ne pourrait-on pas me le reprocher ? Est-ce que cette volonté de souder l'équipe ne pourrait pas se retourner contre moi ? »

Réponse

Les pots n'ont jamais été interdits dans l'entreprise. L'employeur a le pouvoir d'organisation, y compris, même... celui de faciliter une bonne ambiance. Ce qui est en revanche strictement interdit, c'est l'introduction et la consommation de boissons alcoolisées sur le temps et sur le lieu de travail. Autrement dit, un pot : oui, mais sans alcool !

En effet, tolérer, faciliter ou faire semblant de ne rien voir concernant l'introduction de boissons alcoolisées pourrait effectivement entraîner la responsabilité de celui ou celle qui a laissé faire.

Question

« Oui, mais depuis toujours des boissons alcoolisées sont consommées lors de ces pots et j'ai peur, si je les interdis, de casser l'ambiance, ou même que les salariés ne les consomment en cachette... »

Réponse

Ce n'est pas parce qu'une habitude est ancienne qu'elle est forcément bonne. Ce qui était vrai il y a quelques dizaines d'années, s'agissant d'une tolérance au regard de l'alcool, ne l'est plus aujourd'hui.

Pour arriver à supprimer purement et simplement la consommation d'alcool lors de ces pots, il faut bien sûr en parler aux institutions représentatives du personnel, associer les salariés et les IRP, la médecine du travail, le CHSCT, etc. Le but étant de ne plus consommer d'alcool dans l'entreprise. Si un salarié continue à le faire malgré ça, c'est alors le pouvoir disciplinaire qui peut être mis en œuvre à son encontre.

Le recours à des tests

Question

« Justement, je sais qu'un salarié boit mais je n'arrive pas à l'attraper sur le fait. Or, je pense que lorsqu'il a bu des boissons alcoolisées, il peut être dangereux, compte tenu du poste qu'il occupe. Puis-je faire procéder à des tests ? »

Réponse

Les tests ne sont maintenant plus interdits, ils sont simplement réglementés. Le règlement intérieur doit prévoir dans quelles conditions ils s'effectuent. Les institutions représentatives du personnel, le CHSCT, la médecine du travail peuvent et doivent être associés à ce règlement intérieur.

Une fois débattues avec les IRP, portées à la connaissance de l'inspecteur du travail, les dispositions du règlement intérieur s'appliquent à tous les salariés, et il n'y aura pas de discrimination si vous faites procéder à un test dans les conditions prévues par ce règlement intérieur.

Il faut bien sûr garder en tête que la dépendance alcoolique est une maladie et que si elle peut entraîner la responsabilité de l'entreprise, elle doit aussi être traitée avec toute l'humanité qui s'impose... On ne choisit pas sa maladie.

Chapitre 2

Le tabac dans l'entreprise : les risques pour l'employeur

Force est de reconnaître que le tabac met en danger la santé des salariés et relève de la responsabilité de l'employeur.

La conduite à adopter par l'employeur vis-à-vis du tabac est imposée par la loi Évin du 10 janvier 1991 et le décret d'application de la loi du 29 mai 1992 qui lui donnent un cadre d'intervention clair, laissant peu de questions en suspens. L'employeur doit donc être particulièrement vigilant face à ce risque professionnel pour protéger les personnes sur le lieu de travail et éviter ainsi que sa responsabilité civile et/ou pénale soit engagée.

Bien connaître les complications liées au tabac

Pour comprendre les complications liées au tabac, il faut avoir présent à l'esprit que ce produit est hautement toxique. Si la présence de nicotine est bien connue, il faut savoir qu'une cigarette ou un cigare peuvent contenir jusqu'à quatre mille substances toxiques. Même pour un non-fumeur, non seulement le tabac est une gêne, mais on sait que ce tabagisme passif est plus dangereux qu'on ne le pensait naguère. Enfin, mais fallait-il le rappeler, le tabac provoque de nombreuses pathologies, des cancers bien sûr et de nombreuses affections cardiaques.

Le tabac est un produit toxique complexe

Chacun pense connaître les complications liées au tabac. Pourtant, et même si la dangerosité du produit est apparemment connue de tous, rappelons que le tabac, sous toutes ses formes (tabac à rouler, pipe, cigare et bien sûr cigarette) contient un grand nombre de substances toxiques.

La fumée de cigarettes est un aérosol, c'est-à-dire un mélange de gaz et de particules, qui contient plus quatre mille substances toxiques, dont près de quarante sont cancérigènes. Chacun sait qu'une cigarette contient du tabac, de la nicotine, des agents de saveur et de texture. Ces informations figurent d'ailleurs sur les paquets de cigarettes.

Mais ce n'est pas tout ! Une fois allumée, une cigarette devient une véritable usine chimique. Sa combustion provoque la formation de très nombreuses substances nuisibles pour la santé, dont les goudrons, des gaz toxiques (monoxyde de carbone, oxyde d'azote, acide cyanhydrique, ammoniac) et des métaux lourds (cadmium, mercure, plomb, chrome).

Le tabac contient par ailleurs de la nicotine. Cette substance psycho-active agit sur le cerveau et entraîne une dépendance physique à la cigarette, tout en procurant un effet de plaisir, de détente, de stimulation intellectuelle, d'action anxiolytique, un effet antidépresseur et coupe-faim. La nicotine affecte également le système respiratoire et le système cardiovasculaire. Cette substance est présente naturellement dans le tabac à des taux de concentration variables en fonction des parties de la plante. On la retrouve sous forme de particules en suspension dans la fumée.

Les industriels du tabac ont nié pendant des années le rôle de la nicotine dans la dépendance. Pourtant, plusieurs procès, notamment aux États-Unis, ont révélé qu'ils en ont ajusté soigneusement le dosage pour garantir leurs profits. Un fumeur d'un paquet par jour inhale 250 ml de goudrons par an, soit l'équivalent de deux pots de yaourt. Les goudrons sont la principale substance responsable des cancers liés au tabagisme. Ils regroupent un très grand nombre de particules (notamment des hydrocarbures comme le benzène). Ils recouvrent les poumons d'une substance gluante brune ou noire, sans oublier qu'ils ont aussi un effet nocif sur les tissus et les muqueuses.

Les complications liées au tabagisme passif

On peut définir le tabagisme passif comme *« une inhalation involontaire par un sujet non fumeur de la fumée dégagée dans son voisinage par un ou plusieurs sujets fumeurs »*[1]. Un rapport de l'Académie nationale de médecine de 1997 précise, à cet égard, que la fumée de tabac constitue la source la plus dangereuse de pollution de l'air, en raison de sa concentration élevée en produits toxiques, mais aussi parce qu'on y est exposé à tout âge et pendant des périodes beaucoup plus longues que celles pendant lesquelles on subit une pollution atmosphérique extérieure.

1. Définition donnée par le Dr J. Trédaniel.

À côté de la gêne qu'il provoque, le tabagisme passif aggrave des pathologies existantes et en crée de nouvelles, comme :

- **Les affections tumorales :**
  - **Le cancer du poumon.** D'après le rapport précité de l'Académie nationale de médecine, les études montrent *« une augmentation moyenne de 35 % du risque de cancer du poumon chez le conjoint non fumeur par rapport à celui d'un couple non fumeur. Le risque augmente en fonction du nombre de cigarettes fumées par le conjoint ou le partenaire et du nombre d'années d'exposition. Le risque est plus élevé si, au tabagisme du domicile, s'ajoute celui du lieu de travail et varie avec la durée d'exposition (nombre d'heures par jour et nombre d'années d'exposition) »*,
  - **Les autres cancers.** Des études mettent en évidence une relation entre le tabagisme passif et les cancers des sinus de la face.
- **Les maladies cardiovasculaires.** Toujours d'après le rapport de l'Académie nationale, une étude épidémiologique, portant sur 305 000 couples suivis prospectivement montre une augmentation de 20 % du risque de décès par maladies coronariennes chez les hommes non fumeurs mariés à des fumeuses et une augmentation de 10 % pour les femmes non fumeuses mariées à des fumeurs. En France, en première approximation, on peut admettre un chiffre de 2 500 à 3 000 décès annuels liés au tabagisme passif.

Les effets néfastes du tabac

Il est communément reconnu que le tabac est susceptible de provoquer des pathologies particulièrement graves, et notamment en milieu de travail.

Le risque de cancers

Le risque le plus grand pour la vie du salarié est naturellement l'apparition de cancers :

- **Le cancer du poumon.** Il touche un nombre croissant de jeunes adultes, parfois dès 30 ans pour des tabagiques précoces : d'une manière générale, plus l'entrée dans le tabagisme aura été précoce, plus le risque est grand. 85 % des cancers du poumon sont dus au tabagisme chez l'homme : c'est la première cause de mortalité. Les femmes ne sont pas épargnées ; elles ont commencé à fumer plus tard que les hommes, mais le taux de cancer est croissant au fil des années ;
- **Les autres cancers :**
  - Cancer de la cavité buccale (passage de la fumée chaude, chargée de toutes ses toxiques) ; la prise d'alcool augmente beaucoup les risques,
  - Cancer du larynx et du pharynx,
  - Cancer de l'œsophage,

- Cancers du pancréas,
- Cancers du col de l'utérus chez la femme jeune (les hydrocarbures de la fumée sont retrouvés au niveau de la glaire cervicale),
- Cancer de la vessie (dû aux hydrocarbures aromatiques de la fumée qui, transportés par voie sanguine, restent au contact des parois de la vessie avant d'être éliminés),
- Cancer du rein et des voies urinaires.

Les troubles de la vision

Plusieurs études médicales récentes le démontrent désormais clairement : le tabac a un effet important sur l'œil. Il favorise l'apparition de deux maladies oculaires : la cataracte et la dégénérescence maculaire liée à l'âge (DMLA).

La cataracte est une maladie bien connue depuis l'antiquité. Il s'agit, on le sait, d'une opacification du cristallin, lequel joue le rôle de lentille réglable, faisant converger la lumière sur la rétine. Lorsqu'il s'opacifie, la vision baisse. On doit alors avoir recours à la chirurgie : le cristallin est extrait et remplacé par un implant artificiel. Il est maintenant reconnu que le tabagisme augmente le risque de cataracte.

La DMLA est, quant à elle, une dégénérescence de la rétine potentiellement plus grave. C'est la principale cause de cécité chez les personnes de plus de 50 ans. Elle représente à elle seule plus de 50 % des cas de cécité dans ce groupe d'âge. Le tabagisme est le seul facteur de risque connu de cette pathologie : le risque de DMLA est multiplié par cinq chez les gros fumeurs.

Les troubles cardio-vasculaires et altération des vaisseaux sanguins

C'est très tôt que les effets nocifs du tabac sur le cœur et les vaisseaux peuvent survenir dans la vie d'un fumeur. Les deux responsables en sont, d'une part, le monoxyde de carbone et, d'autre part, la nicotine inhalée avec la fumée (qui produit un effet de vasoconstriction). La nicotine inhalée a une action indirecte sur les parois des vaisseaux, elle contribue à les altérer et peut favoriser l'hypertension. À tous les âges le risque cardio-vasculaire existe :

- La jeune fille qui prend aussi la pilule verra ses risques de phlébite, voire d'embolie pulmonaire, augmenter ;
- L'adulte jeune fumeur pourra faire un accident vasculaire cérébral. Ce risque est permanent à tout âge ;
- L'infarctus du myocarde survient fréquemment chez le fumeur. Les femmes sont de moins en moins épargnées ;
- Chez le fumeur de plus longue date, le risque d'artérite existe (effet du tabagisme associé à un taux de cholestérol plus important) ;

- Toutes les artères peuvent être touchées, les plus petites comme les plus grosses (la carotide, l'aorte) ;
- On peut citer également : sensation de jambes lourdes, impuissance sexuelle chez l'homme, altérations de la peau.

Il est aussi admis que l'usage de cigares ou de pipes confère un risque accru de maladie cardio-vasculaire.

Les troubles respiratoires

Le tabac provoque par ailleurs des toux fréquentes, des essoufflements. À cet égard, la pratique du sport par un fumeur protège faussement. En effet, le sportif entraîné conserve un certain souffle et se croit alors protégé des effets nocifs du tabac. Il n'en est rien. De nombreuses maladies respiratoires peuvent se développer un peu plus tard : bronchites chroniques, insuffisance respiratoire, broncho-pneumopathie chronique obstructive, emphysème (les alvéoles pulmonaires « claquent » les unes dans les autres comme des bulles de savon, après avoir perdu toute leur élasticité). L'essoufflement est extrême, même pour de simples gestes quotidiens. L'asthme est plus fréquent et plus grave chez le fumeur.

L'altération de la peau

Pour les hommes comme pour les femmes qui ont commencé à fumer dès l'entrée dans l'adolescence, les effets du tabac sur l'esthétique se manifestent d'abord de façon discrète, puis de façon plus visible. Le trait le plus caractéristique est un teint un peu brouillé, terne. La peau a perdu de son éclat et peut donner une impression de fatigue, d'autant que les cernes des yeux seront souvent plus marqués. Ce qui n'est qu'une impression, notamment chez la jeune femme de 20 ou 25 ans, se confirme très nettement avec les années où l'on observe un vieillissement prématuré de la peau.

Tous ces effets sont accentués en cas d'exposition solaire importante. À l'arrêt du tabac, en moins d'un mois, le teint retrouve sa clarté perdue, les cernes et les petites ridules qui ont pu apparaître s'atténuent de façon patente. La peau retrouve sa souplesse originelle. La différence est manifeste le matin, au lever, sans maquillage.

Comment prévenir et gérer le tabac sur le lieu de travail

Parce qu'il s'agit d'un toxique licite, socialement répandu, le tabac fait l'objet d'une réglementation assez dense. Le principe est connu : tout employeur se doit de respecter un principe d'interdiction au sein de son entreprise. Mais il est aussi tenu d'obligations précises pour protéger les non-fumeurs sans porter préjudice par nature aux fumeurs.

La longue primauté du tabac dans l'entreprise a fait son temps car, désormais, le fumeur est considéré comme une espèce nuisible ! Aussi existe-t-il un risque certain de mélanges des logiques : revient-il à l'entreprise de porter et d'intégrer les politiques de santé publique ? L'entreprise ne risque-t-elle pas de devenir un nouvel espace d'intolérance ? Que faire pour l'employeur qui souhaite protéger les salariés des risques liés au tabac ? Pourra-t-il voir sa responsabilité engagée au motif qu'un salarié non fumeur est devenu malade en raison d'une quantité de fumée inhalée sur le lieu de travail ? Comment éviter un tel risque d'action en justice ? Comment prévenir ? Que faire ?

Le principe : interdiction du tabac dans l'entreprise

Connaître la réglementation applicable

Les dispositions applicables au tabac dans l'entreprise sont prévues par deux codes distincts :

- **Par le Code de la santé publique** (CSP), et notamment par la célèbre loi dite Évin du 10 janvier 1991 et son décret d'application du 29 mai 1992, respectivement transposés aux articles L. 3511-1 et suivants et R. 3511-1 et suivants du CSP ;
- **Par le Code du travail** (CT), au titre de l'hygiène, de la sécurité et des conditions de travail.

Un principe général d'interdiction

La loi Évin du 10 janvier 1991 a posé un principe général d'interdiction de fumer assorti d'exceptions.

Le principe législatif général découle de l'article L. 3511-7 du CSP qui dispose :

> *« Il est interdit de fumer dans les lieux affectés à un usage collectif, [...], sauf dans les emplacements expressément réservés aux fumeurs. »*

Le principe réglementaire général découle quant à lui de l'article R. 3511-1, lequel dispose :

> *« L'interdiction de fumer dans les lieux affectés à un usage collectif prévue à l'article L. 3511-7 s'applique dans tous les lieux clos et couverts [...] qui constituent des lieux de travail. »*

Les modalités pratiques de l'interdiction : les espaces où l'employeur doit interdire

Les modalités pratiques de l'interdiction du tabac dans l'entreprise sont prévues par les dispositions particulières des articles R. 3511-4 et suivants du CSP :

- Article R 3511-4 :

  « Il est interdit de fumer dans les locaux clos et couverts affectés à l'ensemble des salariés tels que les locaux d'accueil et de réception, les locaux affectés à la restauration collective, les salles de réunion et de formation, les salles et espaces de repos, les locaux réservés aux loisirs, à la culture et au sport, les locaux sanitaires et médico-sanitaires. »

- Article R 3511-5 :

  « Il doit être établi un plan d'aménagement de ces espaces qui peuvent être, le cas échéant, spécialement réservés aux fumeurs. »

  « Pour les locaux de travail autres que ceux prévus à l'article R. 3511-4, doit être prévu un plan d'organisation ou d'aménagement destiné à assurer la protection des non-fumeurs. Ce plan est actualisé en tant que de besoin tous les deux ans. »

- Article R 3511-6 :

  « La décision de mettre des emplacements à la disposition des fumeurs est soumise à la consultation du comité d'hygiène, de sécurité et des conditions de travail ou, à défaut, des délégués du personnel, ainsi que du médecin du travail. Cette consultation est renouvelée au moins tous les deux ans. »

Toutes les entreprises ayant des locaux à usage collectif font partie du champ d'application de la loi Évin. Plus précisément, la loi s'applique pour les locaux fermés et couverts à la disposition de l'ensemble des salariés.

De plus, il faut retenir qu'un local fermé et couvert qui accueille deux ou plusieurs personnes est un local à usage collectif au sens de l'article L. 3511-7 du CSP. En revanche, les bureaux individuels ne sont pas considérés à usage collectif (CE 9 juillet 1993 n° 139445).

Une interdiction pour des raisons de sécurité

Le Code du travail prévoit qu'il est interdit de fumer pour raison de sécurité :

- Dans les locaux ou lieux où sont entreposées ou exposées des substances ou préparations classées explosives, comburantes ou extrêmement inflammables (article R. 232-12-14 du CT) ;
- Dans les locaux susceptibles de présenter des risques liés à la présence de poussières arsenicales (décret 79-846), de plomb métallique (décret 88-120 modifié) ou d'agents cancérogènes.

L'employeur peut-il interdire totalement le tabac dans l'entreprise ?

Le décret d'application de la loi Évin du 29 mai 1992 précisait dans son article 2 :

> *« L'interdiction de fumer ne s'applique pas dans les emplacements qui, sauf impossibilité, sont mis à la disposition des fumeurs. »*

On pouvait donc en déduire que l'employeur pouvait ne pas mettre en place d'espace fumeur uniquement en cas d'impossibilité, pour des raisons de configuration des locaux par exemple.

Or, suite à la codification de ce décret, l'article R. 3511-2 du CSP dispose que :

> *« L'interdiction de fumer ne s'applique pas dans les emplacements qui sont mis à la disposition des fumeurs. »*

Ainsi, la mention de l'impossibilité ayant disparu, le chef d'entreprise peut ne pas mettre à la disposition des fumeurs un local réservé s'il le souhaite. Cette prérogative de l'employeur est certainement soutenue par la volonté du législateur de réduire l'usage du tabac et de protéger la santé des non-fumeurs.

L'employeur peut-il même prôner l'interdiction de fumer dans les bureaux individuels ?

L'employeur prend ici le risque d'enfreindre l'article L. 120-2 du Code du travail :

> *« Nul ne peut apporter aux droits des personnes et aux libertés individuelles et collectives des restrictions qui ne seraient pas justifiées par la nature de la tâche à accomplir ni proportionnées au but recherché. »*

En effet, fumer est une liberté individuelle et le Conseil d'État indique dans un arrêt du 9 juillet 1993 que les bureaux individuels considérés comme des lieux privés ne sont pas considérés à usage collectif.

La loi Évin ne s'applique donc pas aux bureaux individuels (CE 9 juillet 1993 n° 139445). Ainsi, une interdiction totale doit être soigneusement justifiée, pour des motifs impératifs de sécurité par exemple. Car l'employeur est tenu en effet d'une obligation générale de résultat.

Les obligations de l'employeur et son rôle de prévention

L'employeur est tenu à une obligation de signalisation

L'employeur doit protéger les non-fumeurs en rappelant l'interdiction du tabac dans l'entreprise. Le Code de santé publique prévoit que l'employeur doit mettre en place dans chaque emplacement réservé aux fumeurs une signalisation apparente qui indique que fumer est autorisé (art. R. 3511-7).

De plus, il est préférable de rappeler l'interdiction de fumer dans tous les autres lieux qui ne sont pas réservés aux fumeurs. Le moyen de signalisation n'est pas imposé (texte, pictogramme, etc.), mais doit être visible en toutes circonstances.

Important

Pour les lieux où l'interdiction de fumer est liée à des raisons de sécurité (substances explosives, comburantes ou extrêmement inflammables, poussières arsenicales), un arrêté du 4 novembre 1993 impose à l'employeur de mettre en place une signalisation qui peut prendre la forme d'un signal lumineux ou acoustique, ou d'un panneau (forme ronde, pictogramme noir sur fond blanc, bordure et bande rouge, couleur rouge recouvrant au moins 35 % de la surface du panneau). Il doit se présenter sous la forme du pictogramme suivant :

Défense de fumer

L'employeur est-il tenu d'aménager un espace pour les fumeurs ?

L'employeur a l'obligation d'établir un plan d'aménagement d'un ou plusieurs espaces réservés pour les personnes qui souhaitent fumer.

Pour ce faire, l'employeur doit consulter le médecin du travail, le CHSCT ou, à défaut, les délégués du personnel, mais il n'est pas obligé de tenir compte de leur avis. Il reste décisionnaire des locaux qui seront réservés aux fumeurs. Toutefois, cette consultation doit avoir lieu tous les deux ans. Ce plan d'aménagement répond concomitamment à deux objectifs :

- Mettre à la disposition des fumeurs un ou des espaces pour qu'ils puissent fumer ;
- Veiller à la protection des non-fumeurs.

Comment aménager l'espace réservé aux salariés fumeurs

L'employeur doit prendre en compte plusieurs éléments lors de l'élaboration du plan d'aménagement d'espaces réservés aux fumeurs.

L'employeur doit veiller à l'aération des locaux réservés aux fumeurs

La fumée de tabac fait partie des polluants spécifiques définis par l'article R. 232-5 du Code du travail (CT). Cet article prévoit des normes de renouvellement de l'air pour les locaux renfermant des pollutions spécifiques, dont la fumée de tabac.

L'air pollué d'un local réservé aux fumeurs ne doit pas être renvoyé après recyclage dans un local à pollution non spécifique – pollution liée à la seule présence humaine : (article R. 232-5-4 CT). Les locaux fumeurs doivent avoir un système d'aération autonome, dont le débit doit être supérieur au débit de tous les autres systèmes d'aération présents dans les locaux non-fumeurs (article R. 232-5-6 CT).

Les émissions de tabac, si elles ne peuvent pas être supprimées, doivent être captées au fur et à mesure de leur production, au plus près de la source d'émission et de la manière la plus efficace possible (article R. 232-5-7 CT). L'air pollué par la fumée de tabac ne peut être recyclé qu'à la condition d'être suffisamment épuré, et ne peut pas être renvoyé après recyclage dans des locaux non-fumeurs (article R. 232-5-8 CT).

D'une façon générale, l'employeur doit assurer le contrôle et le bon fonctionnement du système d'aération.

L'employeur doit respecter les normes de ventilation

L'article R. 232-5-3 du Code du travail (CT) prévoit que :

> *« Dans les locaux à pollution non spécifique, lorsque l'aération est assurée par des dispositifs de ventilation, le débit minimal d'air neuf à introduire par occupant est fixé à :*
>
> *- 25 m^3 pour les bureaux ;*
>
> *- 30 m^3 pour les locaux de restauration, de vente ou de réunion ;*
>
> *- 45 m^3 pour les ateliers et locaux avec travail léger ;*
>
> *- 60 m^3 pour les autres ateliers ou locaux. »*

L'article R. 232-5-4 du CT prévoit que :

> *« L'air pollué d'un local à pollution spécifique ne doit pas être renvoyé après recyclage dans un local à pollution non spécifique. »*

L'article R. 232-5-7 du CT dispose que :

> *« Les émissions sous forme de gaz, vapeurs, aérosols de particules solides ou liquides, de substances insalubres, gênantes ou dangereuses pour la santé des travailleurs doivent être supprimées lorsque les techniques de production le permettent. Dans le cas contraire, elles doivent être captées au fur et à mesure de leur production, au plus près de leur source d'émission et aussi efficacement que possible, notamment en tenant compte de la nature des caractéristiques et du débit des polluants ainsi que des mouvements de l'air [...]. »*

L'article R. 232-5-8 du CT :

> *« L'air provenant d'un local à pollution spécifique ne peut être recyclé que s'il est efficacement épuré. Il ne peut être envoyé après recyclage dans d'autres locaux que si la pollution de tous les locaux concernés est de la même nature. [...]. »*

L'article R. 232-5-9 du CT :

> *« Le chef d'établissement doit maintenir l'ensemble des installations mentionnées dans la présente sous-section en bon état de fonctionnement et en assurer régulièrement le contrôle. [...]. »*

Les locaux réservés aux fumeurs ne doivent pas se trouver sur le passage des personnes non-fumeurs ni risquer de polluer d'autres espaces.

L'aménagement prévu pour les fumeurs doit protéger les non-fumeurs

La nécessité de protéger les non-fumeurs doit être assurée en tenant compte, pour chaque emplacement réservé aux fumeurs, de :

- **Son volume,** déterminé en fonction des obligations contenues dans l'article R. 232-5-2 du Code du travail ;
- **Sa disposition.** Il ne doit ni se trouver sur le passage des non-fumeurs, ni risquer de polluer d'autres espaces que le sien propre ;
- **Sa condition d'utilisation.** L'aération conforme doit être en état de marche, les portes donnant sur les espaces non-fumeurs doivent être tenues fermées, etc. ;
- **Ses conditions d'aération et de ventilation** qui doivent répondre aux obligations contenues dans les textes en vigueur (voir ci-dessus).

Les recommandations concernant les espaces réservés aux fumeurs peuvent se résumer en la nécessité de disposer d'un système de renouvellement de l'air :

- Entièrement autonome ;
- Vérifié régulièrement ;
- D'un débit supérieur au débit le plus important constaté dans les espaces non-fumeurs.

L'obligation de consultation de l'employeur

L'employeur est tenu dans son plan d'aménagement de consulter le comité d'hygiène, de sécurité et des conditions de travail (CHSCT) et le médecin du travail (article R. 3511-5 et R. 3511-6 du CSP). Le médecin du travail et le CHSCT – ou, en son absence, les délégués du personnel – doivent être consultés :

- Chaque fois qu'un espace est mis à la disposition des fumeurs ;
- Tous les deux ans pour vérifier le plan d'organisation ou d'aménagement destiné à assurer la protection des non-fumeurs.

Le rôle du médecin du travail

Dans le cadre de ses fonctions de veille sanitaire dans l'établissement, il a vocation à :

- Informer les salariés, les représentants du personnel et la direction sur les risques liés à la consommation de tabac et sur les aides au sevrage tabagique ;
- Informer les salariés, les représentants du personnel et la direction sur les risques liés au tabagisme passif ;
- Alerter, de manière formelle, la direction et le CHSCT chaque fois que des plaintes concernant le tabagisme passif sont formulées.

Le rôle du CHSCT

Dans le cadre de ses fonctions de veille sanitaire dans l'établissement, il doit :

- Être alerté, de manière formelle, chaque fois que des plaintes concernant le tabagisme passif sont formulées ;
- Veiller à ce que le plan d'organisation ou d'aménagement destiné à assurer la protection des non-fumeurs soit conforme aux obligations contenues dans les différents textes qui organisent cette protection ;
- Veiller à ce que, dans le respect de la législation, les espaces éventuellement réservés aux fumeurs jouissent de la même attention que les espaces de repos de l'entreprise.

Le rôle de l'employeur

Dans le cadre de ses fonctions de veille sanitaire dans l'établissement, il doit :

- Donner au médecin du travail les possibilités d'exercer son activité dans le domaine de la protection contre le tabagisme et encourager ses initiatives en la matière ;
- Informer et proposer des formations au CHSCT pour qu'il maîtrise les problèmes de tabagisme ;
- Montrer sa détermination de voir la protection contre le tabagisme respectée dans son entreprise, organiser une communication interne sur ce thème et fournir tous les moyens nécessaires à la réalisation de cet objectif.

Les espaces où on peut fumer

Le salarié peut fumer :

- Dans les espaces spécifiques prévus exclusivement à cet effet, clairement identifiés, répondant aux obligations contenues dans les articles R. 3511-2 à 8 du CSP et R. 232-5 et suivants du CT ;
- Dans les bureaux individuels après que l'employeur en ait donné l'autorisation sur recommandation du médecin du travail et du CHSCT :
  - À condition de renouveler la consultation du médecin du travail et du CHSCT au moins tous les deux ans,
  - À condition de respecter les obligations contenues dans les articles R. 232-5 et suivants du CT, R. 3511-2 à 8 du CSP, et notamment la nécessité d'assurer la protection des non-fumeurs ;
- Dans tout autre local ou atelier, à condition que cette autorisation :
  - Soit clairement affichée,
  - Respecte les obligations contenues dans les articles R. 3511-2 à 8 du CSP et R. 232-5 et suivants du CT,
  - Ne constitue pas une mesure discriminatoire à l'égard des non-fumeurs. Les articles R. 3511-2 et R. 3511-5 prévoyant en effet l'obligation d'assurer la protection des non-fumeurs, une cafétéria, par exemple, ne peut être réservée aux fumeurs que s'il en existe également une à la disposition des non-fumeurs dont le volume, la disposition et l'aération permettent d'assurer la protection des non-fumeurs.

Favoriser la communication sur les dangers liés au tabac

Le respect de la réglementation par les salariés, ainsi que la protection de la santé du personnel peuvent être favorisés par une campagne de prévention et de sensibilisation aux risques du tabac au sein même des locaux de l'entreprise.

Quel que soit le moyen utilisé (intervention d'un professionnel, reportage, campagne d'affichage, rôle du médecin du travail, etc.), il est primordial d'insister sur les effets du tabagisme passif, sur le respect des conditions de travail pour ceux qui ne fument pas, et enfin sur les sanctions éventuellement encourues en cas de non-respect de la législation en vigueur ou du règlement intérieur.

Les sanctions à l'encontre d'un salarié fautif : comment punir

Le tabac constitue un danger pour le fumeur comme pour son entourage. Mais il peut aussi être une source de responsabilités pour le salarié en cas de non-respect des dispositions du règlement intérieur. L'employeur peut ainsi prendre une sanction disciplinaire, voire un licenciement, à l'encontre du salarié fautif.

Le non-respect de l'interdiction de fumer dans le règlement intérieur

L'interdiction générale de fumer dans les locaux fermés et couverts à usage collectif, exception faite des locaux mis à la disposition des fumeurs, émane de la loi. Ainsi, le salarié qui enfreint l'interdiction de fumer, de surcroît rappelée dans le règlement intérieur, peut être sanctionné. Rappelons ici que le principe de proportionnalité doit s'appliquer et sera le cas échéant contrôlé par le conseil des prud'hommes.

Une première sanction ne peut donc raisonnablement pas être un licenciement. Voici quatre arrêts rendus par différentes cours d'appel qui permettent de mesurer la sévérité dont l'employeur peut faire preuve.

Exemples de licenciements justifiés	Exemples de licenciements non justifiés
Un salarié qui enfreint le règlement intérieur en fumant dans des locaux où figurent des panneaux d'interdiction, malgré plusieurs avertissements et une journée de mise à pied, commet une faute sérieuse justifiant son licenciement (CA Nîmes, 20 novembre 1992, Thiriet c/ SA Euromarché).	La cour d'appel de Versailles a, dans un arrêt du 7 novembre 2002, condamné un responsable de société de services qui avait licencié un de ses salariés ayant commis « un abandon de poste » alors qu'il était parti fumer à l'extérieur de l'entreprise : le licenciement a été requalifié sans cause réelle et sérieuse.
Un salarié qui, après un avertissement, enfreint de nouveau l'interdiction absolue de fumer, inscrite dans le règlement intérieur, puis dans une note de service diffusée après un début d'incendie causé par un mégot de cigarette, commet une faute grave justifiant son licenciement (CA Douai, 30 avril 2003, Destruy c/ Sté Wecosta).	Le non-respect de l'interdiction de fumer inscrite dans le règlement intérieur par un salarié ayant fait usage de tabac dans les toilettes de l'entreprise, à une seule reprise et malgré son ancienneté, n'est pas un motif réel et sérieux de licenciement (CA Paris, 13 novembre 2003, SA Lexon c/ Fagot).

Le cas où l'interdiction de fumer n'est pas reprise dans le règlement intérieur

L'employeur peut sanctionner un salarié qui enfreint les règles relatives à l'usage du tabac dans l'entreprise, même si celles-ci ne sont pas reprises dans le règlement intérieur, dès lors qu'une signalisation apparaît de façon visible dans le local en question.

S'il n'est pas indispensable de l'inscrire dans le règlement intérieur, il est néanmoins préférable que ce dernier rappelle les règles relatives à l'usage du tabac dans l'entreprise. Cela permet au salarié d'avoir une meilleure connaissance de ses obligations et de ses droits en la matière. Dans ce prolongement, il est toujours bon de rappeler aux salariés leurs obligations et leurs droits en la matière, par une note de service par exemple.

Les sanctions pénales

Un salarié qui fume sur le lieu de travail, dans un local fermé et couvert hors d'un emplacement réservé à l'usage des fumeurs, peut être condamné à une amende de 450 € (article R. 3512-1 du CSP et art. 131-13 du CP).

L'usage par un salarié de son droit de retrait

En cas d'inertie de l'employeur face au non-respect de la réglementation en matière de tabac, un salarié peut-il user de son droit de retrait ?

Il semble au premier abord que non car, d'après l'article L. 231-8-1 du Code du travail, le droit de retrait peut être utilisé par le salarié en cas de danger grave et imminent pour sa vie ou sa santé, ce qui n'est pas le cas en présence de fumée de tabac. Ainsi, un salarié qui refuse de travailler en invoquant l'atmosphère polluée par les fumées de tabac risque des sanctions disciplinaires pour exécution défectueuse du contrat de travail.

Toutefois, il convient de citer ici un arrêt de la cour d'appel de Rennes en date du 16 mars 2004. Les juges ont condamné un tenancier de bar ayant licencié un serveur qui avait exercé son droit de retrait dans une situation grave et imminente. La Cour a estimé, et cet élément est véritablement nouveau, que le tabagisme passif peut constituer une situation de danger, justifiant l'exercice du droit de retrait.

Parallèlement à ce droit de retrait qui doit être exercé avec mesure, le salarié peut prévenir le CHSCT ou l'inspecteur du travail, voire la police qui est compétente pour constater ce type d'infractions.

Les responsabilités pour l'employeur

Le tabac peut aussi être une source de responsabilités pour l'employeur. L'exposition au tabac dans le cadre du tabagisme passif constitue enfin une faute inexcusable.

La responsabilité pénale de l'employeur et les peines encourues

La responsabilité pénale de l'employeur peut être engagée au titre de plusieurs infractions :

- Mettre à la disposition des fumeurs des emplacements non conformes aux dispositions du Code de la santé publique : amende de 1 500 € (article R. 3512-2 du CSP et art. 131-13 du CP) ;
- Ne pas respecter les normes de ventilation prévues à l'article R. 3511-3 du Code de la santé publique : amende de 1 500 € (art. R. 3512-2 du CSP et art. 131-13 du CP) ;
- Ne pas afficher la signalisation prévue à l'article R. 3511-7 du Code de la santé publique : amende de 1 500 € (article R. 3512-2 du CSP et art. 131-13 du CP).

L'employeur engage également sa responsabilité pénale en cas d'infraction à la réglementation en matière d'hygiène et de sécurité qui figure dans le Code du travail. L'employeur commet un délit (art. 121-3 du CP) :

> *« Lorsque la loi le prévoit, en cas d'imprudence, de négligence ou de manquement à une obligation de prudence ou de sécurité prévue par la loi sauf si l'auteur des faits a accompli les diligences normales compte tenu, le cas échéant, de la nature de ses missions ou de ses fonctions, de ses compétences ainsi que du pouvoir et des moyens dont il disposait. »*

Cela peut être le cas, par exemple, si l'employeur laisse des salariés fumer dans des locaux où se trouvent des substances explosives.

La responsabilité civile de l'employeur, tenu à une obligation de résultat

L'employeur tenu à une obligation de résultat

Un salarié atteint d'une pathologie liée à l'atmosphère tabagique dans l'entreprise, en dehors des emplacements réservés aux fumeurs, et tolérée par l'employeur, peut engager contre lui une action pour non-exécution de son obligation de sécurité de résultat. L'employeur pourra être condamné à payer des dommages et intérêts.

À noter

Les pathologies liées à l'atmosphère tabagique dans l'entreprise ne sont pas reconnues comme des maladies professionnelles, ni comme maladies d'origine professionnelle.

À savoir

Un salarié ou une association dont l'objet statutaire est la lutte contre le tabagisme (conformément à l'article L. 3512-1 du Code de la santé publique) peut se constituer partie civile afin que l'employeur soit éventuellement condamné à verser des dommages et intérêts par le tribunal de police. Le salarié ou l'association devra démontrer un préjudice (pour l'association, le préjudice peut être celui subi par l'ensemble des salariés).

Le renforcement des obligations de l'employeur en matière de tabagisme passif

La jurisprudence a récemment renforcé les obligations qui pèsent sur l'employeur en matière de protection des salariés contre le tabagisme passif.

Par un arrêt très remarqué en date du 29 juin 2 005 (n° 03-44 412, P + B + R + I), la Cour de cassation a considérablement renforcé les obligations qui pèsent sur l'employeur. En l'espèce, une salariée travaillait dans un bureau collectif. Souffrant de la fumée de ses collègues, elle en a averti à plusieurs reprises l'employeur, puis a fini par prendre acte de la rupture de son contrat. Elle saisit la juridiction prud'homale pour obtenir le paiement de dommages-intérêts pour licenciement sans cause réelle et sérieuse. L'employeur a été condamné à lui payer la somme de 3 430,11 euros à titre d'indemnité pour licenciement abusif.

Par-delà le contentieux relatif au bien fondé du licenciement, la question centrale qui était posée était la suivante : les mesures prises par l'employeur, à savoir l'interdiction de fumer et la pose de panneaux d'interdiction, sont-elles suffisantes au regard des textes et de son obligation d'assurer la protection des non-fumeurs ? Pour la Cour de cassation, **l'employeur est tenu d'une obligation de sécurité de résultat vis-à-vis de ses salariés en ce qui concerne leur protection contre le tabagisme dans l'entreprise**. Des mesures suffisantes sont donc des mesures qui protègent effectivement les non-fumeurs. L'employeur ne peut se contenter d'édicter des règles de protection des non-fumeurs ; il lui appartient de les faire respecter.

En d'autres termes, un employeur ne peut plus s'exonérer de ses obligations en expliquant qu'il a apposé les panneaux réglementaires. Il est désormais tenu d'exercer son pouvoir disciplinaire pour empêcher concrètement les salariés fumeurs de contrevenir à l'interdiction de fumer. L'employeur, rappelons-le, dispose du pouvoir de direction et d'organisation de l'entreprise et, à ce titre, s'il ne prend pas toutes les précautions nécessaires afin d'éviter toute atteinte à la santé physique et mentale du salarié, sa faute étant établie, sa responsabilité pénale et civile peut être engagée.

L'analyse de l'obligation de résultat de l'employeur

Il faut toutefois rester prudent sur cette notion d'« obligation de résultat » qui, si elle est compréhensible par tous, n'est pas juridiquement tout à fait exacte. Il serait plus judicieux de dire que l'on tend vers une obligation de résultat, mais que c'est encore bel et bien une obligation de moyens qui pèse sur l'employeur (l'obligation de moyens consiste à tout avoir mis en œuvre pour assurer la sécurité).

Cette notion d'obligation de sécurité de résultat est donc apparue à l'occasion de la jurisprudence du 29 juin 2005 précitée qui précise que la violation d'une réglementation anti-tabac peut constituer un grief opposable à l'employeur dans le cadre d'une prise d'acte de la rupture du contrat de travail par le salarié. Cette prise d'acte produit les effets d'un licenciement sans cause réelle et sérieuse lorsque le travailleur était exposé, en dépit de ses réclamations, à un tabagisme passif dans le bureau collectif qu'il occupait.

La formule à retenir et sur laquelle les employeurs doivent méditer est bien sûr ici le morceau de phrase « en dépit de ses réclamations ». Tout comme en matière d'alcool, l'employeur qui savait et qui n'a pas fait ce qu'il devait faire pourra être estimé responsable, voire coupable.

Toutefois, force est de constater une montée en puissance de cette nouvelle obligation de « résultat ». L'élément déclencheur est bien évidemment le scandale de l'amiante ; les juges ayant pris à cette occasion la mesure du danger lié au tabagisme passif sur les lieux de travail. Il faut comprendre en effet que les aménagements du dispositif anti-tabac étant d'ordre public, la violation de ces normes peut entraîner des sanctions pénales, tant pour le fumeur que pour l'employeur.

Comment en pratique l'employeur peut voir sa responsabilité engagée

Qui constate l'infraction ?

C'est l'inspecteur du travail ou un fonctionnaire de cette administration qui peut notamment constater les infractions à l'interdiction de fumer. De façon classique, il établit alors un procès-verbal en double exemplaire dont l'un est envoyé au préfet du département et l'autre est déposé au procureur de la République.

Un particulier peut-il déposer plainte ?

Bien évidemment oui, la plainte peut être déposée par le particulier, soit adressée directement au procureur de la République, soit déposée au commissariat. De même, les associations de consommateurs agréées ou les associations familiales rattachées à l'Union nationale des associations familiales peuvent se porter parties civiles, car elles ont, elles aussi, un intérêt à agir.

Qui détermine s'il y a lieu d'engager des poursuites ?

Ce rôle est dévolu au procureur de la République. Saisi d'une plainte ou d'une dénonciation, le procureur estime si les faits relevés peuvent ou non constituer une infraction. On dit qu'il met en œuvre l'action publique. Il peut ainsi décider :

- D'engager des poursuites ;
- De mettre en œuvre une procédure alternative aux poursuites ;
- De classer sans suite ladite procédure.

Les circonstances qui justifient ce choix sont laissées à la libre appréciation de ce magistrat. En pratique, tout classement sans suite ordonné par le procureur de la République devra donner lieu à une notification motivée de sa part, avec un recours possible au procureur général.

Comment faire constater l'infraction ?

Le plus difficile est en effet la constatation de l'infraction qui devra être faite par un officier de police judiciaire. Or, on sait que l'officier de police judiciaire ne peut entrer dans l'entreprise sans autorisation de l'employeur ou seulement s'il a reçu un mandat d'un juge d'instruction. C'est donc une fois de plus la qualité de la preuve qui va être mise en cause.

À noter tout de même

Les tribunaux n'hésiteront pas à retenir, selon la méthode dite « du faisceau d'indice », les plaintes de plusieurs salariés qui pourraient avoir constaté le non-respect des dispositions de la loi.

Des exemples de condamnations de chef d'entreprise

Lorsqu'un constat est dressé dans les commissariats et qu'il n'y a pas de problème de preuve, le tribunal de police est alors compétent puisqu'il s'agit de contraventions.

C'est ainsi qu'un tribunal de police a pu recevoir une plainte contre un chef d'entreprise (c'était le tenancier d'un débit de boissons) qui a été condamné à une amende pour avoir mis à disposition des fumeurs des emplacements non conformes aux normes de ventilation et pour ne pas voir respecter la signalisation « interdiction de fumer » dans un espace public couvert et clos (tribunal de police de Longjumeau, 6 octobre 2003).

Le tribunal de police de Dijon (5 février 2004) n'a pas hésité à condamner un employeur qui n'avait pas réservé aux fumeurs des emplacements conformes aux dispositions du Code de la santé publique.

Toutefois à ce jour, ces sanctions semblent limitées au secteur d'activité d'entreprise recevant du public.

Cas pratique

Un salarié se plaint d'un tabagisme sur son lieu de travail. Il le signale à son employeur qui lui explique qu'il est en train de consulter les institutions représentatives du personnel, le CHSCT, la médecine du travail, pour examiner concrètement comment mettre en place des locaux non-fumeurs, une zone de locaux réservée aux fumeurs. Il y a dans son entreprise toutefois des difficultés à mettre ces locaux en fonctionnement, compte tenu de leurs exiguïtés. Le non-fumeur s'estimant victime d'un non-respect de la loi de la part de son employeur dépose une plainte au commissariat.

Cette plainte est transmise au procureur de la République (ce sera le lieu de la commission de l'infraction). Un magistrat du parquet chargé de traiter cette affaire demandera vraisemblablement des instructions complémentaires aux services de police qui ont recueilli la plainte. C'est ainsi qu'il les interrogera sur le point de savoir si dans cette entreprise, les dirigeants ont à cœur par principe de respecter la loi ou au contraire s'en moquent.

Agissant dans le cadre d'une « enquête préliminaire », les fonctionnaires de police se rendront alors sur les lieux et interrogeront, par exemple, le directeur général et le DRH. Ceux-ci, preuves à l'appui, expliqueront aux fonctionnaires de police combien ils ont à cœur la santé des salariés et ce qu'ils sont en train de faire concrètement pour que ce tabagisme passif ne puisse plus exister dans l'entreprise. Autrement dit, c'est à ce stade de l'enquête que les intéressés devront clairement démontrer leur bonne foi.

L'officier de police judiciaire chargé du dossier fera alors un rapport au procureur, rapport dont l'importance sera capitale puisque c'est lui qui donnera son avis sur d'éventuelles poursuites devant la juridiction pénale ou non.

Bien évidemment, le procureur n'est pas lié par ce rapport mais, de l'avis même des professionnels, les officiers de police judiciaire étant au plus près du terrain auront une vision pratique et concrète des dossiers, et la note qu'ils transmettront au magistrat du parquet sera généralement d'une très grande importance.

Dans l'affaire qui nous occupe, convaincu de la bonne foi et ne souhaitant pas aggraver une situation difficile (négociation avec les IRP, etc.), le procureur pourra alors décider de classer sans suite le dépôt de plainte, autrement dit de ne pas donner suite aux demandes formulées par le plaignant.

Cependant, ce classement sans suite du dossier n'exclut pas une autre poursuite, initialisée cette fois par le plaignant lui-même et non soutenue par le parquet dont c'est normalement le travail.

Question/Réponse

Question

« J'ai bien compris que les nouvelles lois protégeaient de plus en plus le non-fumeur, mais, en tant que chef d'entreprise, dois-je obligatoirement prévoir un espace non-fumeur et puis-je autoriser les grands fumeurs à s'absenter pendant le temps de travail pour aller fumer une cigarette dehors par exemple ? »

Réponse

La loi exige seulement que le non-fumeur soit protégé. Ce qui compte, c'est qu'il ne contracte pas une maladie (tabagisme passif), alors qu'il n'est pas lui-même fumeur.

Quant à l'organisation du temps de travail, l'employeur est maître sur ce point, sous réserve des lois et règlements. Un salarié peut toujours aller fumer à l'extérieur de l'entreprise. L'employeur peut toujours lui demander d'être présent sur et pendant le temps de travail. Il s'agit d'une tolérance, tout comme la tolérance qui consiste à accepter que le salarié aille boire un café de temps en temps pour se détendre.

Concernant l'organisation du temps de travail, il vaut mieux ne pas traiter le problème du tabac comme un problème spécifique mais l'inclure dans une réflexion plus générale sur le temps de concentration possible pour un salarié et le temps de détente nécessaire... Quand l'employeur fume lui-même, ce problème est d'ailleurs beaucoup plus simplement envisagé...

Chapitre 3

Les drogues dans l'entreprise

Certains risques professionnels liés à des addictions, et notamment le tabac et les drogues, peuvent mettre gravement en danger la santé et la sécurité des salariés. La responsabilité de l'employeur est naturellement mise en jeu et même désormais alourdie, sans pour autant exonérer le salarié.

S'agissant de nouveaux risques professionnels découlant de pratiques illicites, et particulièrement de la consommation de substances interdites, on constate, au mieux, un certain malaise et, au pire, un laxisme dangereux. Après tout, pour quelle raison un employeur relaierait-il une interdiction par ailleurs bien connue de tous ? Est-il utile de rappeler dans un règlement intérieur que la consommation de drogues est interdite ? En rappeler la prohibition ne constitue-t-il pas un aveu de faiblesse de la part de l'employeur ? L'image de l'entreprise ne va-t-elle pas être écornée ? Un employeur trop curieux ne porte-t-il pas atteinte à la vie privée de ses salariés ?

Les règles relatives au tabac et à l'alcool sont à peu près connues de tous, et chacun se souvient des débats qui ont encore récemment entouré la complète mise en œuvre de la loi Évin de 1991. En revanche, la gestion des drogues dans le milieu professionnel est beaucoup plus complexe, en raison notamment de l'absence de texte précis, du faible nombre de décisions de justice rendues à ce sujet et du tabou qui demeure encore quant à l'usage de drogue dans le milieu professionnel. Pour preuve : le nombre très faible d'articles publiés dans les revues spécialisées en droit social, qu'il s'agisse de revues à l'attention des professionnels des ressources humaines en entreprise ou de revues juridiques.

Ce manque d'information se traduit souvent au niveau des employeurs par un « laisser-aller », qui met en danger la santé et la sécurité des salariés, des personnes présentes au sein de l'entreprise, ou même de personnes extérieures à l'entreprise (par exemple, un piéton blessé par une voiture de service conduite par un salarié sous l'emprise de drogue). L'employeur doit donc être particulièrement vigilant à ces risques professionnels, pour protéger les personnes et éviter que sa responsabilité civile et pénale ne soit engagée.

Comment identifier les comportements à risque

Inutile de se voiler la face, la drogue est aujourd'hui bien présente dans l'entreprise. Mais, au fait, la drogue c'est quoi ? Derrière cette expression connue de tous, se cache une réalité plus floue. Cannabis, ecstasy, ces deux substances relèvent-elles du même régime juridique ? Que prévoit exactement la loi et quels sont les risques précis pour l'employeur ? Autant de questions auxquelles il convient de répondre dans un premier temps.

Par ailleurs, ces différentes substances sont aujourd'hui de plus en plus présentes dans les entreprises. Une partie de la jeunesse pense bien sûr y trouver un espace-temps ou s'estomperaient des contraintes jugées croissantes, mais ce serait oublier que son usage n'est pas réservé aux plus jeunes et qu'une frange non négligeable de post-adolescents tardifs en est friande.

La « drogue », c'est quoi ?

Aussi étonnant que cela puisse paraître, il n'existe pas de définition générique de ou des drogue(s), mais des classements qui répertorient les substances nocives selon leur dangerosité pour la santé. Dès lors qu'une substance est classée, les conditions de détention, d'usage et de commerce de cette dernière sont réglementées. Celui ou celle qui enfreint ces règles commet alors une infraction pénale.

L'existence de conventions internationales sur la drogue : un cadre juridique minimum

Le classement français des substances reflète en grande partie les classements élaborés lors de conférences internationales sur le contrôle des drogues, qui ont abouti à la signature de conventions internationales en 1961, 1971 et 1988 :

- **La convention internationale de 1961** sur les stupéfiants définit un stupéfiant comme toute substance répertoriée sur la liste annexée à la convention (opium, héroïne, cocaïne, cannabis, morphine, méthadone, etc.). Cette convention a été ratifiée par 79 États au 1er novembre 2003, dont la France ;
- **La convention de 1971** établit, quant à elle, une liste des substances psychotropes : MDMA (ecstasy), LSD, amphétamines. Il s'agit pour la plupart de substances synthétiques issues de l'industrie pharmaceutique. Cette convention a été ratifiée par 114 États au 1er novembre 2003, dont la France ;

- **La convention de 1988** a renforcé la coopération des pays signataires dans la lutte contre les stupéfiants et les substances psychotropes. Chacun des signataires s'est engagé dans des mesures de contrôle. Chaque État a mis sous surveillance les « précurseurs chimiques » qui interviennent dans la fabrication de stupéfiants et de substances psychotropes. Cette convention internationale a été ratifiée par 167 États au 1er novembre 2003.

Les classements internationaux ont été établis en fonction des critères suivants : potentiel d'abus et de dépendance, nocivité pour la santé publique et le bien-être social. La signature de ces conventions oblige bien évidemment chacun des États à agir concrètement en poursuivant les détenteurs et trafiquants

La réglementation française : un cadre juridique plus sévère

La France est liée par les conventions internationales qu'elle a ratifiées, mais le législateur français a choisi une approche plus restrictive. Autrement dit, la détention ou le transport ou l'usage de certaines substances pourra être puni là où il ne le serait pas dans un autre pays signataire (on songe ici, par exemple, aux Pays-Bas). Le système de classement français n'est pas entièrement identique au classement international puisqu'il a été modifié dans le sens d'une plus grande sévérité. En France, on classe les substances en quatre groupes :

- Les substances stupéfiantes ;
- Les substances psychotropes ;
- Les substances des listes I et II ;
- Les « substances dangereuses ».

Les substances classées stupéfiantes

Cette première catégorie comprend toutes les substances classées stupéfiantes dans la convention de 1961 : coca, pavot à opium, cannabis, ainsi que leurs dérivés (morphine, héroïne, méthadone, cocaïne, résine de cannabis). On retrouve également certaines substances classées psychotropes dans la convention de 1971 : hallucinogènes, amphétamines, MDMA (ecstasy), etc. Cette catégorie inclut enfin certaines substances non classées au niveau international telles que : champignons hallucinogènes, khat, nouvelles drogues de synthèse, etc.

Les substances classées psychotropes

Il s'agit des autres substances de la convention de 1971 non classées stupéfiants : substances entrant dans la composition de tranquillisants ou d'hypnotiques (barbituriques, benzodiazépine, etc.), des substances non classées par la convention de 1971, comme la zalepone ou la zopicione.

Les médicaments classés sur les listes I et II

Il s'agit de médicaments qui présentent des risques directs ou indirects pour la santé et qui ne peuvent être délivrés que sur ordonnance. La liste II correspond aux médicaments qui sont renouvelables (une nouvelle prescription n'est pas nécessaire pour la poursuite du traitement) ; la liste I correspond aux médicaments non renouvelables (une nouvelle prescription est nécessaire). Ces médicaments sont définis à l'article L. 5132-6 du Code de la santé publique.

Les substances dangereuses

Il s'agit de substances destinées au commerce, à l'industrie ou à l'agriculture. Ces substances sont classées par les ministères chargés de l'agriculture, de la consommation, de l'environnement, de l'industrie et de la santé en huit catégories (très toxiques, toxiques, nocives, corrosives, irritantes, cancérogènes, tératogènes ou mutagènes). La répartition des substances s'effectue par arrêté du ministre de la Santé, sur proposition du directeur de l'Agence française de sécurité sanitaire des produits de santé (AFSSAPS). Le classement dépend du potentiel d'abus et de dépendance, du danger pour la santé et du niveau de contrôle que l'on souhaite appliquer à la substance en question.

À savoir

La législation française ne distingue pas les drogues « dures » des drogues « douces ». Tout dépend du dosage de chaque produit. Un cannabis fortement dosé est plus dangereux que de la morphine très faiblement dosée.

Approche pratique et « culturelle » des différentes drogues

Le cannabis

Il se présente sous différentes appellations : chanvre indien, haschich, herbe (marijuana en Amérique et kif en Afrique du Nord). Ses effets commencent quelques minutes après la prise, et sa consommation chronique entraîne des modifications du comportement avec la perte du self-control et du sens de la réalité.

Les opiacés

Naturels, dérivés de l'opium (morphine, codéine) ou synthétiques (héroïne), ils sont tous à l'origine d'une dépendance en cas d'utilisation régulière, même de courte durée ; ils peuvent entraîner des accidents (overdose), des troubles importants (anxiété, agressivité, insomnies) en cas de manque.

Les drogues de synthèse

Avec les amphétamines ou l'ecstasy, l'effet recherché est la résistance à la fatigue, l'euphorie, l'augmentation de la confiance en soi.

La cocaïne et le crack

La cocaïne provoque une stimulation immédiate, une augmentation des performances professionnelles ou autres. Le sentiment de puissance, de confiance en soi, et la brièveté des effets conduisent à répéter les prises. Elle provoque des insomnies, accroît l'agressivité et la paranoïa dès lors que des doses importantes de cocaïne sont prises. Le manque se traduit par une profonde dépression. Le crack, un autre traitement chimique de la cocaïne, est encore plus dangereux et source de dépendance, parfois dès la première prise. Ses effets sont dévastateurs sur la personnalité.

Les hallucinogènes

Peyotl, un cactus contenant de la mescaline, ou autre LSD ont conduit au cours des années 1960-1970 à des suicides et à des décompensations psychiatriques graves. Ces drogues ont été abandonnées pendant un certain temps en raison de ces ravages, mais semblent revenir à la mode depuis quelques années.

Les drogues de plus en plus présentes sur le lieu de travail ?

La consommation de drogues touche toutes les catégories socioprofessionnelles

La détention, l'usage et le commerce de drogues ne s'arrêtent pas aux portes de l'entreprise. Un nombre croissant de salariés est sous l'emprise de drogue sur leur lieu de travail, ce qui est bien sûr corrélé à la croissance globale de l'usage de drogue au sein de la société française. Ainsi, on estime qu'en une décennie, du début à la fin des années 1990, le nombre de consommateurs d'héroïne (stupéfiant) en France est passé de 40 000 à 250 000. Une autre enquête menée il y a quelques années auprès de 2 000 salariés du Nord-Pas-de-Calais révéla qu'un sur quatre avait consommé une substance telle qu'opiacés, cannabis, amphétamines, benzodiazépine (tranquillisants).

Ce phénomène inquiétant prend donc de l'ampleur au sein de toutes les catégories socioprofessionnelles, et pas uniquement chez les jeunes en situation de précarité. Il apparaît que l'usage de cannabis est particulièrement développé parmi les jeunes hommes ayant fait des études supérieures et jouissant d'une bonne situation professionnelle. Des stupéfiants tels que la cocaïne ou l'ecstasy sont surtout consommés par des personnes issues de milieux aisés et sans problème d'insertion. De même, l'héroïne est un stupéfiant que l'on retrouve le plus souvent dans les milieux favorisés.

Le stress : un facteur favorisant la consommation de drogues

Sur le plan de la catégorie professionnelle, on constate que les personnes les plus enclines à consommer des drogues sont celles qui sont sujettes à un haut niveau de stress, et précisément les personnes travaillant sur les postes à risques. Les cadres qui font face à une lourde charge de travail et à un stress permanent sont également vulnérables. De manière générale, tous les niveaux de qualification sont concernés. C'est donc principalement pour faire face au stress et à la pénibilité des conditions de travail que de plus en plus de salariés consomment des drogues : produits « speedant » le matin, de détente le soir… ainsi de suite. Si l'entreprise n'est pas la seule responsable de l'usage de drogues par ses salariés, il est indéniable qu'elle amène certains d'entre eux à recourir à ces substances. Prévenir le risque professionnel de la drogue implique dans la majorité des entreprises un travail d'amélioration des conditions de travail.

Dans une enquête récente menée par l'INPES[1] en partenariat avec l'ANDCP, (consultable sur le site de l'INPES : inpes.sante.fr), de nombreux DRH d'entreprises confirment l'émergence d'une toxicomanie au travail de plus en plus préoccupante. Près de 25 % des salariés (36 % chez ceux travaillant dans la construction) jugent de plus en plus préoccupants les problèmes de cannabis au travail. Plus d'un tiers des DRH des entreprises de plus de 50 personnes partagent ce point de vue : ils sont 35 % à être tout à fait d'accord avec cette allégation, à laquelle adhèrent également 46 % des dirigeants d'entreprises de moins de 50 salariés.

Comment prévenir et gérer les complications liées aux drogues

Le constat est bien là : les drogues sous toutes leurs formes sont bien présentes sur le lieu de travail. Dès lors, l'ignorance n'est plus de mise, et l'employeur se doit de

1. L'enquête DRH a été réalisée, par BVA, en partenariat avec l'ANPAA et avec la participation de l'ANDCP : 811 DRH et chefs d'établissements ont été interrogés par téléphone du 20 mars au 21 avril 2006, suivant un échantillon raisonné d'entreprises par secteurs et effectifs de salariés. Elle concerne au total 102 entreprises de moins de 50 salariés et 709 entreprises de plus de 50 salariés.

prévenir la présence et, le cas échéant, l'usage des drogues dans l'entreprise. En effet, sur ce sujet le déni ne peut être de mise. Pour ce faire, l'employeur dispose de plusieurs moyens.

Améliorer les conditions de travail

Le stress et la pénibilité des conditions de travail sont les principaux facteurs qui poussent les salariés à faire usage de drogue sur leur lieu de travail, bien que l'entreprise ne puisse pas être considérée comme la seule responsable. Lutter contre la drogue sur le lieu de travail implique souvent une amélioration des conditions de travail sur les postes pénibles ou à risques, ainsi qu'une politique globale de lutte contre le stress.

Sensibiliser les salariés aux risques de la drogue

Campagne d'information et de prévention, groupe de réflexion, formations : l'employeur a différents moyens à sa disposition pour sensibiliser les salariés aux risques de la drogue pour leur santé et leur emploi, leur rappeler les sanctions et souligner que chacun d'entre eux est responsable de sa propre sécurité ainsi que de celles des autres. Ce type d'actions contribue à protéger la santé et la sécurité des salariés, ainsi qu'à éviter que la performance de l'entreprise ne soit altérée par le développement de l'usage de drogue. Enfin, les actions de sensibilisation permettent à l'employeur de prouver qu'il a effectivement engagé des moyens pour assurer la santé et la sécurité des salariés et ainsi éviter une condamnation en cas d'accident.

Recourir dans des cas précis au dépistage

Un moyen radical pour contrôler l'usage de drogue par les salariés et éviter tout accident ou mise en danger de la santé et de la sécurité du personnel serait de recourir à des dépistages.

Attention

Le recours au dépistage est très strictement réglementé. En effet, des dépistages systématiques seraient une atteinte à la vie privée des salariés. Il faut donc distinguer les postes de sécurité des postes non considérés comme tels avant d'envisager un dépistage de substances illicites.

Un poste de sécurité est un poste qui peut mettre en danger la sécurité et la santé des personnes en cas de défaillance du titulaire du poste.

Une circulaire ministérielle du 9 juillet 1990 interdit les dépistages systématiques, sauf pour les postes de sécurité, définis par le CHSCT, la direction et le médecin du travail. Pour les postes qui ne sont pas des postes de sécurité, il est strictement interdit d'imposer des dépistages, au moment de l'embauche ou plus tard, ou tout autre *« examen ou test autre que ceux en lien direct et nécessaire avec l'emploi »*.

Exemple de postes qui peuvent être considérés comme des postes de sécurité

Conducteur de bus, contrôleur aérien, pilote d'avions, techniciens et cadres d'industries à risques (chimiques, pharmaceutiques, nucléaires).

Certains postes sont plus difficiles à évaluer : faut-il privilégier la sécurité ou la vie privée des salariés ? La question doit, selon nous, être débattue avec les membres du CHSCT et le médecin du travail, sans oublier que le juge contrôle de très près l'utilisation du dépistage.

Un arrêt MADSEN de la Cour européenne des droits de l'homme (CEDH) rendu le 7 novembre 2002 (CEDH, 7 novembre 2002, aff. n° 58341/00 Madsen c/ Danemark) confirme le droit de l'employeur à imposer un dépistage de substances illicites ou dangereuses pour les salariés responsables de la sécurité d'autrui. En l'espèce, les faits étaient les suivants : un salarié appartenait à l'équipe de sauvetage embarquée sur un des ferries d'une compagnie danoise de navigation. L'employeur imposa un règlement aux salariés de cette équipe pour les soumettre à un test d'urine annuel. Un salarié, M. Madsen, contesta en justice le droit de l'employeur d'exiger un tel contrôle, ainsi que les modalités du dépistage qu'il estimait attentatoires à sa dignité. N'ayant pas obtenu gain de cause au Danemark, il porta l'affaire devant la CEDH en vertu de l'article 8 de la Convention européenne des droits de l'homme[1].

Le 7 novembre 2002, la CEDH rejeta la requête en violation, déclarée sans fondement. La décision de la CEDH était motivée par les attendus suivants :

- L'objectif de l'employeur s'agissant d'assurer la sécurité des passagers et de l'équipage était valable ;

1. *« Article 8 de la CEDH - Droit au respect de la vie privée et familiale : 1. Toute personne a droit au respect de sa vie privée et familiale, de son domicile et de sa correspondance. 2. Il ne peut y avoir ingérence d'une autorité publique dans l'exercice de ce droit que pour autant que cette ingérence est prévue par la loi et qu'elle constitue une mesure qui, dans une société démocratique, est nécessaire à la sécurité nationale, à la sûreté publique, au bien-être économique du pays, à la défense de l'ordre et à la prévention des infractions pénales, à la protection de la santé ou de la morale, ou à la protection des droits et libertés d'autrui. »*

- Les effets nuisibles de l'alcool ou de drogue sur le travail des personnes sont avérés ;
- Il était indispensable pour la sécurité des personnes que le ferry compte à son bord des membres d'équipage à même d'assurer leur fonction de sauvetage.

En conclusion, l'employeur avait le droit de recourir à des dépistages au nom de la sécurité et de la protection des libertés d'autrui. La CEDH, dans son arrêt, précise par ailleurs que :

- Le test n'était pas attentatoire à la dignité des personnes ;
- Le test ne portait pas atteinte à la vie privée des personnes en dehors du temps de travail puisqu'il ne pouvait déceler que les substances consommées dans les 48 heures précédentes ;
- La fréquence du dépistage (une fois par an) n'était pas disproportionnée par rapport à l'objectif recherché.

Dès lors, à la lumière de cette décision d'une juridiction ayant pour objectif et finalité de faire prévaloir un ordre juridique fondé sur les droits de l'homme, lorsqu'un dépistage est effectué dans le cadre professionnel, de nombreuses conditions doivent être respectées.

Conditions devant être respectées en cas de dépistage mis en place par l'employeur

- Respect de la dignité humaine.
- Respect de la vie privée des personnes : le dépistage ne doit pas avoir pour finalité de déceler des substances ingurgitées plusieurs jours avant le test (surtout lors de l'embauche), d'où le problème posé par le cannabis que l'on peut encore détecter 3 semaines après l'usage.
- Principe de proportionnalité (article L. 120-2 Code du travail) : « Nul ne peut apporter aux droits des personnes et aux libertés individuelles et collectives des restrictions qui ne seraient pas justifiées par la nature de la tâche à accomplir ni proportionnées au but recherché. »
- Le salarié doit pouvoir contester les résultats du dépistage – il y a lieu ici d'appliquer le principe jurisprudentiel consacré par l'arrêt Piani sur le dépistage d'alcool (Cass. soc. 22 mai 2002, n° 99-45 878).
- Le dépistage doit être effectué par le médecin du travail. Si le dépistage est positif à une ou plusieurs substances illicites, le médecin du travail peut alors prononcer une inaptitude totale ou partielle au poste de travail. Dans tous les cas, les résultats du dépistage ne peuvent pas être communiqués à l'employeur. Le médecin du travail doit avoir une très bonne connaissance des postes pour apprécier les risques et éventuellement déclarer l'inaptitude

• • •

• • •

totale ou partielle du salarié. Dans le cas d'une toxicomanie légère, le médecin peut proposer un accompagnement médical au salarié qui demeure apte au poste de travail. Seules les toxicomanies avec dépendances lourdes sont considérées comme des maladies. Il est important de souligner que dans le cas d'un dépistage effectué par le médecin du travail (et non par la police suite à un accident, par exemple), nous ne sommes pas dans le domaine du disciplinaire, mais dans celui de l'aptitude ou inaptitude au travail.

- Afin d'informer les salariés, il est souhaitable d'indiquer dans le règlement intérieur de l'entreprise que les salariés travaillant sur des postes à risques peuvent être soumis à un dépistage par le médecin du travail. Mais l'employeur ne peut en aucun cas exiger du médecin du travail qu'il effectue un dépistage sur un salarié. C'est le médecin qui décide (après en avoir discuté avec le CHSCT et l'employeur, bien sûr) quand il est nécessaire d'imposer un dépistage.

Ce qui se passe si le salarié refuse de se soumettre au dépistage

Si un salarié refuse de se soumettre à un dépistage qui respecte l'ensemble des conditions mentionnées ci-dessus, il semble que l'employeur puisse sanctionner le salarié, même si le prélèvement n'incombe pas à l'employeur. L'arrêt Piani de la Cour de cassation du 22 mai 2002 rendu à propos d'un dépistage d'alcool indique cette possibilité pour l'employeur de sanctionner le salarié.

Peut-on en déduire que cette possibilité serait acceptée dans le cas d'un dépistage de substances illicites ? On peut le penser, mais une certaine incertitude demeure.

La drogue : les risques juridiques pour l'employeur

Si la découverte d'un trafic de drogue en entreprise constitue une surprise, la révélation d'un usage de produits stupéfiants l'est rarement. En effet, le développement d'un usage de produits tels que la résine de cannabis entraîne une forme de banalisation du produit et, en conséquence, des risques encourus. Toutefois, ceux-ci sont loin d'être inexistants pour l'usager, d'une part, et l'employeur, d'autre part.

La responsabilité de l'employeur en cas de présence et d'usage de produits stupéfiants dans l'entreprise

L'aspect sanitaire de la question n'échappe à personne. L'aspect pénal est généralement soigneusement « contenu », et c'est un silence pesant qui s'installe quand il s'agit de discuter de la présence ou non de ce produit dans l'entreprise.

Dans les années soixante-dix, le législateur a mis en place un système d'alternative aux poursuites (article R. 3424-1 du Code pénal). Il s'agissait alors de privilégier le soin et, si cela ne marchait pas, d'envisager la répression. Au fil du temps, la pratique des parquets s'est quelque peu modifiée, et l'on observe aujourd'hui une double tendance :

- **Première tendance :** « l'oubli » des simples usagers consommateurs, dès lors que ceux-ci ne causent pas de problèmes particuliers ni de troubles trop graves à l'ordre public. C'est une sorte de politique de laisser-faire qui pourrait s'expliquer par l'impossibilité d'arrêter la mer qui monte : « Tout le monde en consomme et on ne peut donc pas sanctionner tout le monde. » Ce discours est tantôt relayé par les médias, tantôt par les personnalités du show-business ou du monde sportif, voire par les hommes politiques eux-mêmes qui, régulièrement, soumettent la question de la légalisation de l'usage des produits stupéfiants ;
- **Deuxième tendance,** et donc deuxième aspect de la politique pénale, qui se révèle beaucoup plus dangereux : à la faveur d'un événement extérieur (campagne de presse, déclaration fracassante d'un ministre ou ras-le-bol de voisins constatant l'impunité de trafiquants notoirement connus), le parquet décide de démanteler un trafic local. C'est alors tout un réseau, qui va du simple usager de base au véritable dealer, qui fait l'objet d'un coup de filet.

Concrètement, un utilisateur de produits stupéfiants (supposons ici la résine de cannabis) pourra très bien fumer un joint pendant 10 ans dans les vestiaires de l'entreprise ou à la porte d'accès, au vu et aux yeux de tout le monde, sans que rien ne se passe... Les gendarmes ou policiers pourront passer devant lui et lui conseiller de cesser cette pratique mauvaise pour la santé et illicite au plan du droit. L'employeur lui-même pourra mettre en œuvre une politique de prévention, d'information, voire de mise en garde quasi disciplinaire, rien ne se passera jusqu'au jour où, à l'occasion d'un événement fortuit ou d'une campagne de presse (l'accroissement des risques provoqués par la prise de produits stupéfiants au volant, par exemple), le ministère public déclenchera « l'artillerie lourde ».

Le simple usager, qui généralement a pu céder, même à titre gracieux, un peu de produit stupéfiant, se verra alors poursuivi pour cession, et, dans le langage commun, il sera assimilé à un « dealer ». Celui ou celle qui aura, spontanément, d'abord usé très occasionnellement et de façon ludique du produit stupéfiant, puis plus régulièrement, augmentant donc sa consommation et s'obligeant par là même à revendre du produit pour payer ladite consommation passera donc dans la cour des « grands ».

La responsabilité de l'employeur en cas de trafic dans son entreprise

Le salarié qui cède à titre gratuit ou non du produit stupéfiant commet donc un délit. Ce n'est pas parce qu'il est salarié qu'il a commis ce délit, mais parce qu'il est délinquant en matière de produits stupéfiants (on parle d'ILS : infraction à la législation sur les stupéfiants). S'il a cédé du produit stupéfiant (même à titre gratuit, rappelons-le) dans, devant ou à proximité de l'entreprise, les autorités se poseront la question de savoir si ce trafic n'a pas été facilité par l'exercice professionnel.

C'est ainsi que l'enquête sera confiée à un service spécialisé de police ou de gendarmerie. Elle s'orientera rapidement sur les collègues de travail (ceux-ci étaient-ils au courant ? Ont-ils profité du trafic ? Ont-ils « couvert » ce trafic ? En faisaient-ils partie ?). Les mêmes questions se posant à l'égard de la hiérarchie, voire du chef d'entreprise lui-même ou de son délégataire.

On peut donc imaginer qu'un chef d'entreprise qui, par choix personnel (« la drogue n'est pas plus toxique que l'alcool ») ou par laxisme, ayant été informé de l'existence possible d'un trafic n'a rien fait pour le dénoncer ou le faire cesser soit poursuivi pour complicité. Ne rien faire lorsqu'on sait qu'une infraction est commise ou risque de l'être peut entraîner des poursuites lourdes de conséquences.

L'aspect procédural de la question : ce qui se passe si l'employeur a laissé faire

L'employeur qui serait poursuivi pour complicité de trafic de stupéfiants serait considéré comme un délinquant de droit commun, disposant des mêmes droits et devoirs que tout citoyen confronté à une situation identique… C'est-à-dire présumé innocent…

La phase d'enquête préliminaire

Durant cette phase d'enquête, des écoutes téléphoniques peuvent être ordonnées sur les téléphones fixes ou portables de l'entreprise, des surveillances peuvent être exercées sur les fax, mails, accès à Internet. Des enquêtes sur le train de vie (de l'entreprise ou de l'entrepreneur) peuvent être faites.

Le législateur, pas plus que le procureur de la République ne font la différence entre la vie privée et la vie professionnelle lorsque les faits sont graves. C'est d'ailleurs assez facilement compréhensible, car si le local professionnel ne pouvait faire l'objet d'aucune perquisition, fouille ou mesure d'investigation, tous les trafiquants créeraient une entreprise et seraient de ce fait protégés.

Après enquête, si aucun élément sérieux ne peut être reproché à l'employeur, celui-ci ne sera évidemment jamais inquiété

C'est le cas 99 fois sur 100 dans une enquête de cette nature. Si toutefois l'officier de police judiciaire (OPJ) qui conduit l'enquête estime avoir des doutes sur la réalité de l'implication ou sur le laxisme de l'employeur, il pourra en référer au procureur qui, alors, demandera à un juge d'instruction de bien vouloir se saisir du dossier. Avant que cette instruction ne soit diligentée, l'employeur ou son délégataire pourra être placé en garde à vue et interrogé sur les faits.

L'employeur placé en garde à vue

Cette garde à vue est tout sauf une partie de plaisir puisque si la loi française permet la visite d'un avocat dès la première heure, cette possibilité n'existe pas en matière d'infraction à la législation sur les stupéfiants, où l'avocat n'est autorisé à rencontrer pour la première fois son client qu'à la 72e heure. De surcroît, l'avocat n'a pas accès au dossier et ne peut donc pas conseiller utilement son client. Une visite médicale est bien sûr prévue et organisée dans le cadre de cette garde à vue, mais son objectif essentiel demeure de savoir si l'état de santé de l'intéressé est compatible avec cette garde à vue (problèmes cardiaques, asthmatique ou autres).

Le gardé à vue n'est pas totalement isolé, il a le droit de faire passer un appel téléphonique à une personne de son choix... mais le procureur peut refuser cet appel téléphonique pour des raisons liées à l'enquête. On est donc très loin des séries américaines dans lesquelles le gardé à vue, avant même que les policiers ne lui passent les menottes, déclare qu'il veut parler à son avocat, qu'il ne fera aucune déclaration tant qu'il ne l'aura pas vu, etc.

Cette garde à vue est un sujet d'étonnement pour nos collègues européens qui sont surpris que dans un État démocratique on puisse à ce point isoler une personne. Rappelons que la garde à vue « normale » est de 24 heures, prolongeable une fois pour une nouvelle durée de 24 heures, sauf pour des faits de terrorisme ou de trafic de stupéfiants, la durée pouvant alors être portée à 96 heures.

On peut imaginer l'état de fraîcheur d'une personne qui a été détenue dans une cellule qui est tout sauf une chambre d'hôtel, qui pendant 96 heures a certes été alimentée et a pu boire, mais n'a pas pu prendre de douche, n'a pu changer de linge de corps, ni même se brosser les dents... On perd vite toute dignité lorsqu'on n'est pas en capacité de se montrer sous son meilleur jour... Seuls « les professionnels » de la garde à vue, les voyous et délinquants de droit commun, savent comment il faut faire pour résister... La plupart des personnes de bonne volonté qui se trouvent impliquées dans un dossier de cette nature (ILS) « craquent » au bout de quelques heures.

Les procès-verbaux d'aveux recueillis en garde à vue resteront comme pièces du dossier. Un employeur qui, fatigué, las d'être interrogé et souhaitant en terminer au plus vite, aurait reconnu qu'il était au courant d'un début de trafic dans son entreprise, mais que ne sachant pas comment faire, il a préféré fermer les yeux, ou encore l'employeur qui aurait déclaré que le trafic ne le concernait pas puisqu'il s'agit d'une affaire privée aurait de fait reconnu une forme de complicité dans le trafic...

On voit combien les mots peuvent avoir une importance et combien une tournure de phrase peut changer l'avenir d'un individu. Le MEDEF ne s'y est d'ailleurs pas trompé. Il a organisé en 2005, dans un des départements de la couronne parisienne, une journée de formation complète destinée aux chefs d'entreprise et co-animée par un ancien commissaire de la brigade de répression du banditisme, journée de formation ayant pour thème « la bonne attitude à tenir par un employeur dans le cadre d'une garde à vue ».

À l'issue de cette garde à vue, ce sont les services de police ou de gendarmerie qui donneront leur sentiment au procureur de la République, lequel est le seul à pouvoir éventuellement demander que des poursuites soient entamées.

Toutefois, le rôle primordial de l'officier de police judiciaire qui a mené l'enquête se précise ici. Si l'OPJ a le sentiment que l'employeur n'a pas fait ce qu'il fallait et n'a pas su réagir face à un trafic, il est certain que la petite note de synthèse qu'il fournira au procureur de la République ira dans le sens d'une naïveté supposée de l'employeur... Cette naïveté peut-elle faire du naïf un coupable ? Le procureur appréciera... Si, au contraire, l'OPJ déclare qu'à l'évidence l'employeur ne pouvait pas ignorer l'existence de ce trafic et qu'il n'a pas voulu réagir pour, par exemple, tenir des délais ou maintenir une apparence d'homogénéité dans son entreprise, la note de synthèse indiquera au procureur qu'il est peut-être nécessaire, pour l'exemplarité du dossier, de poursuivre cet employeur qui par son silence a facilité le trafic.

Si le procureur est seul juge de la conduite à tenir, il est clair que dans la pratique professionnelle, l'OPJ qui est au plus près du terrain, dès lors qu'il a la confiance du procureur de la République, sera généralement très suivi dans son hypothèse de travail.

Le passage devant le procureur de la République

Le procureur de la République se fera communiquer alors le dossier et si l'affaire lui semble suffisamment claire (s'il dispose par exemple d'aveux, de témoignages, ou de preuves, etc.), il envisagera un passage devant la juridiction de jugement. Si l'affaire lui paraît compliquée (et c'est très souvent le cas dans le cadre d'affaire de trafic, il demandera l'ouverture d'une information à un juge d'instruction qui sera déchargé du dossier. Le juge d'instruction, magistrat indépendant, sera quant à lui chargé de demander aux enquêteurs de poursuivre leurs investigations sur tel ou tel point resté obscur.

À noter

Pour la plus grande surprise d'une personne non familiarisée avec la procédure pénale, ce sont généralement les enquêteurs qui ont commencé l'enquête au départ qui se verront confier une commission rogatoire (c'est-à-dire un ordre de rechercher des informations) par le juge d'instruction.

Autrement dit, l'OPJ qui aura « fait l'affaire » pourra continuer son enquête non plus à la demande du procureur mais du juge d'instruction.

Le passage devant le juge d'instruction

Le juge d'instruction procédera à une mise en examen de l'intéressé (du chef d'entreprise) et, bien évidemment, de toutes celles et ceux qui sont impliqués dans le trafic. C'est ainsi qu'un chef d'entreprise qui aura eu la faiblesse de ne pas réagir à temps se trouvera mis en examen aux côtés d'un trafiquant international, d'un voyou professionnel, d'un mafieux reconnu et de trois ou quatre usagers-trafiquants... On imagine le choc pour quelqu'un qui n'a jamais souhaité devenir délinquant, et qui n'a bien évidemment tiré aucun profit de tout cela...

Le juge d'instruction traitera-t-il différemment ces personnes ? Rien n'est moins sûr... Une malheureuse affaire ayant très fortement défrayé la chronique en 2006 a permis de se rendre compte que lorsque le juge d'instruction voyait dans le mis en examen un coupable, l'instruction était souvent faite à charge.

La mise en examen de l'employeur

Évidemment, le mis en examen pourra bénéficier de toutes les dispositions du Code de procédure pénale et il pourra, par l'intermédiaire de son avocat, demander des actes, poser des questions, solliciter des enquêtes ou expertises complémentaires. L'expérience prouve toutefois que bien que présumé innocent, le mis en examen doit souvent rapporter la preuve de celle-ci.

Le propos ne serait pas sérieux s'il n'était validé par de nombreuses déclarations d'hommes politiques ou de simples citoyens qui ont pu témoigner directement d'expériences traumatisantes en la matière. Bien sûr, la loi sur la présomption d'innocence existe. Bien sûr, chacun a à cœur de la respecter. Bien sûr aussi, lorsqu'on est confronté à la machine judiciaire, notamment à la mise en examen dans le bureau d'un juge d'instruction, et, assez curieusement, lorsqu'on est de bonne foi, on peut avoir le sentiment que « la messe est dite ».

Exemple de questions posées par un juge d'instruction à un chef d'entreprise poursuivi pour complicité dans un trafic de stupéfiants

Q : Aviez-vous conscience que M. X vendait des produits stupéfiants ?

R : Non.

Q : Pourtant, M. Y, votre chef d'équipe et supérieur hiérarchique de M. X, déclare qu'il vous avait dit qu'il suspectait quelque chose ?

R : Oui, mais je n'avais pas pris cela au sérieux.

Q : Pourquoi ?

R : Je ne sais pas.

Q : Est-ce que vous ne le saviez pas ou est-ce que vous ne vouliez pas savoir ?

R : Je le savais, mais je ne savais pas exactement comment gérer cela.

Q : Vous êtes responsable d'une entreprise, vous avez l'habitude de commander des personnes, vous disposez du pouvoir hiérarchique, vous avez un niveau de connaissances et de compétences élevé par rapport à un certain nombre de nos concitoyens. Vous ne pouviez pas ignorer qu'il convenait d'avertir les autorités de police ou de gendarmerie ? Pourquoi ne l'avez-vous pas fait ?

R : Je ne sais pas, je ne sais pas, je ne comprends pas. C'est sûr, j'aurais dû le faire, mais je n'ai pas osé, pas voulu, pas su. C'est une situation à laquelle je n'étais pas habitué.

Q : Vous rendez-vous compte que par votre silence et votre inaction, vous avez facilité ce trafic et peut-être contribué indirectement à l'empoisonnement d'un certain nombre de personnes au moyen de produits stupéfiants ?

R : Oui.

Etc.

Ce dialogue n'est pas tiré de l'imagination des auteurs, mais correspond tout à fait à la réalité de certains interrogatoires chez certains juges d'instruction.

Le rôle de l'avocat à ce stade de la procédure

Évidemment, à la fin de cet interrogatoire l'avocat pourra toujours émettre une réflexion en indiquant que son client est de bonne foi et qu'il a été dépassé par les événements, il pourra même apporter la preuve, par des témoignages, des dépositions d'amis, du total désarroi de son client.

Ces précieuses déclarations seront jointes au dossier mais n'apporteront qu'un éclairage sur la personnalité de l'intéressé, elles permettront éventuellement d'envisager la condamnation à une peine moins sévère le moment venu. Il n'en demeurera pas moins que la complicité pourra être retenue à l'encontre d'une personne qui a pu, par son inaction, favoriser la commission de l'infraction.

À l'issue de tous les interrogatoires, expertises et enquêtes, et à l'issue parfois d'une instruction qui aura duré de longs mois, voire des années, le juge d'instruction décidera s'il y a lieu de poursuivre l'employeur pour les faits de complicité de trafic.

Ordonnance de non-lieu ou ordonnance de renvoi

Après avoir retransmis le dossier au procureur de la République et après avoir pris connaissance des demandes formulées par celui-ci, le juge d'instruction pourra rendre une ordonnance de non-lieu s'il décide qu'il n'y a pas d'éléments légaux, matériels ou moraux à l'encontre du chef d'entreprise. Il pourra au contraire rendre une ordonnance de renvoi devant le tribunal correctionnel, demandant alors à ce que celui-ci soit jugé.

Même si statistiquement ce genre de poursuites est à ce jour rarissime, on ne peut totalement les écarter… puisque la loi permet de les retenir. Lorsque la machine judiciaire est enclenchée, lorsque l'enquêteur sous contrôle du procureur de la République, puis le juge d'instruction sont saisis, le justiciable de bonne foi, et à plus forte raison l'employeur lorsqu'il n'est pas familiarisé avec ce genre de situation, a véritablement l'impression que l'ensemble du système est contre lui. Le Code de procédure pénale lui donne des droits, l'usage de ces droits lui semblera sans doute très peu effectif.

L'intervention du juge des libertés et de la détention

Bien évidemment, si l'affaire est complexe et si l'employeur est véritablement impliqué, le juge d'instruction pourra demander à un juge des libertés et de la détention d'envisager le placement sous mandat de dépôt de l'employeur qui a favorisé ce trafic au sein de son entreprise… Cette demande formulée à un juge des libertés et de la détention et qui aboutirait à un éventuel placement en détention sera bien sûr réservée aux hypothèses dans lesquelles l'implication de l'employeur est plus importante qu'il n'y paraît.

Là encore, il convient d'attirer l'attention de l'employeur sur le fait que ce peut être un de ses subordonnés (le chef d'équipe ou le supérieur hiérarchique direct) qui était en relation avec le trafiquant. Dans ces conditions, le juge d'instruction sera beaucoup plus enclin à considérer que l'employeur devait savoir, voire qu'il savait et qu'il a largement facilité. Plus le trafic se situera dans la hiérarchie proche de celui ou celle qui a les responsabilités de l'entreprise, plus son implication directe sera envisageable et envisagée.

Le placement en détention de l'employeur

Si les chefs d'entreprise sont fort heureusement rarement impliqués dans des trafics de produits stupéfiants, il suffit de lire la presse pour se rendre compte qu'un certain nombre d'hommes politiques ou de chefs d'entreprise ont eu à connaître des geôles obscures de la République à l'occasion d'abus de biens sociaux, d'usage de faux, etc. C'est d'ailleurs à cette occasion que des élus de la Nation ont pu constater que les prisons n'étaient pas des établissements de loisir… Il convient également d'attirer l'attention sur le fait qu'entre la liberté pure et simple et la détention, il existe une sorte de phase intermédiaire appelée le placement sous contrôle judiciaire.

Le contrôle judiciaire

Il s'agit d'une série de mesures restreignant la liberté. Dans le cadre de ces mesures, un juge d'instruction peut tout à fait ordonner à un employeur de ne plus se rendre dans son entreprise, de ne plus faire aucun acte lié à la gestion de cette entreprise, de ne plus résider dans telle commune, tel département, ou de ne pas se rendre dans tels lieux. Concrètement, c'est donc à l'impossibilité de travailler que devra faire face l'employeur, et cette mesure qui apparaît *a priori* moins sévère que la prison est dans les faits redoutable et très efficace pour couler définitivement une entreprise. L'usage d'Internet sera alors très précieux, mais remplace-t-il vraiment un contact physique ? Bien évidemment, le non-respect des mesures du contrôle judiciaire pourrait entraîner sa révocation et provoquer, de la part du juge d'instruction, une demande de placement en détention.

À ce stade de la procédure, il est éminemment indispensable d'avoir un avocat, et de préférence spécialiste de la matière pénale, ce qui n'est bien sûr pas sans poser problème au chef d'entreprise qui est plutôt habitué à traiter avec un avocat-conseil, s'entretenant avec lui de ses contentieux prud'homaux, de ses contentieux en matière de droit contractuel… L'avocat, comme tout professionnel, ne pouvant pas être compétent en toutes matières, s'adjoindra généralement les conseils d'un confrère plus spécialisé dans la matière pénale lorsque ce genre de situation arrivera.

Qu'il s'agisse d'un usager, d'un « traficoteur » ou d'un trafiquant, la situation du salarié en infraction avec la législation sur les stupéfiants pourra avoir des retombées sur celle de l'employeur… même si « le pire n'est jamais sûr ».

Résumé de la conduite à tenir

1. Être vigilant, ne pas sous-estimer ou feindre d'ignorer le problème sous prétexte qu'il n'est pas agréable de l'évoquer ;
2. Dès lors qu'il y a une suspicion d'existence de produits stupéfiants dans l'entreprise, il faut prendre le problème à bras-le-corps :
   - Demander l'aide, l'assistance de la médecine du travail,
   - Informer et évoquer la situation avec les membres du CHSCT, les élus du personnel...
   - Mettre en place une politique d'information musclée.
3. Corrélativement et en accord avec les institutions représentatives du personnel, rappeler les droits et devoirs de chacun en la matière, et surtout les sanctions encourues pour l'usage ou pour le trafic de produits stupéfiants.

Tableau synthétique des sanctions encourues en cas d'infractions à la législation sur les stupéfiants

Usager et obligation de soins	**Article R. 3424-1 du Code pénal :** *« Lorsqu'elle est subie dans un établissement spécialisé, la cure de désintoxication prévue aux articles L. 3424-1 et L. 3424-2 comporte soit une hospitalisation continue, soit une hospitalisation à temps partiel, soit, successivement, l'une et l'autre. Les périodes d'hospitalisation peuvent comporter le séjour de l'intéressé dans une famille d'accueil sous le contrôle et la responsabilité de l'établissement. Elles peuvent être suivies d'une cure ambulatoire.* *Lorsqu'elle est subie sous surveillance médicale, sans hospitalisation dans un établissement spécialisé, la cure de désintoxication est placée sous la direction d'un médecin agréé.* *Quelles qu'en soient les modalités, la cure ne peut constituer un obstacle à l'information judiciaire ni au jugement. »* **Article L. 3421-1 du Code pénal :** *« L'usage illicite de l'une des substances ou plantes classées comme stupéfiants est puni d'un an de prison et de 3 750 € d'amende. »*
Provocation	**Article L. 3421-4 du Code pénal :** *« La provocation au délit prévu par l'article L. 3421-1 [...] alors même que cette provocation n'a pas été suivie d'effet, ou le fait de présenter ces infractions sous un jour favorable est puni de cinq ans d'emprisonnement et de 75 000 € d'amende. »*
Fermeture d'établissement	**Article L. 3422-1 du Code pénal :** *« En cas d'infraction à l'article L. 3421-1 et aux articles 222-34 à 222-39 du Code pénal, le représentant de l'État dans le département peut ordonner, pour une durée n'excédant pas trois mois, la fermeture de tout hôtel, maison meublée, pension, débit de boissons, restaurant, club, cercle, dancing, lieu de spectacle ou leurs annexes ou lieu quelconque ouvert au public ou utilisé par le public où l'infraction a été commise. »*

Trafic	**Article 222-36 du Code pénal :** « *L'importation ou l'exportation de stupéfiants sont punies de dix ans d'emprisonnement et de 7 500 000 € d'amende. Ces faits sont punis de trente ans de réclusion criminelle et de 7 500 000 € d'amende lorsqu'ils sont commis en bande organisée.* »
Blanchiment	**Article 324-1 du Code pénal :** « *Le blanchiment est le fait de faciliter, par tout moyen, la justification mensongère de l'origine des biens ou des revenus de l'auteur d'un crime ou d'un délit ayant procuré à celui-ci un profit direct ou indirect.* *Constitue également un blanchiment le fait d'apporter un concours à une opération de placement, de dissimulation ou de conversion du produit direct ou indirect d'un crime ou d'un délit.* *Le blanchiment est puni de cinq ans d'emprisonnement et de 375 000 € d'amende.* » **Article 324-2 du Code pénal :** « *Le blanchiment est puni de dix ans d'emprisonnement et de 750 000 € d'amende :* *1. Lorsqu'il est commis de façon habituelle ou en utilisant les facilités que procure l'exercice d'une activité professionnelle,* *2. Lorsqu'il est commis en bande organisée.* »

Questions/Réponses

L'usage du cannabis hors de l'entreprise

Question

« J'ai entendu dire dans mon entreprise que certains salariés consommaient de la résine de cannabis... Dans la mesure où ils ne le font pas dans l'entreprise, puis-je être responsable de quelque chose s'il arrive un accident ? »

Réponse

Pour l'employeur, ce qui compte, c'est l'aptitude du salarié à tenir le poste. Si l'employeur a l'impression, le sentiment, voire la certitude que le salarié n'est pas apte à tenir son poste, il ne lui appartient pas de qualifier la raison pour laquelle le salarié n'est pas en l'état de le faire, mais de tirer les conséquences de cette inaptitude.

Pour l'alcool, on sait qu'il existe des tests (voir plus haut), dès lors qu'ils sont prévus et envisagés par le règlement intérieur. Pour la résine de cannabis ou toute autre substance, le dispositif législatif réglementaire n'est pas vraiment le même.

Le trafic de produits stupéfiants à l'intérieur de l'entreprise

Question

« Que puis-je faire face à un salarié dont j'ai le sentiment qu'il trafique des produits stupéfiants à l'intérieur de mon entreprise ? »

Réponse

Même si la réponse peut paraître abrupte et désagréable, elle aura au moins le mérite d'être simple : le dénoncer aux autorités compétentes...

Bien évidemment, on ne dénoncera pas et on ne mettra pas en œuvre « l'artillerie lourde » de la même façon à l'encontre d'un post-adolescent qui use de la résine de cannabis et qui, à l'occasion, en cède à un collègue lui-même usager, et de celui ou celle qui profite de l'entreprise pour initier et développer un trafic. Toutefois, il faut bien se souvenir que la loi ne fait pas la différence entre drogue dure et drogue douce.

S'agissant du premier cas, peut-être qu'une remise au pas et qu'une « admonestation paternelle » suffiront à convaincre le salarié des risques encourus (à la fois au regard des autorités et de la justice, mais également au regard de son contrat de travail...), alors que dans la seconde situation, il s'agit véritablement d'une attitude délinquante, et faire semblant de ne pas la voir pourrait être considéré comme un début de complicité.

Chapitre 4

Le harcèlement moral au travail

De nombreuses études montrent qu'au moins un tiers des salariés s'estiment avoir déjà été harcelés sur le lieu de travail. Aujourd'hui, dans un contexte professionnel de plus en plus concurrentiel et stressant, il devient en effet courant d'invoquer le harcèlement moral au sein de l'entreprise. À cet égard, une loi du 2 novembre 1992 avait introduit dans le Code du travail un principe d'interdiction du harcèlement sexuel. Puis a été adoptée par le Parlement la loi du 17 janvier 2002, qui a renforcé ce principe toujours dans le Code du travail, fédérant ainsi sous une législation commune la lutte contre le harcèlement sexuel et moral.

Avant de constituer un véritable phénomène de société, le harcèlement a d'abord représenté un terrain d'investigation scientifique. Le concept de harcèlement avait en effet été analysé par un professeur suédois, Heinz Leimann[1], dès le début des années quatre-vingt-dix, comme *« un enchaînement sur une longue période de propos et d'agissements hostiles, exprimés ou manifestés par une ou plusieurs personnes envers une tierce personne »*. Ces études sur le *mobing* avaient d'ailleurs conduit à une modification de la loi peu après en Suède. Pourtant, ces analyses restèrent plutôt confidentielles, connues des seuls spécialistes des questions de violence au travail.

En 1998, la publication de l'ouvrage de Marie-France Hirigoyen, *Le harcèlement moral ou la violence perverse au quotidien*[2], marque le point de départ d'un vaste débat sur les questions de violence au travail. Par le regard clinique qu'elle porte, le monde du travail se découvre malade d'un nouveau mal, le harcèlement moral. En définissant le harcèlement moral (notion auquel on aurait pu préférer celle de « harcèlement psychologique ») comme *« toute conduite abusive (geste, parole, compor-*

1. Heinz Leymann, *Mobbing, la persécution au travail*, Le Seuil, 1996.
2. Marie-France Hirigoyen, *Le harcèlement moral ou la violence perverse au quotidien*, Syros, 1998.

tement, attitude, etc.) qui porte atteinte, par sa répétition ou sa systématisation, à la dignité ou à l'intégrité psychique ou physique d'une personne, mettant en péril l'emploi de celle-ci ou dégradant le climat de travail », Marie-France Hirigoyen participe au déclenchement d'un séisme au sein de la société française.

La publication à peu près à la même époque d'une directive n° 2000/43/CE du 29 juin 2000[1], relative à la mise en œuvre du principe de l'égalité de traitement entre les personnes sans distinction de race ou d'origine ethnique, contribua également à alimenter le débat. La directive retient le harcèlement comme une forme de discrimination lorsque se manifeste un comportement indésirable lié à la race ou à l'origine ethnique, qui a pour objet ou pour effet de porter atteinte à la dignité d'une personne et de créer un environnement intimidant, hostile, voire dégradant.

C'est dans ce contexte qu'en janvier 2002, les députés jetèrent les bases d'une interdiction du harcèlement moral au travail, en en faisant l'un des axes de la loi de modernisation sociale. Pourtant, avant même cette réforme législative, les juridictions prud'homales condamnaient déjà les employeurs ayant eu un comportement fautif ou abusif à réparer le préjudice ainsi causé au salarié, alors même qu'elles n'employaient que très exceptionnellement les termes « harcèlement moral ».

Afin de limiter des pratiques désormais sanctionnées au niveau législatif, des mécanismes de prévention doivent donc être mis en place dans l'entreprise ; c'est dans ce but que, sans énoncer expressément les termes de « harcèlement moral », la Charte sociale européenne publiée par le décret du 4 février 2000 visait déjà la *« sensibilisation, l'information et la prévention contre les actes condamnables ou explicitement hostiles et offensifs dirigés de façon répétée contre tout salarié sur le lieu de travail ou en relation avec le travail »*. De plus, celle-ci dans son article 26 alinéa 1.2 posait en complément la nécessité d'une prévention en entreprise pour prévenir tout acte condamnable, en énonçant que : *« En vue d'assurer l'exercice effectif du droit de tous les travailleurs à la protection de leur dignité au travail, les parties s'engagent, en consultation avec les organisations d'employeurs et de travailleurs : [...] à promouvoir la sensibilisation, l'information et la prévention en matière d'actes condamnables ou explicitement hostiles et offensifs dirigés de façon répétée contre tout salarié sur le lieu de travail ou en relation avec le travail, et à prendre toute mesure appropriée pour protéger les travailleurs contre de tels comportements. »* Ainsi, pour être efficace cette prise de conscience du phénomène de harcèlement moral doit être relayée au niveau de l'entreprise par la mise en place d'une prévention adéquate.

1. Dir. 2000/43/CE, 29 juin 2000 : JOCE n° L. 180, 19 juillet.

Prévenir les cas de harcèlement moral constitue désormais une impérieuse nécessité qui s'impose à tout employeur. Mais il convient auparavant de mieux cerner cette notion. Une certaine imprécision de la définition du harcèlement moral choisie par le législateur pose le problème de la mise en place d'une prévention efficace dans l'entreprise. Mais, en cas d'échec, il existe toujours des possibilités de réparation du dommage créé et de sanction pénale.

Comment identifier un harcèlement moral

Pour comprendre les risques liés au harcèlement, il faut avoir présent à l'esprit que le harcèlement résulte d'abord d'un comportement humain. Phénomène insidieux, le harcèlement se traduit par des gestes et des attitudes destinés à fragiliser un salarié. Mais il est assez difficile de retenir une seule forme de harcèlement. Ses manifestations sont aussi multiples que sont nombreuses les situations de travail. Il s'agit même parfois d'une stratégie d'entreprise qui met face à face un harceleur bien intégré dans son entreprise, et un harcelé, au caractère trop faible ou trop affirmé.

Face à cette réalité complexe, le législateur a retenu une définition fondée en particulier sur l'exigence d'agissements répétés entraînant une dégradation des conditions de travail et susceptible de porter atteinte à la santé physique ou morale du salarié. Si l'effort de précision est louable, il n'est dès lors plus toujours facile de distinguer le harcèlement du stress par exemple.

Le harcèlement moral est d'abord un comportement humain : ses traits caractéristiques

Le harcèlement constitue un phénomène souvent insidieux qu'il convient de découvrir afin de le prévenir et le traiter efficacement. Il est possible de catégoriser des agissements caractéristiques, mais il ne faut pas donner plus d'importance à certaines situations qu'elles n'en ont réellement. Il faut toujours distinguer le simple conflit du harcèlement moral proprement dit.

Il revient au médecin suédois, le professeur Heinz Leymann d'avoir décrit et catégorisé des agissements qui peuvent être passifs (omissions volontaires, oublis de convocation à une réunion, absence de communications d'informations) ou actifs, mais qui ont toujours pour but, avoué ou non, d'amener les victimes à quitter l'entreprise. Les traits caractéristiques d'un harcèlement moral sont les suivants.

Empêcher la victime de s'exprimer

La victime n'a plus aucune possibilité de faire entendre son point de vue ou certaines personnes veillent dans l'entreprise à ce qu'elle n'ait plus accès à l'information. Une des techniques utilisées consiste à couper les moyens de communication moderne : téléphone fixe étrangement en dérangement, téléphone portable coupé ou connexion Internet, voire intranet, interrompue. Une autre technique consiste à intensifier l'animosité latente : crier après la victime, lui claquer la porte au nez, frapper sur la table.

Isoler la victime

On sait que la communication constitue de nos jours l'une des composantes essentielles des relations sociales dans l'entreprise. À cet égard, la diffusion dans toutes les entreprises, quelle que soit leur taille, de réseau Intranet donne un nouveau visage à ce phénomène, d'autant que la maîtrise de l'information est plus que jamais cruciale dans les entreprises actuelles. Dans ces conditions, un salarié supporte d'autant mieux le stress qu'il sait qu'il peut compter sur l'aide et la compréhension de ses collègues et de ses supérieurs hiérarchiques.

Or, dans une situation de harcèlement, le réseau de relations sociales de la victime se délite. La pression devient déjà difficile à supporter quand une personne cesse de lui parler, mais elle devient encore plus intolérable quand la mise en quarantaine résulte d'un groupe de collègues : par exemple, lorsque la victime déjeune seule à la cantine, lorsqu'elle n'est pas invitée à une réception (pot de départ, etc.), ou bien encore lorsqu'elle est mise à l'écart de tous, seule dans un bureau.

Déconsidérer la victime auprès de ses collègues

Il s'agit ici :

- De déformer tout ce que dit ou fait la victime de façon à la faire apparaître négative, aussi bien à ses yeux qu'aux yeux des autres, en se moquant par exemple de ses petits travers ou de ses petits défauts (supposés ou réels) ;
- De dénigrer son travail et/ou ses capacités professionnelles ;
- D'attaquer la victime au travers de sa vie privée (sa famille ou sa réputation) et/ou au travers d'un défaut physique pour essayer de la déstabiliser plus encore. Dans ce cas, tout peut-être utilisé contre la victime pour la ridiculiser.

On sait que l'esprit humain est ainsi fait que l'on se sent autant blessé par des paroles toxiques ayant trait à des vérités que par des mensonges. Lorsque la victime « craque », cela peut sembler caractériser le harcèlement.

Discréditer la victime dans son travail

Pour un supérieur, cela peut consister dans l'attribution d'une tâche de niveau nettement inférieur, ou nettement supérieur à ses compétences, ou à lui confier la réalisation d'un travail dégradant, ou encore à lui fixer des objectifs impossibles à atteindre, l'obligeant à rester tard le soir pour ensuite voir le rapport demandé qui était si urgent jeté à la poubelle ! Pour un collègue, cela peut être de sous-entendre que la personne n'a pas les compétences requises pour occuper le poste ou que son titulaire passe son temps à des occupations personnelles. Une autre technique consiste à pousser la victime à la faute pour pouvoir la critiquer ou la rabaisser, ou bien encore pour qu'elle ait une mauvaise image d'elle-même.

Compromettre la santé de la victime

Le harceleur peut inciter la victime à douter de sa bonne santé mentale. Par exemple, en faisant livrer massivement des produits qui n'ont pas été commandés ou en détruisant un dossier sur lequel travaillait la victime, qui perd ainsi toute confiance en elle-même et s'épuise aussi bien physiquement que mentalement. Tous ces agissements relèvent du non-respect de la personnalité, mais pour qu'une attitude soit considérée comme du harcèlement, il est nécessaire qu'il y ait répétition constante de ces actes.

En résumé

Le harcèlement moral est donc susceptible de revêtir des formes multiples :

- Refus de toute communication ;
- Nombre d'actions déstabilisantes[1] ;
- Absences de consignes ou consignes contradictoires ;
- Privation de travail ou surcroît de travail ;
- « Mise au placard », conditions de travail dégradantes ;
- Critiques incessantes ;
- Brimades, humiliations ;
- Propos calomnieux et insultes quotidiennes[2] ;
- Menaces ;
- Sanctions multiples sans justifications[3].

1. CA Poitiers, Ch. soc., 30 mai 2000, Chaigneau c/ Morisset, n° 99/02377.
2. CA Montpellier, Ch. soc., 17 juin 1998, Société Défi c/ Standinguer, n° 97/1384.
3. CA Paris, 18e ch., 16 janvier 1997, Roncin c/ Société Infinitif, n° 35342/96.

Les différentes formes du harcèlement moral

Les manifestations du harcèlement moral

Le harcèlement moral peut se manifester sous différentes formes :

- **Le harcèlement individuel.** Gratuit et pervers, pour simplement détruire, il est secondaire à la dégradation d'une situation conflictuelle ;
- **Le harcèlement institutionnel.** C'est une technique de gestion de l'ensemble du personnel, dont le but est de mettre en concurrence les salariés entre eux pour augmenter la productivité, qui se traduit par un besoin d'uniformisation et le refus d'individualité ;
- **Le harcèlement stratégique.** C'est une technique pour contourner les procédures légales de licenciement et pour se débarrasser de quelqu'un dans le service (par exemple, un salarié qui refuse un compromis).

La genèse du harcèlement moral

D'une manière générale, le harcèlement moral est la conséquence d'une situation conflictuelle qui s'est dégradée ou d'une stratégie délibérée pour se débarrasser d'une personne. Par conséquent, il importe de replacer le harcèlement moral au travail dans son contexte. Si le harcèlement est possible dans l'entreprise, c'est aussi parce que celle-ci n'a pas su se structurer de telle sorte que celui-ci n'apparaisse pas.

> *« Tout commence par une querelle. [...] Quelquefois, même, tout part d'un désaccord inexprimé. Suivent quelques remarques désobligeantes, des piques, [...] des sourires entendus. Très vite, la victime désignée est isolée, acculée à la défensive. [...] On cesse de s'adresser à elle. On lui fait sentir qu'elle n'a plus sa place dans le groupe, qu'on ne veut plus d'elle. Les préjugés surgissent, prennent forme, se développent. [...]. On la malmène donc. De plus en plus. Tant et si bien que, finalement, on doit requérir l'arbitrage du service du personnel ou celui d'un délégué d'entreprise. Alors, dans la plupart des cas, les arbitres prennent parti contre le trublion. Il gêne le bon fonctionnement du service, de l'entreprise. Et l'on s'en débarrasse. »*[1]

1. Heinz Leymann, *op. cit.*

Le double visage du harcèlement moral : le harceleur et le harcelé

Profil du harceleur

Le harceleur est souvent bien intégré dans l'entreprise et trouve des justifications à son action. La dégradation des relations de travail qu'il entretient s'appuie souvent sur des dysfonctionnements ou des problèmes d'ordre organisationnel. L'absence de contre-pouvoir et de médiateur dans l'entreprise joue également un rôle.

Profil du harcelé

En revanche, il n'y a pas de profil type du harcelé. Contrairement à une opinion répandue, les victimes ne sont pas forcément des personnes fragiles. Selon Marie-France Hirigoyen[1], *« les harcelés sont généralement des "grandes gueules" ou pour le moins des fortes personnalités… La victime, c'est en fait bien souvent celui qui résiste, notamment à ses collègues… mais aussi à son supérieur hiérarchique, ou encore à la pression de ses subordonnés »*. Homme ou femme, jeune embauché, cadre nouvellement promu ou ancien approchant de la retraite, personne n'est à l'abri d'un harcèlement dans son entreprise.

Harceleur/harcelé : qui est qui ?

De plus, le harcèlement moral au travail se pratique :

- Entre collègues d'un même niveau hiérarchique ;
- Entre supérieur hiérarchique et subordonné[2] ;
- Du subordonné à son supérieur hiérarchique.

À noter

La personne qui a une fonction d'autorité peut être toute personne ayant une autorité interne ou externe à l'entreprise. Pourraient être visés les clients ou les donneurs d'ouvrage qui ont autorité sur le salarié, dans le cadre d'une mission d'intérim, d'un contrat de sous-traitance ou d'une mise à disposition. Il peut s'agir d'une personne qui a une autorité de fait : sont concernés les conjoints ou membres de la famille.

1. *Op. cit.*
2. Cass. soc., 16 juillet 1987, Doucet c/ Patissou, n° 85-40.014.

Qui peut se prévaloir d'un harcèlement moral ?

Les personnes pouvant se prévaloir de la protection édictée en matière de harcèlement moral sont :

- Les salariés qui ont subi des agissements de harcèlement moral ;
- Les salariés qui ont refusé de subir de tels agissements ;
- Les salariés qui ont témoigné de ces agissements ou les ont relatés.

Le salarié bénéficie de cette protection, quel que soit le type de contrat dont il est titulaire (CDI, CDD, contrat de formation en alternance, stagiaire, etc.).

L'identification juridique du harcèlement moral

Définition juridique : les éléments constitutifs du harcèlement

Le législateur a donné une définition subjective du harcèlement moral. La définition est posée à l'article L. 122-49 du Code du travail :

> *« Aucun salarié ne doit subir les agissements répétés de harcèlement moral qui ont pour objet ou pour effet une dégradation des conditions de travail susceptible de porter atteinte à ses droits et à sa dignité, d'altérer sa santé physique et mentale ou de compromettre son avenir professionnel. »*

Des « agissements »

Le terme d'« agissements » peut signifier qu'un salarié ne pourra pas agir sur le terrain du harcèlement moral en se fondant uniquement sur une abstention du harceleur : par exemple, le refus du harceleur de communiquer avec la victime salariée ou encore sa volonté d'éviter tout échange avec elle. Les comportements par omission sont donc exclus du champ d'application de la réglementation relative au harcèlement moral.

À défaut d'agissements, si le salarié ne peut faire valoir qu'une abstention fautive de son employeur, il peut agir sur le terrain de l'exécution de mauvaise foi du contrat de travail (article L. 120-4 du Code du travail) pour obtenir, notamment, la condamnation de l'employeur.

Le caractère répétitif des atteintes ou agissements portés au salarié

Le terme même de « harcèlement » suppose un travail d'usure qui exclut les actes isolés. Il faut donc au moins deux actes pour qu'il y ait harcèlement moral : un seul acte, même grave, ne peut conduire à la qualification de harcèlement moral.

Des remarques ponctuelles faites par l'employeur ou le supérieur hiérarchique à son employé et entrant dans le cadre des attributions professionnelles ne peuvent donc pas entrer dans le champ d'application du harcèlement moral. Ainsi, l'employeur conserve la possibilité de formuler des reproches au salarié qui n'exécuterait pas correctement les tâches qui lui sont confiées. Mais, dès lors que ces remarques deviennent répétitives et qu'elles portent atteintes au respect de la vie privée, il y a un risque de dérive en harcèlement moral.

Enfin, soulignons que cette nécessité d'actes répétitifs distingue le harcèlement moral de notions voisines, notamment le licenciement entouré de circonstances vexatoires (par exemple, par une annonce brutale et publique du licenciement). Les deux notions partagent chacune comme critère une certaine violence psychologique, mais il manque au licenciement vexatoire l'aspect répétitif. La distinction est d'importance, compte tenu des conséquences attachées à chacune des notions (nullité du licenciement en cas de harcèlement, maintien du licenciement avec indemnisation du salarié dans l'autre cas).

Les incidences du comportement interdit

Les agissements doivent entraîner une dégradation des conditions de travail

Les termes utilisés par la loi indiquent qu'il peut y avoir harcèlement moral indépendamment d'une quelconque intention de nuire, contrairement à la jurisprudence antérieure et à la majorité des droits étrangers. Le but poursuivi n'est pas déterminant pour que le harcèlement soit constitué. On est donc en présence d'une conception très large du harcèlement moral, afin qu'une multitude d'agissements puissent tomber sous le coup de la loi.

Le simple constat d'une dégradation des conditions de travail suffit. Le critère de la dégradation des conditions de travail présente de nombreux avantages : cette dégradation peut être constatée matériellement (très utile en présence d'une notion aussi subjective). En outre, le terme de dégradation des conditions de travail permet d'englober tous les effets qui peuvent résulter du harcèlement moral. Toutefois, l'existence de conditions de travail dégradées ne suffit pas pour que le harcèlement moral soit constitué.

La dégradation des conditions de travail doit être « susceptible de porter atteinte aux droits et à la dignité des salariés, d'altérer sa santé physique ou mentale ou de compromettre son avenir professionnel »

Les salariés qui pourront se prévaloir des dispositions de l'article L. 122-49 du Code du travail sont seulement ceux dont la dégradation des conditions de travail est susceptible de porter atteinte à leurs droits et à leur dignité, d'altérer leur santé physique ou mentale ou de compromettre leur avenir professionnel. Ces différents éléments permettent de matérialiser les agissements de harcèlement moral.

Il n'est pas nécessaire, en revanche, que la dégradation des conditions de travail ait effectivement entraîné des effets sur les droits, la dignité, la santé ou l'avenir professionnel du salarié : il suffit seulement qu'elle soit susceptible de les provoquer. Reprenons les termes de la définition du harcèlement moral dans l'article L. 122-49 du Code du travail :

- **Les atteintes aux droits du salarié.** Cette formule très floue a été précisée par le Conseil constitutionnel. Il a indiqué que les droits auxquels la dégradation des conditions de travail est susceptible de porter atteinte sont ceux de la personne au travail énoncés à l'article L. 120-2 du Code du travail qui dispose que :

  « Nul ne peut apporter aux droits des personnes et aux libertés individuelles et collectives de restrictions qui ne seraient pas justifiées par la nature de la tâche à accomplir ni proportionnées au but recherché. »

  L'atteinte aux droits du salarié peut donc être licite à condition qu'elle soit légitime et proportionnée au but recherché. Cette disposition permet de sanctionner les détournements de pouvoir et les abus de droit.

- **Les atteintes à la dignité du salarié.** Le respect de la dignité de la personne est un principe fondamental à valeur constitutionnelle qui a également été repris au niveau européen par la Charte sociale européenne (article 26). Les exemples d'atteintes à la dignité tels qu'ils résultent de l'analyse de la jurisprudence ont le plus souvent trait à des mises au placard, des humiliations devant témoins, à l'absence de tâches confiées au salarié, qui participent tous à un processus de dévalorisation de ce dernier.

  La Cour de cassation a posé pour la première fois le principe de dignité du salarié comme critère d'appréciation des conditions de travail et de la faute de l'employeur[1] : *« Le salarié étant privé des moyens matériels d'exécution de ses tâches (local isolé sans téléphone) dans des conditions portant atteinte à sa dignité, la cour d'appel ne pouvait, sans contradiction, retenir l'existence d'une faute grave du salarié résultant de l'inexécution de tâches inhabituelles et secondaires dont le comportement de l'employeur rendait impossible l'exécution. »*

- **Altérer la santé physique ou mentale du salarié.** Le harcèlement moral peut entraîner, sur l'état de santé de la victime, des conséquences particulièrement importantes, parfois irréversibles.

  L'intérêt de cette disposition est donc de permettre aux victimes de contribuer à la reconnaissance du harcèlement dont elles ont été l'objet en faisant état des attestations médicales (médecin du travail, notamment) et des arrêts de travail prescrits par leur médecin traitant. Le certificat médical établissant que l'atti-

1. C. Cass, 16 juillet 1998.

tude du harceleur a eu des répercussions sur la santé du salarié (souvent un état dépressif) peut être essentiel pour que les juges donnent gain de cause à la victime. Cet élément, parmi d'autres, est susceptible d'emporter la conviction des juges. Il conviendra toutefois d'établir un lien entre l'état dépressif du salarié, par exemple, et le harcèlement dont il se prétend victime.

- **Compromettre l'avenir professionnel du salarié.** Le législateur protège ici le salarié de tout agissement ayant pour conséquence de le priver d'une possibilité de mutation ou promotion dans l'entreprise, ou de possibilité de reclassement dans une entreprise extérieure (du fait de vexations publiques qui pourraient être portées à la connaissance d'un nouvel employeur potentiel).

  L'avenir professionnel du salarié est entendu au sens large : le découragement et la démobilisation liés au harcèlement dont le salarié est l'objet peuvent également lui être très préjudiciables sur le plan de sa carrière professionnelle.

L'arrêt du 27 octobre 2004
de la chambre sociale de la Cour de cassation

Récemment, la chambre sociale de la Cour de cassation, par arrêt du 27 octobre 2004[1], a ajouté des éléments de définition à la notion de harcèlement moral. Les magistrats, qui ont donné raison à l'employée, se sont fondés sur un ensemble de faits *« dont la conjoncture et la répétition constituent un harcèlement moral »*. Ils ont retenu que *« la salariée avait fait l'objet d'un retrait sans motif de son téléphone portable à usage professionnel et de l'instauration d'une obligation nouvelle et sans justification de se présenter tous les matins au bureau de sa supérieure hiérarchique »*. La Cour de cassation a ajouté que l'employeur avait confié au salarié *« des tâches sans rapport avec ses fonctions, faits générateurs d'un état dépressif médicalement constaté nécessitant des arrêts de travail »*. Par contre, la cour n'a pas retenu des témoignages de confirmation, et ne s'est pas non plus satisfaite de la seule production d'un certificat médical. Les magistrats ont établi par eux-mêmes le lien entre la réalité du harcèlement et l'état de santé de la plaignante.

Avantage et inconvénient d'une définition si ouverte

Avantage

L'avantage d'une définition ouverte du harcèlement moral permet donc d'appréhender et de répondre à la détresse d'un plus grand nombre de victimes.

1. Cass. soc., 27 octobre 2004, n° 04-41.008 F-P + B, Société Mât de misaine c/ Pouvreau.

Inconvénient

Mais l'inconvénient est que retirer toute référence au caractère volontaire du harcèlement, associé au caractère extrêmement subjectif de ce que peuvent ressentir deux personnes face à une même situation, risque de faire assimiler de simples conditions de travail sur un rythme de stress imposé par la conjoncture à une situation de harcèlement. Par conséquence, il est important de ne pas confondre le stress professionnel ou les tensions inévitables en entreprise avec la notion de harcèlement moral.

Savoir distinguer le harcèlement moral du simple stress professionnel

Le ministre de l'Emploi et de la Solidarité a pu déclarer que : « *Si le harcèlement moral au travail n'est pas admissible, encore faut-il en donner une définition claire qui ne permette pas des interprétations anormalement extensives en le confondant avec des pressions managériales ou productives non répréhensibles.* »

Dans ce prolongement, la loi de modernisation sociale a pu énoncer que : « *L'on ne peut assimiler le harcèlement moral au stress ou aux tensions relationnelles qui existent dans l'univers professionnel. Il est plutôt la manifestation d'un comportement délibéré et pervers, d'ailleurs souvent collectif, visant à briser un individu pour des motifs les plus divers.* »[1]

La jurisprudence a d'ailleurs repris cette distinction par un jugement du tribunal de grande instance du 25 octobre 2002, devenu définitif, en considérant que : « *La recherche d'investisseurs était la préoccupation de M. Y. Le désengagement des deux actionnaires a été signifié officiellement à Mme X. par message de M. Y. ; ultérieurement M. Y. a informé Mme X de la poursuite du projet ; l'ensemble de ces annonces et de leur contraire revêtait certes un caractère stressant et déstabilisant pour Mme X. en charge depuis des mois de ce dossier ; cependant, rien ne permettait de caractériser un acte de harcèlement à destination exclusive de celle-ci ; le financement d'un travail représente un enjeu important dont les différentes phases positives puis négatives et l'inverse ne peuvent être imputées au chef d'entreprise comme une volonté de déstabiliser ceux qui le façonnent.* »

L'application par des juridictions de ces nouveaux textes et l'implication des différents acteurs sociaux donneront la véritable portée à ladite loi. Par exemple, permet de présumer d'un harcèlement moral l'envoi de onze lettres recommandées avec AR à une salariée enceinte, dès lors qu'aucun élément objectif de nature à corroborer les griefs invoqués dans les courriers ne se sont produits et que cet envoi a commencé à partir du moment ou l'employeur avait eu connaissance de l'état de grossesse de l'intéressée (CA Paris, 28 février 2003).

1. Rapport « Modernisation sociale », Sénat n° 275, tome I, page 312.

Notre conseil

Pour limiter les risques, il est recommandé aux responsables hiérarchiques, lorsqu'ils ont des griefs à faire à l'égard d'un salarié, de le faire devant un témoin (de préférence un délégué du personnel). La plus grande tâche du directeur des ressources humaines sera de faire le tri entre les actes délictueux et les actes qui relèvent du pouvoir disciplinaire et de sanction à l'égard du ou des salariés concernés : car l'entreprise ne doit pas se tromper, c'est à elle et à ses managers que revient le pouvoir de direction, de contrôle et disciplinaire. Un avertissement, une mise à pied dûment justifiée et clairement motivée ne seront jamais remis en cause par les tribunaux.

Distinguer le harcèlement moral et le harcèlement sexuel

Ce que disent les textes juridiques

Le délit de harcèlement sexuel a été introduit dans le Code pénal à l'article 222-33, puis complété par un volet social avec la loi du 2 novembre 1992. Ce dispositif a ensuite été modifié par la loi du 9 mai 2001 qui en étend le champ de protection, puis par la loi de modernisation sociale du 17 janvier 2002.

L'article 222-33 du Code pénal définit le harcèlement sexuel comme une :

> *« […] infraction consistant à abuser de l'autorité que confère une fonction pour obtenir d'autrui, par ordre, menaces ou contrainte, des faveurs de nature sexuelle. »*

L'article L. 122-46 du Code du travail prévoit par ailleurs que :

> *« Aucun salarié, aucun candidat à un recrutement, à un stage ou à une période de formation en entreprise ne peut être sanctionné, licencié ou faire l'objet d'une mesure discriminatoire, directe ou indirecte, notamment en matière de rémunération, de formation, de reclassement, d'affectation, de qualification, de classification, de promotion professionnelle, de mutation ou de renouvellement de contrat pour avoir subi ou refusé de subir les agissements de harcèlement de toute personne dont le but est d'obtenir des faveurs de nature sexuelle à son profit ou au profit d'un tiers. »*

Les cas de harcèlement sexuel sur le lieu de travail

Pour qu'il y ait une situation de harcèlement sexuel de nature professionnelle, il faut qu'il existe une relation de travail, c'est-à-dire dans tous les cas où s'établit une relation contractuelle régie par le droit privé. Par conséquent, tout salarié, quelles que soient l'activité et la taille de l'entreprise, son ancienneté ou son statut, même s'il est en période d'essai, doit bénéficier de ces dispositions.

De plus, cette notion ne repose plus sur la notion d'abus d'autorité puisque les agissements sont commis par « une personne ». L'auteur du harcèlement peut donc être une personne ayant une fonction d'autorité envers la victime, comme l'employeur ou le supérieur hiérarchique, mais il peut s'agir aussi d'un collègue de même niveau hiérarchique. L'absence de désignation du harceleur a donc conduit à en adopter une conception large.

Les personnes pouvant invoquer l'article L. 122-46 sont les salariés :

- Qui ont subi des agissements de harcèlement sexuel ;
- Qui ont refusé de subir de tels agissements ;
- Qui ont témoigné de ces agissements ou les ont relatés.

Le harcèlement sexuel : une notion subjective

L'article L. 122-46 du Code du travail ne contient pas de liste de faits fautifs (ordres, menaces, pressions, etc.) constitutifs de harcèlement sexuel. Il s'agit donc d'une notion subjective.

En principe, un seul acte doit suffire à caractériser le harcèlement sexuel. Cependant, il apparaît dans les faits que les tribunaux utilisent la notion de durée ou d'actions répétées pour caractériser l'acte de harcèlement. Certains juges exigent donc une pluralité d'actes. Par ailleurs, le harcèlement sexuel se définit exclusivement par le but poursuivi par l'auteur du harcèlement : l'obtention de faveurs de nature sexuelle. Peu importe que ces faveurs aient été ou non obtenues, seule la tentative compte.

Rappel

En droit pénal français la tentative est punissable.

Comment prévenir et gérer le harcèlement au travail

Le harcèlement constitue un phénomène souvent insidieux qu'il convient de découvrir afin de le prévenir et le traiter efficacement. Il est possible de catégoriser des agissements caractéristiques, mais, dans certaines situations, il ne faut pas leur donner plus d'importance qu'ils n'en ont réellement.

Il faut distinguer le simple conflit du harcèlement moral proprement dit. Il convient de ne pas confondre harcèlement et conflit dans le travail. L'employeur doit se prémunir ici de deux dangers : d'abord, celui d'être paralysé en tant qu'employeur par rapport à un salarié qui le menacerait de le poursuivre de harcèlement à l'occasion de la moindre remarque. D'autre part, de négliger tout comportement potentiellement répréhensible qu'il émane de l'employeur ou de l'un de ses cadres. En effet, les conflits font partie de la vie de l'entreprise et sont comme tels fréquents.

Certains conflits sont positifs : ils permettent de faire avancer les choses, de débloquer des situations sans issue, de tomber d'accord sur une idée. L'origine du conflit découle très souvent de la mauvaise organisation du travail (surcharge de travail, instructions imprécises, objectifs contradictoires, manque de clarté dans la délimitation des compétences de ses collaborateurs, etc.).

La seule évocation d'un éventuel harcèlement doit inciter à revoir l'organisation du travail, mais lorsque les faits sont avérés, la pire attitude serait de ne rien faire. L'inaction de la direction qui dans l'immense majorité ignore de tels agissements pourrait être considérée comme de la complicité. En ne s'inquiétant pas, le conflit peut prendre de l'ampleur et risquer de dégénérer, ouvrant la voie à une action syndicale qui serait dès lors justifiée.

Rappel

En droit pénal français, le complice risque la même peine que l'auteur principal.

La prévention revêt en matière de harcèlement moral une importance toute particulière. En effet, les conséquences pour la victime peuvent, nous l'avons vu, être dramatiques s'il n'y est pas mis fin rapidement. Ainsi, si aujourd'hui en France, la reconnaissance du harcèlement moral au niveau individuel apparaît déjà difficile, le passage de la réparation à la prévention l'est encore davantage. En effet, à ce jour, seules des situations entraînant des dysfonctionnements majeurs donnent lieu à des interventions ou à des tentatives de prévention de situations futures. Mais pour les victimes, les conséquences peuvent être déjà dramatiques. La priorité doit être donnée à une démarche préventive. Il faut donc découvrir les différentes missions des acteurs de la prévention pour analyser les possibilités de mise en œuvre de cette prévention.

Les acteurs de la prévention

Il est important de souligner que la liste des acteurs étudiée ci-dessous n'est pas limitative, le salarié victime de harcèlement moral pourra trouver écoute et conseils auprès, par exemple, des services de prévention de la CRAM (Caisse régionale d'assurance-maladie) ou des Agences régionales d'amélioration des conditions de travail.

La primauté du rôle de l'employeur

L'obligation de prévention de l'employeur

L'employeur doit respecter et faire respecter les principes généraux de prévention en matière d'hygiène et de sécurité. À ce titre, il doit prendre toutes les mesures nécessaires et mettre tout en œuvre pour assurer la sécurité et protéger la santé des travailleurs de l'établissement, y compris les travailleurs temporaires, et prévenir aussi les agissements de harcèlement moral et sexuel (articles L. 122-51 et L. 122-48 du Code du travail). Ces mesures comprennent des actions de prévention des risques professionnels, d'information et de formation.

Toutefois, la loi ne donne aucune indication quant à l'étendue de cette nouvelle obligation ou à la nature des dispositions que l'employeur doit désormais prendre. Ainsi, parler ouvertement du harcèlement psychologique au travail est en soi une pratique de prévention.

En conséquence, l'employeur doit s'informer et informer ses employés sur ce qu'est le harcèlement psychologique et sur ce qui n'en constitue pas. Il est important que le personnel de l'entreprise ait une bonne compréhension de la définition. L'employeur « conscientise » les employés quant à la responsabilité de chacun à travailler dans un milieu exempt de harcèlement psychologique. Il veille donc à l'adaptation de ces mesures pour tenir compte du changement des circonstances et tendre à l'amélioration des situations existantes.

À noter

Un problème se pose quand l'enquête diligentée par l'employeur ne donne pas satisfaction et que les pratiques de harcèlement moral ne sont pas révélées. L'entreprise doit-elle prendre des sanctions à l'encontre du salarié qui se dit harcelé ? Nous pensons qu'aucune sanction ne pourra être prise à l'encontre d'un collaborateur ayant fait part de bonne foi d'une pratique de harcèlement supposé.

Sans définir plus amplement les modalités de cette prévention, l'article L. 122-51 du Code du travail dispose que :

> *« Il appartient au chef d'entreprise de prendre toutes les dispositions nécessaires en vue de prévenir les actes visés par l'article L. 122-49. »*

L'employeur devra donc intervenir lorsque des agissements constitutifs du harcèlement moral lui seront signalés. Aucune sanction n'est édictée en cas de carence de sa part.

L'article L. 230-2 du même code définit l'obligation générale de sécurité de l'employeur :

« Le chef d'établissement prend les mesures nécessaires pour assurer la sécurité et protéger la santé des travailleurs [...]. »

Il doit mettre en œuvre ces mesures afin d'éviter les risques, d'évaluer ceux qui ne peuvent pas être évités et de les combattre à la source, d'adapter le travail à l'homme, etc. Toute action de lutte contre le harcèlement moral au travail doit s'organiser à plusieurs niveaux. Sur le plan collectif, au niveau de l'entreprise, il est nécessaire de développer une politique de bien-être au travail qui allie à la fois la prévention et la médiation.

De plus, l'élaboration d'une telle politique pourrait être l'occasion pour une entreprise d'évaluer les risques en matière de violence au travail, ce qui constitue depuis peu une obligation à la charge de l'employeur. En effet, l'employeur qui est tenu de protéger la santé physique et mentale des salariés doit planifier la prévention des risques professionnels en y intégrant les risques liés au harcèlement moral en vertu de l'article L. 230-2 du Code du travail. Le bilan de cette évaluation des risques doit être consigné et mis à jour, au moins une fois par an, dans un document unique (R. 230-1 du Code du travail). À défaut, l'employeur peut être condamné au paiement d'une amende de 1 500 euros. Ce document doit être tenu à la disposition du CHSCT, des délégués du personnel et du médecin du travail.

Les risques pesant sur l'employeur quant à son obligation de prévention

La condamnation possible de l'employeur, notamment en cas de rupture du contrat de travail de la victime harcelée

Dans le cas où la victime de harcèlement s'est tournée vers la justice, l'employeur devra, quant à lui, prouver qu'il a mis en œuvre toutes les dispositions nécessaires en vue de protéger ses salariés du harcèlement. L'appréciation de cette faute dépend ensuite de la question de savoir si l'employeur est tenu par une obligation de résultat ou seulement par une obligation de moyen. Si l'on considère qu'une véritable obligation de résultat pèse sur l'employeur, ce dernier doit être considéré comme ayant failli à ses obligations dès lors que ces agissements de harcèlement se produisent. Les rares décisions prises dans ce domaine montrent que les juges tranchent plutôt en faveur d'une obligation de moyen : l'employeur n'est coupable que si la faute est démontrée. Selon l'analyse de la jurisprudence rendue en la matière, l'employeur n'est fautif que lorsqu'il n'a pas pris les mesures nécessaires pour éviter les agissements de harcèlement.

La mise en demeure de l'employeur de respecter son obligation de prévention du harcèlement

Selon le Code du travail, l'employeur est censé prendre des mesures pour empêcher que des agissements de harcèlement puissent se produire. En règle générale, la jurisprudence ne recherche pas quelle a pu être l'action de l'employeur antérieurement aux agissements de harcèlement, la victime peut mettre en demeure l'employeur de respecter ses obligations de prévention.

L'obligation pour l'employeur d'actualiser le règlement intérieur

Dans les entreprises et les établissements de 20 salariés et plus, le règlement intérieur doit intégrer obligatoirement les dispositions relatives au harcèlement dans les relations de travail (article L. 122-34 du Code du travail). Ces dispositions doivent être affichées sur le lieu de travail.

> *« Il s'agit ici d'étendre pour le harcèlement moral ce qui existe déjà pour le harcèlement sexuel. Une telle mesure n'est pas seulement formelle... D'une part, cette disposition conduira à améliorer l'information des salariés car le règlement intérieur doit être affiché sur les lieux du travail. Mais surtout, elle ne manquera pas de se traduire par l'émergence d'un dialogue dans l'entreprise autour du harcèlement moral car le règlement intérieur doit être soumis pour avis au comité d'entreprise et au comité d'hygiène, de sécurité et des conditions de travail (CHSCT) en application de l'article L. 122-36 du Code du travail. »*[1]

À noter

Cette information joue un rôle essentiel en matière de harcèlement. Le salarié est très démuni lorsqu'il se retrouve confronté à des agissements de harcèlement. Davantage informé sur la nature et l'étendue de ses droits, il sera mieux armé pour réagir et riposter efficacement contre les agissements dont il est victime. Une clause du règlement intérieur pourrait, par exemple, prévoir la possibilité pour les salariés de recourir à l'arbitrage des représentants du personnel et de l'employeur, s'ils estiment être victimes de harcèlement, avant d'envisager le recours à la procédure de médiation.

Le rôle des représentants du personnel et le droit d'alerte

En effet, si un délégué du personnel constate, notamment par l'intermédiaire d'un salarié, qu'il existe une atteinte aux droits des personnes, à leur santé physique ou mentale ou aux libertés individuelles dans l'entreprise qui ne serait pas justifiée par la nature de la tâche à accomplir ni proportionnée au but recherché, il doit en saisir immédiatement l'employeur. Le droit d'alerte, peut être exercé aussi par le salarié lui-même.

L'employeur ou son représentant est tenu de procéder sans délai à une enquête avec le délégué et de prendre les dispositions nécessaires pour remédier à cette situation. En cas de carence de l'employeur ou de divergence sur la réalité de cette

1. Rapport « Modernisation sociale », Sénat n° 275, tome I, page 318.

atteinte et à défaut de solution trouvée avec l'employeur, le salarié ou le délégué, si le salarié averti par écrit ne s'y oppose pas, saisit le bureau de jugement du conseil des prud'hommes qui statue selon les formes applicables au référé.

Depuis la loi du 17 janvier 2002, ce droit d'alerte en cas d'atteinte aux droits des personnes ou aux libertés individuelles est étendu aux cas d'atteinte à la « santé physique et mentale » des salariés (article L. 422-1-1 du Code du travail). De plus, soulignons que les organisations syndicales représentatives dans l'entreprise peuvent exercer en justice toutes les actions qui naissent des dispositions relatives au harcèlement moral et sexuel en faveur d'un salarié de l'entreprise, sous réserve qu'elles justifient d'un accord écrit de l'intéressé. Ce dernier peut toujours intervenir à l'instance engagée par le syndicat et y mettre fin à tout moment (article L. 122-53 du Code du travail).

Le comité d'entreprise (CE)

Le comité d'entreprise, comme le CHSCT, doit être consulté sur le règlement intérieur qui, selon l'article L. 122-34 modifié du Code du travail, devra désormais comporter l'interdiction de toute pratique de harcèlement moral.

Pour déceler d'éventuels agissements de harcèlement, le secrétaire du CE peut inscrire à l'ordre du jour de la réunion le problème, par exemple, des démissions en chaîne ou, à partir du bilan social, le problème du taux d'absentéisme élevé dans tels services : ce sont, en effet, des indices possibles d'un harcèlement moral. De plus, il peut proposer différentes actions, financées sur son budget de fonctionnement :

- Une brochure, un Cd-rom qui serait distribué aux salariés ;
- La projection d'un film consacré au harcèlement, suivi d'un débat auquel il pourrait convier des spécialistes de cette question ;
- Une rubrique sur le réseau Intranet du CE (si l'entreprise en est doté) ;
- Une lettre périodique ou une chronique sur le bulletin régulièrement diffusé au personnel : l'information ainsi diffusée pourrait comprendre des analyses de psychologues et de juristes ;
- La mise à disposition d'un ouvrage sélectionné par le CE sur ce problème ;
- Ils peuvent inciter l'employeur à imposer aux cadres, en particulier aux nouveaux embauchés et aux salariés récemment promus, des actions de formation au management. Ces actions de formation doivent sensibiliser le personnel d'encadrement au problème de harcèlement.

La mise en place de ces actions de sensibilisation et d'information du personnel est faite soit en collaboration avec l'employeur, soit par le CE seul.

Ainsi, le CE des Aéroports de Paris (ADP) a mis en place un numéro vert à destination des salariés d'ADP s'estimant victimes de harcèlement moral ou sexuel. En outre, les membres du CE ont élaboré des plaquettes d'information distribuées aux 8 000 salariés de l'entreprise.

Enfin, le CE a pour mission d'assurer l'expression collective des salariés et de permettre la prise en compte permanente de leurs intérêts dans les décisions relatives à la formation professionnelle. Il formule, à son initiative, et examine, à la demande du chef d'entreprise, toute proposition de nature à améliorer les conditions de travail, d'emploi et de formation des salariés. (article L. 431-4 du Code du travail).

Les délégués syndicaux (DS)

La relation de l'entreprise avec les syndicats peut permettre de trouver, en commun, des solutions au problème de harcèlement. L'individualisation des conflits de harcèlement ne doit pas occulter le fait qu'il peut et doit faire l'objet de luttes collectives : en témoigne d'ailleurs la multiplication des conflits collectifs sous la bannière du harcèlement moral. En effet, les salariés harcelés sont fréquemment des femmes enceintes, des syndicalistes ou des salariés âgés que l'entreprise cherche à faire démissionner.

Leurs rôles

C'est pourquoi, le délégué syndical a aussi un rôle très important à jouer en matière de harcèlement moral. Il faut alors sortir d'une gestion individuelle du harcèlement moral pour passer à une pratique collective.

De plus, l'article L. 411-1 du Code du travail définit l'objet des syndicats comme étant :

> *« L'étude et la défense des intérêts matériels et moraux [...] des personnes visées par leurs statuts. »*

Cette disposition autorise ainsi les syndicats à agir en matière de harcèlement moral. Ils peuvent donc :

- Représenter la victime en justice ;
- Développer avec l'employeur des politiques de lutte contre le harcèlement moral ;
- Suggérer, par exemple, l'insertion dans les conventions collectives ou accords d'entreprise des clauses de formation en matière de harcèlement, des procédures de résolution des problèmes liés au harcèlement, ou participer à la prévention et soutenir les victimes.

L'article L. 412-8 reconnaît un droit d'affichage et de distribution de tracts aux délégués syndicaux. Cette menace peut avoir un effet dissuasif important. S'ils doivent dénoncer publiquement les faits, ils s'assureront au préalable du consentement de la victime. Par ailleurs, une jurisprudence ancienne reconnaît aux DS la qualité pour veiller à l'hygiène et à la sécurité des travailleurs, alors même qu'il existe un CHSCT.

Leurs actions

Les actions des délégués syndicaux sont multiples :

- **Les délégués syndicaux peuvent créer des espaces** où victimes ou témoins pourront venir s'exprimer en confiance. Le personnel serait averti par affiche ou tract ;
- **Les délégués syndicaux peuvent faire appel à des intervenants extérieurs**, dont l'expertise peut être utile en matière de harcèlement. Ainsi, dans une entreprise, à la suite de cinq suicides rapprochés de salariés, les syndicats, en accord avec la direction, ont fait appel à l'ANACT (Agence nationale pour l'amélioration des conditions de travail) : celle-ci a pour mission de faire une enquête sur le mal-être au travail dans l'entreprise ;
- **Les délégués syndicaux peuvent négocier une charte avec l'employeur.** Influencées par l'exemple américain, les entreprises françaises sont de plus en plus nombreuses à négocier des chartes. Quelques entreprises anglo-saxonnes ont déjà édité des chartes concernant le harcèlement : il s'agit le plus souvent d'adaptations locales de politiques mises en œuvre par la maison mère américaine pour éviter les cas de discrimination par l'âge, le sexe, l'ethnie, les handicaps… Même si l'objet de prédilection de ces chartes est l'utilisation d'Internet par les salariés au bureau, les entreprises y recourent également massivement en matière d'éthique. Le contenu de la charte est très variable.

Exemples de chartes

Une charte sociale et éthique a été signée chez Air France le 25 juin 2001 par la direction et l'ensemble des syndicats européens représentés au comité de groupe européen, ainsi que par la Confédération européenne des syndicats représentée par la Fédération européenne des travailleurs du transport. Par cette charte, Air France adhère notamment aux principes et aux droits fondamentaux de la Déclaration des droits de l'homme des Nations unies et de la Charte des droits fondamentaux de l'Union européenne adoptée à Nice en décembre 2000. La compagnie s'engage également à « *promouvoir et à agir dans le droit fil des conventions de l'Organisation internationale du travail* ». Par ailleurs, Air France s'engage à favoriser la sécurité de l'emploi ; à développer un dialogue social responsable.

Le groupe Suez a également adopté une charte sociale internationale qui a été négociée et signée par la direction et les syndicats représentés au sein de leur instance européenne de dialogue. La charte s'inspire des principes directeurs de l'Organisation internationale du travail (l'égalité des chances, la lutte contre l'exclusion sociale, le développement personnel, la pérennité de l'emploi, la contribution au développement de l'entreprise, la qualité du climat de travail, le dialogue social, la concertation sociale, la santé et la sécurité, l'interdiction du travail des enfants et du travail forcé). La charte prévoit, par ailleurs, l'élaboration d'une série d'indicateurs destinés à mesurer les performances sociales de l'entreprise et le respect de la charte. Une instance de suivi de la charte est créée, avec pour mission la surveillance et l'enregistrement des données. Le suivi de la charte est à l'ordre du jour de chaque réunion de l'instance européenne de dialogue.

Esso Exxon Mobil a édité en France une brochure « Processus en cas de harcèlement moral » qui détaille plusieurs étapes, actions et interventions de la hiérarchie et des représentants du personnel en la matière. En outre, il est possible de procéder à des enquêtes internes. Des sanctions sont également prévues et soumises à un comité de sages auquel participe un représentant du personnel.

Le comité d'hygiène, de sécurité et des conditions de travail (CHSCT)

Présentation du CHSCT

Le CHSCT occupe une position centrale en matière de prévention du harcèlement. Les CHSCT sont constitués dans les entreprises occupant au moins 50 salariés pendant 12 mois consécutifs ou non au cours des 3 années précédentes. Toutefois, pour les entreprises jugées « à risque », l'inspecteur du travail peut en exiger la création malgré un effectif moindre. Le CHSCT est composé du chef d'établissement qui le préside et de 3 à 9 représentants du personnel selon la taille de l'entreprise ou de l'établissement. Il se réunit au moins une fois par trimestre à l'initiative de l'employeur. Ce dernier remet au CHSCT, au moins une fois par an, le bilan de l'hygiène, de la sécurité et des conditions de travail. Ce rapport comprend une mine d'informations qui peuvent être exploitées par les membres du CHSCT pour déceler d'éventuelles situations de harcèlement (par exemple : changements d'horaires, d'équipe, de bureau) et demander à l'employeur des explications.

Un rôle de protection de la santé et de la sécurité des salariés

L'article L. 236-2 du Code du travail dispose que :

> *« Le comité d'hygiène, de sécurité et des conditions de travail a pour mission de contribuer à la protection de la santé et de la sécurité des salariés de l'établissement et de ceux*

mis à sa disposition par une entreprise extérieure, y compris les travailleurs temporaires, ainsi qu'à l'amélioration des conditions de travail. »

Il contribue donc à la promotion de prévention des risques professionnels dans l'établissement et suscite toute initiative qu'il estime utile dans cette perspective. Il peut proposer à cet effet des actions de prévention, notamment du harcèlement sexuel et moral (article L. 236-2 du Code du travail). L'employeur qui s'y refuse doit motiver sa décision.

D'une manière générale, le CHSCT a donc pour mission de contribuer à la protection de la santé et de la sécurité des salariés, et de veiller à l'amélioration des conditions de travail et à l'observation des prescriptions législatives et réglementaires prises en la matière. À ce titre, tout comme les délégués du personnel, il a la possibilité d'exercer son droit d'alerte. Mais ce qui lui revient est son pouvoir d'enquête, qui peut par ailleurs s'avérer difficile et compliqué. En effet, tout doit être fait pour éviter que se propagent dans l'entreprise des noms, des faits qui peuvent *a posteriori* se révéler faux, voire mensongers. Des précautions importantes doivent être prises pour éviter une dénonciation calomnieuse dont l'effet pourrait être ravageur parmi les cadres de l'entreprise.

Les indices à prendre à compte par le CHSCT

Ces indices sont les suivants :

- **Les salariés qui se disent harcelés** (à tort ou à raison) en font part à la direction, oralement ou par écrit. Le plus souvent, ces plaintes sont mises de côté, car on peut penser que les problèmes rencontrés sont des conflits relationnels momentanés qui s'apaiseront avec le temps. Or, l'entreprise doit prendre en compte ces plaintes écrites ou orales et y répondre. Cette simple prise de contact permet au salarié de briser son isolement ;
- **Le nombre de démissions ou de demandes de mutations** dans un service est un signal qui doit alerter la hiérarchie ;
- **Il en est de même pour le nombre d'absences pour maladie.** En effet, des dépressions en cascade dans un service ne doivent pas laisser insensible la direction.

La possibilité de désigner un expert

De plus, le CHSCT peut conformément à l'article L. 236-9 du Code du travail :

« Faire appel à un expert agréé : lorsqu'un risque grave révélé ou non par un accident du travail, une maladie professionnelle ou un caractère professionnel est constaté dans l'établissement [...] Si l'employeur entend constater la nécessité de l'expertise, la désignation de l'expert, le coût, l'étendue ou le délai de l'expertise, cette contestation est portée devant le président du tribunal de grande instance qui statue en urgence. »

Cette disposition permet au CHSCT d'exiger une expertise dès lors que les conditions de travail imposées aux salariés leur font courir un risque pour leur santé non seulement physique mais aussi mentale.

Le CHSCT, s'appuyant sur un rapport du médecin du travail qui constate une importante augmentation du nombre de salariés souffrant d'une altération de leur état de santé directement liée à l'environnement professionnel, peut faire appel à un expert pour diagnostiquer l'origine de ces maux et proposer des solutions pour améliorer les conditions de travail et de santé. L'employeur ne peut donc pas s'opposer en principe à l'expertise demandée par le CHSCT dont la mission légale est bien de contribuer à la protection de la santé, ainsi qu'à l'amélioration des conditions de travail des salariés.

Le salarié victime a aussi un rôle à jouer

L'obligation du salarié de prendre soin de sa santé et de celle des autres

L'article L. 230-3 du Code du travail met à la charge des salariés l'obligation de prendre soin de leur santé et de celle de leurs collègues :

> *« Il incombe à chaque travailleur de prendre soin, en fonction de sa formation et selon ses possibilités, de sa sécurité et de sa santé ainsi que de celles des autres personnes concernées du fait de ses actes ou de ses omissions au travail. »*

Ce texte a une double portée :

- La victime pourra l'invoquer pour faire usage de son droit de retrait ;
- La victime pourra l'invoquer à l'encontre de l'auteur du harcèlement lorsque ce dernier n'est pas l'employeur. Elle peut en effet décider de le poursuivre soit à titre personnel, soit en même temps que son employeur.

Le droit d'expression du salarié : droit à ne pas négliger

L'article L. 461-1 du Code du travail dispose que :

> *« Dans les entreprises, les salariés bénéficient d'un droit à l'expression directe et collective sur le contenu, les conditions d'exercice et l'organisation de leur travail. Cette expression a pour objet de définir des actions à mettre en œuvre pour améliorer leurs conditions de travail, l'organisation de leur activité et la qualité de la production dans l'unité de travail à laquelle ils appartiennent dans l'entreprise. Les opinions que les salariés, quelle que soit leur place dans la hiérarchie professionnelle, émettent dans l'exercice du droit d'expression ne peuvent motiver une sanction ou un licenciement. »*

Ce droit peut être utilisé lorsque le comportement de l'auteur du harcèlement a une incidence sur les conditions d'exercice de l'activité, l'organisation du travail ou la qualité de la production (par exemple : aucune tâche n'est confiée aux salariés alors que ses collègues sont débordés ou, au contraire, la victime est débordée alors que ses collègues n'ont pas de travail).

L'exercice du droit de retrait du salarié

Tout salarié (ou groupe de salariés) se trouvant dans une situation de travail dont il a un motif raisonnable de penser qu'elle présente un danger grave et imminent pour sa vie ou sa santé a la possibilité d'informer l'employeur et de se retirer de cette situation, à condition toutefois de ne pas créer pour autrui une nouvelle situation de risque grave et imminent. Ce droit de retrait est un droit protégé.

Aucune formalité particulière n'est exigée. Le danger doit être seulement imminent, c'est-à-dire que le risque est susceptible de se réaliser brusquement ou dans un délai rapproché. Le salarié doit signaler immédiatement à l'employeur, conformément à l'article L. 231-8 du Code du travail, l'existence d'une situation de travail dangereuse, mais il n'est pas tenu de le faire par écrit. L'exercice du droit de retrait pour raison non fondée peut constituer une cause réelle et sérieuse de licenciement. Néanmoins, il est conseillé au salarié d'envoyer une lettre à son employeur lui signifiant l'exercice de son droit de retrait, en raison de harcèlement moral.

À noter

La notion de danger grave et imminent est une notion subjective, laissée à l'appréciation du salarié. Par conséquent, en cas de litige, le salarié n'a pas en principe à rapporter la preuve du caractère réel et effectif de la gravité du danger, mais il doit établir qu'il y avait un motif raisonnable de penser que le danger était réel. Ainsi, le droit de retrait peut être valablement exercé si le rapport d'un expert relève que le salarié avait des motifs légitimes de croire à un danger possible, alors que dans le même temps, les analyses de ce même expert ont exclu tout danger réel et prévisible[1].

D'autre part, ce droit de retrait ne peut s'exercer sans utiliser au préalablement ou en même temps la procédure d'alerte. De plus, le salarié ne peut reprendre son travail tant que le danger n'a pas été éliminé. Averti par le salarié ou par un membre du CHSCT, l'employeur ou son représentant doit donc prendre les mesures nécessaires pour faire cesser le risque. Il ne peut imposer au salarié de reprendre son travail tant que la situation n'est pas redevenue normale.

1. Cass. crim. 8 octobre 2002.

L'article L. 231-8-1 du Code du travail précise que l'employeur est considéré comme ayant commis une faute inexcusable si le risque signalé, soit par le salarié, soit par un membre du CHSCT, s'est matérialisé.

L'interpellation de l'employeur et la constitution des éléments de preuve

La victime a intérêt, le plus tôt possible, à se constituer des éléments de preuve, même si elle ne compte pas s'en prévaloir en justice. Les différents éléments qu'elle collectera pourront être utiles, notamment pour tenter de négocier une transaction.

Si des représentants du personnel existent dans l'entreprise, ils pourront agir selon les modalités déjà définies dans cette partie. La victime peut également alerter l'inspection du travail et ne pas hésiter à se faire prescrire un arrêt de travail si ses conditions de travail sont devenues insupportables.

Si toutes ces démarches ne permettent pas de mettre un terme aux agissements de harcèlement dont elle est victime, elle pourra solliciter une médiation. Si la médiation échoue, la seule solution pour obtenir réparation de son préjudice est l'action en justice.

Le recours à un acteur extérieur à l'entreprise : le médiateur

La loi du 17 janvier 2002 a institué une procédure de médiation externe à l'entreprise, tant en matière de harcèlement moral que sexuel. Toutefois, cette procédure de médiation demeure facultative. En effet, le salarié victime de harcèlement peut agir directement devant les tribunaux.

Néanmoins, l'article L. 122-54 du Code du travail offre cette possibilité au salarié victime et énonce que :

> *« Une procédure de médiation peut-être engagée par toute personne de l'entreprise s'estimant victime de harcèlement moral. »*

La mise en œuvre de la procédure

Tout salarié qui se prétend victime de harcèlement moral peut engager la procédure de médiation.

À noter

Depuis la loi Fillon du 3 janvier 2003, la procédure de médiation peut être également mise en œuvre par la personne mise en cause. Le choix du médiateur fait l'objet d'un accord entre les parties (article L. 122-54 C.Trav).

De plus, *« Le médiateur s'informe de l'état des relations entre les parties, il tente de les concilier et leur soumet des propositions qu'il consigne par écrit en vue de mettre fin au harcèle-*

ment. En cas d'échec de la conciliation, le médiateur informe les parties des éventuelles sanctions encourues et des garanties procédurales prévues en faveur de la victime ».

En outre, la loi n'édicte aucun critère, ni condition de saisine de cette instance : toutes les victimes potentielles de harcèlement peuvent donc la saisir sans avoir à justifier d'un quelconque préjudice. On peut donc raisonnablement craindre un usage abusif de ce dispositif susceptible de conduire à son engorgement. En somme, la saturation possible de cette instance risque d'être très préjudiciable aux salariés dont la situation critique nécessite un traitement immédiat.

Le choix du médiateur

Il est choisi en dehors de l'entreprise sur une liste de personnalités désignées en fonction de leur autorité morale et de leur compétence dans la prévention du harcèlement. Les listes de médiateurs sont dressées par le préfet, après consultation et examen des propositions de candidatures des associations dont l'objet est la défense des victimes de harcèlement et des organisations syndicales les plus représentatives au plan national. La loi n'indique pas qui choisira le médiateur sur la liste.

La conciliation

Le médiateur convoque les parties qui doivent comparaître en personne dans le délai d'un mois. Si l'une des parties ne se présente pas, le médiateur en fait le constat écrit et l'adresse aux parties.

Lors de la réunion, le médiateur s'informe de l'état des relations entre les parties. Il tente de les concilier et leur soumet des propositions pour mettre un terme au harcèlement. Ces propositions sont consignées par écrit. En cas d'échec, le médiateur informe les parties des éventuelles sanctions encourues et des garanties procédurales prévues en faveur de la victime.

À noter

L'article L. 122-54 du Code du travail qui fait référence à ce délai d'un mois ne précise pas si celui-ci concerne la convocation des parties ou leur comparution.

Le statut du médiateur

Il bénéficie du même statut que celui applicable au conseiller du salarié (la personne qui assiste les salariés lors de l'entretien préalable au licenciement dans les entreprises dépourvues de représentants du personnel).

Les articles L. 122-14-14 à L. 122-1-18 du Code du travail lui sont intégralement applicables :

- Crédit de 15 heures par mois ;
- Rémunération des absences ;

- Protection contre le licenciement ;
- Autorisations d'absence ;
- Secret professionnel ;
- Obligation de discrétion : elle concerne toute donnée relative à la santé des personnes dont le médiateur a connaissance dans l'exercice de sa mission.

À noter

Le cumul des fonctions de médiateur avec celles de conseiller prud'homal est interdit.

L'atteinte à l'exercice régulier des fonctions de médiateur, notamment par la violation des articles L. 122-14-14 à L. 122-14-17 du Code du travail, est punie d'une peine de prison d'un an et/ou d'une amende de 3 811,23 €. En cas de récidive, la peine d'emprisonnement pourra être portée à 2 ans et l'amende à 7 622,45 € (article L. 152-1 du Code du travail).

Un acteur extérieur clé dans l'entreprise : le médecin du travail

L'article L. 241-10-1 du Code du travail dispose que :

> *« Le médecin du travail est habilité à proposer des mesures individuelles telles que mutations ou transformations de postes, justifiées par des considérations relatives notamment à l'âge, à la résistance physique ou à l'état de santé des travailleurs. »*

Le médecin du travail a donc pour rôle de dépister les formes d'organisation du travail génératrices d'isolement et de diagnostiquer en amont les symptômes d'alerte. L'utilisation de l'inaptitude temporaire, associée à l'envoi au médecin généraliste pour un arrêt maladie, est la première mesure à engager, car faire cesser le harcèlement devient une urgence.

S'il constate une dégradation régulière de la santé mentale et physique du salarié, il pourra donc demander une mutation ou un aménagement du poste. Mais si la situation clinique du salarié est alarmante et la situation de travail sans issue après une étude de poste, l'article R. 241-51-1 du Code du travail permet au médecin du travail de prononcer l'inaptitude au poste pour un danger grave et immédiat (cette proposition d'inaptitude doit se faire avec l'accord du salarié). Par ailleurs, il peut, sur la base d'indicateurs objectifs de souffrance (augmentation des visites spontanées, du temps nécessaire d'écoute, des examens, des orientations médicales, etc.), alerter le CHSCT.

Le chef d'entreprise est tenu de prendre en considération ces propositions et, en cas de refus, de faire connaître les motifs qui s'opposent à ce qu'il y soit donné suite (article L. 241-10-1 du Code du travail).

Le médecin du travail a donc un rôle préventif consistant à éviter toute altération de la santé des travailleurs du fait de leur travail, notamment en surveillant leur état de santé. Il est au service de tous les membres de l'entreprise en qualité de conseiller du chef d'entreprise ou de son représentant, des salariés, des représentants du personnel, des services sociaux.

Il faut éviter, dans un souci de prévention, toute médicalisation excessive du phénomène qui concerne avant tout l'organisation du travail ; mais l'intervention du médecin du travail peut toutefois être utile. Il peut en effet attirer l'attention du chef d'entreprise sur des cas de harcèlement dont il n'aurait pas connaissance[1]. De plus, le médecin du travail peut se rendre dans l'entreprise, soit de sa propre initiative, soit lorsqu'il y est convié par l'employeur, le CHSCT ou les délégués du personnel. Il assiste aussi, avec voix consultative, aux réunions du CHSCT et du comité d'entreprise dont l'ordre du jour comporte des questions relatives à la médecine du travail : la question du harcèlement pourrait donc utilement être inscrite à l'ordre du jour d'une réunion de l'une de ces deux institutions.

Le salarié bénéficie régulièrement d'une visite médicale à la médecine du travail. Notons que ce dernier peut demander de son propre chef une consultation auprès du médecin du travail. En outre, la loi prévoit que *« tout salarié peut bénéficier d'un examen médical à sa demande »*, le coût de cet examen étant à la charge de l'entreprise (l'employeur a l'obligation d'afficher les coordonnées du médecin du travail attaché à l'entreprise). Le salarié peut donc confier au médecin du travail, lors de sa visite, les agissements de harcèlement dont il est victime. Le médecin pourra ainsi lui établir une attestation faisant état des conséquences des agissements de harcèlement sur son état de santé. Il est tenu au secret professionnel, ce qui lui interdit d'attirer l'attention des organes de l'entreprise (employeur, DS, DP, CE, CHSCT) sur une situation de détresse particulière d'une personne nommée.

On peut noter que différents espaces de communication se sont ouverts à l'initiative des médecins du travail. Certains collectifs de praticiens ont en effet été créés pour débattre du harcèlement. Par ailleurs, des cycles de formation ont été mis en place pour familiariser les médecins du travail avec les spécificités du harcèlement moral.

Le médecin du travail, dans son rapport technique annuel, peut rendre compte de l'accroissement des indicateurs de souffrance organisationnelle : augmentation de la fréquence et de la gravité des urgences sur les lieux de travail pour conflit aigu, violence, tentative de suicide, etc.

1. Rapport « Modernisation sociale », Sénat n° 275, tome I, page 319.

Le rôle du médecin inspecteur du travail

Son rôle le met plutôt en relation avec les médecins et les inspecteurs du travail qu'avec les salariés directement. Il coopère avec les inspecteurs du travail à l'application de la réglementation relative à l'hygiène du travail, à la protection de la santé des salariés.

Les contestations des décisions des médecins du travail concernant l'aptitude ou l'inaptitude d'un salarié à occuper son poste lui sont transmises pour avis. De même, lui sont transmis pour avis les dossiers relatifs aux difficultés ou désaccords concernant les propositions de mesures individuelles d'aménagement (mutations ou transformations de poste) en application de l'article L. 241-10-1 du Code du travail (applicable en matière de harcèlement). Son rôle est essentiel puisqu'il dispose des compétences techniques permettant à l'inspecteur du travail de prendre une décision éclairée.

Le médecin inspecteur du travail ne dispose pas du pouvoir de dresser des PV ou d'adresser des mises en demeure. Cependant, il peut faire intervenir les agents de l'inspection du travail dans l'entreprise concernée.

À noter

Il reste que le nombre de médecins inspecteurs est très faible. Ils ne sont que quarante en France dont six à Paris.

L'inspecteur du travail

Il est chargé de *« veiller à l'application des dispositions du Code du travail et des lois et règlements relatifs au régime du travail, ainsi qu'à celle des conventions ou accords collectifs de travail »* et, le cas échéant, de constater les infractions.

Dans l'exercice de ses fonctions, il peut entrer dans tous les établissements où sont applicables les règles du Code du travail et des textes annexes, à l'exception des locaux de travail habités (autorisation préalable des personnes qui les occupent). Il a accès à l'ensemble des livres, des registres et documents rendus obligatoires par le Code du travail ou par disposition de la loi ou règlement relatif au régime du travail, ce qui est le cas des procès-verbaux des réunions du CE et du CHSCT.

En vertu de l'article L. 236-4 du Code du travail, il est le destinataire, pour l'information, des avis émis et des points évoqués par le CHSCT lors de l'examen du rapport annuel que lui remet l'employeur. Il peut faire modifier les clauses du règlement intérieur contraires à l'article L. 122-34 du Code du travail. Il peut également intervenir pour faire respecter les obligations résultant de l'article L. 230-2 du Code du travail. Si le harcèlement s'exerce sur un représentant du personnel, l'inspecteur a les moyens d'intervenir.

Toutefois, là aussi le manque de moyens et d'effectifs contraint les inspecteurs du travail à se contenter, souvent, d'écrire à l'employeur pour attirer son attention sur l'anormalité de la situation. En effet, le Code du travail ne leur permet de dresser un procès-verbal directement que dans des situations exceptionnelles. Ils doivent donc adresser une mise en demeure écrite, la remettre en mains propres ou la mentionner sur le registre que l'employeur doit tenir à leur disposition. Lorsque les faits qu'ils constatent présentent un danger grave ou imminent pour l'intégrité physique des travailleurs, ils sont autorisés, sans mise en demeure, à dresser immédiatement un procès-verbal.

L'inspecteur du travail ne dispose donc pas d'un pouvoir de sanction propre : il constate les infractions par PV qui font foi jusqu'à preuve du contraire. Ils sont dressés en double exemplaire, l'un destiné au préfet du département, l'autre au parquet. En cas d'infraction aux dispositions relatives à la durée du travail, un troisième exemplaire est établi à l'employeur. C'est le parquet qui, après étude du procès-verbal dressé par l'inspecteur du travail, décide de poursuivre les faits dénoncés ou de classer l'affaire sans suite.

Par son rôle d'écoute et de conseil en faveur du salarié, l'inspecteur du travail peut devenir un maillon primordial. Les possibilités d'investigation et d'enquête seront conditionnées par la demande d'intervention. L'inspecteur peut s'appuyer sur des faits facilement accessibles et contrôlables : vérification des taux de rotation du personnel, étude des arrêts de travail, contrôle de la durée du travail, constat de situations dangereuses (isolement du salarié, état des locaux), rapport annuel technique du médecin du travail, éléments contenus dans les rapports, documents fournis par l'entreprise (compte rendu du CE).

Le signalement au parquet peut être fait sur la base de l'article 40 du Code de procédure pénale. Il peut également être établi sur le fondement de l'article L. 122-45 du Code de travail lorsque le harcèlement a pour origine une des discriminations prohibées par ce texte. Un procès-verbal pour discrimination ou entrave peut être envisagé si le salarié est protégé.

Il peut également y avoir mise en demeure par le directeur départemental du travail après rapport de l'inspecteur du travail sur la base de l'article L. 230-2 du Code du travail pour atteinte aux principes généraux de prévention et protection de la santé. Il est possible pour l'inspecteur du travail d'avoir recours au référé en hygiène sécurité en cas de risque sérieux à l'intégrité physique d'un travailleur (article L. 263-1 du Code du travail).

La mise en œuvre d'un plan de prévention du harcèlement

Toute action de lutte contre le harcèlement moral doit s'organiser à plusieurs niveaux. En effet, il est nécessaire de développer au sein de l'entreprise une politique de bien-être au travail qui allie à la fois la prévention et la médiation. Ainsi, au sein même de chaque entreprise, des instruments concrets d'action doivent être mis en place.

La détection des risques : une nouvelle pratique pour l'entreprise

Une pratique préventive consiste à détecter les facteurs de risque afin d'éviter qu'ils ne conduisent éventuellement au harcèlement moral. Ainsi, il est plus simple d'intervenir avant que les situations ne s'enveniment ou que les positions se cristallisent.

L'employeur peut solliciter la collaboration des employés pour évaluer les facteurs de risque dans leur unité de travail. Cette approche a l'avantage de faire prendre conscience à chaque individu des conduites et circonstances pouvant entraîner du harcèlement moral. Cette analyse des risques peut être faite périodiquement et lors de changements majeurs dans l'entreprise comme une restructuration, une fusion, un changement technologique, etc. Il est recommandé de refaire cette analyse à la suite d'une situation de harcèlement moral, car ce dernier est un mal organisationnel susceptible d'être confondu avec d'autres maux. Le premier rôle du responsable ressources humaines est de le définir pour réellement pouvoir le diagnostiquer.

D'après sa définition telle que posée par la loi de modernisation sociale du 17 janvier 2002, le harcèlement moral se distingue de tout comportement maladroit ou de l'exercice du pouvoir disciplinaire. En effet, les prérogatives du pouvoir de direction, d'organisation et de sanction doivent être exercées dans le respect de la personne du salarié et de sa liberté individuelle. Le harcèlement moral se distingue également du stress – qui n'est pas de la malveillance –, des difficultés relationnelles – qui sont inévitables dans les rapports humains – ou encore d'une agression ponctuelle, car le harcèlement est répétitif sur la durée. Cette distinction doit permettre au DRH de mieux appréhender et traiter l'ensemble de ces maux organisationnels.

Le diagnostic est l'outil préalable et nécessaire à la prévention puis au traitement des cas de harcèlement moral. Il convient ensuite de communiquer en interne sur ce qu'est le harcèlement moral (comportements, paroles, actes, gestes ou écrits répétés visant à humilier) et sur ce qu'il n'est pas. Il s'agit donc d'informer les salariés, puis d'échanger avec eux sur la notion même de harcèlement afin de veiller à assurer une bonne compréhension de l'ensemble du personnel.

Quelques exemples de facteurs de risque

- Le manque de respect entre les personnes ;
- Les conflits mal gérés ou non gérés ;
- L'envie, la jalousie ou la rivalité ;
- L'absence de communication entre l'employeur et les employés, ainsi qu'entre les employés ;
- La compétition excessive ;
- L'ambiguïté ou l'imprécision quant aux tâches à réaliser ;
- L'iniquité dans la répartition de la charge de travail ;
- Le manque de formation ou d'accompagnement lors d'un changement technologique ;
- Des outils de travail non adaptés à l'exécution des tâches ;
- Le déni de l'existence possible de harcèlement psychologique dans l'entreprise.

Quelques moyens pour détecter des facteurs de risque

- Être à l'écoute de son milieu de travail (changement dans la conduite des individus, formation de clans, etc.) ;
- Être attentif aux tensions existantes entre les personnes ;
- Tenir des rencontres individuelles ;
- Consulter le personnel ;
- Échanger avec un salarié qui quitte l'entreprise afin de connaître les raisons de son départ ;
- Dresser un bilan des événements survenus dans l'entreprise au cours de la dernière année et analyser le taux d'absentéisme, le taux de roulement, la nature des griefs, le type de fautes ayant fait l'objet de mesures administratives ou disciplinaires, les motifs de consultation au programme d'aide aux employés de l'entreprise, etc.

Des mesures pour éviter que des situations à risque ne conduisent au harcèlement moral

- La valorisation du respect des personnes au travail ;
- La communication ouverte entre l'employeur et les salariés, ainsi qu'entre les salariés ;
- La distribution équitable du travail ;
- La promotion de la collaboration ;
- La clarification des attentes et des malentendus ;

• • •

• • •

- L'adéquation entre les compétences, les capacités du salarié et les exigences de la fonction ;
- Une définition claire des rôles et des tâches ;
- Le leadership de l'employeur dans la gestion précoce et appropriée des conflits ;
- La consultation auprès du personnel, notamment sur les méthodes de travail ;
- La formation pour développer des connaissances et des habiletés nécessaires à l'exercice de l'emploi.

Établir une procédure pour être informé d'une situation de harcèlement moral

En s'engageant fermement à prévenir et à faire cesser le harcèlement moral dans le milieu de travail, l'employeur doit mettre en place une procédure pour être informé d'une telle situation. Cette procédure, simple, efficace et connue de tous, permet à l'employeur d'intervenir avec diligence et de limiter les impacts négatifs, tant pour les individus concernés que pour l'entreprise. La procédure est également accessible pour les personnes qui travaillent en région ou qui sont souvent en déplacement. L'employeur doit déléguer un de ses représentants pour recevoir les demandes d'intervention ou les plaintes en matière de harcèlement moral.

Développer un climat de travail serein

L'entreprise doit veiller à développer un climat de travail serein et à garantir la transparence de son fonctionnement. Concrètement, diverses actions peuvent être entreprises.

Comment développer un climat de travail serein

Voici quelques propositions :

- Inscrire la volonté de l'entreprise en matière d'égalité des chances et de lutte contre le harcèlement dans les chartes d'entreprise et dans les documents officiels, ainsi que le respect de la vie privée de chaque travailleur ;
- Insérer au sein du plan de prévention des propositions concrètes relatives à la lutte contre le harcèlement moral (déclaration de respect de chaque travailleur, demande de soutien de chaque membre du personnel, etc.) ;
- Développer des actions d'information et de formation spécifiques dans l'entreprise (notamment auprès des responsables en matière de discrimination, de management et de harcèlement) ;

• • •

• • •

- Mettre en place une structure d'écoute et d'accueil des victimes de harcèlement ;
- Mettre en place une procédure officielle et confidentielle d'enquête suite à toute plainte déposée auprès d'une personne de confiance par un membre du personnel ;
- Intégrer la problématique du harcèlement moral au sein du plan annuel d'actions et évaluer régulièrement les résultats des actions réalisées ;
- Évaluer régulièrement les résultats des actions entreprises.

L'importance d'une politique d'information et de communication

Il s'agit pour la direction des ressources humaines d'informer et de communiquer pour sensibiliser l'ensemble des acteurs de l'entreprise.

La direction générale, l'encadrement, les délégués du personnel, les membres du CHSCT, les délégués syndicaux, les membres du comité d'entreprise, le médecin du travail, les salariés… doivent être sensibilisés aux règles d'éthique pratiquées dans l'entreprise (respect de la personne humaine) et aux conséquences du harcèlement en terme de coûts pour l'entreprise, risques pour la victime et l'agresseur (licenciement, amendes, dommages et intérêts, emprisonnement et poursuite pénale pour violence ou soumission à des conditions de travail incompatibles avec la dignité humaine). Les outils de diffusion de cette information sont nombreux. Il peut s'agir du journal de l'entreprise ou d'affiches.

Surveiller les pratiques de management

L'évaluation des pratiques de management doit permettre de prévenir tout type de comportement attentatoire à la dignité ou à l'intégrité d'une personne. Il faut également veiller au respect du code de bonne conduite de l'entreprise dans chacune des étapes du management telles que le recrutement, l'évaluation, la promotion ou la rémunération des salariés.

L'intérêt de la formation des salariés

Former des spécialistes du harcèlement moral en interne est indispensable. Cette formation peut s'adresser aux responsables ressources humaines et à l'encadrement, ou à toute autre personne située à un poste stratégique.

Après avoir été sensibilisés aux comportements de harcèlement moral au travail, les responsables hiérarchiques doivent en effet bénéficier d'une formation au management d'équipe, à la gestion des conflits, à la négociation et à la coopération. Ces sujets apparaissent d'une importance stratégique pour assurer un climat de travail favorable et, par conséquent, une bonne productivité.

La résolution des conflits et la communication dans une organisation représentent certaines des facettes de la vie organisationnelle qui requièrent, de la part des dirigeants, des choix de fonctionnement et d'organisation du travail découlant des valeurs adoptées et mises en avant dans le projet d'entreprise.

De plus, rechercher un certain équilibre entre la perspective productiviste, découlant d'un souci de compétitivité, et la gestion humaniste constitue sûrement un défi pour lequel plusieurs gestionnaires sont susceptibles d'éprouver le besoin d'une aide, tant en terme de sensibilisation que de formation. Une formation s'adressant le plus largement possible aux salariés peut être avantageuse pour les entreprises afin de les amener à mieux comprendre les choix faits par la direction et à y participer lorsque cela s'avère important. Concrétiser dans la réalité de telles formations représente un changement de mentalité important dont les effets positifs ne pourront se mesurer que dans une perspective de moyen ou long terme. Finalement, ces formations ont pour but d'accroître les compétences des managers et les capacités de détection et de gestion des cas de harcèlement moral.

Une incitation : rompre le silence

Le développement des procédures d'évaluation des compétences est un axe privilégié pour favoriser l'explicitation des griefs. Il est nécessaire de prévoir des procédures facilitant la révélation du comportement de harcèlement moral. Par exemple, la désignation de la ou des personne(s) à contacter ainsi que la procédure de mise en relation (téléphone, Intranet, entretien, jours et horaires possibles et lieu de rencontre) doivent être largement diffusées.

La charte de bonne conduite peut à ce titre permettre de diffuser un certain nombre de conseils pratiques aux victimes, comme consigner avec précision les faits reprochés à un collègue en mentionnant la date, l'heure, les noms des éventuels témoins. Ces conseils peuvent également s'adresser aux collègues à qui une victime pourrait s'être confiée, comme s'adresser aux représentants des salariés ou, éventuellement, aux personnes de confiance formées à ce sujet.

Sanctionner les abus

La direction des ressources humaines ne doit pas faire preuve de complaisance ni cautionner des comportements abusifs. C'est-à-dire, qu'il convient de sanctionner aussi bien les abus éventuels de « petits chefs » que la propagation de la part de prétendus harcelés de rumeurs quand celles-ci se révèlent infondées.

Tout doit être mis en œuvre pour ne pas nuire à la bonne marche de l'entreprise. À ce titre la direction des ressources humaines doit prévenir que tout harceleur risque non seulement de se voir réclamer en justice des dommages et intérêts, mais aussi d'être poursuivi pénalement.

Attention

La direction des ressources humaines doit conserver une approche pluridisciplinaire du problème en sollicitant l'opinion et l'intervention de différents acteurs de l'entreprise : délégués du personnel, médecin du travail, CHSCT, responsables des ressources humaines, collègues des prétendus harcelés et harceleurs. De plus, il convient de faire preuve de rigueur et de neutralité dans sa démarche. Il s'agit, par exemple, de ne pas prendre partie avant d'avoir entendu les différents protagonistes et de remonter aux origines du problème avant d'en aborder ses effets.

Si la prévention est nécessaire pour dissuader les agresseurs potentiels, une action rapide reste essentielle en cas de diagnostic de harcèlement moral.

Développer au sein de l'entreprise une politique de solutions

L'entreprise doit mettre en place un dispositif d'intervention officiel et confidentiel qui puisse intervenir lors de l'introduction d'une plainte. À titre d'exemples :

- Créer une commission mixte (syndicats, direction) chargée de traiter les plaintes et leur suivi ;
- Mettre en place des actions de formation (re-médiation) vis-à-vis des harceleurs ;
- Élaborer paritairement une grille proportionnelle et progressive de sanctions. La diffusion de cette grille constitue un élément non négligeable de la politique de prévention. Cette grille sera intégrée dans le plan de prévention.

La Poste : un dispositif d'investigation formalisé

La Poste a mis en place un dispositif parfaitement formalisé de traitement des cas de harcèlement moral.

Son préalable : prendre en considération toutes les demandes.

Ses principes : attendre les résultats des investigations internes pour décider des mesures à mettre en œuvre. En attendant, il préconise de protéger la personne qui se dit victime et l'auteur présumé, puis d'informer, de manière non nominative, le CHSCT local des affaires en cours. Le problème est alors abordé en toute neutralité.

Dès qu'il est avisé par l'intéressé ou par un tiers (syndicat, collègues, assistante sociale), le directeur des ressources humaines déclenche les opérations : il constitue un groupe d'investigation composé de l'assistant social et du médecin de la prévention professionnelle. Les témoignages des parties concernées et des supérieurs hiérarchiques sont recueillis. Diverses informations sont compilées : les circonstances, les manifestations et les conséquences du harcèlement. L'étude du contexte revêt une importance déterminante. Il convient à ce titre de se poser les bonnes questions : y a-t-il eu un récent changement organisationnel, une modification d'objectifs, un déficit managérial ou autant de circonstances génératrices de stress et de comportements excessifs ?

En un mois, un rapport d'enquête doit être établi. Selon ses conclusions, différentes mesures sont prévues. Un harcèlement moral avéré fera l'objet d'un dossier disciplinaire à l'égard du harceleur. Au contraire, un harcèlement moral sciemment inventé motivera également la prise de sanctions vis-à-vis de l'auteur de ces fausses allégations.

Il se peut toutefois qu'un salarié juge en toute bonne foi, mais à tort, le comportement d'un de ses collègues ou de son supérieur comme relevant du harcèlement moral. Le groupe d'investigation a alors toute latitude pour faire des propositions et remédier à la situation, ou envisager un accompagnement approprié de la personne qui se sent persécutée.

DuPont de Nemours : une approche préventive pour le bien-être des salariés

La lutte contre le harcèlement a fait son entrée chez DuPont de Nemours France en 1998 après avoir été inaugurée aux États-Unis, pays d'origine du groupe. Une politique globale visant à assurer un environnement de travail confortable pour l'ensemble des collaborateurs a été instituée. Cette démarche s'est concrétisée sous la forme d'une plaquette distribuée aux 1 500 salariés. On y trouve la position de l'entreprise en matière de harcèlement, et étendue au-delà des frontières de l'entreprise.

En effet, un salarié peut dénoncer l'attitude abusive d'un autre salarié, mais aussi celle d'un fournisseur, d'un client ou de toute autre personne en liaison avec l'entreprise. Également au sommaire : la définition du harcèlement, les différents recours envisageables, ainsi que les noms et les coordonnées du conseiller local pour les problèmes de harcèlement. Deux personnes en France assument cette fonction. Dans ce document sont décris trois niveaux (personnel, officieux et officiel) d'interventions possibles pour neutraliser le harcèlement. Le conseiller a pour mission de prêter une oreille attentive au salarié, de le conseiller pour désamorcer le problème et de recevoir en entretien le harceleur présumé.

Dans le cadre des deux premiers niveaux, tout reste confidentiel. Au delà, le conseiller local peut indiquer la procédure à suivre pour déposer une plainte dite « officielle », dernier stade prévu dans la procédure DuPont. Les doléances du salarié sont alors relevées, ainsi que le nom des personnes impliquées, les dates, la nature et la fréquence des incidents qui feront l'objet d'une enquête interne.

Quatre plaintes officielles ont été enregistrées depuis 1998 à 2005. Et chaque fois que le harcèlement a été prouvé, la direction a sanctionné pour faute grave la personne indélicate et assuré un accompagnement de la victime grâce à un programme d'assistance téléphonique, inauguré en 2000.

Comment agir efficacement : les étapes clés

L'action rapide de la direction des ressources humaines est le moyen le plus efficace pour lutter contre un comportement de harcèlement moral avéré et pour réaffirmer les valeurs éthiques de respect de la personne humaine dans l'entreprise. Cette action s'illustre par différentes étapes :

- **La première étape est l'écoute** de la victime ou des relais d'information ou encore d'alerte que sont les délégués du personnel et les membres du CHSCT, les délégués syndicaux, le comité d'entreprise, le médecin du travail, l'inspection du travail. Le but de cette écoute est, d'une part, de comprendre la situation vécue (identification de l'ensemble des incidents, types, durée et actions), d'identifier les déterminants du harcèlement, d'évaluer ses conséquences éventuelles ; d'autre part, de faire prendre conscience à la victime de ses droits et du respect dû à sa dignité ;
- **Ensuite, il convient de mener une enquête** (constituant la deuxième étape), la plus exhaustive possible et en rassemblant le plus d'éléments objectifs concernant la situation, en rétablissant la communication par l'intermédiaire d'un médiateur et en laissant s'exprimer l'insatisfaction réciproque. Lorsque le comportement de harcèlement est confirmé, il est de la responsabilité du DRH de le révéler et de le réprouver publiquement, quels que soient le statut ou les performances de l'agresseur ;
- **La troisième étape est celle de la sanction**. Lorsque le harcèlement est vérifié, il faut rendre justice de façon équitable, et pas simplement en plaçant la victime hors de portée du harceleur. Cette sanction doit être déterminée en fonction de la gravité des faits. Elle peut être un simple avertissement, mais peut aussi engendrer un licenciement pour faute grave ;
- **La dernière étape est celle de l'aide, du conseil et de la négociation avec la victime**. Le responsable des ressources humaines doit d'abord, s'il l'estime nécessaire compte tenu de l'évaluation faite des conséquences individuelles du harcèlement, proposer à la victime une aide et une assistance psychologique par des spécialistes. Il doit ensuite conseiller la victime et négocier avec elle son devenir dans l'entreprise. Par exemple, si le

• • •

...

retour dans son équipe est trop douloureux pour la victime, un changement d'équipe, de service, de site, voire une séparation équitable, peut permettre à la victime de sortir la tête haute.

Réparation et sanctions en cas de harcèlement moral

La prévention du harcèlement constitue aujourd'hui un principe et une logique d'action qui s'imposent à tout employeur. Cependant, en cas d'échec, de possibles recours s'offrent aux victimes de harcèlement moral. En outre, des sanctions pénales sont envisageables, aussi bien contre le harceleur que contre l'employeur.

Les recours ouverts aux victimes d'un harcèlement moral

La victime peut intenter une action civile

Les salariés victimes ou témoins de harcèlement disposent d'un recours devant le conseil des prud'hommes. L'objectif du recours est de faire cesser les agissements incriminés et demander réparation du préjudice subi.

Il est important de rappeler que la loi de modernisation sociale avait renversé la charge de la preuve. En effet, le salarié devait juste présenter au juge les éléments laissant supposer l'existence d'un harcèlement, mais il incombait ensuite au défendeur de prouver que ses actes n'étaient pas constitutifs d'un harcèlement et que son comportement était justifié par des éléments objectifs, étrangers à tout harcèlement.

La loi dite « Fillon » de 2003 est venue modifier cette disposition en annulant le renversement de la charge de la preuve. Désormais, la charge de la preuve est partagée : le salarié qui s'estime victime de harcèlement doit établir les faits présumant l'existence de harcèlement, il incombe ensuite au défendeur de prouver que ces agissements ne sont pas constitutifs d'un tel harcèlement et que sa décision est justifiée par des éléments objectifs étrangers à tout harcèlement. Le juge prend une décision après avoir ordonné toutes les mesures d'instruction qu'il estime utiles, en cas de besoin.

Le recours devant le conseil des prud'hommes peut être engagé au nom du salarié, avec son accord écrit, par n'importe quelle organisation syndicale représentative dans l'entreprise. Cette dernière peut également se constituer partie civile devant le juge pénal. Le salarié reste toujours libre d'intervenir et de mettre fin à l'action engagée en son nom. Il est donc nécessaire avant la mise en œuvre de toute action que le salarié victime recueille des preuves suffisantes. Il s'agit là d'un préalable indispensable pour assurer sa défense. Les situations de maltraitance psychologique et de harcèlement moral étant souvent constituées d'une multitude de faits anodins en apparence, il est rare en effet de disposer de la preuve « parfaite ». Il s'agira plutôt de recueillir un faisceau d'indices permettant d'établir la réalité de la situation telle qu'elle est vécue. Aussi, il convient de ne négliger aucun élément. Il convient donc de conserver :

- **Des traces écrites.** Il peut s'agir des courriers qui lui ont été adressés, des notes internes et de tout autre indice pouvant servir ses intérêts. En cas d'absence totale d'écrit, il peut être utile de provoquer une réaction de l'employeur en lui rapportant des propos qui lui ont été tenus oralement et en sollicitant une réponse de sa part (en procédant toujours par courrier recommandé avec accusé de réception). À défaut de réponse, sa démarche pourra tout de même constituer un élément de preuve ;
- **Des témoignages.** Il s'agit de l'attestation d'une personne qui rapporte des faits qu'elle a personnellement vus ou entendus. Si les réticences des collègues pour témoigner peuvent s'expliquer par la crainte de représailles, les témoignages de personnes extérieures à l'établissement sont généralement plus aisés à obtenir (anciens salariés, certains clients, prestataires intervenant dans l'entreprise). Il importe de rappeler ici que le témoignage en justice d'un salarié ne peut, sauf abus, constituer une faute ni même une cause de licenciement[1] ;
- **Des certificats médicaux.** Qu'ils soient établis par le médecin traitant, le médecin du travail ou par un spécialiste (psychiatre, par exemple), les certificats médicaux constatant l'existence d'un lien entre les difficultés professionnelles rencontrées par le salarié et la dégradation de son état de santé sont des éléments de preuve précieux ;
- **Tout autre indice.** Il peut s'agir de tout élément démontrant une différence de traitement entre l'intéressé et les autres salariés (dans l'attribution d'une prime, dans l'octroi de jours de congés) ; des éléments attestant d'une surcharge ou une baisse d'activité, d'un retrait des responsabilités ou encore d'une mise au placard…

La victime peut agir en référé en cas d'urgence

Lorsque la victime décide d'agir en saisissant le tribunal, le délai d'attente entre le dépôt du dossier au greffe du conseil des prud'hommes et le jugement peut être ressenti, en matière de harcèlement moral, de manière particulièrement douloureuse par celle-ci.

1. C. Cass 23 novembre 1994.

La victime peut donc être tentée de faire reconnaître son préjudice en empruntant la procédure d'urgence : il s'agit du référé prud'homal. Cette procédure permet d'obtenir d'un magistrat unique une décision rapide. Le juge des référés ne peut toutefois être saisi que si la demande de la victime répond à des critères très précis :

- Soit dans des cas d'urgence et en l'absence de contestations sérieuses (article R. 516-30 du Code du travail) ;
- Soit pour prévenir un dommage imminent ou pour faire cesser un trouble manifestement illicite (article R. 516-31 du Code du travail) ;
- Soit pour réunir des éléments de preuve (article 145 du Code de procédure civile). Le demandeur doit avoir un motif légitime de conserver ou établir, avant tout procès, la preuve des faits dont pourrait dépendre la solution d'un litige éventuel. Les faits, qu'il s'agit d'établir, doivent être utiles et pertinents.

La victime peut déposer plainte au pénal

Le salarié peut déposer plainte auprès du procureur de la République, du commissariat de police, de la gendarmerie ou du doyen des juges d'instructions du tribunal de grande instance afin que les agissements dont il est victime soient pénalement sanctionnés (par le tribunal correctionnel). Avec l'accord écrit du salarié, une association dont l'objet est de combattre les discriminations fondées sur le sexe et les mœurs peut agir en son nom devant la juridiction pénale.

À noter

Rappelons que le Conseil constitutionnel a énoncé que devant le juge pénal la charge de la preuve repose sur la victime.

La victime peut demander réparation du préjudice devant le tribunal des affaires de la Sécurité sociale (TASS)

Le harcèlement moral subi par une victime peut provoquer ou aggraver un accident du travail ou une maladie professionnelle (dépression, suicide, etc.). La victime a dès lors tout intérêt à faire reconnaître le caractère professionnel de cet accident ou maladie pour obtenir une réparation supérieure au régime d'assurance-maladie.

Si la CPAM refuse de reconnaître le caractère professionnel de l'accident ou de la maladie, la victime peut intenter une action devant le TASS. De plus, la victime peut intenter (par l'intermédiaire de la CPAM) une action devant le TASS pour faire reconnaître la faute inexcusable de l'employeur, et ainsi obtenir une indemnisation intégrale de son préjudice.

Les sanctions disciplinaires, civiles et pénales du harcèlement moral

Les sanctions disciplinaires

Une sanction disciplinaire est une mesure prise par l'employeur à la suite d'agissements du salarié qu'il considère comme fautifs. Toutefois, avant d'infliger une sanction au salarié, l'employeur est tenu de respecter une procédure spécifique :

- Avant d'infliger une sanction, l'employeur doit d'abord vérifier que les délais de prescription ne sont pas dépassés. En effet, aucun fait fautif ne peut donner lieu à une sanction passé un délai de deux mois à compter du jour où l'employeur en a eu connaissance (sauf en cas de poursuites pénales). De même, passé un délai de trois ans, aucune sanction de plus de trois ans ne peut être invoquée à l'appui d'une nouvelle sanction ;
- Par ailleurs, avant d'infliger une sanction (sauf pour l'avertissement), l'employeur doit convoquer le salarié à un entretien préalable en précisant l'objet, la date, l'heure et le lieu de l'entretien. Cette convocation, adressée par lettre recommandée avec accusé de réception ou remise en main propre contre décharge, doit indiquer au salarié qu'il a la possibilité de se faire assister par une personne de son choix appartenant au personnel de l'entreprise ;
- Lors de l'entretien, l'employeur doit indiquer les motifs de la sanction envisagée et recueillir les explications du salarié ;
- La notification de la sanction, elle aussi adressée par lettre recommandée avec accusé de réception ou remise en main propre contre décharge, ne peut intervenir, au plus tôt, avant le surlendemain et, au plus tard, un mois après le jour fixé pour l'entretien. Cette notification doit obligatoirement indiquer les motifs pour lesquels la sanction est prononcée.

Ainsi, tout salarié ayant procédé à des agissements de harcèlement moral et sexuel est passible de sanctions disciplinaires (articles L. 122-47 et L. 122-50 du Code du travail). Ces sanctions peuvent être de toute nature sous le respect des dispositions conventionnelles ou de celles résultant du règlement intérieur : mise à pied, rétrogradation, mutation, licenciement, etc.

Toute rupture du contrat de travail (licenciement ou démission) ou mesure disciplinaire qui résulterait d'un harcèlement moral ou sexuel est nulle de plein droit. Le salarié peut donc être réintégré s'il le souhaite. Par ailleurs, le salarié peut obtenir des dommages et intérêts en raison du préjudice subi. Ces dommages et intérêts sont appréciés librement par les juges.

Enfin, soulignons que le préjudice moral du salarié victime de harcèlement peut être réparé sur le fondement de l'article 1382 du Code civil et non plus sur le harcèlement moral. Ainsi, l'acharnement de l'employeur de nuire au salarié et son attitude méprisante et vexatoire justifient l'attribution de dommages et intérêts sur ce fondement[1].

Les sanctions pénales

Condamnations pénales pour harcèlement

La personne reconnue coupable de harcèlement sexuel et moral est poursuivie devant la juridiction pénale à l'initiative du parquet. Le législateur a introduit deux nouvelles sanctions pénales, l'une prévue par le Code pénal, l'autre par le Code du travail :

- Il existe désormais au sein du Code pénal, une nouvelle section intitulée « Du harcèlement moral » qui punit le harcèlement d'un emprisonnement d'un an et de 15 000 euros d'amende (article 222-33-2 du Code pénal) ;
- Par ailleurs, l'article L. 152-1-1 du Code du travail est complété et vise désormais aussi bien le harcèlement sexuel que moral. Il est prévu une peine de prison d'un an et une amende de 3 750 euros ou l'une de ces deux peines seulement.

Le tribunal peut également ordonner, aux frais de la personne condamnée, l'affichage du jugement dans les conditions prévues à l'article 131-35 du Code pénal et son insertion dans les journaux. Afin de faire cesser les pratiques de harcèlement, le tribunal peut également prononcer un ajournement du prononcé de la peine, en particulier sous réserve d'une injonction à l'employeur de définir avec le comité d'entreprise ou, à défaut, des délégués du personnel, et dans un délai déterminé, les mesures propres à mettre fin aux pratiques de harcèlement. L'ajournement peut également, le cas échéant, comporter injonction à l'employeur d'exécuter dans le même délai les mesures ainsi définies. Le tribunal peut ordonner l'exécution provisoire de sa propre décision. Enfin, la personne coupable de harcèlement peut être condamnée à des peines complémentaires (interdiction d'exercer l'activité professionnelle dans laquelle l'infraction a été commise, annulation du permis de conduire).

Attention

Une personne accusée de harcèlement moral peut être poursuivie à double titre, à la fois au titre du Code du travail et à celui du Code pénal, sans que la sanction ne puisse dépasser le maximum légal le plus élevé.

1. Cass. soc., 19 mai 1993, Presse du Sud-Est c/ Quarre, n° 91-44.277.

Le juge pénal peut aussi se fonder sur des infractions pénales non spécifiques au harcèlement

Les atteintes à la dignité de la personne

Les articles qui sanctionnent les atteintes à la dignité du salarié au travail sont les articles 225-14 à 225-16 du Code pénal.

L'article 225-14 dispose que :

> *« Le fait de soumettre une personne en abusant de sa vulnérabilité ou de sa situation de dépendance à des conditions de travail ou d'hébergement incompatibles avec la dignité humaine est puni de 5 ans d'emprisonnement et de 150 000 euros d'amende. »*

La réalisation du délit est subordonnée à l'état de vulnérabilité et de dépendance de la personne. Les décisions fondées en la matière sont très rares. Citons, par exemple, un jugement rendu par le tribunal de grande instance de La Roche-sur-Yon en date du 26 février 2001, où un employeur a été condamné sur cette base à deux ans de prison avec sursis, 100 000 francs d'amende et 30 000 francs de dommages et intérêts. Les salariés, employés dans un atelier de confection, n'étaient pas autorisés à lever la tête de leur travail, ni à parler ou sourire, sous peine de sanctions. Le local n'était pas chauffé l'hiver. L'employeur a été reconnu coupable d'avoir *« commis des violences avec préméditation »* et soumis des personnes *« en abusant de leur vulnérabilité ou de leur situation de dépendance »*.

La soumission d'autrui à des conditions de travail incompatibles avec la dignité humaine

Ce délit est prévu par l'article L. 225-14 du Code pénal et est puni de 2 ans d'emprisonnement et de 75 000 euros d'amende. Ce texte a été appliqué dans une affaire « Robichon » (Tr. corr. de Caen, 10 février 1998, ministère public c/ Robichon).

En l'espèce un ouvrier du bâtiment refusait de démissionner comme le souhaitait son employeur. Face à ce refus, le salarié avait été affecté dans une remise de chantier destinée au stockage des bobines de câbles électriques, sans chauffage en plein hiver et sans toilettes ; pendant plusieurs semaines, le travail de l'intéressé consistait à prendre chacune des bobines, à les mesurer et à les remettre en place. Ce travail ayant été jugé inutile, le salarié déposa plainte avec constitution de partie civile auprès du procureur de la République qui poursuivit sur ce fondement. En application de l'article L. 225-14 du Code pénal, le tribunal infligea à l'employeur une amende de 3 000 francs et octroya 10 000 francs de dommages et intérêts au salarié.

L'homicide involontaire

L'article 221-6 du Code pénal condamne :

> « *Le fait de causer, par maladresse, inattention, négligence ou manquement à une obligation de sécurité ou de prudence imposée par la loi ou les règlements, la mort d'autrui.* »

Son auteur est passible d'une peine d'emprisonnement de 3 ans et d'une forte amende. Une faute légère et une négligence suffisent (par exemple, ne pas avoir surveillé une personne en état de dépression suicidaire). Il en sera notamment ainsi lorsque l'employeur et le harceleur ont été informés de l'état dépressif du salarié et qu'ils n'ont rien fait pour y mettre un terme.

La non-assistance à personne en danger

Le deuxième alinéa de l'article L. 223-6 du Code pénal punit de 5 ans d'emprisonnement et d'une forte amende :

> « *Quiconque s'abstient de porter à une personne en péril l'assistance que, sans risque pour lui ou pour les tiers, il pouvait lui prêter, soit par action personnelle, soit en provoquant un secours.* »

Par conséquent, une fois informé de la situation de détresse, l'employeur ne peut pas s'abstenir de réagir sans prendre le risque de se rendre coupable du délit d'omission de porter secours à une personne en péril.

La provocation au suicide

L'article 223-13 du Code pénal punit de 3 ans d'emprisonnement et d'une amende :

> « *Le fait de provoquer au suicide [....] lorsque la provocation a été suivie du suicide ou d'une tentative de suicide.* »

L'acte de provocation peut-être réalisé par tout moyen, oral, écrit ou gestuel, privé ou public. S'agissant du harcèlement moral au travail, ce texte ne sera toutefois applicable que lorsque les conditions d'application les plus perverses seront réunies, lorsque l'auteur du harcèlement aura poursuivi la destruction de sa victime par elle-même. L'intention de pousser la victime au suicide doit donc exister. Or, dans la majorité des cas, le harcèlement a plutôt pour but d'exclure la victime en la détruisant professionnellement.

Les sanctions civiles

Une possibilité d'agir en dommages et intérêts a toujours existé d'un point de vue théorique. Cette faculté peut désormais être exercée plus largement depuis un arrêt en date du 21 juin 2006[1]. En effet, en rendant cette décision, la Cour de cassation vient de renforcer très lourdement la responsabilité pesant aussi bien sur le salarié que sur l'employeur. Un salarié qui se rend intentionnellement coupable de harcèlement moral à l'égard de ses subordonnés engage sa responsabilité civile personnelle et peut donc être condamné à verser au salarié victime des dommages et intérêts. Cette possibilité de mettre en jeu la responsabilité d'un salarié avait déjà été ouverte par deux arrêts de la Cour de cassation de 2000 (arrêt Costedoat, du 25 février 2000[1]) et 2001 (arrêt Cousin, du 14 décembre 2001[2]), rendus en assemblée plénière.

En l'espèce, le directeur d'une association s'était livré à l'égard de ses subordonnées à des actes de harcèlement moral au sens de l'article L. 122-49 en adoptant un comportement brutal, grossier, humiliant et injurieux, sans compter les menaces, dénigrements, intimidations et sanctions injustifiées. Ces faits avaient d'ailleurs été établis par un rapport de l'inspection du travail et constatés par un médiateur. Par cette décision du 21 juin 2006, la chambre sociale de la Cour de cassation marque un infléchissement avec la position adoptée par la formation plénière de la haute juridiction en ne faisant plus référence à la nécessaire condamnation pénale du salarié. La chambre sociale précise également que l'employeur engage aussi sa responsabilité en cas de harcèlement moral commis par l'un de ses salariés, en raison de la violation de l'obligation de sécurité qui s'impose à tout employeur.

Même si dans l'arrêt précité, les juges du fond n'avaient pas retenu la responsabilité de l'entreprise, en l'espèce une association, la Cour de cassation a saisi l'occasion de préciser la portée désormais générale de l'obligation de sécurité de l'employeur. On sait que cette nouvelle obligation a été consacrée à l'occasion des arrêts de travail et des maladies professionnelles (Cass. soc. 28 février 2002, Bull. civ. n° 81), qu'elle a ensuite été étendue en matière de tabac dans l'entreprise (Cass. soc. 29 juin 2005, Bull. civ. n° 219).

On savait depuis peu que ce principe avait une portée générale, comme l'avait rappelé récemment la Cour de cassation (Cass. soc. 28 février 2006, n° 05-41.555 Juris Hebdo n° 948). L'obligation vaut *« en matière de protection de la santé et de la sécurité des travailleurs dans l'entreprise »*. L'employeur doit savoir qu'elle s'applique désormais très concrètement en matière de prévention du harcèlement. Cette obligation étant une obligation de résultat, l'absence de faute n'exonère pas l'employeur.

1. Cass. soc., 21 juin 2006, n° 05-914, Association Propara, *Liaisons sociales* 3 juillet 2006, n° 996, Jurisprudence.
1. Cass. ass. plén., 25 février 2000, n° 97-17.378, Costedoat, Bull. n° 2.
2. Cass. ass. plén., 14 décembre 2001, n° 00-82.066, Cousin, Bull. civ. n° 17.

Questions/Réponses

Harcèlement sexuel

Question

« Je suis amoureux d'une jeune fille, mais je suis aussi son supérieur hiérarchique... Puis-je lui avouer mes sentiments et tenter par une manœuvre de séduction bien connue des jeunes gens de mon âge d'obtenir en retour ses faveurs... Autrement dit, puis-je continuer à "draguer" sans risquer de me faire condamner pour harcèlement sexuel ? »

Réponse

Bien sûr qu'à force de voir du harcèlement sexuel partout, on en oublierait presque le jeu normal de la séduction entre les individus. La loi ne vise ni l'homosexualité, ni l'hétérosexualité. Elle précise l'existence de la notion de harcèlement sexuel sur le lieu de travail. Dans le cas présent, nous sommes bien sûr le lieu de travail. Pour autant, s'agit-il de harcèlement ?

Le fait d'avoir une fonction d'autorité envers la victime est expressément visé par la loi. Toutefois, les dispositions de l'article L. 122-46 du Code du travail ne précisent pas la liste des faits constitutifs de harcèlement sexuel. Seul le but est visé. Or, le harcèlement sexuel se définit comme un agissement dont le but est d'obtenir des faveurs de nature sexuelle.

Ce qui est donc visé par la loi, c'est l'objectif *exclusif* de ce jeu de séduction, à savoir : obtenir des faveurs de nature sexuelle en abusant d'une position hiérarchique, ou en étant un collègue de la victime.

Or, s'il est un domaine dans lequel le pouvoir d'appréciation du juge est total, c'est bien celui-ci. C'est lui qui appréciera, s'il s'agit d'une « simple » manœuvre de séduction, ou s'il s'agit d'un véritable abus de pouvoir, le harceleur niant la volonté de la victime, voire extorquant son consentement.

Toutefois, le juge sera attentif sur le point de savoir si le harceleur a réellement fait état d'ordres, de menaces ou de pressions, visant exclusivement à obtenir une faveur sexuelle.

Au cœur du débat sera la qualité de la preuve rapportée par le plaignant.

Réponse rapide

Il ne faut donc pas que le jeune supérieur hiérarchique, amoureux d'une de ses collègues, abuse de son autorité pour obtenir ou tenter d'obtenir des faveurs de nature sexuelle.

Harcèlement moral

Question

« Un de mes salariés refuse de travailler et chaque fois que je lui demande de faire quelque chose, il me dit que je le harcèle et que cela se terminera au tribunal par ma condamnation… Que puis-je faire ? »

Réponse

Il n'est pas interdit de donner du travail à quelqu'un et nul n'est autorisé à s'abriter derrière une vague idée de harcèlement pour ne rien faire… C'est une notion trop grave et trop lourde de conséquences pour laisser faire ou dire n'importe quoi.

Il faut donc revenir au récent éclairage fourni par la jurisprudence du 27 octobre 2004 pour trouver une définition précise de cette notion. L'exercice du pouvoir de direction ne saurait caractériser à lui seul le harcèlement moral. Le comportement incriminé doit, d'une part, être répété et présenter un caractère vexatoire pour le salarié et, d'autre part, lui causer un dommage.

Dans le cas présent, il convient donc, selon nous, de rappeler par écrit, si cela n'est pas déjà fait, les tâches précises qui incombent au salarié et de redéfinir ensemble les objectifs.

Ce salarié n'est peut-être pas forcément de mauvaise foi et ne cherche pas « le procès », mais éprouve une réelle difficulté dans la compréhension des tâches ou dans leur appréhension.

Voici les questions à se poser :

- La personne concernée est-elle de mauvaise foi ?
- N'y a-t-il pas derrière cette attitude une inadaptation au poste ou à la fonction ?
- Si ce salarié a changé de comportement, à la faveur de quel événement cela s'est-il produit ?
- L'information et la communication sont-elles toujours bien passées ?
- Les délégués ou représentants du personnel connaissent-ils dans le groupe de travail la situation particulière de ce salarié ?

Au final, s'il s'agit d'un véritable « tir au flan » (car il en existe), alors vous devez mettre en œuvre des sanctions disciplinaires connues de tous, à partir d'éléments factuels aisément vérifiables.

Réponse rapide

Un recadrage s'impose : inadaptation au poste, défaut de formation, mauvaise ambiance due à des circonstances extérieures ou mauvaise volonté caractérisée. Une réponse n'ayant aucun caractère vexatoire doit être proposée. Si elle est refusée, un employeur doit en tirer toutes les conséquences.

Problème de procédure liée à un harcèlement moral

Question

« Un salarié a déposé plainte contre moi pour harcèlement, que va-t-il se passer ? »

Réponse

Tout d'abord, la loi prévoit qu'une procédure de médiation peut être mise en œuvre. Le médiateur peut être choisi en dehors de l'entreprise (liste dressée par le préfet), il convoque les parties qui doivent comparaître en personne.

Bien évidemment, « on ne peut pas forcer à boire un âne qui n'a pas soif », c'est-à-dire que nul n'est obligé d'accepter la solution proposée par le médiateur. Si vous avez le sentiment, et si vous êtes sûr que le harcèlement dont s'agit n'est pas fondé, tout le monde comprendra que vous n'acceptiez pas une conciliation qui n'a pas lieu d'être...

Ce temps constitue pourtant un moment clé dans la réflexion managériale : le salarié, avant de déposer plainte, a souhaité qu'une discussion ait lieu... Je refuse cette discussion... Qu'est-ce que cela signifie exactement ? Le salarié est-il de mauvaise foi, a-t-il déjà agi de la sorte à l'encontre d'autres personnes ou n'est-ce pas plutôt moi qui suis en situation de blocage et qui refuse d'accepter une réalité que j'analyse mal ? Sans tomber dans la culpabilité permanente, suis-je si « innocent » que cela ? Le passage devant le médiateur peut être un bon moment pour réfléchir à tout ça.

Avant d'arriver à la plainte pure et simple, la personne qui se prétend harcelée peut contacter une organisation syndicale, une institution représentative du personnel, un membre du CHSCT, un membre du comité d'entreprise. Il faut impérativement accepter de parler de ce problème avec ces interlocuteurs. Encore une fois, sans tomber dans la paranoïa, il convient d'écouter l'analyse qu'en font les uns et les autres.

Les représentants d'une organisation syndicale sont très souvent demandeurs d'une concertation, d'une discussion, dès lors que celle-ci est loyale et a pour but de trouver une solution au problème posé. Hors de tout cadre légal, cette discussion peut servir de « médiation », même s'il n'est pas véritablement conseillé d'établir un procès-verbal des propos tenus et des accords conclus.

Toutefois, la position d'un médiateur extérieur à l'entreprise permet de poser un autre regard et de trouver des pistes auxquelles on n'aurait pas forcément pensé. Si les tentatives amiables n'aboutissent pas, le salarié pourra saisir la juridiction pénale ou saisir la juridiction civile.

La différence tient au fait que devant la juridiction pénale (tribunal correctionnel) pourra être prononcée une condamnation (« la peine », « être reconnu coupable ») et le versement d'éventuels dommages et intérêts, alors que devant la juridiction civile (conseil des prud'hommes), il n'y aura pas de condamnation, mais seulement une indemnisation du préjudice (« être reconnu responsable mais pas coupable »).

À noter ! Le salarié qui s'estime victime de harcèlement de votre part devra seulement établir des faits laissant présumer l'existence de ce harcèlement, il vous incombera ensuite de prouver que ces agissements ne sont pas constitutifs de ce délit.

Ainsi qu'il a été rappelé plus haut, la définition du harcèlement tend à se préciser et à s'affiner. Et, en la matière, autant cette notion fourre-tout a été employée à tort et à travers dès lors qu'elle est apparue (elle correspondait sans doute à un véritable besoin de reconnaissance), autant, à ce jour, les juridictions sont très vigilantes et comprennent son enjeu stratégique et personnel.

À savoir ! La personne qui accuserait faussement autrui et qui l'accuserait nominativement (et non contre X), qui mettrait tout en œuvre pour le faire condamner alors même que le dossier serait vide pourrait se voir à son tour condamnée pour diffamation ou dénonciation calomnieuse par une juridiction… Même si les tribunaux sont très attentifs à ne pas empêcher les dépôts de plainte justement fondés, ils sont également attentifs à ne pas laisser salir la réputation d'une personne qui n'a rien fait.

Réponse rapide

Face à une menace de dépôt de plainte, il faut tenter, si l'on estime qu'il s'est passé quelque chose, de provoquer une médiation. À défaut, s'attendre à ce qu'une juridiction soit saisie : au pénal, prononçant une condamnation et ordonnant le versement de dommages et intérêts ; au civil, le versement seulement de dommages et intérêts.

À noter ! La charge de la preuve, sans être véritablement inversée, repose aussi sur celui qui doit se défendre.

À savoir ! Les critères du harcèlement sont maintenant clairement définis, il s'agit d'agissements à caractère répétitif, vexatoire, occasionnant un dommage.

Déroulement d'une procédure pénale

Question

« J'ai peur que mon salarié qui s'estime harcelé n'aille jusqu'au procès pénal. Comment cela va-t-il se passer ? »

Réponse

Dans un premier temps, il faudra que le procureur de la République décide de vous poursuivre devant une juridiction pénale (tribunal correctionnel). Si le procureur ne le fait pas, le salarié aura toujours la possibilité de le faire directement (citation directe à la requête de la partie civile devant le tribunal correctionnel) ou, si le salarié le souhaite et avec son accord exprès, ce sera une organisation syndicale qui, dans ce cas précis, fera la demande à sa place.

Viendra la date d'audience. Si ce n'est pas le procureur de la République qui vous traduit devant le tribunal, le demandeur devra consigner une certaine somme d'argent (pour éviter les dépôts de plainte abusifs). Ce sera l'audience de consignation... La consignation en droit français n'ayant pas pour but de créer un obstacle par l'argent, les sommes demandées ne seront jamais excessives. Elles seront fonction du degré de fortune du demandeur.

Puis viendra l'audience « utile ». Quelques mois peuvent se passer entre l'audience de consignation ou le dépôt de plainte, et cette audience utile. Cette audience sera publique, comme, par principe, toutes les audiences qui ont lieu devant le tribunal correctionnel (le « huis clos » peut être ordonné pour les affaires de mœurs, il n'est de droit que pour les affaires mettant en cause des mineurs). Lors de cette audience, vous serez appelé devant le tribunal. Vous devrez décliner votre état civil, donner le montant de vos revenus (les tribunaux correctionnels ont l'habitude de dire qu'ils ne sont pas « l'inspecteur des impôts », mais, dans le cadre de la personnalisation de la peine, et notamment de l'importance de l'amende que le tribunal pourrait être amené à prononcer à votre égard, il est nécessaire de savoir quels sont vos revenus exacts). Il est évident que toute déclaration mensongère ou approximative serait d'un effet déplorable.

Puis le tribunal résumera les faits tels qu'ils sont portés à sa connaissance par le demandeur : soit le procureur de la République, soit le plaignant lui-même ou l'organisation syndicale. Le tribunal procédera alors à l'interrogatoire sur les faits dont il s'agit et vous demandera vos explications. Vous n'aurez pas forcément eu personnellement accès aux dossiers, mais vous aurez pu en avoir connaissance par votre avocat.

Il est très fortement conseillé de préparer l'audience suffisamment longtemps à l'avance et, en tout cas, fortement déconseillé d'arriver le jour de l'audience en faisant preuve d'une excessive décontraction sous le prétexte que : « Je n'ai rien à me reprocher, je ne vois pas pourquoi je prendrais un avocat... » Cette attitude, heureusement de plus en plus rare, peut entraîner des conséquences fâcheuses face à un tribunal. En effet, le tribunal pourrait considérer que vous prenez avec une très grande légèreté ce qui vous arrive et pourrait en déduire que votre comportement est bel et bien celui d'une personne irresponsable... De là à penser que vous êtes coupable, il n'y a qu'un pas... Votre avocat vous aura donc informé des conséquences des propos que vous tiendrez, vous aura expliqué l'attitude « adaptée » à tenir devant le tribunal (« à la barre »).

Lorsque les faits seront suffisamment clairs et établis, et que chacune des parties aura pu être entendue par le tribunal, lorsque votre personnalité aura été évoquée (votre cursus professionnel, depuis combien de temps vous êtes dans cette entreprise, quelles fonctions vous y exercez, comment fonctionne cette entreprise, s'il existe ou non des délégations de pouvoirs), les différentes parties auront chacune leur tour la parole :

- La partie civile si elle existe et si elle sollicite des dommages et intérêts (rappelons une nouvelle fois qu'elle ne pourra pas demander une peine, cette faculté étant réservée au procureur de la République) ;
- Le représentant du ministère public (c'est-à-dire le procureur de la République ou l'un de ses substituts) prendra des réquisitions et pourra demander une peine, au nom des intérêts de la société qu'il représente ;
- Votre avocat viendra expliquer les éléments plaidant en votre faveur, tant au plan des faits qu'au plan de votre personnalité ;
- Enfin, vous aurez la parole en dernier, ainsi que la loi le prévoit.

Il est généralement du plus mauvais effet d'en profiter pour refaire l'audience complète, surtout lorsque celle-ci s'est déroulée pendant une heure ou deux et que chacune des parties a pu être suffisamment entendue.

Le tribunal rendra alors sa décision, soit le jour même (on dit « sur le siège »), soit en mettant l'affaire en délibéré et en rendant la décision une semaine, quinze jours, un mois, deux mois... plus tard. Au moment où sera rendue cette décision, aucune des parties ne sera plus autorisée à faire un commentaire.

La seule voie possible sera celle de l'appel si l'une ou l'autre des parties estime qu'elle n'a pas obtenu satisfaction. L'affaire sera rejugée une nouvelle fois à l'identique, mais bien sûr pas devant la même juridiction : devant la cour d'appel (il est fait application ici du principe du double degré de juridiction).

À noter ! Si plusieurs personnes comparaissent pour des mêmes faits, dans un même dossier, devant le même tribunal, le même jour, elles seront jugées toutes en même temps lors de la même audience.

Réponse rapide

Le passage devant un tribunal correctionnel correspond toujours à un rituel précis et organisé que seul un professionnel pourra vous aider à décrypter. Une audience correctionnelle, comme toute audience devant toute juridiction, « ça se prépare ».

Chapitre 5

Le stress

Depuis plus d'une vingtaine d'années, le stress au travail apparaît comme l'un des nouveaux risques que les salariés et les entreprises se doivent de prendre en considération. En effet, un collaborateur stressé sera plus souvent en mauvaise santé, peu motivé, moins productif et moins respectueux des règles de sécurité au travail. L'entreprise aura par conséquent moins de chance de compter sur un salarié performant dans un contexte économique toujours plus concurrentiel.

Il y a encore quelques années, il était inconcevable de considérer que l'état de stress relevait des conditions de travail. Le poids de certaines théories scientifiques était encore important. On considérait, en effet, depuis Darwin, le stress résultant de la peur comme un mécanisme utile en vue de la survie. Pour l'auteur de la théorie de l'évolution, la peur, chez l'homme et l'animal, a pour rôle de mobiliser l'organisme afin d'affronter le danger.

L'origine du stress était alors principalement à chercher dans les contraintes imposées par la famille et la société à l'individu. L'origine professionnelle du stress était négligée. De nos jours, le stress est en passe de devenir un risque professionnel à part entière. Si cette réaction est appropriée lorsque l'homme se trouve face à un danger réel ou si elle permet l'adaptation, elle est néfaste lorsque des travailleurs s'efforcent de s'adapter à des conditions de travail difficiles, monotones ou exigeantes. Pourtant nombreux sont ceux qui considèrent encore que le stress est réservé aux cadres et dirigeants d'entreprises. Aujourd'hui encore, certains continuent de croire que le stress est « une pression positive » et non un signe de mal-être au travail pour ces catégories socioprofessionnelles.

Mais qu'est ce qu'est-ce que le stress exactement ? L'Agence européenne pour la sécurité et la santé au travail a tenté d'en donner une définition. Le stress au travail surviendrait lorsqu'il existe *« un déséquilibre entre la perception qu'une personne, en l'occurrence un travailleur, a des contraintes que lui impose son environnement et la perception qu'elle a de ses propres ressources pour y faire face »*. Par conséquent, le stress pourrait influer sur l'état psychologique ou physique d'un travailleur ainsi que sur son bien-être et sa productivité. À cet égard, les enquêtes périodiques sur les conditions de travail réalisées en France par le ministère du Travail[1] mettent en évidence depuis une vingtaine d'années, *« une tendance forte à la dégradation des conditions de travail, notamment une augmentation de la pression mentale »*.

Le stress au travail est donc devenu, comme certains s'accordent à dire, le mal du XXIe siècle. C'est pourquoi, la mobilisation de tous les acteurs de l'entreprise est nécessaire. On sait que l'employeur doit, en tant que responsable, d'une part de l'organisation de l'entreprise et des risques qu'elle peut créer, d'autre part, des bonnes conditions de santé, de sécurité et de travail de ses salariés, prendre toutes dispositions nécessaires pour assurer la santé physique, mais aussi mentale de ces derniers. Les salariés ont un rôle tout aussi important à jouer. En effet, pour assurer leur sécurité et leur santé, ils doivent respecter les consignes de sécurité, comme porter un équipement de sécurité si nécessaire ou encore se soumettre aux visites médicales que leur imposent la loi et l'entreprise, visites pendant lesquelles les services de santé au travail peuvent intervenir dans la prévention du stress professionnel. Le cas échéant, ils peuvent faire remonter leurs problèmes par l'intermédiaire des instances représentatives du personnel qui peuvent alerter le chef d'entreprise sur les différents maux liés au stress et proposer les mesures adéquates à mettre en place pour un type de poste particulier.

Cependant, aucune réglementation spécifique au travail n'existe encore dans le Code du travail ou celui de la Sécurité sociale. En outre, au regard de la jurisprudence actuelle, le stress pourrait être admis comme une des causes de maladie professionnelle au sens de l'article L. 461-1 du Code de la Sécurité sociale. Tel serait ainsi le cas lorsqu'il serait démontré que le stress est *« directement causé par le travail habituel de la victime »*. Par ailleurs, rares sont encore les conventions collectives à prévoir des dispositions relatives aux conséquences du stress, c'est-à-dire à la santé mentale ou aux maladies psychiques.

Le stress au travail : un risque professionnel émergent

Le stress est à l'origine une approche scientifique. Mais cette notion finalement assez vague agit comme un révélateur des dysfonctionnements de l'entreprise. À ce titre, le coût du stress se doit aussi d'être mesuré.

1. Enquête sur les conditions de travail de 1998 de la DARES.

Qu'est ce que le stress ?

Le stress est aujourd'hui une notion à la mode mais qui a un caractère éminemment fourre-tout. En effet, le stress désigne aussi bien la source, la manifestation ou la conséquence d'un état physique ou psychique. L'IFAS[1] définit le stress comme *« l'effort que fait l'individu pour s'adapter à une modification de son environnement. Cet effort se manifeste par des pensées, des émotions et des signes physiques qui conditionnent le comportement qu'adopte un individu. Chacun vit donc quotidiennement avec le stress »*. Le stress constitue donc une réponse biologique d'adaptation de l'organisme.

Le stress : une approche d'origine scientifique

Ce terme fut introduit en médecine pour la première fois en 1936 par un médecin endocrinologue autrichien, Hans Selyes. Il mit en évidence « un syndrome général d'adaptation » et désigna des phénomènes manifestés par des êtres vivants soumis à des agressions de l'environnement. En effet, alors qu'il réalisait des expériences sur les hormones sexuelles du rat, il se rendit compte que l'état de santé des animaux s'aggravait. Selyes s'aperçut alors que les substances chimiques qu'il injectait aux animaux n'étaient pas directement en cause. Le simple fait que les rats se trouvent dans un environnement pénible ou confrontés à des agents agresseurs (brûlures, chocs électriques) provoquait une altération de leur état.

De nombreux chercheurs, au XIXe et au début du XXe siècle, avaient pressenti l'existence du stress en tant que mode de réponse générale d'un organisme vivant face à des agressions. Cependant, c'est Hans Selyes qui, le premier, étudia de la manière la plus approfondie ce phénomène. Cette réaction d'adaptation est décrite selon lui en trois phases :

- **La première est la phase d'alerte.** C'est une réponse d'urgence de l'organisme face à un agresseur. Le cœur s'accélère, les muscles se contractent, les poils se hérissent, les pupilles se dilatent ;
- **La phase d'accoutumance ou d'endurance succède à la première si la situation stressante se prolonge.** Les individus s'acclimatent de cette situation et réagissent de moins en moins ;

1. L'IFAS : Institut français d'action sur le stress (www.ifas.net) a été créé en 1990 par un médecin psychiatre, spécialiste de la gestion du stress et praticien des techniques comportementales et cognitives, Éric Albert. Centrée à l'origine sur les programmes de mesure et de gestion du stress en entreprise, l'activité de l'IFAS s'est progressivement élargie à toutes les interventions nécessitant une expertise dans le domaine du facteur humain. L'IFAS s'efforce d'apporter aujourd'hui aux entreprises une aide globale dans la prise en compte du facteur comportemental.

- **La dernière phase est celle de l'épuisement.** Les ressources de l'individu ne lui permettent plus de s'adapter. Il finit par s'épuiser et cela peut aboutir à la mort.

Bien que ce modèle soit aujourd'hui contesté, dans la mesure où les choses sont plus complexes que ne le pensait Selyes, ce modèle est encore utile pour comprendre la chronologie d'un certain nombre de réactions au stress.

Le stress n'est donc pas à l'origine un processus pathologique mais une vive réaction de notre organisme pour s'adapter aux menaces et aux contraintes de notre environnement. Comme toute fonction, l'adaptation est non seulement utile, mais nécessaire à notre survie. C'est donc un véritable non-sens que vouloir éliminer le stress lorsqu'il devient une difficulté. Sans stress, il nous est impossible de vivre.

Le stress, un mal nécessaire

Le stress est un stimulant au quotidien

Un certain niveau de stress est normal dans notre vie. Des études[1] prouvent, en effet, que l'absence de stress est tout aussi néfaste pour l'être humain que sa surcharge. L'être vivant a besoin d'un minimum de stress pour améliorer sa performance. Le stress donne souvent l'énergie et la motivation nécessaire pour relever les défis quotidiens, aussi bien dans notre vie personnelle que professionnelle.

Ce type de stress aide chacun à se montrer à la hauteur d'un défi et à atteindre ses buts : par exemple, respecter les délais prescrits, apprendre de nouvelles tâches ou trouver de nouveaux clients. Toutefois, lorsque le sentiment de satisfaction se transforme en épuisement ou en frustration, ou lorsque les défis au travail deviennent trop exigeants, certains salariés peuvent ressentir un trop plein de stress qui peut alors être néfaste aussi bien pour les salariés que pour les employeurs.

L'ambivalence du stress

En fait, le stress se présente sous un double visage, et toute la difficulté consiste à distinguer le bon du mauvais stress.

Le stress positif

Lorsque le corps réagit rapidement à une agression, le cerveau transmet un signal de danger, le rythme cardiaque s'accélère, ainsi que la respiration ; de la noradrénaline se déverse dans le sang pour mobiliser les muscles afin de combattre ou de fuir l'événement agressif. La personne arrive à faire face au stress si elle a une réaction

1. Sylvie Lemieux, « Double tâche, double stress », *L'Essentiel*, vol. 1., n° 12, septembre 1989, p. 16-19.

adaptée et mesurée, proportionnellement à la situation. Cette réaction est normalement exprimée, sans agressivité ni inhibition. Lorsqu'on a le sentiment de maîtriser la situation, le stress devient « le piment de la vie », un défi, et non une menace. On parle alors de stress positif. En revanche, lorsqu'on n'a pas ce sentiment de maîtrise, le stress peut être synonyme de crise… L'état de stress naît ainsi d'un déséquilibre entre les contraintes extérieures imposées au travailleur et les ressources personnelles et environnementales dont il dispose pour faire face à ses contraintes.

Le stress négatif

On parle de stress négatif lorsqu'une personne n'est pas capable de répondre de façon adéquate ou efficace aux exigences de l'environnement ou qu'elle n'arrive à le faire qu'au prix d'une atteinte à sa santé. Dans ce cas, le stress devient mauvais. Il devient pathogène, c'est-à-dire qu'il peut déclencher ou favoriser certaines maladies.

En effet, dès lors que l'adaptation n'est pas possible, que les tensions ne peuvent être absorbées et régulées par l'organisme, des symptômes apparaissent, parfois des maladies. L'organisme se trouve submergé d'adrénaline, particulièrement chez les personnes qui n'expriment pas leur stress, autrement dit qui somatisent (elles intériorisent des tensions psychologiques qui se traduisent ensuite par des répercussions sur l'organisme). Le stress peut ainsi participer à l'émergence de troubles variés tels que l'insuffisance coronarienne, l'accident vasculaire cérébral, les ulcères, les angoisses et les dépression. D'autre part, le stress pathogène entraîne un vieillissement du corps, une usure de l'organisme. Une personne stressée aurait une propension à mourir plus tôt qu'une autre, même si une certaine inégalité demeure sur ce point. Nous ne sommes pas tous égaux face aux stress.

Chaque individu est son propre stresseur

Les caractéristiques personnelles restent primordiales pour comprendre comment chacun réagit face aux éléments stressants. Chacun a son propre stress et sa capacité d'adaptation. Plusieurs facteurs expliquent ce risque d'une individualisation du stress :

- **Le bagage génétique.** Ce qui stresse une personne en particulier peut n'avoir aucun effet chez une autre personne. Le stress est une réalité biologique essentiellement hormonale ;
- **Le moment spécifique et l'environnement.** Si on se prépare au stress, la perception du stress est beaucoup moins importante. L'environnement dans lequel on évolue peut aussi être un élément déclencheur de stress. Par exemple, le cadre de travail est déterminant. Tous les salariés installés dans des petits bureaux, les uns sur les autres se sentent oppressés. Il en est de même pour ceux travaillant sur ce qu'on appelle des plates-formes ou espaces ouverts (grandes

pièces sans cloisons ou avec, par exemple, des paravents transparents supposés délimiter les bureaux). Ces bureaux sont eux aussi sources de stress, aucune intimité n'étant respectée et le bruit étant multiplié ;

- **Le temps d'exposition**. La réaction d'un individu face à un stress va différer selon le temps d'exposition à cet élément. Par exemple, une entreprise installée près d'un périphérique aura des travailleurs plus stressés par ce bruit incessant ;
- **L'expérience passée**. Les personnes qui ont connu un traumatisme étant jeunes sont deux fois plus susceptibles d'être stressés ;
- **Le sexe**. Hommes et femmes réagissent différemment aux situations stressantes. Une enquête réalisée par l'IFAS en partenariat avec Les Enjeux révèle que les femmes sont d'avantage exposées au stress que les hommes (34,2 % des femmes se considèrent sur-stressées contre 20,2 % des hommes) ;
- **L'âge**. Il constitue un facteur de risque de stress supplémentaire. La quarantaine est un cap difficile, c'est en effet le seuil au-delà duquel on observe que les salariés interrogés présentent de plus grand risque de sur-stress.

D'une façon plus générale, chaque salarié, par son identité, sa constitution, son histoire, a des réactions qui lui sont propres selon tel ou tel facteur de risque. On pourrait donc penser que le stress est issu d'une mauvaise adaptation de l'individu à son environnement, sans remettre en cause l'organisation dans laquelle il évolue. C'est ainsi que la plupart des entreprises n'admettent pas qu'elles puissent, par leurs conditions de travail, être source de stress pour leurs salariés. Cependant, différentes études le démontrent, le stress au travail existe bien. C'est une notion omniprésente dans l'entreprise.

Le stress : un coût humain pour l'entreprise

Actuellement, chacun sait que les entreprises doivent faire face à de nombreux bouleversements. Ainsi, dans un système où règne une concurrence acharnée et dans lequel le maître mot est devenu la rentabilité, les salariés peuvent rapidement avoir le sentiment d'être dépassés, voire menacés. Ils peuvent alors être en proie au stress qui affecte leur santé, tant mentale que physique, mais qui représente aussi un coût pour les entreprises et pour la collectivité.

L'impact du stress sur la santé physique et mentale des salariés

Même si certains employeurs se refusent encore à l'admettre, le stress au travail est devenu un « fléau », produisant des effets qui peuvent s'avérer désastreux sur la santé mentale et physique. Les derniers chiffres parus sur le stress en France sont alarmants. Le stress multiplie par trois les risques cardiaux vasculaires, il est largement responsable des troubles musculaires subis par les salariés. Environ 10 % des salariés souffrent de dépression, d'anxiété ou de surmenage. Serions-nous en train de suivre les traces du Japon où près de dix mille personnes meurent chaque année à cause du stress au travail ?

Lorsqu'une personne subit toutes sortes de pressions venant de son environnement externe, le corps n'a pas d'autres choix que de répondre à ces pressions[1]. L'accumulation de stress affecte tout l'organisme humain. Les premiers malaises commencent à se faire sentir. Ces signes sont envoyés par le corps pour faire savoir à l'individu qu'il est soumis à une trop grande demande. S'il n'y prend pas garde, apparaissent ensuite des maladies plus sérieuses. D'ailleurs, certains avancent[2] que la progression de prescription de médicaments anti-stress ne fait que confirmer la gravité du stress.

Tableau des principaux symptômes ou conséquences du stress chez l'individu

		Conséquences
Atteintes	Physiologiques	• Troubles du sommeil : nuits blanches • Troubles de la mémoire : oubli d'adresses, de numéros de téléphones, de noms de clients ou autres… • Troubles digestifs : ulcères gastriques, bouche sèche, spasmes, maux de ventres… • Autres troubles mineurs : augmentation des pulsations cardiaques, tensions musculaires, allergies, phobies, sueurs froides… • Troubles majeurs : maladies du cœur, maladies respiratoires, cancers, diabète, hypertension, infections virales, obésité…
	Psychologiques	• Nervosité : forte impulsivité, réactions explosives, gestes regrettables, agitation corporelle, langage plus dur, agressivité… • Irritabilité : perte de la maîtrise de ses réactions, moins de patience, d'indulgence et de tolérance, difficulté à supporter les contrariétés, tensions dans les relations interpersonnelles… • Anxiété : plus d'agressivité dans les réactions, fébrilité, difficultés dans les prises de décision… • Affaiblissement mental : grande fatigue, perte d'enthousiasme, état dépressif, hypersensibilité, diminution de l'adaptation et du processus intellectuel, insatisfaction au travail, épuisement professionnel… • Autres : sentiment d'inefficacité et d'inutilité, état dépressif, désorientation, sentiment d'impuissance, manque de confiance en soi…

1. Clément Gagnon, « Gérer son stress psychologique avant d'en arriver au burn-out », *Le Bureau*, mai-juin 1990.
2. « Le stress, un mal du siècle », *La Presse*, Montréal, 9 avril 1981.

• • •

		Conséquences
Atteintes	Comportementales	• Diminution du rendement • Démoralisation, baisse de l'intérêt au travail • Perte du sens des responsabilités • Isolement des autres • Abus de tabac, café, alcool, drogue et nourriture • Négligence professionnelle • Erreur, accidents • Gaspillage d'énergie • Changement d'apparence physique

Conséquences sur la santé	
L'état de stress aigu	Cet état montre un profil d'angoisse et de dissociation survenant pendant ou immédiatement après un événement traumatisant.
L'état de stress post-traumatique	Il survient en réponse à un événement traumatisant. On peut observer ces réactions chez les anciens combattants, les survivants de catastrophes ; et aussi en réponse à un traumatisme subi sur le lieu de travail par les policiers, les pompiers ou les employés de banque.
La dépression	Même si elle n'est pas directement liée au travail, elle peut aboutir à des congés maladie, des consultations médicales et des types de dysfonctionnement chez la personne, aussi bien dans son foyer que sur son lieu de travail.
Les accidents et suicides	Le stress professionnel figure parmi les facteurs ayant contribué aux suicides annuels et tentatives de suicide.

Les troubles physiologiques

Chaque année on estime selon l'OMS que cent soixante millions de nouveaux cas de maladies liées au travail apparaissent dans le monde. Il s'agit essentiellement de maladies respiratoires et cardio-vasculaires, du cancer, de troubles auditifs, de troubles musculo-squelettiques, de troubles mentaux et de maladies neurologiques. Pour certaines de ces maladies, le rôle du stress professionnel paraît incontestable. Pour d'autres, les certitudes sont moindres. Quoi qu'il en soit, on sait maintenant que le stress peut rendre vraiment malade.

Les troubles musculo-squelettiques (TMS)

Aujourd'hui considérés comme un risque croissant pour les entreprises et les salariés, les TMS sont des affections articulaires qui concernent tous les tissus mous situés autour des articulations qui, par la multiplication de gestes répétitifs, provoquent d'intenses douleurs. Ainsi, la manière dont peuvent être ressenties les conditions de travail est considérée comme un facteur psychosocial d'apparition des

TMS. En effet, l'insatisfaction et la tension que provoque le stress au travail se traduisent par le déploiement de force supplémentaire, l'utilisation de force de compréhension plus élevée que la normale. En ce sens, le stress peut contribuer au développement des TMS en ce qu'il limite les capacités d'anticipation des salariés et augmente leur fatigue.

Pour l'heure, il semblerait que les cadres restent moins touchés par le phénomène que les ouvriers et les employés, mais la tendance pourrait s'inverser. Les TMS guetteraient la population cadre, compte tenu, d'une part, de l'utilisation quasi permanente des outils informatiques qui provoquent chez eux des gestes répétitifs et, d'autre part, d'un niveau de stress de plus en plus élevé affectant à la fois leur santé physique et émotionnelle. On sait en effet qu'un nombre croissant de cadres sont rémunérés au vu d'une mission qu'il leur est demandé de réaliser.

Les symptômes émotionnels et intellectuels

Lorsqu'une personne est exposée à des facteurs de stress, elle peut avoir des réactions émotionnelles fortes telles que l'angoisse, la dépression ou la fatigue. De même, le stress peut être créé à la suite d'une interprétation erronée ou émotionnelle des conditions de travail que la personne juge menaçante. Par conséquent, le stress au travail va influer sur les comportements et inciter certains travailleurs à fumer davantage, devenir boulimiques, ou encore adopter des conduites à risques. Malheureusement, ces comportements peuvent aboutir à la maladie, voire au suicide.

Les symptômes psychologiques regroupent un ensemble de problèmes émotionnels et cognitifs qui apparaissent dans les conditions d'un stress professionnel. Une de ses conséquences les plus fréquentes semblerait être l'insatisfaction au travail, mais des symptômes additionnels tels que la fatigue, l'anxiété, l'ennui, la frustration, l'irritabilité, l'isolement, les erreurs de jugement et les troubles de la mémoire apparaissent également. À long terme, ces symptômes se muent en affections psychologiques telles que la dépression, l'alcoolisme, la fatigue chronique, le tabagisme, la surconsommation d'anxiolytiques, la dépendance aux drogues, etc.

Ces dernières années, les réactions psychologiques au stress professionnel ont été plus particulièrement étudiées au travers de trois syndromes – le burn-out, le karoshi et le syndrome de fatigue chronique :

- **Le burn-out** est, selon l'approche du psychanalyste Herbert Freudenberger (1974)[1], un état d'épuisement qui touche spécifiquement les professions à caractère social comme les policiers, les travailleurs sociaux, les infirmières…

1. « Synthèse des recherches sur le stress au travail », ULB-CREATIC (www.ulb.ac.be/soco/creatic/chp3str.html).

Le syndrome du burn-out est une réponse au stress exprimé par la combinaison suivante : un épuisement physique, psychologique et cognitif, caractérisé par un sentiment d'impuissance, de désespoir, et une baisse de l'estime de soi. Il peut aussi se caractériser par un manque d'enthousiasme dans la vie, en général, et au travail, en particulier. Cette maladie est une complication grave du stress professionnel qu'il vaut mieux prévenir que guérir ;

- **Le karoshi** a été étudié récemment au Japon (par Katsuo et Johnson en 1998, Hamajima en 1992). Il est défini comme un syndrome d'épuisement nerveux provoqué par le travail, pouvant mener à une mort subite de l'individu : le karoshi, c'est-à-dire la mort par excès de travail. Le karoshi touche principalement des employés japonais modèles, aux horaires de travail illimités, et qui au bout d'un certain temps sont pour la plupart victimes de crises cardiaques ;
- **Le syndrome de fatigue chronique** a été défini par Scherrer (1967)[1]. La fatigue est issue d'une maladie générale (diabète, anémie, cancer, dépression, intoxication médicamenteuse), d'un surmenage sportif ou professionnel. Toutefois, dans certains cas, il est difficile de trouver une cause organique, psychique ou toxique précise. Nous avons alors affaire à ce que les Anglo-Saxons appellent le syndrome de fatigue chronique (SFC).

  Le SFC est caractérisé par une fatigue prolongée d'une durée minimale de six mois, perçue comme incapacitante et souvent exacerbée par l'exercice physique. Ce syndrome de fatigue chronique atteint des personnes de tout âge et classe sociale, avec une fréquence d'apparition de deux à quatre fois supérieure chez les femmes que chez les hommes.

  Le syndrome de fatigue chronique fait aujourd'hui l'objet de nombreuses discussions dans le milieu médical, opposant les tenants d'une pathologie nouvelle et ceux contestant la réalité du syndrome. De ce fait, l'étiologie de ce mal demeure encore inconnue. Certains auteurs avancent l'hypothèse d'un agent infectieux ou d'un rétrovirus qui se développerait par réaction à des situations de stress. Mais, le modèle le plus accepté actuellement serait qu'un ensemble de composantes multifactorielles soit à l'origine de ce syndrome.

L'épuisement professionnel ou burn-out

Une conséquence particulière du stress professionnel peut être, chez certains travailleurs, le burn-out. L'individu est totalement consumé par une exposition trop longue au stress qui provoque une difficulté de séparer sa vie professionnelle,

1. Comme *« une baisse d'activité d'un système vivant, pour une incitation constante, liée à l'activité de ce système et réversible par sa cessation transitoire »*.

sociale et familiale. Les principaux symptômes de ce syndrome se révèlent être la perte d'énergie, la fatigue continue accompagnée de déprime ou de démotivation, la difficulté de maintenir des relations satisfaisantes avec les autres ou encore le pessimisme et la faible résistance à la maladie. Ainsi, ce phénomène est dit graduel, c'est-à-dire en réaction à un stress prolongé qui, étalé dans le temps, atteint des niveaux élevés d'intensité pouvant entraîner, par conséquent, des atteintes sévères à la santé physique et/ou morale. Plus précisément, les personnes touchées par ce phénomène vont s'épuiser mentalement et physiquement en tentant de parvenir à des objectifs irréalisables ou d'accomplir des tâches insurmontables.

Contrairement à ce que certains pourraient croire, personne ne semble à l'abri de ce syndrome. En effet, la pression s'avère de plus en plus forte et les exigences des supérieurs hiérarchiques se révèlent être pesantes. Par conséquent, tout un chacun, du gardien d'usine au président-directeur général d'un grand groupe, peut se trouver affecter par le syndrome du burn-out : ce n'est pas un phénomène de classe, mais un phénomène généré par notre société qui demande aux individus d'être les plus performants pour conserver leur place sur le marché du travail, et qui provoque ainsi en eux le mal du XXIe siècle : le stress.

Le stress peut donc se traduire par les troubles les plus variés : un mal-être, mais, également, pour l'entreprise, une perte de productivité.

Le stress : un coût économique pour l'entreprise

Dans certaines entreprises, la direction est consciente que la santé et le bien-être de ses collaborateurs sont importants. En effet, elles apportent une aide morale et physique conséquente aux travailleurs dans le but de réduire leurs coûts qui peuvent s'avérer être élevés. En témoigne, le coût estimé des cas attribuables au stress d'origine professionnelle pour trois types de pathologies en millions d'euros[1], reporté dans le tableau page suivante.

Ainsi, au niveau de l'entreprise, des comportements actifs, tels que la grève, l'expression de revendications, peuvent être exprimés face à un environnement de travail stressant. L'absentéisme et la rotation du personnel peuvent s'expliquer par le stress. En effet, les attitudes de retrait sont liées à l'insatisfaction au travail. Par conséquent, de nos jours, le stress au travail coûterait entre 0,8 et 1,6 milliard d'euros par an en France[2] et plus de 50 % de l'absentéisme en découlerait.

1. Source : Institut national de recherche et de sécurité, 2003.
2. Source : *idem*.

Pathologies	Maladies cardiovasculaires	Dépressions	Troubles musculo-squelettiques
Soins en santé	56,8	236,0	1,1
Absentéisme	189,5	161,4	18,8
Décès prématurés (par âge de départ à la retraite)	24,0	142,7	0,0
Total	270,3	540,1	19,9
Total pour les trois pathologies	830 millions d'euros		

Rares sont aujourd'hui les sociétés françaises qui ont intégré les notions de risques psychosociaux, contrairement aux entreprises anglo-saxonnes ou celles du Nord de l'Europe qui ont mis en place un management du bien-être. Certaines entreprises comme Nokia sont parvenues à chiffrer les conséquences de la qualité de vie au travail : 1 euro investi dans le bien-être au travail des salariés leur évite de perdre, en raison de l'absentéisme, entre 3 et 5 euros. Toutes les enquêtes sur le stress le démontrent, ce mal touche un nombre croissant de salariés et ne fait que se propager. Le dernier sondage réalisé par *Les Enjeux* en partenariat avec France Inter[1] annonce qu'un salarié sur quatre est stressé. Ce stress fait supporter une lourde facture aux entreprises.

Le stress et le taux d'absentéisme

La première conséquence du stress représentant un coût pour les entreprises serait un taux d'absentéisme élevé. De façon générale, l'absentéisme pour cause de problème de santé est un bon indicateur des mauvaises conditions de travail. Le stress serait en France à l'origine d'un arrêt maladie sur dix. Le pourcentage d'absentéisme imputable au stress lié au travail en Europe se situe entre 50 et 60 %[2].

L'absentéisme est directement lié à l'instabilité professionnelle. Le salarié quitte son emploi parce qu'il n'en est pas satisfait ou parce qu'il y est obligé pour des raisons médicales. Les entreprises américaines dépenseraient 700 millions de dollars par an pour remplacer ceux de leurs travailleurs qui doivent cesser leur activité avant l'âge de la retraite pour cause de maladies coronariennes.

L'épuisement nerveux : un coût économique à ne pas négliger

Le deuxième coût pour l'entreprise est le manque à gagner lié aux épuisements nerveux, tels que la dépression et autres troubles mentaux. Dans les pays de

1. Publié dans *Les Enjeux*, janvier 2004.
2. Données disponibles sur le site de l'Agence européenne pour la sécurité et la santé au travail.

l'Union européenne, le coût de ces problèmes de santé atteindrait 3 à 4 % du PNB. Aux États-Unis, les dépenses consacrées à la dépression seraient de l'ordre de 30 à 40 milliards de dollars par an. Un des exemples le plus révélateur de cet épuisement est le burn-out.

Le stress provoque un turnover

Aujourd'hui, le taux de rotation de la main-d'œuvre est un bon outil pour mesurer, notamment, les conditions de travail dans une entreprise. Plus les conditions sont pénibles et stressantes, plus les travailleurs sont amenés à quitter l'entreprise. Or, aujourd'hui, le taux de turnover a augmenté. Cette valse des salariés coûte cher à l'entreprise. Des études récentes montrent qu'il peut coûter jusqu'à 2 ans de salaire sur certaines populations.

Le stress modifie les relations entre les individus

Face à ce mal, il est normal que les relations entre les travailleurs s'altèrent. Des violences et agressions se multiplient. La colère ou l'agressivité permet à l'individu stressé d'y trouver des forces pour attaquer ou détruire les « stresseurs ». Cette violence provoque une rupture immédiate et souvent durable dans les relations interprofessionnelles.

Il peut s'agir d'une violence directe, interne ou externe, c'est-à-dire des coups et blessures donnés par des membres de l'entreprise à des salariés ou donnés par des personnes externes à l'entreprise. On oppose à cette violence externe une violence psychologique. Cette violence psychologique interne connaît d'ailleurs une nette évolution. Le harcèlement moral en est sans doute la forme la plus dure. Mais on observe aussi le développement de comportements abusifs et tyranniques à l'égard d'un subalterne.

Cette violence engendre des coûts directs pour l'entreprise, car elle doit assumer le travail perdu et faire des améliorations en matière de sécurité. Mais la violence génère aussi des coûts indirects tels que la baisse d'efficacité, de la productivité et de la qualité des produits, la détérioration de l'image de l'entreprise et la diminution de la clientèle.

Le stress multiplie les accidents de travail

Le stress peut également engendrer des accidents du travail. Certes, les accidents se produisent pour de multiples raisons, mais celles-ci sont souvent accentuées par un état de stress chez l'accidenté. Une personne stressée, c'est souvent un accident qui se prépare.

Les changements organisationnels, fonctionnels ou culturels de l'entreprise : facteurs de stress

Le stress et les mutations du monde du travail

La modification du contexte économique mondial depuis une trentaine d'années a bouleversé l'organisation du travail, et par-là même les conditions de travail et la santé des salariés. À la concurrence par le prix s'est ajoutée la compétition hors prix utilisant des armes telles que le délai, la variété, la nouveauté. Le client est devenu roi. Le service au client a impulsé des changements dans la division du travail intra et inter-entreprise. Afin de limiter le coût de la main-d'œuvre, les entreprises peuvent choisir de limiter au plus juste les effectifs de leur personnel permanent. Dès que la demande augmente, dès qu'un accroissement temporaire de l'activité survient ou une absence imprévue menaçant d'interrompre le processus de production, elles peuvent faire appel à des salariés en CDD ou à des intérimaires. C'est ainsi que se développe en France un travail précaire qui touche trois fois plus de personnes aujourd'hui qu'en 1982, même si ces formes d'emploi représentent moins de 10 % de l'emploi total[1].

Mais dans ce type d'organisation, ce sont les hommes et non plus les stocks qui servent de régulateur. Le stress apparaît alors comme un problème de plus en plus structurel, généré par l'organisation et le fonctionnement même de l'entreprise : *« C'est le culte de la gestion à très court terme avec le nez fixé sur la ligne des trois mois qui est le facteur déclenchant »*, analyse Jean-Luc Cazettes, président de la CFE-CGC[2]. Face à ces bouleversements de l'organisation du travail et au contexte économique et social en crise depuis ces dernières années, 62 % salariés considèrent que les possibilités d'évolution dans leur poste sont très importantes[3], mais 53 % des cadres estiment pourtant que leurs perspectives de carrières sont mauvaises. Cette impression est aujourd'hui croissante face à la multitude des concentrations réalisées entre différentes entreprises. Les mots flexibilité, mobilité, réorganisation, fusion, acquisition, etc. sont aujourd'hui omniprésents dans le monde de l'entreprise. L'avenir des salariés est toujours incertain, ce qui accentue cette peur de l'absence de perspectives de carrières.

1. Selon les « Enquête Emploi » successives de l'INSEE.
2. Dans un article des *Échos* du mardi 14 octobre 2003.
3. Enquête réalisée par le magazine *Liaisons Sociales* du mois de mai 2004.

Le stress et l'introduction dans l'entreprise de nouvelles technologies de l'information et de la communication (NTIC)

Pendant des siècles, les êtres humains ont, à peu de chose près, utilisé les mêmes instruments, répété les mêmes gestes et vécu dans un environnement similaire. Depuis la Seconde Guerre mondiale, le changement est devenu l'une des caractéristiques les plus visibles de notre société. Ces changements incessants sont aussi présents dans le monde du travail, à commencer par les nouvelles technologies : portable, e-mail, téléconférence, vidéo-surveillance, biométrie, autocommutateur, cyber-surveillance sont les premières causes de stress au travail.

Les changements technologiques, la mécanisation, la robotisation ont profondément transformé les organisations du travail et les conditions de travail. C'est au cours des années 1990 que l'environnement de l'entreprise a été modifié, avec l'essor des technologies de l'information et de la communication, nées de la fusion des télécommunications, de l'électronique, de l'informatique et des technologies de l'information.

Ces bouleversements technologiques conduisent inexorablement à une réorganisation permanente des activités selon les nouveautés arrivant sur le marché : accélération des échanges, réduction de la chaîne de production ou de services, rapprochement de la relation fournisseur-producteur-consommateur, accélération et/ou parcellisation des tâches multiples, flexibilité du temps de travail selon la production et les services, préférence pour la sous-traitance, le télétravail, la nécessité de nouvelles formes de communication interne, etc. Par ailleurs, le travail dans un environnement informatisé fait appel à des compétences générales qui n'étaient pas requises jusqu'alors dans la plupart des emplois. On exige maintenant des travailleurs qu'ils s'adaptent au changement. Cela engendre un besoin massif de formation et peut conduire à exclure ceux qui auront le plus de difficultés à s'adapter à ces nouvelles formes de travail. Leur maîtrise semble même devenir une condition d'intégration dans l'entreprise et le monde du travail.

Le stress et la culture d'entreprise

La surcharge de travail

Le premier élément de surcharge, le plus évident, est le volume ou la quantité de travail. Il y a une dizaine d'années, certains salariés connaissaient parfois le phénomène inverse, celui de la sous-charge de travail. Ils se sentaient sous-sollicités, tentant vainement d'occuper leurs journées. Ceux qui étaient concernés par cette tranquillité le vivaient souvent mal ; le sentiment d'inutilité dans le travail n'étant pas le meilleur garant de l'épanouissement. Aujourd'hui, le phénomène inverse est enclenché. Certains salariés reconnaissent paniquer face à la charge de travail qu'ils ont à effectuer. Un quart des salariés affirment[1] que leurs tâches se sont alourdies au cours des dernières années contre 73 % pour les cadres[2]. Ces derniers estiment à 90 % que leur charge de travail est trop lourde. Cette montée en charge du travail est encore plus difficile à vivre dans les entreprises où il y a une stagnation, voire une réduction des effectifs.

Le culte de la performance

Le deuxième élément qui conduit les salariés à être surchargés est le culte de la performance développé par les entreprises.

Pendant longtemps, la relation de travail s'est cantonnée à l'exécution d'une relation contractuelle. Le travail à accomplir était simplement celui pour lequel on avait été engagé. Mais depuis la décennie quatre-vingt et surtout au cours des années quatre-vingt-dix, est apparue une autre finalité : le dépassement de soi au travail. La simple exécution des tâches ne suffit plus ; il faut aller toujours plus loin, toujours plus vite pour améliorer la rentabilité de l'entreprise. Progressivement s'est installé un culte de la performance et du dépassement. Résultat, le travail n'est jamais plus perçu comme un objet de satisfaction : même si vous avez bien accompli votre tâche, même si vos résultats sont bons, vous avez l'impression de ne pas avoir atteint vos objectifs. Peu à peu s'amenuise le sentiment du travail bien fait, de la tâche accomplie. Cette idéologie de performance est une source à la fois de pressions et de frustrations considérables.

Le sentiment de frustration

Les frustrations arrivent en troisième position des sources du stress au travail pour 45 % des personnes interrogées. Les frustrations sociales génèrent sans doute la forme de spoliation la plus éprouvante.

L'être humain, pour s'épanouir, se nourrit essentiellement de reconnaissance sociale ; c'est-à-dire un besoin viscéral de se sentir apprécié, valorisé, reconnu par les autres. Ce besoin vital de reconnaissance a été décrit dès 1954 par le sociologue américain Abraham Maslow dans sa pyramide des besoins. Selon lui, l'entreprise a pour finalité profonde de permettre aux individus de satisfaire leurs différents besoins. Les individus atteignent la réalisation d'eux-mêmes lorsque leurs besoins physiologiques, leur sécurité (besoin de sécurité sur leur santé physique), leurs besoins sociaux et le besoin d'estime de soi sont réunis. L'homme ne peut donc

1. Enquête réalisée pour le magazine *Liaisons sociales* du mois de mai 2004.
2. Résultats du premier baromètre des cadres réalisé par la CFE-CGC, publié début octobre 2003.

être épanoui sans cette reconnaissance des autres. Cette reconnaissance doit se réaliser dans les différentes vies qu'ils mènent : vie privée et vie professionnelle.

Le manque de reconnaissance passe par plusieurs éléments du travail quotidien. Le premier est l'absence de bonnes relations avec le corps encadrant. Un quart des cadres (mais seulement un ouvrier sur cinq) estiment que leurs relations avec leur hiérarchie se sont détériorées[1]. Ce sentiment est exacerbé par le manque de reconnaissance dans le travail accompli. Des gestions de ressources humaines ont pour principe de ne dire aux salariés que ce qui ne va pas, soulignant la moindre défaillance, sans pour autant les complimenter sur le travail accompli. Ce manque de reconnaissance ne permet pas aux travailleurs de se sentir motivés par leurs missions. Ils peuvent dès lors ressentir de la frustration. C'est ainsi qu'une enquête menée par la CFE-CGC dévoile qu'un cadre sur deux est convaincu que ses efforts ne sont pas reconnus et que 62 % d'entre eux estiment qu'ils ne sont pas rétribués. En outre, la même étude affirme que les cadres se demandent de plus en plus pourquoi ils s'échinent ainsi, puisque 48 % s'estiment mal informés sur la stratégie de l'entreprise, 47 % n'adhèrent pas à ladite stratégie et 30 % jugent même avoir à exécuter des actions qui ne correspondent pas « à leur éthique personnelle ». Les salariés ont le sentiment d'être un outil de transmission sans prendre part directement aux décisions de l'entreprise.

Ce système négatif qui se développe de plus en plus au détriment des bonnes conditions de travail des salariés laisse s'installer un système pervers fondé sur la souffrance et où l'homme devient un stresseur pour l'homme.

Le stress et les nouvelles formes de management

Le management participatif par objectif (MPO) est issu d'une théorie d'Octave Gelinier du milieu du XXe siècle, qui a pour but de faire participer les salariés à la définition de leurs objectifs fixés par une négociation avec la hiérarchie. Ce type de management a rencontré et rencontre encore un écho favorable auprès des directions des ressources humaines des entreprises. Le management par objectif consiste en une décomposition de la stratégie générale de l'entreprise en mini-objectifs par département ou par ligne de produits, puis en micro-objectifs attribués à chaque collaborateur ; voilà qui est à la fois pédagogique et carré. Chacun sait où il va, tout le monde connaît le travail qu'il a à réaliser. Ces objectifs sont en général attribués par le responsable hiérarchique au moment de l'entretien annuel d'évaluation, moment privilégié de dialogue avec son supérieur sur le travail réalisé pendant un an.

1. Enquête réalisée par le magazine *Liaisons sociales* du mois de mai 2004.

Les idées directrices de ce type de management sont de mobiliser et de faire participer les salariés à la vie de l'entreprise. Les travailleurs sont plus efficaces quand ils sentent peser sur eux une certaine pression. Ce système de management par objectif permet par ailleurs de limiter les sanctions délivrées selon le bon vouloir du manager. Seule, en principe, la non-atteinte des objectifs entraîne une réelle sanction. Le revers de la médaille est que si les objectifs à atteindre, fixés chaque année, sont placés de plus en plus haut sans prendre en compte les capacités du titulaire, il arrive un moment où ce dernier est démotivé et ressent une pression accrue sur ses épaules. C'est ainsi que l'Association pour l'emploi des cadres (APEC) estime que plus de 70 % des cadres sont managés par objectifs, et qu'une moitié d'entre eux se plaint de ne jamais les atteindre. Selon Jean-Louis Muller, directeur à la CEGOS, cette manière de gérer les cadres *« fonctionne très bien sur les marchés en pleine croissance. En revanche, lorsque les collaborateurs ont peu de prise sur les résultats, la méthode peut se révéler contre-productive »*. Il faut, pour que ce style de management soit rentable, que celui-ci évolue dans un contexte mouvant en peine compétitivité.

Comment gérer et prévenir le stress

Le stress professionnel peut constituer une menace pour la santé et la sécurité de certains travailleurs, ainsi que pour la bonne santé de l'entreprise. À cet égard, tout employeur se doit de mettre en œuvre une politique de protection de la santé de son personnel qui fasse désormais référence au stress professionnel. Il devra rendre possible la mise en place de mécanismes appropriés, mécanismes qui serviront à comprendre les systèmes d'évaluation des risques et de prévention. Ainsi, la stratégie mise en place au niveau de l'entreprise pour gérer le stress au travail existant devrait contribuer à lutter contre le risque à la source en mettant en œuvre une stratégie de gestion.

Une telle stratégie consiste, dans un premier temps, à évaluer les risques existant dans l'environnement professionnel qui sont susceptibles de causer un trouble aux salariés. Dans un deuxième temps, l'entreprise doit prendre des mesures de prévention adéquates dans le but d'améliorer les conditions de travail des salariés touchés par le stress. Enfin, la lutte contre le stress professionnel va rendre nécessaire, de la part de l'entreprise, l'instauration d'outils pertinents et efficaces afin de résoudre le problème du stress plus ou moins accru dans l'entreprise.

Comment évaluer le stress

L'évaluation du stress et de son impact sur les individus et sur l'organisation de l'entreprise constitue une étape importante dans la mise en place d'actions efficaces en matière de gestion et de prévention du stress au travail. À ce titre, la direction des ressources humaines se doit de prendre en considération des indicateurs précis révélateurs de stress professionnel.

Les indicateurs physiologiques du stress

Ces indicateurs portent sur les facteurs de risques, notamment les variables qui augmentent la probabilité de maladies cardio-vasculaires telles que le rythme cardiaque, la pression sanguine ou les taux de sécrétions hormonales. La mesure de telles variables requiert bien entendu des instruments sophistiqués et relève donc du domaine médical. Néanmoins, on peut souligner que l'analyse des indicateurs physiologiques pose des problèmes, car ces indices varient fortement selon les personnes, et, pour une même personne, selon le moment et le contexte.

D'autres indicateurs de la santé sont également utilisés. On peut citer, par exemple, les questionnaires d'auto-observation de symptômes et l'analyse de données comme le nombre de visites chez le médecin du travail ou le taux d'absentéisme (encore lui !).

Les indicateurs psychologiques du stress

La recherche sur le stress au travail a donné naissance à un grand nombre d'instruments, dont l'objet est d'évaluer le stress et ses composantes issues de l'interaction entre l'individu et l'environnement par l'intermédiaire d'entretiens individuels, de questionnaires standards ou encore d'observations.

Les entretiens structurés se réalisent généralement sur la base d'un guide d'interview qui contient des questions ouvertes, standardisées, regroupées selon différents thèmes. Ces entretiens se composent de questions de bases et de questions d'approfondissement ; les premières sont destinées à obtenir une information spontanée de la part des interrogés et les secondes à approfondir les points. Néanmoins, les coûts liés à la formation des interviewers, au temps de passation et de dépouillement sont élevés et aucun instrument standardisé et spécifiquement destiné à l'évaluation du stress professionnel n'est actuellement disponible.

Les indicateurs comportementaux du stress

Généralement, les indicateurs comportementaux susceptibles de découler du stress au travail se divisent en deux groupes principaux : les performances et les habitudes de consommation. Parmi les indicateurs comportementaux les plus étudiés figurent l'évaluation des performances et de la productivité des travailleurs, et cela en raison de leurs conséquences économiques et organisationnelles. En outre, il existe deux types d'approches de la mesure du rendement : les approches subjectives et les approches objectives.

Parmi les approches dites subjectives on peut retrouver :

- L'auto-évaluation, pour laquelle les salariés doivent se situer par rapport à des critères tels que le niveau de compétence, la qualité et la quantité de travail ;
- L'évaluation,par les pairs, pour laquelle chaque membre d'un groupe de travail doit évaluer ses collègues ;
- Les méthodes d'évaluation par les supérieurs et les clients.

Cependant, cette approche peut comporter le risque que d'autres facteurs tels la sympathie ou l'antipathie que l'on peut avoir pour une personne influencent l'évaluation de leur rendement ou compétence.

Parmi les méthodes d'évaluation dites objectives, il existe deux types d'indicateurs :

- Les indicateurs liés à des critères de productivité ;
- Les indicateurs liés aux marques de reconnaissance et prix de distinction. Les approches objectives portent directement sur des critères de productivité ou de rentabilité.

Toutefois, l'objectivité d'un critère ne garantit pas forcément sa pertinence ou sa valeur significative, c'est-à-dire que des facteurs extérieurs, comme un climat économique favorable ou défavorable, peuvent influencer l'indice de productivité d'une personne ou d'un groupe de personnes.

Dans la perspective du stress, les indicateurs sociaux s'articulent essentiellement autour des thèmes de structure des groupes et de relations interpersonnelles.

Comment diagnostiquer le stress

Nombreux, ces outils d'évaluations ont pour finalité de rechercher les signes de l'état de stress, mais aussi et surtout de proposer des solutions pour tenter d'y remédier.

La méthode des questionnaires

L'utilisation de ces questionnaires tend à mesurer, soit les agents stressants au travail soit le stress ressenti par les salariés. Leur principal avantage est la confidentialité, ce qui permet de mettre en confiance les travailleurs quant au sérieux de la démarche. *A contrario*, l'inconvénient majeur est que certains facteurs de stress vont se révéler aggravants chez certains et motivants chez d'autres.

Il existe différents types de questionnaires, au titre desquels on retrouve les questionnaires individuels sur les conditions de travail qui s'orientent vers la recherche de facteurs susceptibles de générer du stress ou encore les *check-lists* qui, quant à elles, ont pour but de faire une analyse des conditions de travail, mais de manière collective et non plus individuelle.

La méthode du recueil de données

La méthodologie d'analyse consiste en un entretien structuré portant sur les facteurs de stress. Les différentes dimensions présentes dans les entretiens portent sur les caractéristiques des salariés, les caractéristiques des technologies utilisées et le stress au travail. L'une des principales contributions de cette méthode est de permettre aux salariés de s'exprimer librement sur le thème du stress au travail, et cela dans un but de compréhension des situations quotidiennement vécues par les travailleurs.

L'objectif de cette méthode est d'obtenir à la fois des informations sur les activités réelles des salariés et de les rattacher ou de les séparer des phénomènes de stress. Des niveaux de questions distincts ont également pour but d'aider l'interviewé à s'exprimer sur les sentiments, les sensations et les intuitions relatives au vécu du stress, ainsi qu'à aider le manager qui mène l'entretien à objectiver et à mesurer les différents aspects des situations de stress au travail.

Le schéma de déroulement des entretiens est le suivant :

- Aborder le cadre de l'étude : il s'agit d'une présentation mutuelle (interviewé, interviewer) et d'une présentation des objectifs de l'étude ;
- Étudier la place de l'individu dans l'entreprise c'est-à-dire les caractéristiques du salarié (formation, ancienneté et expériences professionnelles) et celles de l'entreprise ;
- Décrire les activités de l'opérateur (période de travail et perception du travail) ;
- Identifier les éventuelles sources de stress engendrées par le travail ;
- Appréhender ce que le salarié pense du stress dans son rapport au travail, aborder les moyens de gestion du stress et la sollicitation de suggestions d'amélioration ;
- Établir les critères statistiques tels que l'âge, le sexe et l'état civil.

Cette méthode se termine par la phase d'analyse des entretiens qui permet de répertorier et de hiérarchiser les idées et opinions émises lors des différents entretiens relatifs au stress au travail.

La création d'un observatoire du stress

Mis en place par un nombre de plus en plus important de grandes entreprises, un observatoire a pour mission de mesurer la nature et l'impact du stress professionnel au sein d'une organisation afin de développer un « mieux-être au travail ».

L'objectif est de surveiller le phénomène de stress, de mettre en place des actions de prévention et d'en évaluer les résultats. Il a donc vocation à devenir un véritable tableau de bord du bien-être mental des salariés. De plus, il permet de générer et de suivre des indicateurs fiables destinés aux principaux acteurs concernés, c'est-à-dire la direction, le CHSCT, le médecin du travail et les partenaires sociaux.

Chez Renault, afin d'évaluer le stress de ses salariés, un observatoire du stress a vu le jour depuis 1998. Les salariés sont invités à répondre à un questionnaire informatisé lors des visites périodiques avec les médecins du travail.

Prévenir le stress au travail

La consultation : souffrance au travail

Les salariés en état de souffrance mentale disposent, depuis 2001 à Paris, d'une consultation spécialisée à l'initiative de la Fédération nationale des accidentés du travail et handicapés[1] (FNATH), structure associative unique en France. Constituée d'une équipe pluridisciplinaire réunissant trois psychologues, un sociologue et un médecin du travail, elle accueille des personnes en situation de détresse psychique due à leur travail.

Cette équipe entend apporter une écoute psychologique, suivie éventuellement d'une orientation thérapeutique spécialisée. L'objectif est, d'une part, d'aider les personnes à trouver une solution pour s'en sortir ; d'autre part, d'analyser la situation avec le collectif de travail, en alertant notamment le médecin du travail et les représentants du personnel. Les salariés sont incités à mobiliser les instances compétentes pour les défendre, ce qui permet aussi de prendre en compte le problème au sein de l'entreprise. Cette consultation agit comme un intermédiaire entre l'entreprise et le salarié, l'aidant à passer d'une situation subie à une situation de défense active.

L'audit du stress professionnel

Outil de management du stress organisationnel, l'audit de stress professionnel permet de mesurer de façon quantitative et qualitative les aspects majeurs du stress en révélant les facteurs de dysfonctionnement tels que l'absence d'engagement du personnel, la culture d'entreprise appauvrie, les difficultés de prendre des décisions. Une fois les sources du stress identifiées et le diagnostic effectué, l'organisation peut agir de façon plus efficace en mettant en œuvre un plan de restructuration accompagné de séminaires de formation aux programmes de gestion du stress.

1. Voir le site de la FNATH : fnath.org/

Accessible à tout cadre d'entreprise, quelle que soit la fonction occupée, cet audit vise à :

- Identifier les sources de stress organisationnel propres au lieu de travail ;
- Étudier les solutions les plus appropriées et les plus efficaces pour apporter un changement ;
- Évaluer la situation présente et comprendre quelle est la nature du stress ;
- Révéler les comportements générateurs de stress ;
- Repérer les groupes d'employés les plus à risque ;
- Évaluer la gravité du risque, à la fois pour les employés et pour l'entreprise.

Instrument utile et efficace de prévention de la santé des cadres et des employés, il permet aux entreprises d'améliorer leur management des ressources humaines et leur gestion en général parce que prévenir la santé des hommes, c'est améliorer la santé de l'entreprise dans toutes ses dimensions humaines, économiques, financières et sociales.

Les séminaires de gestion du stress

Les arrêts maladies étant la première cause d'absentéisme des salariés, le but de ces séminaires est d'aider les employés et cadres à réduire leur absentéisme. Ils permettent aux participants d'apprendre les méthodes et techniques de maîtrise du stress qui ont pour but de les aider à gérer les situations difficiles et stressantes auxquelles ils sont confrontés dans leur quotidien professionnel et privé. En France, on peut aujourd'hui dénombrer près de 400 organismes de formation qui mettent en place des séminaires de gestion du temps et de la maîtrise du stress.

L'amélioration des conditions de travail

La prévention primaire consiste à diminuer le niveau de stress des salariés de la manière suivante :

- **L'ergonomie**. Il s'agit d'améliorer le matériel utilisé au travail, ainsi que les conditions physiques de travail ;
- **Une meilleure conception du travail et de l'environnement professionnel**. Dans ce cas, le but est de modifier les exigences de travail en changeant, par exemple, la façon d'effectuer le travail, l'environnement de travail, ou en répartissant la charge de travail de manière différente ;
- **Une meilleure organisation et gestion**. Les employés devraient recevoir des informations claires et précises, sans aucune ambiguïté sur la structure, les objectifs, les pratiques de l'entreprise et la culture d'entreprise. Cette dernière est importante en ce sens qu'elle est l'un des principaux facteurs déterminant

l'aptitude de l'employeur à gérer le stress professionnel. Le but de cette démarche est donc d'améliorer l'attitude, la connaissance et la compréhension des managers et de la direction vis-à-vis du stress au travail.

Agir par la formation

La finalité de la prévention secondaire est de diminuer les causes de stress par l'éducation et la formation des travailleurs et des managers. Les compétences, connaissances et capacités de chaque salarié devraient correspondre au maximum aux nécessités de chaque poste. Dans cette optique, une formation appropriée devrait être dispensée. En effet, des conseils efficaces et pertinents sont essentiels. À cet égard, certaines entreprises étrangères et, depuis peu, françaises demandent à leurs salariés de suivre une formation de gestion du stress, formation composée de cours de relaxation et de gestion du temps.

Ainsi, aux États-Unis, au Canada et en Grande-Bretagne, certaines entreprises ont mis en œuvre des programmes de relaxation qui se sont traduits par de réelles économies. En effet, le programme « Restez en bonne santé », ou programme Staywell, d'une grande entreprise américaine intégrant la relaxation a eu comme résultats un taux de participation des salariés compris entre 65 et 95 %, selon les filiales de cette entreprise, ainsi qu'une baisse du taux d'absentéisme. En France, certains groupes ont désormais pris conscience des dégâts que le stress pouvait occasionner sur leurs salariés. Ainsi, depuis 1996, au Crédit Lyonnais, ont été mises en place des séances de relaxation, ainsi qu'une sensibilisation des médecins du groupe à l'écoute des salariés.

Il est important de souligner que la réussite de ces outils « anti-stress » dépend des décisions que l'entreprise sera amenée à prendre à court, moyen et long terme. En effet, il est essentiel que l'entreprise prenne des dispositions pour confirmer l'efficacité des mesures qu'elle aura adoptées pour lutter contre le stress au travail.

Associer les managers de l'entreprise en communiquant

Un autre remède pour une diminution du stress passe par le management. Le manque total de lisibilité au regard de la stratégie des entreprises est aujourd'hui considéré par de nombreux cadres comme facteur de stress. Il est loin le temps où les cadres constituaient un petit groupe de VIP associés à toutes les grandes décisions. Les cadres ont aujourd'hui conscience de constituer un groupe de collaborateurs dont l'adhésion est déterminante pour l'avenir de l'entreprise. Communiquer serait donc un des antidotes les plus efficaces à une trop forte pression.

Développer une culture de proximité parmi les managers de première ligne

Une autre piste serait pour les managers de se comporter en véritable coachs, en restant disponibles, attentifs et présents auprès des membres de leurs équipes.

Les managers doivent agir dans un premier temps sur une des frustrations majeures, celle de la reconnaissance. Les compliments, les feed-back (c'est-à-dire les retours) sur la qualité du travail des salariés doivent être multipliés. Il faut ensuite que les collaborateurs puissent communiquer librement sans avoir peur de leur hiérarchie. Une deuxième édition de l'Observatoire du travail ordonnée par *L'Express*[1] révèle que seulement 37 % des salariés interviewés s'adressent à leur responsable hiérarchique pour leur faire par de leur inquiétude. La méfiance règne en entreprise, la libre expression n'est pas encore présente. Une écoute des salariés doit toujours être établie, ce qui éviterait à 48 % des salariés d'estimer que face à un problème au travail, il n'est pas utile de s'exprimer. Ils ne nourrissent aucune illusion sur l'impact d'une prise de parole dans l'entreprise lorsqu'un souci se présente. Il faut donc, pour un bon fonctionnement d'une équipe, une certaine complicité entre les différentes composantes de l'entreprise.

La recette pour diminuer un fléau tel que le stress en entreprise paraît bien simpliste : deux doses de communication et une dose d'écoute suffiraient. C'est qu'en la matière, plus personne ne croit aux potions magiques telles qu'une salle de gym dans les locaux de l'entreprise ou des massages proposés aux employés. Un peu d'humanisation et de management personnalisé constituerait la meilleure arme contre le stress.

La reconnaissance du stress à titre professionnel

Aujourd'hui, les risques psychosociaux sont de plus en plus importants et apparaissent en tête des risques professionnels auxquels les personnes actives se sentent le plus exposées. La directive du 12 juin 1989 sur la sécurité au travail inscrit d'ailleurs résolument le stress lié au travail dans le domaine juridique de la santé et de la sécurité au travail. Il n'existe aucune réglementation en ce sens parmi les États membres de l'Union européenne, même si les législations en vigueur n'écartent pas l'éventuelle origine professionnelle du stress. La situation du droit français, qui ne reconnaissait pas automatiquement le stress comme maladie professionnelle ou accident du travail, n'est donc pas isolée.

1. *L'Express* du 1er mars 2004.

Cependant, un nombre grandissant de salariés souhaite désormais que le stress soit reconnu comme une maladie professionnelle à part entière. Certains syndicats, en particulier de cadres, se font désormais l'écho de cette volonté, et le stress est aujourd'hui devenu un thème de négociation pour les partenaires sociaux.

La reconnaissance possible du stress au titre des risques professionnels

Le stress peut être reconnu au titre des maladies professionnelles

Relevant également du régime des risques professionnels, les maladies professionnelles constituent un risque proche de l'accident du travail, mais spécifique. En effet, à la différence de l'accident de travail, la maladie professionnelle résulte d'une exposition lente et continue à un agent ou à une ambiance de travail ; elle a pour origine des facteurs pathogènes liés au travail. C'est pourquoi, le législateur a assimilé aux accidents de travail certaines maladies professionnelles parce qu'elles sont causées par le travail.

Jusqu'à une date assez récente, une telle maladie, pour être prise en charge, devait être identifiée dans le cadre de tableaux prévus par le Code de la Sécurité sociale. Sans supprimer ce système de reconnaissance, une nouvelle possibilité de reconnaissance individuelle a été ouverte. Les maladies professionnelles ont été longtemps sous-déclarées en France. Une réforme intervenue en 1993 a contribué à ouvrir plus largement le droit à une indemnisation, mais il est demeure difficile de chiffrer précisément le nombre de salariés victimes de pathologies professionnelles. Les statistiques du ministère du Travail ne constituent pas en elles-mêmes un indicateur direct de la santé des Français ; elles traduisent le plus souvent une meilleure reconnaissance juridique des droits des salariés et une plus grande sensibilisation du corps médical à l'origine potentiellement professionnelle de certaines pathologies.

On constate sur 10 ans un fort accroissement du nombre de maladies déclarées reconnues. Ce chiffre a plus que doublé sur la période 1992-2002. Par ailleurs, alors même que le scandale de l'amiante éclatait au grand jour, on pouvait évidemment recenser une forte augmentation des cancers d'origine professionnelle, mais également – il s'agit d'un phénomène plus préoccupant, car frappant des populations plus jeunes – une forte augmentation des troubles péri-articulaires, en particulier des troubles musculo-squelettiques (TMS) dus à des postures ou des positionnements répétitifs au travail.

Comment sont reconnues les maladies professionnelles

Il existe deux possibilités de reconnaissance : dans le cadre ou hors d'un tableau.

Une maladie peut-être reconnue dans le cadre du tableau

La maladie doit figurer sur une liste qui comporte 98 tableaux regroupant des pathologies en fonction d'une origine commune. Ces tableaux comportent l'énumération des maladies, celle des travaux susceptibles de provoquer la pathologie et l'indication d'un délai de prise en charge. À ce jour, le stress ne figure pas dans la liste des maladies reconnues

Une maladie peut-être reconnue dans le cadre hors tableau

Comme on vient de le constater, le système du tableau ne permet pas toujours une reconnaissance. Dans bien des cas, le salarié victime d'une pathologie contractée dans son activité se trouvait dans l'impossibilité de rapporter la preuve. C'est pour cette raison qu'une loi du 27 janvier 1993 a ouvert la possibilité d'une prise en charge hors tableau. Il convient alors de distinguer deux hypothèses :

- Lorsque l'affection est inscrite à un tableau, mais que les conditions prévues ne sont pas remplies, il y a lieu d'établir qu'elle résulte directement du travail habituel de la victime ;
- Lorsque l'affection n'est pas inscrite à un tableau, elle ne peut donner lieu à une prise en charge que pour autant qu'elle résulte directement et essentiellement du travail de la victime et qu'elle a entraîné le décès de celle-ci ou une incapacité permanente égale à 66,66 % au moins.

À noter

La reconnaissance du caractère professionnel de l'affection relève de la compétence d'un comité régional de reconnaissance des maladies professionnelles, dont l'avis s'impose à l'organisme de Sécurité sociale.

La difficile reconnaissance du stress comme maladie professionnelle

Si le stress n'est pas une maladie, il peut en être la cause. Il devient dès lors, comme le harcèlement moral, le révélateur des mauvaises conditions de travail ayant conduit à l'accident de travail ou à la maladie professionnelle. Cela suffit-il à établir l'existence d'un lien de causalité entre la maladie, le stress et le travail ?

La multiplication des arrêts de travail dus au stress, à une dépression ou encore à certaines pathologies liées au stress (dans la mesure où le médecin du travail établit ce lien) est susceptible de constituer un faisceau d'indices contribuant à l'existence d'un lien de causalité. Mais ce lien paraît extrêmement difficile à établir de manière claire et inconditionnelle. En effet, si le stress use prématurément l'organisme humain et affecte la santé, il paraît difficile de prouver qu'il en est la cause directe et immédiate. Il faut en effet rappeler qu'un événement peut être vécu différemment selon les personnes. Autrement dit, le stress peut entraîner le déclenchement d'une maladie sans en être la cause directe et immédiate. Mais dans un arrêt[1], la Cour de cassation interprète pour la première fois l'article L. 461-1, 3e alinéa du Code de la Sécurité sociale[2], en admettant que ce texte n'exigeait pas que « *[…] le travail habituel soit la cause unique ou essentielle de la maladie* ». Il découle de cette jurisprudence, dès lors que le lien entre le stress et les conditions de travail est établi, la reconnaissance d'une maladie professionnelle dont le stress au travail aura été une cause parmi d'autres (le lien entre le stress et la pathologie devant être médicalement établi).

En tout état de cause, le salarié peut demander des réparations de son préjudice en mettant en cause la responsabilité civile de l'employeur sur la base des articles 1382 et 1384 du Code civil.

Le stress peut être reconnu au titre des accidents de travail

La solution est relativement simple puisque le stress peut être une cause d'accident du travail dès lors que l'accident survient en temps et lieu de travail ; c'est-à-dire lorsque la victime exécute son contrat de travail et se trouve sous la subordination de son employeur. La victime et ses ayants droit peuvent alors se prévaloir d'une présomption d'imputabilité lorsque l'accident survient en temps et lieu de son travail.

Le suicide ou la tentative de suicide, lorsqu'ils ont lieu en temps et lieu du travail, ont été reconnus comme des accidents du travail[3], à charge pour l'employeur ou la CPAM d'apporter la preuve que le travail n'a joué aucun rôle dans la survenance de l'accident. Si, en revanche, l'accident s'est produit en dehors des temps et lieu de travail, la preuve doit être apportée du lien de causalité entre l'activité professionnelle et l'accident ou le décès[4]. Là encore, la preuve de l'existence d'un lien de causalité directe entre le fait générateur (des conditions de travail dégradées dont le stress constituait la manifestation) et le dommage (le décès ou l'accident cardiaque) apparaît difficile à apporter du fait même que l'état de stress peut avoir de multiples origines.

---

1. Cass. soc., 19 décembre 2002, CPAM de Lille c/ Lecleire et a. RJS 3/03. Il s'agissait d'une victime d'un cancer du poumon qui était fumeur, mais aussi préparateur en colorants exposé à des composants chimiques nocifs.
2. Issu de la loi du 27 janvier 1993 portant diverses mesures d'ordre social (DMOS).
3. CA Riom, Ch. soc., 22 février 2000, Brucker c/ SA Diamentine et CPAM de l'Allier : RPDS n° 633, juillet 2000, p. 213.
4. Cass. soc., 4 juillet 2001, n° 3223, Corbel c/ SA Nord-Éclair.

Le stress : un nouveau thème de négociation pour les partenaires sociaux

En dépit d'une reconnaissance légale encore incomplète, le stress est par ailleurs devenu un thème nouveau, mais encore peu important, de négociation pour les partenaires sociaux.

Au niveau communautaire, un accord-cadre européen a ainsi été signé le 8 octobre 2004[1]. Cet accord, dont la mise en œuvre est à la charge des syndicats signataires, a pour objectif de *« prévenir, éliminer ou réduire les problèmes issus du stress lié au travail »*, visant ainsi tout particulièrement la qualité du management et de la communication en milieu professionnel. Sa déclinaison doit être assurée par les syndicats signataires au sein des entreprises, ces dernières ayant pour mission de limiter le stress par des mesures individuelles et/ou collectives, ou encore en faisant appel à des experts externes. En 2008, un compte rendu final devra être réalisé pour mettre en évidence les diverses actions menées au sein des entreprises. Cependant, et on peut le regretter, cet accord ne traite que des causes et des conséquences du stress au travail et ne donne aucune définition de ce dernier au sens strict.

En Europe, comme en France, rares sont cependant encore les conventions collectives à se référer explicitement au stress et/ou aux risques psychosociaux pour prévenir lesdits risques. Pourtant, depuis quelques années, l'impact de ces risques psychosociaux au travail, et notamment celui du stress sur la santé des salariés, occupe une place importante parmi les préoccupations des organisations syndicales. La recherche, l'information, le conseil, les publications, la formation et les campagnes de sensibilisation sont les principales initiatives entreprises par les syndicats en rapport avec le stress. Cependant, une évolution est peut-être en train de se produire puisque certaines entreprises signent des accords avec leurs syndicats sur le stress.

Un exemple d'accord avec les syndicats sur le stress

Un exemple relativement récent et intéressant est fourni par l'accord au sein de l'entreprise Cegetel (9 500 salariés en 2003). L'entreprise a signé le 1er octobre 2003, au sein de son unité économique et sociale, avec la

1. Cet accord a été assez largement signé par les partenaires sociaux européens ; c'est-à-dire, l'UNICE (Union des confédérations de l'industrie et des employeurs d'Europe), l'UEAPME (Union européenne de l'artisanat et des petites et moyennes entreprises), l'ETUC (European Confédération Trade Union), le CEEP (Centre européen des entreprises à participation publique et des entreprises à intérêt économique général), la CES (Confédération européenne des syndicats de salariés).

CFDT, la CFTC et FO un accord sur les conditions de vie professionnelle. Le texte a pour but de fournir aux différents acteurs (médecin du travail, CHSCT, mais aussi management) des outils pratiques à leurs actions en matière d'hygiène, de sécurité et de conditions de travail. Le préambule de l'accord vise différents objectifs : la compréhension des situations de santé des salariés, la connaissance, l'évaluation, la prévoyance des risques professionnels, le développement de programmes de veille et d'amélioration des conditions de travail. Rédigé de manière très pédagogique, ce texte met en lumière les actions qui permettent une prévention des risques professionnels et donne clairement une définition et les sources du phénomène.

Le premier point novateur de cet accord a trait à la réalisation d'un diagnostic sur les situations de stress au travail. Les acteurs en charge de la santé des travailleurs devront réaliser un état des lieux sur les profils professionnels au sein de l'entreprise et les différentes situations de travail (charge de travail, durée du travail et ses modalités, modifications susceptibles d'intervenir).

Une deuxième phase du plan est la prévention du stress en cas de réorganisation. En effet, dans la téléphonie les changements technologiques interviennent tous les six mois, alors même que les bouleversements technologiques peuvent être une cause de stress. L'entreprise en est consciente et met donc en place une démarche d'accompagnement des projets importants de réorganisation. En cas de réorganisation, un document doit être rédigé exposant le projet dans ses différentes étapes pour permettre à chaque salarié d'être informé sur les perspectives futures, ce qui réduit ainsi les risques de stress face à l'inconnu. La place de chacun des acteurs au sein de la nouvelle organisation doit être identifiée, et il est prévu qu'un collaborateur pourra demander à bénéficier d'un suivi particulier par son manager. Il est de plus prévu des ateliers d'apprentissage de techniques de relaxation, ainsi que des programmes de connaissance du stress, afin d'aider les salariés à gérer leur énergie au quotidien. Le salarié pourra, lors de son entretien annuel, avertir son responsable hiérarchique des éventuels facteurs de stress dans son travail, afin que des adaptations lui soient proposées.

La dernière mesure porte sur la sensibilisation des salariés à certains facteurs de stress dans leur vie quotidienne grâce à des actions d'information, notamment dans les infirmeries : « *Il est avéré que des facteurs exogènes à l'entreprise (tels que la qualité de l'alimentation ou du sommeil) sont des facteurs déterminants dans l'apparition du stress.* » L'accord prévoit, pour un meilleur équilibre personnel des salariés, de développer les activités culturelles et sportives par le comité d'entreprise (CE).

Le CHSCT, comme pour l'évaluation des risques, a un rôle de plus en plus primordial. En effet, le CHSCT veille à ce que les dispositions de l'accord soient mises en place dans les différents établissements Cegetel de l'UE.

Le CHSCT a pour attribution d'être consulté sur tous les changements pouvant retentir sur les conditions de travail. Cette consultation lui permet de prévenir les risques de situations stressantes pour les salariés. Son rôle de prévention est donc très important. Dès lors qu'il diagnostique un risque, il propose les mesures adéquates pour éviter que le risque ne se transforme en stress effectif. Au-delà de son rôle consultatif, le CHSCT émet des propositions concrètes liées aux situations constatées lors des visites ou communiquées par les salariés. Il veille donc attentivement aux conditions de travail et aux changements dans l'environnement de travail. Les services médicaux ont eux aussi un rôle à jouer dans cette prévention et action contre le stress. Ils doivent recevoir les salariés et les conseiller afin d'éviter des situations de stress.

Question/Réponse

Sécurité des salariés : *quid* de la responsabilité de l'employeur ?

Question

« Pourrais-je être poursuivi devant une juridiction pénale par la famille d'un salarié stressé qui a mis fin à ses jours pendant le temps de travail ? »

Réponse

Si vous avez été averti par des collègues, alerté par les représentants du personnel, informé directement ou indirectement par des membres du CHSCT, voire par le médecin du travail (sous réserve de sa part du secret professionnel), et si vous avez négligé ces informations, nul doute qu'un juge pourrait vous reprocher de vous être abstenu de porter secours ou assistance à une personne en danger.

Si, toutefois, il n'existait aucun signe avant-coureur ou que votre formation ou fonction ne vous permettait pas de décrypter correctement ces signes, nul doute également que le juge ne tiendra pas compte de votre position particulière d'employeur, mais tout simplement de celle de tout citoyen démuni face à une situation qu'il ne connaît pas et qu'il ne peut donc maîtriser.

Il appartiendrait à la famille du défunt qui souhaiterait se constituer partie civile contre vous de faire établir l'existence d'un lien de causalité entre votre attitude qui aurait généré le stress et l'origine du décès.

Réponse rapide

En résumé, tout est toujours possible et on ne peut parfois éviter un procès. Ce sera toutefois au demandeur de rapporter la preuve de ce qu'il soutient.

Chapitre 6

Les discriminations dans l'entreprise

En collaboration avec Alexandre Ableis

Tout le monde s'accordera à reconnaître que l'actualité fait une large part à la discrimination. Les débats télévisés, émissions de radio, articles de presse, reportages, enquêtes et forums de discussion sur Internet sont légions et témoignent de la difficulté pour la société à intégrer certaines catégories de population dans le monde du travail. Ce débat sur la discrimination en viendrait même à être confondu avec celui sur l'immigration. Et même si la valeur conférée au travail a pu être sérieusement débattue, l'insertion de personnes se trouvant dans une situation de crise, car exclues de l'espace social, passe encore souvent par l'obtention d'un contrat de travail : symbole de l'intégration. Dès lors, les difficultés et les échecs rencontrés peuvent être perçus comme l'expression d'une discrimination.

Dans son acceptation générale, la discrimination consiste en une action d'isoler et de traiter différemment un individu ou un groupe de personnes par rapport à un autre[1]. La discrimination est ce qui sépare : du latin *discriminatio*, la séparation. Elle suppose deux éléments :

- un traitement différent ou spécifique ;
- un manque de légitimité de ce traitement spécifique.

En d'autres termes, dans l'entreprise, le traitement particulier opéré par l'employeur ne doit pas être identifié comme une réduction arbitraire des droits, induisant une dévalorisation d'une catégorie de salariés.

À titre d'exemple, les congés de maternité ou, plus récemment, de paternité constituent évidemment un traitement différent ou spécifique. Mais ces avantages ne sont pas discriminatoires parce qu'ils sont adaptés à la situation et trouvent donc

1. *Le petit Larousse illustré*, 2005, 100e édition.

une certaine légitimité. À l'inverse, un employeur qui instaurerait un congé de maternité ou paternité complémentaire à ce qui est prévu par la loi (ce qui est tout à fait autorisé), mais en introduisant un nombre de jours différents pour chaque tranche d'âge (par exemple : 2 jours de plus pour les trentenaires, 3 jours pour les quadras et 4 jours pour les quinquagénaires). Il existe ici un traitement différent entre les salariés, et l'on peut s'interroger sur sa recevabilité, car il s'agit bel et bien d'une mesure discriminatoire. À notre connaissance, il n'existe pas de raison valable à ce qu'un trentenaire soit désavantagé par rapport à un cinquantenaire pour un même événement : la naissance d'un enfant.

La discrimination peut s'opérer par ailleurs à différents niveaux. Elle peut être le fait d'un salarié à l'égard d'un collègue : mais, dans ce cas, que doit faire l'employeur ? Quels sont les moyens mis à sa disposition pour agir efficacement et en toute sécurité ? Comment sanctionner équitablement ? La discrimination peut venir d'un salarié à l'encontre, cette fois-ci (cas plus rare), de son employeur. En sa qualité de victime, comment doit réagir l'employeur ? Comment doit-il agir sans souci de vengeance ? Enfin, elle peut être le fait de l'employeur (c'est le cas le plus répandu) vis-à-vis du salarié. Souvent, l'employeur n'a pas une volonté déterminée ou manifeste de discriminer. Toutefois, il tombe sous le coup de la loi pénale, car il aura commis une maladresse, mais en réalité discriminatoire. Elle peut être aussi, dans une entreprise relativement importante, le fait d'une partie du management, qui tolérera une discrimination qu'il déplore par ailleurs, pour atteindre des objectifs commerciaux précis. Aucun vendeur noir, par exemple, car la clientèle n'aimerait pas, et donc n'achèterait pas !

À noter

> Certes, en matière pénale, il faut une intention de commettre le délit pour qu'il y ait sanction. Mais ce principe doit aussitôt être tempéré par le fait que dans le cas d'une discrimination maladroite de l'employeur, les juges feront sans aucun doute reproche à celui-ci d'avoir été négligeant dans son pouvoir de direction. En sa qualité de chef d'entreprise, l'employeur est responsable de ses actes. La faute, même légère, n'est donc pas permise. Au demeurant, les condamnations d'employeurs sont souvent dues à une complexité grandissante des textes législatifs et réglementaires, toujours plus nombreux, donnant à la discrimination l'image d'un monstre aux multiples visages plus ou moins odieux, plus ou moins cachés et plus ou moins flous.

Cette hydre à plusieurs têtes sera d'autant plus difficile à combattre, et la faute de l'employeur d'autant plus impardonnable, que la non-discrimination apparaît comme une valeur partagée par l'humanité tout entière. Le principe de non-discrimination a été consacré par les textes juridiques les plus prestigieux. Cette édification commune témoigne de la valeur morale qu'attache la société humaine, profondément marquée par des périodes les plus sombres de son histoire : esclavagisme, génocides, déportations, racisme, antisémitisme, etc. Les horreurs perpétrées ont fait prendre conscience aux instances internationales qu'il fallait agir pour le bien commun et au plus vite.

Les textes relatifs au principe de non-discrimination se traduisant par le principe d'égalité, sont nombreux :

- Au niveau de la plus haute autorité mondiale, le **Pacte international des droits civils et politiques de 1948 de l'ONU** (Organisation des Nations unies) condamne la discrimination, notamment dans son article 26 ;
- Dans le cadre européen, la **Convention européenne de sauvegarde des droits de l'homme et des libertés fondamentales (CEDH)** a été élaborée par le Conseil de l'Europe et lie tous les États membres de cette organisation, dont la France qui l'a ratifié en 1974. L'article 14 de ladite convention prohibe toute discrimination *« dans la jouissance des droits et libertés garantis par la convention »*, et notamment le principe d'égalité ;
- En France, pour finir, la **Déclaration des droits de l'homme et du citoyen de 1789**, à vocation universaliste, dispose dans son article premier que : *« Les hommes naissent et demeurent libres et égaux en droits, sans distinction de race, d'origine ou de religion. »*

Le principe d'égalité constitue l'un des principes fondateurs de la République française. Fort de ces principes élogieux, il faut bien reconnaître que la réalité est toute autre. Le chemin est encore long pour que l'égalité soit pleinement respectée et la discrimination, anéantie. Pour beaucoup, c'est une utopie. Le monstre aux multiples visages a encore de « beaux jours » devant lui. Le monde du travail n'échappe guère à cette réalité. Utopie ou pas, l'employeur n'est jamais à l'abri d'une faute. Que celle-ci soit grave, légère, anodine, intentionnelle, non intentionnelle : elle engagera automatiquement sa responsabilité juridique.

C'est pourquoi, l'employeur devra prendre le problème à bras-le-corps et livrer une lutte sans partage contre ce monstre d'outre-tombe. Pour ce faire, il se devra de maîtriser le concept de la non-discrimination et ses multiples facettes, parfois complexes à comprendre. Dans ce prolongement, l'employeur prendra connaissance de toute la législation applicable en matière de discrimination afin de mieux identifier les pratiques discriminatoires. C'est en effet par l'identification des actes, propos et comportements discriminants que l'employeur pourra mettre en place des outils de prévention pour ainsi mieux les combattre, et ceci dans le dessein de préserver les intérêts de l'entreprise et d'instaurer en son sein un climat social apaisé et digne de confiance. Partant de là, l'employeur pourra limiter sa responsabilité juridique et éviter ainsi des actions judiciaires en discrimination, jamais bonnes pour l'image de l'entreprise.

Maîtriser le concept de non-discrimination et ses multiples facettes

Avant de rentrer dans le vif du sujet, il faut savoir que l'employeur, parce qu'il est placé en haut de la hiérarchie de l'entreprise, assume toute la responsabilité juridique et morale de la bonne marche de celle-ci. Lorsqu'il existe un pouvoir identifié, il lui revient en sa qualité de meneur d'hommes et de projets d'appréhender au mieux la notion de discrimination, ce qu'elle recouvre précisément : la non-discrimination et l'égalité ont-ils le même sens, le même objectif ? L'égalité peut-elle s'accorder avec la discrimination positive ? Comment situer une discrimination positive par rapport au principe de non-discrimination ? L'égalité est-ce la parité ? La parité correspond-elle à une discrimination positive ? La parité peut-elle s'appliquer dans l'entreprise ? Autant de questions, autant de notions que l'employeur devra cerner, car elles sont inévitablement sources de poursuites judiciaires pour lui-même et son entreprise.

La non-discrimination est la mise en œuvre du principe d'égalité

Le principe d'égalité, une valeur fondamentale commune

Au même titre que le principe de non-discrimination qui n'est pas autre chose que l'égalité dans la relation de travail, le principe d'égalité est largement reconnue par les textes juridiques, tant européens que nationaux. Mais au-delà des textes, indispensables pour donner le ton et la direction à suivre, comment concrètement le principe d'égalité est-il mis en œuvre dans l'entreprise ?

Ce que recouvre exactement le principe d'égalité dans le monde du travail

L'employeur le sait bien, l'outil par excellence, qui lui donne clairement toutes les indications pour assurer une égalité de traitement dans l'entreprise, est le Code du travail. Celui-ci renferme plusieurs articles ayant vocation à protéger, grâce au principe d'égalité, certaines catégories de salariés se trouvant dans une situation plus délicate que les autres.

Le principe général de l'égalité des salariés dans le monde du travail est énoncé à l'article L. 122-45 du Code du travail. Cet article met en œuvre l'égalité en interdisant la discrimination en matière de recrutement, de formation, de discipline, de conditions de travail, reposant sur l'origine, le sexe du salarié, ses mœurs, son orientation sexuelle, son âge, sa situation de famille, ses caractéristiques génétiques, son appartenance à une ethnie ou une race, ses opinions politiques, ses activités syndicales, ses convictions religieuses, son apparence physique, son patronyme et son état de santé ou de handicap.

Parallèlement à ce principe général, le Code du travail contient de nombreuses dispositions interdisant certaines pratiques :

- L. 123-1, pour les discriminations portant atteinte à l'égalité professionnelle entre les hommes et les femmes ;
- L. 122-35, prohibant dans le règlement intérieur les dispositions discriminatoires ;
- L. 133-5, imposant d'insérer dans les conventions collectives de branche des clauses assurant une égalité de traitement entre salariés français et étrangers, notamment en matière d'emploi ;
- L. 412-2, pour les discriminations reposant sur l'appartenance à un syndicat ou sur l'exercice d'une activité syndicale ;
- L. 521-1, pour les mesures discriminatoires en rapport avec l'exercice du droit de grève.

Toutefois, l'impératif d'égalité dans la gestion des salariés ne signifie en aucune manière qu'un régime uniforme doive absolument s'appliquer à l'ensemble des salariés. En effet, de par la diversité des situations de chaque salarié, l'employeur peut appliquer des mesures différentes en fonction de ces différences. Il ne pourra déroger au principe d'égalité qu'en respectant certaines conditions.

Comment l'employeur peut déroger au principe d'égalité

Le principe d'égalité n'est pas un principe absolu. L'objectif d'égalité peut être aménagé par l'employeur de deux manières :

- D'une part, il peut porter légalement atteinte à l'égalité en invoquant que la différence de traitement entre des salariés trouve son origine dans une différence de situation ;
- D'autre part, l'employeur peut, dans certains cas prévus par la loi, déroger à l'égalité de traitement alors même que les salariés se trouvent dans une situation identique.

À noter

Dans les deux cas, il s'agit pour l'employeur d'un droit à la discrimination, mais fondé sur des éléments objectifs et rationnels.

Le droit pour l'employeur de traiter différemment des situations différentes

Le principe d'égalité impose au chef d'entreprise de traiter ses salariés se trouvant dans des situations identiques de la même manière, mais il permet aussi à celui-ci de traiter différemment ses salariés placés dans des situations différentes. C'est ainsi que l'employeur peut :

- Réserver une aide financière aux seuls salariés qui acceptent de prendre leur repas dans un restaurant déterminé, dès lors que l'avantage est ouvert à tous les salariés, sous cette seule condition (Soc., 18 mai 1999, Bull. n° 213) ;
- Attribuer une indemnité de combustible et de logement aux seuls salariés bénéficiant, dans le secteur des mines, d'un logement en commun (Soc., 26 février 2002, Bull. n° 560) ;
- Accorder à une partie des salariés un avantage particulier résultant d'un plan social, en considération des sujétions particulières qui leur sont imposées, à l'occasion de leur licenciement (Soc., 12 juin 2001, Bull. n° 216) ;
- Accorder une aide financière particulière en tenant compte de critères objectifs liés aux difficultés de réinsertion que peuvent rencontrer certains salariés (Soc., 10 décembre 2003, n° 01-47.147).

Le droit pour l'employeur de déroger au principe d'égalité pour protéger l'intérêt vital de l'entreprise

L'intérêt de l'entreprise pourra permettre à l'employeur, en certaines circonstances, de porter atteinte au principe d'égalité. Toutefois, il faut raison garder, car l'employeur n'a pas les pleins pouvoirs. Sous prétexte qu'il doit protéger ses intérêts, le chef d'entreprise ne pourra pas faire tout et n'importe quoi. En effet, l'employeur, dans toutes ses décisions, devra respecter l'article L. 120-2 du Code du travail. Cette disposition permet à l'employeur d'apporter des restrictions aux droits du salarié quand elles sont justifiées par la tâche à accomplir et proportionnées au but recherché. En cas de conflit, il reviendra au juge de vérifier, au regard de ces exigences, les raisons avancées pour justifier une rupture de l'égalité entre les salariés, et de leur adéquation avec la mesure prise par l'employeur.

Sur le fondement de cet article, les juges ont donc estimé que l'employeur pouvait légitimement déroger au principe d'égalité, donc d'opérer une différence de traitement entre les salariés se trouvant pourtant dans une situation identique, dans les cas suivants :

- Si les convictions religieuses ne peuvent constituer normalement une cause de licenciement, il est admis que certains salariés engagés pour accomplir une tâche impliquant une communion de pensée et de foi avec l'employeur puissent être sanctionnés lorsqu'ils contreviennent à leurs engagements (Soc., 20 novembre 1986, Bull. n° 555) ;
- Si la maladie du salarié ne peut constituer une cause de licenciement, il est permis à l'employeur de mettre fin au contrat de travail lorsque l'importance ou la répétition des absences qui en résultent perturbent le fonctionnement de l'entreprise au point de rendre nécessaire son remplacement (Soc., 27 mars 2001, Bull. n° 106).

Dans ces situations, il s'agit en somme de concilier les droits du salarié, auxquels la loi reconnaît un caractère fondamental, avec les nécessités de la vie économique, dont dépend la liberté d'entreprendre de l'employeur. Il revient à ce dernier d'être prudent dans ce genre de décision, qui devra être, dans les tous les cas, objectivement justifiée par un but légitime, appropriée et nécessaire.

Égalité et discrimination positive

La naissance du concept

La notion de discrimination positive a été créée aux États-Unis, non seulement en faveur des descendants d'esclaves, mais aussi pour tous les citoyens souffrant de discrimination du fait de leur sexe ou de leur origine ethnique. Aujourd'hui, dans notre société « moderne », à l'ère de la mondialisation et du « multiculturalisme », le problème de la discrimination positive se pose de manière accrue, d'autant que le chômage et la précarité d'une frange importante de la population issue des minorités constituent un terreau prolifique à la décomposition de la société et au communautarisme de tout genre. D'où la création d'un tel concept juridique.

Définition

La discrimination positive tend à instituer des inégalités pour promouvoir l'égalité, en accordant à certains individus ou groupes d'individus un traitement préférentiel. L'objectif visé est de rétablir une égalité des chances compromise par deux phénomènes : la généralisation et la persistance de pratiques racistes ou sexistes, d'une part ; une accentuation des inégalités socio-économiques d'autre part.

La France s'est aussi dotée de dispositifs fondés sur le concept de discrimination positive, où il s'agit justement d'établir une différenciation entre les individus et de donner des avantages à ceux dont on constate qu'ils subissent ou ont subi des inégalités réelles. Ces mesures de discrimination positive adoptées ont des impacts directs ou indirects dans le monde du travail. Impacts que l'employeur devra respecter.

La discrimination positive en faveur des personnes handicapées

En France, depuis la loi du 10 juillet 1987 en faveur de l'emploi des travailleurs handicapés, toute entreprise de 20 salariés ou plus doit employer au moins 6 % de travailleurs handicapés. Une nouvelle loi du 11 février 2005 a d'ailleurs renforcé cette discrimination. Nous sommes bien en présence d'un cas type de discrimination positive ayant une conséquence directe sur l'entreprise. Car, à défaut de respecter le quota visé par la loi, l'employeur s'expose au paiement d'une amende. La sanction peut être lourde.

La discrimination positive en faveur de jeunes issus des ZEP

C'est cette même notion de discrimination positive qui a inspiré l'Institut d'études politiques de Paris (IEP), son médiatique directeur ayant décidé, contre toute attente, de réserver un nombre de places minimum aux meilleurs lycéens issus des zones d'éducation prioritaire (ZEP). Cette décision, vivement contestée, a été un signe précurseur dans la mise en place d'un système de quotas afin de permettre à des jeunes issus de milieux défavorisés d'entrer dans une grande école républicaine. Ces jeunes bénéficient par suite de la même formation que tout étudiant de l'IEP, ce qui leur permet d'occuper des postes de direction en entreprise. Cette mesure a donc un impact indirect dans le monde de travail.

Égalité et parité

L'émergence de la notion de parité dans le monde politique

La parité part du même postulat que celui de la discrimination positive. La première peut d'ailleurs être considérée comme une manifestation de la seconde. Le caractère propre de la parité est qu'il va porter sur le rééquilibrage entre les hommes et les femmes, et notamment dans le domaine politique. C'est dans cet esprit que s'inscrit la loi du 6 juin 2000 sur la parité tendant à favoriser l'égal accès des femmes et des hommes aux mandats électoraux et aux fonctions électives.

La parité dans le monde du travail ?

Au fil des années, la législation en matière d'égalisation du statut homme/femme n'a cessé de se développer. Toutefois, cette inflation législative n'a eu guère d'effet sur la réalité quotidienne en entreprise. La politique des quotas ne conduit-elle pas notre société à dissimuler une idéologie sexiste et certainement patriarcale gouvernant encore et toujours les rapports hommes/femmes ? On peut en effet le penser. Pire, car force est de confesser que l'accès des femmes au travail est favorisé devant les nécessités de la concurrence, de la rentabilité et du gain : des obstacles face auxquels le principe d'égalité disparaît. Les femmes sont embauchées principalement parce qu'elles sont rémunérées moins chers que les hommes, et ce malgré une loi imposant un traitement salarial égal. N'oublions pas, non plus, que le chômage féminin et leur sous-emploi massif (temps partiel et multiplication des contrats précaires) placent bon nombre de femmes dans la frange de la population la plus précarisée. D'autant plus pour les familles monoparentales, qui sont en fait des femmes seules élevant leurs enfants et vivant bien trop souvent en dessous du seuil de pauvreté.

Identifier les pratiques discriminatoires

Identifier les pratiques discriminatoires, c'est connaître la législation applicable. À cet égard, la loi n° 2001-1066 du 16 novembre 2001[1] relative à la lutte contre les discriminations a élargi la liste des discriminations et pose le principe d'interdiction en ces termes :

> *« Aucune personne ne peut être écartée d'une procédure de recrutement, de l'accès à un stage ou à une période de formation en entreprise, aucun salarié ne peut être sanctionné, licencié ou faire l'objet d'une mesure discriminatoire, notamment en matière de rémunération, de formation, de reclassement, d'affectation, de qualification, de classification, de promotion professionnelle, de mutation ou de renouvellement de contrat en raison de son origine, de son sexe, de ses mœurs, de son orientation sexuelle, de son âge, de sa situation de famille, de ses caractéristiques génétiques, de son appartenance à une ethnie, une nation ou une race, de ses opinions politiques, de ses activités syndicales ou mutualistes, de ses convictions religieuses, de son apparence physique, de son patronyme ou, sauf inaptitude constatée par le médecin du travail, en raison de son état de santé ou de son handicap. »*

La longueur du texte, ses multiples énumérations et ses termes larges révèlent la volonté du législateur de ne pas oublier la moindre pratique qui pourrait être en dehors du champ de la loi. Son domaine étendu offre plusieurs clés de lecture : déceler la discrimination dans l'entreprise, c'est aborder le problème de la discrimination tant dans ses différentes formes que dans sa diversité, sans oublier qu'elle peut avoir lieu à tout moment, c'est-à-dire à chaque étape de la vie professionnelle.

Les différentes formes de la discrimination dans l'entreprise

La discrimination directe

La discrimination est directe lorsqu'elle est délibérée, intentionnelle, flagrante et que la différence de traitement se fonde sur un critère prohibé par la loi. Par exemple, une offre d'emploi qui précise que les femmes ne peuvent postuler est une discrimination directe ou encore que les personnes de nationalité étrangère relevant d'un traitement salarial bien inférieur à leurs homologues français.

1. Loi du 16 novembre 2001, codifiée aux articles L. 122-45 du Code du travail et 225-1 du Code pénal, qui résulte de la transposition de la directive européenne du 29 juin 2000 sur la mise en œuvre du principe d'égalité de traitement entre les personnes sans distinction de race ou d'origine ethnique et de la directive du 27 novembre 2000 portant création d'un cadre général en faveur de l'égalité de traitement en matière d'emploi et de travail.

La discrimination indirecte

Sauf objectif légitime et les moyens de le réaliser appropriés et nécessaires, la discrimination est indirecte dans l'hypothèse où une disposition, une stipulation, un critère, une pratique apparemment neutre, est susceptible d'entraîner un effet défavorable pour un salarié ou un groupe de personnes en raison d'un critère prohibé par la loi. Par exemple, demander à des candidats à l'emploi de satisfaire à des critères de taille peut entraîner l'exclusion de beaucoup de femmes. Dans la mesure où le critère de la taille n'est pas essentiel pour exécuter le travail, il s'agit d'une discrimination indirecte.

Le harcèlement discriminatoire

Le harcèlement vise toute conduite qui a pour objet ou pour effet de porter atteinte à la dignité d'une personne et d'échafauder un environnement intimidant, hostile, dégradant, humiliant ou offensant. Le harcèlement peut revêtir une forme discriminatoire si le harceleur emploie des moyens liés à un critère de discrimination prohibé par la loi (art. L. 122-45 du Code du travail) pour harceler sa victime. Par exemple, un DRH qui fait pression sur son assistante en lui faisant des remarques diffamatoires ou injurieuses sur ses origines maghrébines.

Typologie des pratiques discriminatoires et sanctions encourues

La discrimination raciale dans l'entreprise

Lorsque l'on aborde la question de la discrimination, on pense inévitablement à l'exclusion sociale des populations étrangères résidant (régulièrement ou irrégulièrement) en France ou aux personnes disposant de la nationalité française mais dont on leur fait bien comprendre qu'elles sont issues de l'immigration, et en conséquence traitées comme telles.

Les formes de discrimination raciale

Il est permis de distinguer deux formes de discrimination raciale :

- **Le racisme** et les exclusions liées à la couleur de la peau (noire, blanche, métisse, basanée, etc.), aux mœurs, à la culture, à la langue ou encore à la nationalité. Le racisme touche les étrangers, mais, plus largement, on peut affirmer qu'il touche ceux qui « ont l'air étrangers », personnes issues de l'immigration nées en France, Français par naturalisation ou, même, Français d'outre-Mer. Les partisans du racisme s'estiment être issus d'une race supérieure à celle des autres, dotée une intelligence dominante. Ceci n'est pas sans rappeler les périodes les plus noires de notre histoire… ;

- **La xénophobie**, qui peut se définir comme le fait d'avoir peur de l'autre, de l'inconnu. Il s'agit d'une discrimination fondée sur la nation et toutes ses variantes géographiques.

La France traditionnellement une terre d'asile, fondée sur une politique d'assimilation

Contrairement aux autres pays européens, la France est par tradition un ancien pays d'immigration. Terre d'asile traditionnelle, elle a commencé à accueillir massivement des étrangers dès la fin du XIXe siècle. C'est en effet par vagues successives – italienne (1880-1960), polonaise (1920-1935), espagnole (après 1936), portugaise (1960-1970), puis en provenance du Maghreb et de l'Afrique noire (depuis 1965) et d'Asie (Vietnam, Cambodge) – que la France s'est peuplée, parallèlement à l'affaiblissement de sa démographie et pour répondre au besoin de sa main-d'œuvre. L'esprit d'intégration et d'assimilation exige naturellement le respect des lois et règlements, des valeurs républicaines, bref tout ce qui cimente la société française. Cependant, ce modèle d'intégration reste un concept théorique qui se heurte dans la pratique à de nombreuses difficultés.

Le modèle français d'intégration en question…

Malgré l'adoption de mesures réglementaires de lutte contre les discriminations raciales, ces dernières font plus que persister sur le marché de l'emploi. Le chômage touche, en effet, trois fois plus les étrangers d'origine non européenne et frappe, paradoxalement, d'autant plus les jeunes diplômés issus de l'immigration. Pire, la crise économique et la montée du chômage ont entraîné un durcissement de la politique migratoire de la France. La fermeture des frontières en 1974 (qui marque la fin des trente glorieuses) fut suivie de mesures en apparence de plus en plus restrictives, à l'image des nombreuses lois sur l'immigration (loi Pasqua de 1993, loi Debré de 1997) et, dernièrement, de la loi dite « Sarkozy » sur l'immigration choisie adoptée par le Parlement le 30 juin 2006 qui se caractérise par un net renforcement de l'arsenal répressif.

D'un côté, on prend de multiples mesures pour lutter contre la discrimination raciale ; de l'autre, on durcit les règles relatives à l'entrée et au séjour sur le territoire national ; ce grand écart démontre qu'aujourd'hui, le modèle d'intégration à la française est bel et bien en panne. À cela s'ajoute le problème des travailleurs dits « clandestins », toujours plus nombreux en raison d'un droit de l'immigration de plus en plus sévère. Leur situation irrégulière les prive en partie de certains droits, sans leur conférer les plus essentiels. La fracture de notre société, sociale et culturelle, existe aussi dans nos entreprises. Nombreuses sont celles qui, pour de multiples raisons, hésitent, voire refusent, d'embaucher des personnes issues de l'immigration. Ce comportement est passible de lourdes sanctions pénales.

Que dit la loi sur la discrimination raciale ?

L'égalité de traitement

Selon les dispositions de l'article L. 122-45 du Code du travail, les travailleurs étrangers qui travaillent dans une entreprise française bénéficient des mêmes droits que les salariés français.

Le règlement intérieur et l'égalité de traitement

Le règlement intérieur de l'entreprise ne peut comporter de dispositions lésant les salariés dans leur emploi ou leur travail en raison de leurs origines (art. L. 122-35 du Code du travail).

Les sanctions encourues par l'employeur

L'article 225-2 du Code pénal dispose que :

> *« La discrimination définie à l'article 225-1, commise à l'égard d'une personne physique ou morale, est punie de trois ans d'emprisonnement et de 45 000 euros d'amende lorsqu'elle consiste :*
>
> *À refuser la fourniture d'un bien ou d'un service ;*
>
> *À entraver l'exercice normal d'une activité économique quelconque ;*
>
> *À refuser d'embaucher, à sanctionner ou à licencier une personne ;*
>
> *À subordonner la fourniture d'un bien ou d'un service à une condition fondée sur l'un des éléments visés à l'article 225-1 ;*
>
> *À subordonner une offre d'emploi, une demande de stage ou une période de formation en entreprise à une condition fondée sur l'un des éléments visés à l'article 225-1 ;*
>
> *À refuser d'accepter une personne à l'un des stages visés par le 2° de l'article L. 412-8 du Code de la Sécurité sociale.*
>
> *Lorsque le refus discriminatoire prévu au 1° est commis dans un lieu accueillant du public ou aux fins d'en interdire l'accès, les peines sont portées à cinq ans d'emprisonnement et à 45 000 euros d'amende. »*

Sur le plan pénal, l'employeur encourt donc, en cas de violation de l'article L. 122-45 du Code du travail repris par l'article 225-1 du Code pénal, une peine de trois mois d'emprisonnement et une amende de 45 000 €. Sur le plan civil, l'employeur peut se voir prononcer la nullité de la mesure discriminatoire qu'il a mise en place sur le lieu de travail. Par ailleurs, l'employeur s'expose au versement de dommages et intérêts au candidat étranger en réparation du préjudice résultant de la perte d'une chance d'être sélectionné pour des motifs illégitimes.

Exemples de condamnations

Nous pouvons citer deux cas de jurisprudence où l'employeur s'est vu infliger des sanctions relativement lourdes. La première condamnation résulte d'une décision de 2003 : une directrice d'une société de cosmétiques du Doubs a été condamnée à six mois de prison avec sursis et 1 500 euros d'amende pour discrimination à l'embauche, la gérante à six mois également avec sursis et 5 000 euros d'amende. Dans cette affaire, la discrimination portait également sur le refus des clientes d'origine arabe ou africaine. Il s'agit de la plus lourde peine prononcée dans une affaire de discrimination. La seconde condamnation résulte d'une décision de 2000 : le responsable d'un célèbre cabaret parisien avait indiqué qu'il ne *« recrutait pas de noirs »* pour le service en salle. SOS Racisme avait intenté et gagné le procès. Le responsable du restaurant a été condamné à 10 000 euros d'amende, sa secrétaire a été reconnue coupable de complicité de discrimination et condamnée à verser une amende.

La discrimination fondée sur la nationalité

Toujours selon l'article L. 122-45, la nationalité d'un salarié est un critère pris en compte par la loi pouvant être considéré comme discriminatoire. Cette discrimination peut avoir lieu entre un salarié de nationalité française et un salarié de nationalité étrangère (non européenne). Mais elle peut aussi avoir lieu entre un ressortissant français et un ressortissant ayant la nationalité d'un des pays de l'Union européenne. D'ailleurs, les discriminations entre ces derniers ne sont pas rares. Nombre d'employeurs tentent, en effet, de profiter de l'ignorance d'un salarié, ressortissant européen, pour lui appliquer des conditions de travail (salaires, nombre de jours de congés payés, 35 heures), moins favorables que celles de son collègue français.

Un arrêt de la chambre sociale de la Cour de cassation (Soc., 10 décembre 2002, Bull. n° 373) concernait la secrétaire de direction de l'Institut Goethe à Lille, qui se plaignait d'une discrimination tenant à sa nationalité, en raison du paiement d'une rémunération inférieure à celle des salariés de nationalité allemande travaillant avec elle, lesquels bénéficiaient des dispositions plus favorables d'une convention collective conclue en Allemagne. La chambre sociale relève que l'employeur ne pouvait, sans violer les dispositions communautaires, appliquer à son personnel travaillant en France un régime salarial différent selon la nationalité. Le droit européen protège ainsi les salariés d'une éventuelle discrimination (articles 12 et 39 du traité CE).

La discrimination fondée sur le sexe

Le contexte politique, économique et sociétal

Le contexte juridique

Le Pacte international relatif aux droits économiques, sociaux et culturels du 16 décembre 1966, ratifié par la France en 1981, reconnaît aux travailleurs le droit à une *« rémunération égale pour un travail à valeur égale »*, ainsi qu'un droit à la promotion professionnelle pour tous (7, c). **La Charte sociale européenne signée le 18 octobre 1961** dans le cadre du Conseil de l'Europe reprend la même règle dans son article 4.3. L'égalité entre les femmes et les hommes est un principe fondamental de l'Union européenne : **le Traité de Rome de 1957**, préconisait déjà l'importance de ce principe dans le processus de construction de l'Europe, au même titre que la **Charte des droits fondamentaux** signée à Nice le 7 décembre 2000. Au niveau du droit français, le troisième alinéa du **Préambule de la constitution de 1946** *« garantit à la femme, dans tous les domaines, des droits égaux à ceux de l'homme »*. Cet article a donné naissance à plusieurs lois (la loi Roudy de 1983 sur l'égalité professionnelle entre les femmes et les hommes, complétant la loi de 1972 qui garantit l'égalité de rémunération, quel que soit le sexe ; la loi Génisson de 2001 qui précise les critères permettant d'établir le bilan annuel comparé de situation entre les femmes et les hommes dans les entreprises ; la loi de juin 2000 sur la parité, tendant à favoriser l'égal accès des femmes et des hommes aux mandats électoraux et fonctions électives).

Le contexte économique

Cependant, malgré cet arsenal juridique en faveur de l'égalité des sexes, les inégalités entre hommes et les femmes persistent. Malgré l'indiscutable féminisation de la population active, les femmes connaissent encore un taux d'activité nettement inférieur à celui des hommes :

- Elles perçoivent, en moyenne, un salaire environ 20 % inférieur à celui des hommes ;
- Elles subissent massivement le temps partiel : 30 % des femmes actives, environ ;
- Elles représentent environ 55 % des demandeurs d'emploi de longue durée ;
- Leurs choix professionnels sont « balisés » : 60 % de femmes exercent dans six groupes de métiers, alors qu'il en existe plus d'une trentaine ;
- 80 % des métiers d'employés sont occupés par des femmes ;
- Un quart seulement des postes d'encadrement des entreprises du secteur privé sont occupés par des femmes.

Le contexte socioculturel

La femme dans l'entreprise est confrontée à la théorie dite « du plafond de verre ». Consacré en 1986 dans un article de *Wall Street Journal*, le « plafond de verre » (*glass ceiling*), est le vocable métaphorique pour désigner le phénomène qui entrave la carrière des femmes et dont la conséquence première est la rareté de leur position à la tête des entreprises. Le « plafond de verre » maintient un ensemble d'obstacles invisibles, occasionnés à la fois par des préjugés et clichés ou encore par le mode de fonctionnement inhérent à toute organisation humaine. Ces barrières sont nombreuses :

- **Les systèmes d'évaluation et de sélection sont souvent élaborés à partir de raisonnements psychologiques masculins**, et donc inévitablement orientés d'après un cycle de vie d'un homme ;
- **La carrière d'une femme et son déroulement se construisent différemment**, en fonction d'un autre cycle de vie. Par exemple, l'employeur considère souvent à tort qu'il est difficile pour une femme, mère de trois enfants, divorcée et en ayant la garde, de répondre à des exigences liées à la mobilité, et donc d'accéder à des postes à responsabilité ;
- **Le manque de disponibilité professionnelle**. Les usages sociaux enseignent que ce sont plus les mères que les pères qui s'impliquent davantage dans les affaires familiales quotidiennes. Les dirigeants hésitent donc à recruter les femmes à des métiers de direction générale ;
- **Le stéréotype sur le manque d'autorité des femmes pour diriger une équipe** (cela reste un stéréotype, mais il est courant dans les entreprises) ;
- **Le manque d'expérience opérationnelle ou de management**. Les femmes accèdent plus difficilement aux postes opérationnels (par exemple, directeur d'usine, responsable logistique, directeur de fabrication, etc.) alors que ce sont justement ces métiers qui sont les principaux critères de sélection et de promotion pour des postes de futurs dirigeants ;
- **Les femmes se trouvent plus souvent cantonnées à des fonctions supports** (communication, ressources humaines), qui donc les écartent d'une future responsabilité ;
- **Le manque de parrainage et de réseau influent chez les femmes**, car la cooptation est, sans aucun doute, le premier mode de recrutement des cadres supérieurs (mais les femmes s'organisent de plus en plus pour pallier ces carences) ;
- **Le manque de modèles de femmes à haute responsabilité** ou ayant visiblement et notoirement réussi (c'est toutefois de moins en moins vrai aujourd'hui).

Ceci étant dit, bien que, culturellement et socialement, les femmes aient plus de difficultés à intégrer le monde du travail et à y évoluer normalement, l'employeur, pris par ses propres préjugés, ne peut certainement pas désavantager sans raison valable une salariée par rapport à un salarié de son entreprise. Dans le cas contraire, il aurait une pratique discriminatoire.

Ce qui est interdit par la loi

Le Code du travail interdit toute discrimination fondée sur le sexe ou la situation familiale.

L'article L. 123-1 prévoit que :

> *« [...] sauf si l'appartenance à l'un ou l'autre sexe est la condition déterminante de l'exercice d'un emploi ou d'une activité professionnelle, l'employeur ou son représentant ne peut :*
>
> *a. Mentionner ou faire mentionner dans une offre d'emploi, quels que soient les caractères du contrat de travail envisagé, ou dans toute autre forme de publicité relative à une embauche, le sexe ou la situation de famille du candidat recherché ;*
>
> *b. Refuser d'embaucher une personne, prononcer une mutation, résilier ou refuser de renouveler le contrat de travail d'un salarié en considération du sexe ou de la situation de famille ou sur la base de critères de choix différents selon le sexe ou la situation de famille ;*
>
> *c. Prendre en considération du sexe toute mesure, notamment en matière de rémunération, de formation, d'affectation, de qualification, de classification, de promotion professionnelle ou de mutation. »*

En clair, l'employeur ne peut mentionner sur une offre d'emploi le sexe souhaité, ou refuser d'embaucher une personne, ou encore gérer le parcours professionnel d'un salarié, en se fondant uniquement sur le sexe de l'intéressé.

L'article L. 123-5 prévoit, quant à lui :

> *« Est nul et de nul effet le licenciement d'un salarié faisant suite à une action en justice engagée par ce salarié ou en sa faveur sur la base des dispositions du Code du travail relatives à l'égalité professionnelle entre les hommes et les femmes, lorsqu'il est établi que le licenciement n'a pas de cause réelle et sérieuse et constitue en réalité une mesure prise par l'employeur à raison de l'action en justice. En ce cas, la réintégration est de droit et le salarié est regardé comme n'ayant jamais cessé d'occuper son emploi. »*

Cela signifie que l'employeur ne peut licencier un de ses salariés aux motifs que ce dernier aurait engagé à l'encontre de son employeur une action en justice pour pratique discriminatoire fondée sur le sexe. Le licenciement serait considéré comme nul.

L'article L. 133-5, 9° concernant les clauses conventionnelles précise que :

> *« La convention de branche conclue au niveau national contient obligatoirement, pour pouvoir être étendue, [...] des dispositions concernant [...] l'égalité professionnelle entre les femmes et les hommes et les mesures de rattrapage tendant à remédier aux inégalités*

constatées. Ces mesures s'appliquent notamment à l'accès à l'emploi, à la formation et à la promotion professionnelle et aux conditions de travail et d'emploi […]. »

Ainsi, même au niveau de la branche, des dispositions concrètes concernant l'égalité professionnelle entre les femmes et les hommes doivent être prévues.

Ce que l'employeur risque en cas de non-respect de la loi

L'employeur risque une peine de trois mois d'emprisonnement et une amende de 45 000 €. L'employeur peut se voir prononcer, par ailleurs, la nullité de la mesure discriminatoire et s'expose, le cas échéant, au paiement de dommages et intérêts à la victime de la discrimination.

La discrimination fondée sur le traitement salarial

C'est dans l'arrêt Ponsolle (Soc., 29 octobre 1996, Bull. n° 359) que les juges ont énoncé pour la première fois le principe d'égalité des rémunérations pour tous les salariés placés dans une situation identique.

« À travail égal, salaire égal » : mythe ou réalité ?

La discrimination salariale est l'une des discriminations les plus représentatives de la rupture d'égalité entre les femmes et les hommes. Elle en est même le symbole. Cinquante années de législation protectrice ne sont pas parvenues à mettre un terme au fait que les femmes, à compétence égale, pour une même fonction, pour un même poste, à un niveau hiérarchique équivalent, gagne moins que les hommes. Ce type de discrimination mérite, à lui seul, un développement à part, tant aujourd'hui encore le problème est criant.

Pourtant, les textes juridiques fondateurs prônant le principe *« à travail égal, salaire égal »* ne manquent pas. Pour preuve, la **convention de l'Organisation internationale du travail** (OIT/n° C 100, du 29 juin 1951) pose le *« principe d'égalité de rémunération entre la main-d'œuvre masculine et la main-d'œuvre féminine pour un travail de valeur égale »*… *Quid* du **traité de Rome de 1957** qui impose aux États membres d'appliquer le *« principe de l'égalité des rémunérations entre travailleurs masculins et féminins, pour le même travail »* (article 141 CE), sans oublier le **traité d'Amsterdam** et les **directives de 1975** (75/117), **de 1976** (76/207), **de 1997** (97/80) et **de 2002** (2002/73) qui ajoutent de nouvelles couches sur ce principe d'égalité salariale. Sans en abuser, mais l'on pourrait s'en amuser, il faut citer encore, le **Pacte international du 16 décembre 1966 sur les droits économiques, sociaux et culturels** qui garantit aux femmes *« une égalité de conditions de travail et de rémunération »* (article 7). N'oublions pas, non plus, les lois françaises bien sûr précitées **de 1972, 1983** et **2001**.

Tant de textes, pour si peu de résultat ! Toute cette législation, tous ces grands principes hautement affirmés n'ont pas sonné le glas des stéréotypes toujours aussi tenaces. Si l'on interrogeait des chefs d'entreprise, tous déploreraient l'injustice d'une telle rupture d'égalité entre les salariés hommes et les salariées femmes. Tous crieraient au scandale, tous diraient qu'il faudrait dénoncer ce genre de pratique... Pourtant, combien d'entre eux ont-ils mis en place une réelle politique égalitaire entre les salaires des femmes et ceux des hommes ? Combien d'entre eux respecte la loi ? Combien d'entre eux sont-ils hors la loi et, à ce titre, susceptibles d'être condamnés par la justice ?

Ce qui est imposé par la loi

L'égalité de salaire entre les salariés en CDI, CDD ou temps partiel

Le Code du travail impose un principe d'égalité, notamment en matière de rémunération :

- Pour les salariés engagés par contrat à durée déterminée (L. 122-3-3) ;
- Pour les salariés intérimaires (L. 122-4-2) ;
- Pour les salariés employés à temps partiel (L. 212-4-5).

La Cour de cassation a pu juger, dans un arrêt du 15 janvier 2002, qu'un salarié employé à temps partiel ne pouvait être privé des droits accordés au reste du personnel par un accord collectif.

L'égalité de salaire entre hommes et femmes

C'est l'article L. 140-2 du Code du travail qui impose à l'employeur une égalité de rémunération dans les conditions ci-après définies :

> *« Tout employeur est tenu d'assurer, pour un même travail ou pour un travail de valeur égale, l'égalité de rémunération entre les hommes et les femmes. Par rémunération, il faut entendre le salaire ou traitement ordinaire de base ou minimum et tous les autres avantages et accessoires payés, directement ou indirectement, en espèces ou en nature, par l'employeur au travailleur en raison de l'emploi de ce dernier.*
>
> *Sont considérés comme ayant une valeur égale les travaux qui exigent des salariés un ensemble comparable de connaissances professionnelles consacrées par un titre, un diplôme ou une pratique professionnelle, de capacités découlant de l'expérience acquise, de responsabilités et de charge physique ou nerveuse.*
>
> *Les disparités de rémunération entre les établissements d'une même entreprise ne peuvent pas, pour un même travail ou dans un travail de valeur égale, être fondées sur l'appartenance des salariés de ces établissements à l'un ou l'autre sexe. »*

En d'autres termes, pour un même travail ou un travail de valeur égale, l'employeur est tenu d'assurer l'égalité de rémunération entre hommes et femmes.

L'égalité de salaire entre personnes de même sexe

Le principe *« à travail égal, salaire égal »* s'applique naturellement entre salariés de même sexe. L'employeur est tenu d'assurer l'égalité de rémunération entre tous les salariés, pour autant que les salariés en cause soient placés devant une situation identique.

La conformité du contrat de travail au principe d'égalité de salaire entre hommes et femmes

L'article L. 140-4 du Code du travail précise que :

> *« Toute disposition figurant notamment dans un contrat de travail [...] un accord de salaires, un règlement ou barème de salaires, résultant d'une décision d'un employeur ou d'un groupement d'employeurs et qui [...] pour un ou des travailleurs de l'un des deux sexes, une rémunération inférieure à celle de travailleurs de l'autre sexe pour un même travail ou un travail de valeur égale, est nulle de plein droit.*
>
> *La rémunération plus élevée dont bénéficient ces derniers travailleurs est substituée de plein droit à celle que comportait la disposition entachée de nullité. »*

Cela veut dire qu'un contrat de travail ne peut contenir une stipulation qui prévoirait un barème de salaires différent selon le sexe du salarié. C'est uniquement la stipulation contraire à la loi qui serait annulée et non pas le contrat de travail en son entier. L'employeur se trouve donc dans l'obligation de rectifier le tir et de faire bénéficier au salarié victime de la discrimination le reliquat manquant.

À noter

De toute évidence, l'article L. 140-4 susvisé trouverait à s'appliquer également pour des salariés de même sexe, même si ce cas, n'est pas expressément visé par la loi.

Ce que l'employeur risque en cas de non-respect de la loi

L'employeur risque une peine de trois mois d'emprisonnement et une amende de 45 000 €. L'employeur peut se voir prononcer, par ailleurs, la nullité de la mesure discriminatoire et s'expose, le cas échéant, au paiement de dommages et intérêts à la victime de la discrimination.

En pratique, ce que peut faire l'employeur dans son entreprise : la position des tribunaux

L'employeur conserve son pouvoir d'individualisation des salaires

La règle *« à travail égal, salaire égal »* ne remet pas en cause le pouvoir de l'employeur d'individualiser les salaires et de décider pour tel ou tel salarié des augmentations de rémunération. À cet égard, des syndicats ne peuvent demander l'application d'augmentations individuelles à l'encontre des salariés, au seul motif d'une rupture d'égalité des salaires. Toutefois, cette individualisation des rémunérations doit reposer sur des éléments objectifs et vérifiables (Cass. soc. 2 octobre 2001).

Quels peuvent être ces éléments objectifs et vérifiables ?

Ce que peut faire l'employeur...

Les juges européens (CJCE) et français (Cour de cassation) imposent de justifier qu'une inégalité de traitement salarial repose sur une raison objective, étrangère à toute discrimination, et que les moyens employés pour atteindre le but poursuivi sont à la fois appropriés et nécessaires. Il s'agit tout simplement de l'application du principe suivant : **une différence de situation justifie une différence de traitement.**

Ont été considérés par les juges comme reposant sur des éléments objectifs et vérifiables, et donc reconnus comme justification objective d'une différence de traitement :

- **La prime de maternité.** Le fait de verser une prime de maternité aux seules femmes de l'entreprise, dès lors que cette allocation compensait le désavantage professionnel résultant pour elles de leur éloignement du travail pendant la maternité (CJCE, 16 septembre 1999, aff. C-2 18/98) ;
- **La pénibilité du travail.** Le fait de verser un salaire plus important aux hommes en raison de la pénibilité particulière du travail (Soc., 28 mars 1981, Bull. n° 229 ; CJCE, Rummler, 1er juillet 1986, 237/85) ;
- **La performance**, qui est généralement rémunérée par des primes dont le calcul doit obéir à des critères objectifs (Cass. soc. 21 janvier 2000, Bull., n° 25) ;
- **La qualité du travail fourni** (Cass. soc., 26 novembre 2002, Bull., n° 354) ;
- **Des tâches plus larges dans un poste de travail identique** (Cass. soc., 13 mars 2002) ;
- **Des indemnités de repas pour tous.** Le fait d'attribuer un avantage (en l'espèce, des indemnités de repas) qui est subordonné à des conditions qui s'appliquent à tous les salariés sans distinction (18 mai 1999, Bull. n° 213) ;
- **L'ancienneté**, sous la condition qu'elle ne soit pas prise en compte dans une prime spéciale mais intégrée dans le salaire de base (Cass. soc., 20 juin 2001) ;
- **La charge de responsabilités particulières** (Cass. soc., 11 janvier 2005) ;
- **Une technicité particulière du poste** (Cass. soc., 8 janvier 2003) ;
- **La date d'embauche**, entraînant l'application d'accords collectifs distincts (Cass. soc., 11 décembre 2002) ;

- **La nationalité pour une prime d'expatriation**, fondée sur la volonté de créer un pôle d'excellence scientifique international attrayant pour les étrangers (Cass. soc., 9 novembre 2005, Bull., n° 312) ;
- **La pénurie de candidats entraînant le risque de fermeture de l'établissement** (Cass. soc., 21 juin 2005, Bull. n° 206) ;
- **L'appartenance des salariés à des statuts différents** (Cass. soc., 3 mai 2006). En l'espèce, une intermittente de spectacle d'une société de production décroche un CDI. Ce faisant, elle se rend compte que son nouveau salaire correspondant au CDI est nettement inférieur à celui perçu par une intermittente du spectacle occupant les mêmes fonctions. La Cour de cassation considère que certes la différence de rémunération est substantielle, mais elle estime dans le même temps que le statut d'intermittent est plus précaire que celui d'un CDI. Ceci justifie que les intermittents puissent bénéficier d'une sorte de compensation, comme c'est le cas pour les salariés en CDD qui bénéficient d'une indemnité de précarité ;
- **La liberté de négociation des accords d'entreprise** qui implique que soient admises des différences de traitement entre les salariés relevant d'établissements différents (Soc., 27 octobre 1999, Bull. n° 422).

Ce que ne peut pas faire l'employeur...

Ont été considérées par les juges comme des mesures discriminatoires, ne reposant pas sur des éléments objectifs, les mesures suivantes :

- Le fait de ne verser une prime de naissance qu'aux seuls pères ou qu'aux seules mères. Ladite prime doit bénéficier à la fois au père et à la mère (Cass. soc. 27 février 1991) ;
- Le fait de ne pas attribuer la prime de Noël à une salariée en congé parental, dès lors qu'elle a travaillé pendant l'année écoulée (CJCE, 21 octobre 1999, aff. C-333/97) ;
- Qu'une convention collective refuse le bénéfice d'une prime de fin d'année aux travailleurs à temps partiel. Or, il s'avère que cette catégorie est principalement composée de femmes. Une discrimination indirecte a donc été caractérisée (CJCE, 9 septembre 1999, Krüger, n° C 281/97) ;
- Qu'un moniteur d'auto-école perçoive un salaire inférieur à celui de ses collègues, alors qu'il possède un diplôme équivalent, le même coefficient, et exerce les mêmes fonctions (CA Riom, 23 mars 1992) ;
- Le fait de rémunérer davantage les hommes exécutant des travaux de manutention que les femmes chargées du triage de champignons. Les juges ont considéré que cette différence de rémunération n'était justifiée par aucun élément

objectif tenant à la valeur du travail fourni ou à sa pénibilité, ce qui constitue une forme de discrimination indirecte dissimulée derrière la diversité des tâches à accomplir (Soc., 9 avril 1996) ;

- Le fait de justifier une différence de rémunération entre des salariés placés dans la même situation par la prise en compte d'un facteur tenant à l'ancienneté, alors que celle-ci donnait lieu au versement d'une prime spécifique (Soc. 29 octobre 1996) ;
- Le fait de pratiquer au désavantage d'un salarié des conditions de rémunération inférieures à celles d'autres personnes exerçant les mêmes fonctions, avec une même ancienneté et un coefficient de classification identique, en se contentant de faire état de la mauvaise qualité du travail accompli, sans prouver pour l'employeur cette affirmation (Soc., 26 novembre 2002, Bull. n° 354).

À noter

Mais cette application du principe d'égalité ne concerne pas la seule rémunération du personnel et a vocation à s'étendre à tous les aspects de la relation de travail. C'est notamment au nom de l'égalité entre les salariés que la chambre sociale a estimé que, si un plan social pouvait contenir des mesures réservées à certains salariés plutôt qu'à d'autres, ce soit à la condition que tous les salariés de l'entreprise placés dans une situation identique puissent bénéficier de l'avantage ainsi accordé et que les règles déterminant les conditions d'attribution de cet avantage soient préalablement définies et contrôlables (Soc. 10 juillet 2001, Bull. n° 255).

La discrimination fondée sur la grossesse

Ce qui est interdit par la loi

Principe général : prohibition des discriminations en raison de la grossesse

L'employeur ne doit pas prendre en considération l'état de grossesse d'une salariée pour :

- Refuser de l'embaucher ;
- Résilier son contrat de travail ;
- Prononcer une mutation d'emploi, sauf si son état de santé médicalement constaté l'exige.

Attention

Il est interdit à l'employeur de rechercher ou de faire rechercher toute information concernant l'état de grossesse de la salariée. La femme candidate à un emploi n'est en aucune manière tenue de dire qu'elle est enceinte.

La disposition du Code du travail applicable

L'article L. 122-45 précité ne vise pas expressément l'état de grossesse comme mode discriminatoire. Toutefois, le bon sens commun permet d'affirmer, sans hésitation aucune, qu'une salariée enceinte, s'estimant lésée en raison de son état, pourra saisir le juge pour discrimination fondée sur le sexe, l'apparence physique ou son état de santé. Le juge va naturellement dans ce sens.

La position des tribunaux

L'état de grossesse et le non-renouvellement d'un CDD

Les juges français (Cour de cassation), au même titre que le juge européen (CJCE), ont pu dire que le non-renouvellement d'un CDD en raison de l'état de grossesse d'une salariée constitue une discrimination (Cass. soc., 29 avril 2003 ; CJCE, 4 octobre 2001, aff. C-109/00).

L'état de grossesse et le refus d'embauche

La CJCE a pu considérer dans une affaire que l'employeur ne peut pas refuser d'embaucher une candidate enceinte en invoquant de façon fallacieuse des raisons d'hygiène et de sécurité.

La discrimination fondée sur l'état de santé, l'apparence physique ou le handicap

Les difficultés d'insertion des personnes en situation de handicap

Les personnes handicapées ont beaucoup de difficultés à trouver un emploi ou à pérenniser leur situation au sein d'une entreprise. Ces difficultés trouvent leur origine dans plusieurs causes :

- Conjoncture économique défavorable, ce qui n'incite pas les employeurs à créer des postes adaptés à leur situation ;
- Emplois précaires ;
- Refus ou difficultés d'aménagements de postes ;
- Freins injustifiés dans le déroulement de la carrière en fonction du taux d'incapacité (l'ascension promotionnelle est quasi inexistante) ;
- Inégalités salariales.

Un état des lieux en quelques chiffres

Selon les chiffres de la Haute Autorité de lutte contre les discriminations et pour l'égalité (HALDE) (*cf.* p. 230) :

- Le taux d'emploi des personnes handicapées est de 37 % contre 73 % pour l'ensemble des 20-59 ans ;

- 557 000 personnes handicapées en emploi ;
- 26 % des personnes handicapées sont au chômage, taux 3 fois plus important que le taux de chômage français d'environ 9 % ;
- Le taux d'emploi est en moyenne de 4 %, alors que la loi invite les entreprises de plus de 50 salariés à atteindre un chiffre de 6 % de travailleurs handicapés. Beaucoup d'entreprises sont donc hors la loi… ;
- 40 % des femmes handicapées sont à la recherche d'un emploi de façon durable.

Une enquête intitulée « Discriminations à l'embauche : de l'envoi du CV à l'entretien », menée par l'Observatoire des discriminations en 2004, a permis de constater que la personne handicapée qui fait mention de son handicap sur le CV est la plus discriminée. Elle reçoit le moins de réponses à sa candidature et la plus faible quantité de réponses favorables lui proposant un entretien (à peine 2 %). D'où la nécessité impérieuse de protéger ces personnes par des mesures concrètes afin de rétablir un équilibre (on retrouve la notion de discrimination positive).

Le droit des personnes handicapées

Le législateur est intervenu à plusieurs reprises afin d'instituer des mécanismes juridiques et techniques ayant pour perspectives d'améliorer l'emploi des personnes en situation de handicap. Ces mesures sont les suivantes :

- **Loi de 1957 définissant les ateliers protégés** et imposant un quota d'embauches de travailleurs handicapés en milieu dit « ordinaire » de travail ;
- **Loi de 1975 précisant le rôle des CAT**, créant les COTOREP et les EPSR, instituant une garantie de ressources pour les travailleurs handicapés ;
- **Loi du 10 juillet 1987 renforçant les dispositions de la loi de 1957** et créant l'AGEFIPH.

Plus récemment, la **loi du 11 février 2005 pour l'égalité des droits et des chances, la participation et la citoyenneté des personnes handicapées** offre des avancées non négligeables :

- **Durcissement des sanctions financières** incombant à l'employeur qui ne respecte pas l'obligation d'emploi. En effet, la contribution à l'AGEFIPH des entreprises qui n'emploient aucun travailleur handicapé pendant 3 années consécutives est augmentée : elle passe à 1 500 fois le taux horaire du Smic ;
- **Introduction dans le Code du travail d'un nouvel article L. 323-9-1** en vertu duquel l'employeur prend, en fonction des besoins, les mesures appropriées pour garantir aux travailleurs handicapés l'égalité ;
- **Renforcement de la non-discrimination**. Les employeurs devront prendre des mesures appropriées afin que le handicap ne constitue pas une cause d'éviction. Seules les compétences doivent être prises en compte lors d'un recrute-

ment, d'un maintien dans l'emploi ou d'une évolution professionnelle. Ces mesures peuvent concerner l'adaptation de machines ou d'outillages, l'aménagement de postes de travail, l'accès aux lieux professionnels, l'accompagnement et les équipements individuels nécessaires aux travailleurs handicapés.

Ce qui est interdit par la loi

Selon les dispositions du Code du travail, aucun salarié ne peut être sanctionné ou licencié en raison de son état de santé ou de son handicap (art. L. 122-45).

Mais attention

N'oublions pas le principe de l'intérêt de l'entreprise qui, nous l'avons vu, peut constituer une dérogation au principe de non-discrimination. En effet, si la maladie ne peut être un motif de licenciement en soit, les conséquences qu'elle peut avoir sur l'organisation de l'entreprise peuvent justifier la rupture du contrat de travail.

Ce qui est autorisé par la loi

L'article L. 122-45-4 (inséré par la loi n° 2005-102 du 11 février 2005, article 24 II, *Journal officiel* du 12 février 2005) prévoit que :

> *« Les différences de traitement fondées sur l'inaptitude constatée par le médecin du travail [...] en raison de l'état de santé ou du handicap ne constituent pas une discrimination lorsqu'elles sont objectives, nécessaires et appropriées.*
>
> *Les mesures appropriées au bénéfice des personnes handicapées visant à favoriser l'égalité de traitement prévues à l'article L. 323-9-1 ne constituent pas une discrimination. »*

Ce que risque l'employeur

Les sanctions résultant du Code du travail

Hormis en cas d'inaptitude constatée par le médecin du travail, le licenciement motivé par l'état de santé du salarié est nul de plein droit (L. 122-45). Dans ce cas, le salarié peut demander sa réintégration. S'il ne le souhaite pas, pour la simple raison qu'il existe désormais une rupture de confiance entre les deux protagonistes, le salarié victime de la discrimination pourra réclamer à son employeur :

- Des indemnités de rupture ;
- Des dommages et intérêts au minimum égaux à six mois de salaire si le salarié à plus de deux ans d'ancienneté et si l'entreprise à au moins 11 salariés ;
- Des indemnités compensatrices de préavis (même si, en pratique, le salarié n'est pas en mesure de l'effectuer) ;
- Des dommages et intérêts au candidat en situation de handicap en réparation du préjudice résultant de la perte d'une chance d'être sélectionné pour des motifs illégitimes.

Les sanctions résultant du Code pénal

L'employeur sera pénalement sanctionné s'il licencie un salarié en invoquant fallacieusement des motifs liés à son handicap, alors même que le médecin du travail n'a pas dûment constaté cette inaptitude. Il encourt, en cas de violation de l'article L. 122-45 du Code du travail repris par l'article 225-1 du Code pénal, une peine de trois mois d'emprisonnement et une amende de 45 000 €.

La discrimination syndicale

Ce qui est interdit par la loi

Le principe général

L'appartenance syndicale d'un travailleur salarié, ou le fait qu'un travailleur ne soit pas syndiqué, ne doit avoir aucune incidence sur son droit à l'emploi et sur sa carrière.

Les dispositions du Code du travail applicables

La discrimination est aussi prévue à l'article L. 122-45. Mais, plus spécifiquement, l'article L. 412-2 vise la discrimination syndicale, traitée à part dans le Code du travail :

> *« Il est interdit à tout employeur de prendre en considération l'appartenance à un syndicat ou l'exercice d'une activité syndicale pour arrêter ses décisions en ce qui concerne notamment l'embauchage, la conduite et la répartition du travail, la formation professionnelle, l'avancement, la rémunération et l'octroi d'avantages sociaux, les mesures de discipline et de congédiement.*
>
> *Il est interdit à tout employeur de prélever les cotisations syndicales sur les salaires de son personnel et de les payer au lieu et place de celui-ci.*
>
> *Le chef d'entreprise ou ses représentants ne doivent employer aucun moyen de pression en faveur ou à l'encontre d'une organisation syndicale quelconque.*
>
> *Toute mesure prise par l'employeur, contrairement aux dispositions des alinéas précédents, est considérée comme abusive et donne lieu à dommages et intérêts.*
>
> *Ces dispositions sont d'ordre public. »*

Cette disposition est claire, l'employeur ne peut :

- Prendre en considération l'activité syndicale d'un salarié dans une décision portant sur le déroulement de sa carrière au sein de l'entreprise ;
- Exercer la moindre pression sur telle ou telle organisation syndicale.

La position des tribunaux : ce que l'employeur ne peut pas faire...

La principale cause de discrimination dont la chambre sociale de la Cour de cassation a eu à connaître concerne les salariés qui se plaignent de retards subis dans leur avancement, de refus de promotion ou d'une diminution de leur notation, liés à leur appartenance syndicale.

Les activités syndicales et la suppression d'avantages sociaux

Les juges ont en effet considéré que, dès lors que le salarié apportait des éléments de nature à établir qu'il n'avait pas bénéficié des mêmes avantages que d'autres salariés, et ce à partir du moment où il avait exercé un mandat représentatif ou des fonctions syndicales, la discrimination était caractérisée (Soc., 25 juin 2002, Bull. n° 218 ; 13 février 2001, n° 98-41.365 ; 4 juillet 2000, Bull. n° 264 ; 26 avril 2000, Bull. n° 151 ; 28 mars 2000, Bull. n° 126).

Les activités syndicales et l'absence de promotion

Dans un arrêt du 10 janvier 2006, la Cour de cassation a confirmé une décision de la cour d'appel qui a constaté que le salarié, qui avait connu d'importantes promotions de 1977 à 1996, avait vu sa carrière brusquement stagner à compter du 1er janvier 1996 et a relevé qu'il existait un lien entre cette stagnation, que la société ne justifiait par aucun élément objectif, et l'appartenance syndicale du salarié (Chambre sociale, n° 04-43070, 10 janvier 2006, note sur l'arrêt : *Liaisons Sociales* quotidien n° 14582, 9 mars 2006).

Les activités syndicales et le non-renouvellement de contrat

Les juges ont estimé que l'infraction de discrimination syndicale par refus d'embauche est caractérisée lorsqu'une société qui recourt aux services d'une entreprise de travail temporaire refuse de renouveler un contrat de mise à disposition, concernant un intérimaire exerçant un mandat syndical (Cass. crim., 2 septembre 2003).

Les activités syndicales et la stagnation de salaire

Un salarié syndiqué subissait des contrariétés diverses, des critiques souvent injustifiées et une stagnation de son salaire et de son avancement. L'employeur n'a pu démontrer que cette disparité de situation avec les autres salariés était justifiée par des critères objectifs étrangers à toute discrimination fondée sur son appartenance syndicale. Les juges ont donc constaté et condamné la discrimination syndicale (Cass. soc., 17 janvier 2001 ; Cass. soc., 14 novembre 2001).

Les activités syndicales et la subvention injustifiée

La Cour de cassation a estimé que le principe d'égalité ne pouvait permettre à un employeur de subventionner un syndicat représentatif de préférence à un autre, selon qu'il a signé ou non une convention ou un accord collectif (Soc., 29 mai 2001, Bull. n° 185).

Ce que risque l'employeur...

Les sanctions résultant du Code du travail

Le licenciement motivé par l'activité syndicale du salarié est nul de plein droit (L. 122-45). Dans ce cas, le salarié peut demander sa réintégration.

Sur le fondement de l'article L. 412-2 du Code du travail, la Cour de cassation a pu juger que le licenciement procédant d'une discrimination syndicale était atteint de nullité (Soc., 10 juillet 2001, Bull. n° 261, Rapport 2001, p. 372/5). S'il ne le souhaite pas, pour la simple raison qu'il existe désormais une rupture de confiance entre les deux protagonistes, le salarié victime de la discrimination pourra réclamer à son employeur les mêmes indemnités que dans les autres cas de discriminations (se reporter aux autres types de discrimination).

Les sanctions résultant du Code pénal

L'article 225-1 du Code pénal prévoit une peine de trois mois d'emprisonnement une amende de 45 000 €.

Cette typologie des pratiques discriminatoires se retrouve à chaque étape de la vie professionnelle du salarié.

La non-discrimination à chaque étape de la vie professionnelle

Le principe général de non-discrimination

Le principe d'interdiction général, nous l'avons vu, est prévu à l'article L. 122-45.

La discrimination et la publication de l'offre d'emploi

Il est interdit pour le chef d'entreprise de prendre des mesures discriminatoires en matière d'offres d'emploi, notamment de soumettre celles-ci à une condition discriminatoire fondée sur l'appartenance ou la non-appartenance à une ethnie, une nation, une race ou une religion déterminée.

En dépit des règles juridiques, des facteurs totalement étrangers aux compétences jouent un rôle décisif dans tous les actes de gestion des ressources humaines. L'accès à l'emploi se fait, parfois, voire souvent, sur le mode discriminatoire pour les personnes qui ne correspondent pas au « candidat de référence », c'est-à-dire un homme, jeune, blanc de peau, sans handicap, etc.

La préférence pour la couleur de peau

Sont considérées comme discriminatoires les annonces d'emplois suivantes :

Recherche d'un employé service entretien

Profil : **race blanche, bonne tête**, dynamique, esprit d'initiative, volontaire et assidu. Poste pouvant déboucher sur un CDI. Volonté d'apprendre et de s'intégrer.

Commentaire : Ladite annonce n'a pas besoin de commentaire, tant il est évident qu'elle est discriminatoire.

Recherche vendeur/vendeuse dans le prêt-à-porter

25/26 ans fille ou garçon. Petite expérience de la vente (si possible prêt-à-porter) ; TB présentation (BCBG) ; **pas typé(e)** ayant BEP ou CAP VAC ou Bac Pro, Bac G3.

Commentaire : La mention « pas typé(e) », signifie que l'employeur ne souhaite pas d'étrangers d'Afrique noire ou d'Afrique du Nord.

Recherche vendeur automobiles

Vente aux particuliers, ayant véhicule ; Envie + aptitude à la vente ; fille ou garçon avec BTS action commerciale ou force de vente ; TB présentation, esprit d'ouverture ; **personne européenne de préférence**.

Commentaire : L'employeur préfère recruter un Européen, mais cela ne signifie pas qu'il ne souhaite pas un non-Européen : ici, le chef d'entreprise ne serait pas contre l'idée d'embaucher un Canadien ou un Australien (sous réserve qu'il ne soit pas d'origine aborigène ou indienne). En clair, l'annonce veut dire tout simplement que l'employeur ne souhaite pas recruter de personnes issues du continent africain. C'est évidemment illégal.

La préférence locale

Recherche 5 monteurs lignes sur la Corse

Poste : monteur lignes et réseaux. Tâches à effectuer : pose de poteaux électriques, modification des lignes – village – travaux. Bonne présentation – **Dialecte obligatoire** – Travaux en hauteur été comme hiver – Des personnes en bonne santé – Moins de 25 ans

Commentaire : La mention « dialecte obligatoire » signifie expressément que l'employeur souhaite embaucher un Corse et exclut tous les autres candidats (du continent ou de l'Afrique du Nord). Elle ne peut pas le dire ouvertement, pourtant cette entreprise ne veut pas d'étrangers. C'est une pratique discriminatoire.

La préférence sur l'âge

Le critère de l'âge dans une annonce d'emploi est, conformément aux dispositions du Code du travail et du Code pénal, discriminatoire. Toutefois, la différence fondée sur l'âge peut être autorisée dès lors qu'elle est justifiée par un objectif légitime et que les moyens de réaliser cet objectif sont appropriés et nécessaires. Cette différence peut, par exemple, consister en une fixation d'un âge maximum pour le recrutement, fondé sur la formation requise pour le poste concerné (art. L. 122-45-3 du Code du travail).

La discrimination à l'embauche

Il est interdit pour l'employeur de prendre des mesures discriminatoires en matière d'embauche, notamment de fonder un refus d'embauche sur l'origine, les mœurs, les opinions politiques, l'appartenance ou la non-appartenance à une ethnie, nation, race ou religion déterminée.

> Un chef d'entreprise, dans le cadre d'une fusion et d'une restructuration de son magasin, a recruté son personnel avec une grande diversité d'origines ethniques. Sur 50 salariés, 10 sont d'origine maghrébine. Toutefois, l'on constate que les emplois de ces 10 salariés, tous sans exception, sont des postes qui évitent les contacts avec la clientèle. Pourtant, avant la réorganisation de l'entreprise, 4 des 10 salariés d'origine étrangère occupaient une fonction de vendeur. Mais, depuis la restructuration, ces 4 salariés occupent des fonctions de manutention.

Ici, l'étranger accède bien à un poste pour lequel il est normalement payé, il peut même être promu, mais sa fonction dans l'organisation du travail prend en compte ses origines ethniques. La discrimination ne réside donc pas dans l'annonce d'emploi, mais bien dans l'attribution du poste. C'est une pratique illégale : on parle alors d'« ethnicisation » ou de « racialisation » des tâches.

La discrimination en matière d'exécution du contrat de travail

L'exécution du contrat de travail concerne la rémunération, la formation, le reclassement, l'affectation, la qualification, la classification, la promotion professionnelle, la mutation, le renouvellement de contrat. Le règlement intérieur ne peut comporter des dispositions lésant les salariés dans leur emploi en raison des critères visés par l'article L. 122-45. Toutefois, l'employeur conserve son pouvoir d'individualisation des salaires. La règle *« à travail égal, salaire égal »* ne remet pas en cause le pouvoir de l'employeur d'adapter les salaires et de décider pour tel ou tel salarié des augmentations de rémunération individuelles, étant entendu qu'elles doivent reposer sur des éléments objectifs et vérifiables (Cass. soc. 2 octobre 2001).

La discrimination en matière de sanctions ou de cessation du contrat de travail

Le principe de l'interdiction

Il est interdit pour l'employeur de prendre des mesures discriminatoires en matière de cessation du contrat de travail, particulièrement de fonder un licenciement sur les origines, l'appartenance à une ethnie, une nation, une race, une religion (article L. 122-45 du Code du travail, articles 225-1 et 225-2 du Code pénal).

Le pouvoir d'individualisation des sanctions

L'employeur dispose d'un pouvoir d'individualisation des mesures disciplinaires qui lui permet, dans l'intérêt de l'entreprise, de sanctionner différemment des salariés ayant participé à une même faute. Cependant, ce pouvoir d'individualisation ne permet pas à l'employeur de pratiquer une discrimination au sens de l'article L. 122-45 précité. À titre d'exemple, l'employeur peut sanctionner plus fermement un salarié très actif dans un mouvement de grève illicite que les autres salariés qui ont participé au mouvement (Cass. soc., 17 décembre 1996).

En outre, l'employeur peut sanctionner différemment des salariés ayant commis des fautes de même nature ou ne pas sanctionner l'un d'entre eux. Par exemple, un employeur peut rester inactif face à la découverte d'écritures irrégulières imputables au sous-directeur chargé des finances et licencier pour faute grave le directeur qui avait ordonné à un de ses collègues (le sous-directeur) de violer les règles comptables (Cass. soc., 10 juin 2003).

Les pratiques discriminatoires flagrantes ou directes, même si elles existent dans certaines entreprises, sont somme toute relativement rares. Ce n'est pas tant dans les discriminations intentionnelles qu'il convient d'intensifier la lutte, mais plus dans les pratiques discriminatoires indirectes ou non intentionnelles (que la loi sanctionne, au demeurant). En effet, l'inconscient collectif conserve parfois ses préjugés, faisant naître ou renaître certains comportements qui aboutissent à des discriminations difficilement perceptibles mais qui existent bel et bien. C'est pourquoi la loi, qui sanctionne de manière efficace les discriminations intentionnelles dites « grossières » par le prononcé d'une condamnation pénale et/ou civile, ne suffit pas à lutter contre les discriminations que l'on pourrait qualifier « d'invisibles », mais tout autant condamnables. Il s'agit alors d'instaurer des moyens de prévention, avec de nouvelles méthodes pour mieux vivre ensemble dans l'entreprise.

Prévenir la discrimination dans l'entreprise

La lutte contre les discriminations passe avant tout par la pédagogie et la persuasion, plus que par les modifications législatives et réglementaires. Notre arsenal juridique, particulièrement répressif, est, on peut le dire, complet. En inscrivant la démarche anti-discriminatoire uniquement dans le droit pénal, la loi a souscrit à une vision restrictive de la discrimination, considérée exclusivement comme une « infraction ».

Pour contribuer plutôt à une politique de « réparation » à l'intention de populations victimes, un projet de prévention doit être mis en œuvre. Prévenir, c'est anticiper, c'est éviter que des sanctions pénales et/ou civiles ne soient prononcées à l'encontre de l'employeur. C'est en impliquant tous les acteurs de l'entreprise et ses partenaires, et en instituant de nouveaux outils et/ou méthode de gestion ressources humaines que la prévention de la discrimination sera efficace. Certaines entreprises mènent, à cet égard, une politique exemplaire dans la lutte contre les discriminations sur le lieu de travail.

Les acteurs de la prévention

L'acteur clé : l'employeur dans sa prise de position

Le chef d'entreprise représente son entreprise. Son implication dans la lutte contre les pratiques discriminatoires constitue incontestablement un symbole fort et indispensable pour stimuler une évolution des pratiques et de la culture sur le lieu de travail. Ainsi, une position clairement affirmée dans la non-discrimination et la diversité conditionne la mise en place et le développement à long terme de nouvelles politiques ressources humaines.

L'implication des partenaires sociaux

Les syndicalistes : un signal d'alarme

Dans l'entreprise, rien n'est possible sans eux et, grâce à eux, des résultats peuvent être atteints. En effet, afin de lutter contre les discriminations, l'engagement et la mobilisation des syndicats sont déterminants.

Le syndicaliste c'est *« l'empêcheur de tourner en rond »*, c'est *« le râleur »*, c'est *« celui qui va dire tout haut ce que tout le monde pense tout bas »*. L'employeur doit pouvoir tirer profit de ses observations et transcender ainsi les rapports, souvent bloqués et stéréotypés, entre ces deux protagonistes. Car, quoi qu'en pense l'employeur, l'opinion du syndicaliste est, en règle générale, une bonne perception de la situation et du climat social au sein de l'entreprise.

Le syndicaliste : un partenaire

Les dirigeants doivent davantage amorcer le dialogue et contractualiser avec les partenaires sociaux. Nombre d'entreprises associent les partenaires sociaux à leur démarche de prévention des discriminations. À l'instar de PSA Peugeot Citroën, Air France, Essilor ou Accor ont déjà signé des accords contre les discriminations et pour l'égalité professionnelle.

La concertation et la contractualisation ont vocation à faire évoluer les pratiques de l'entreprise pour limiter, dans la mesure du possible, les phénomènes discriminatoires et désamorcer les conflits, notamment d'ordre juridique. Elles permettent de mieux prendre en considération les attentes des salariés en matière d'égalité de traitement. L'employeur a donc tout intérêt à intégrer les partenaires sociaux aux politiques sociales de l'entreprise. Une telle approche présente le net avantage d'être fédératrice. Cette association avec les syndicats facilitera son adhésion au plan de lutte anti-discrimination voulu par l'employeur et, partant de là, suscitera souvent l'adhésion de tous les salariés.

Le syndicaliste : un acteur de la justice

L'article L. 122-45-1 du Code du travail indique que :

> *« Les organisations syndicales représentatives au plan national, départemental ou dans l'entreprise peuvent exercer en justice toutes actions qui naissent de l'article L. 122-45 [...] en faveur d'un candidat à un emploi, à un stage ou une période de formation en entreprise ou d'un salarié de l'entreprise sans avoir à justifier d'un mandat de l'intéressé, pourvu que celui-ci ait été averti par écrit et ne s'y soit pas opposé dans un délai de quinze jours à compter de la date à laquelle l'organisation syndicale lui a notifié son intention. L'intéressé peut toujours intervenir à l'instance engagée par le syndicat. »*

La loi renforce donc les moyens d'action en justice des syndicats et les étend même aux associations de lutte contre les discriminations.

La non-discrimination : c'est l'affaire de tous

Que serait l'entreprise sans ses salariés ? Qu'adviendrait-il de ces derniers si l'entreprise n'était pas dirigée par des personnes capables de donner un cap et mettre tous les moyens en œuvre pour garder la direction à suivre, respecter la feuille de route tracée. Chacun est concerné et doit se sentir concerné : la prévention est l'affaire de tous – de l'assistant(e) aux cadres dirigeants, en passant par le personnel d'accueil ou encore les collaborateurs de tous niveaux, sans oublier les managers. Tous doivent prendre conscience du problème de la discrimination dans l'entreprise.

Le rôle de l'inspecteur du travail

Même s'il peut agir de manière préventive dans le domaine de la discrimination (par exemple, le chef d'entreprise pourra lui demander des informations juridiques), l'inspecteur du travail est chargé de constater les infractions aux dispositions contenues dans le Code du travail, et notamment les dispositions anti-discriminatoires. Il pourra, le cas échéant, transmettre un rapport au parquet. Selon les éléments figurant dans le dossier, le procureur de la République décidera d'engager ou non des poursuites judiciaires à l'encontre de l'employeur ayant commis une pratique discriminatoire.

Le rôle des associations de lutte contre les discriminations

Il existe de nombreuses associations de lutte contre les discriminations. Les citer toutes n'aurait pas un réel intérêt. Deux ont attiré notre attention.

IMS Entreprendre pour la cité

L'association IMS Entreprendre pour la cité a été créée en 1986 pour aider les entreprises à lutter contre les discriminations et promouvoir la diversité. Elle travaille sur les domaines suivants : mécénat, démarches citoyennes des entreprises, développement de l'emploi dans les quartiers dits « sensibles », gestion de la diversité, assistance dans la mise en place de politique de prévention des discriminations, création d'outils de diagnostic et de formation, etc.

Groupement international de soutien des travailleurs immigrés (GISTI)

Le GISTI est une association spécialiste du droit des étrangers. Sa vocation est multiple : elle met son savoir à la disposition de ceux qui en ont besoin, tient des permanences juridiques gratuites, édite des publications, organise des formations. À chaque compétence du GISTI correspond un contact particulier (source GISTI). Par ailleurs, le GISTI travaille en étroite collaboration avec d'autres organisations amies.

Les associations : des acteurs de la justice

Les associations régulièrement constituées depuis cinq ans au moins pour la lutte contre les discriminations peuvent exercer en justice toutes actions qui naissent de l'article L. 122-45-5 du Code du travail, en faveur d'un candidat à un emploi, à un stage ou une période de formation en entreprise, ou d'un salarié de l'entreprise.

L'association qui agit au nom de la victime doit justifier un accord écrit de l'intéressé. Celui-ci peut toujours intervenir à l'instance engagée par l'association et y mettre un terme à tout moment. Les acteurs, pour agir efficacement ensemble, doivent être capables de créer et s'appuyer sur de nouveaux outils destinés à prévenir le risque discriminatoire.

Les outils de lutte contre les pratiques discriminatoires

Diagnostics, chartes, communication spécifique, formation juridique des responsables en ressources humaines, actions pédagogie, négociation et changement des mentalités par des projets de sensibilisation (films, colloques, séminaires, messages Intranet, site Internet spécifique) constituent, sans nul doute, les principaux outils de prévention des comportements discriminants.

De nouvelles politiques ressources humaines : la gestion de la diversité

Ce qu'est la gestion de la diversité

La gestion de la diversité est issue des pratiques anglo-saxonnes. Elle consiste à mettre en avant la reconnaissance et la valorisation des différences individuelles, contrairement à la gestion symétrique des salariés existant dans la plupart des entreprises en France, qui semblent encore peu concernées par la question de la diversité. Il faut bien reconnaître qu'elles n'ont pas encore adopté cette façon de gérer les ressources humaines.

Chaque salarié, chaque individu, vient de quelque part, a suivi une éducation propre, une vie personnelle et familiale qui est sienne et différentes des autres, dispose d'une culture atypique. C'est la singularité du salarié qui est prise en compte, comme une valeur ajoutée. Chaque individu tire avantage de son sexe, son âge, son origine, son handicap ou sa religion. Il met en avant son identité pour le besoin de la collectivité. Se priver de viviers de recrutements diversifiés revient pour les entreprises à se passer de talents et de qualités dont disposent certaines populations, mais aussi de leurs ambitions, de leur audace commerciale, de la diversité de leurs savoirs, de leur bagage interculturel pour pénétrer de nouveaux marchés. Nous sommes tous citoyens du monde, peut-on lire parfois. L'entreprise doit être en phase avec le monde qui l'entoure, elle devra se mettre au diapason. Cette singularité de chacun permet la coexistence de profils variés, considérés comme une richesse pour l'entreprise, tant il est vrai que la diversité au sein de l'entreprise reflète inévitablement la diversité de la société, de la clientèle et des fournisseurs et/ou prestataires. Certaines entreprises sont allées jusqu'à inscrire la gestion de la diversité dans la grille d'évaluation de leurs managers.

Les avantages de la gestion de la diversité

Cette gestion de la diversité a évidemment un impact direct sur la vie de l'entreprise, notamment pour sa performance économique, sa créativité et son innovation, sa diversification des méthodes de travail, sa capacité de développement à l'international et sa facilité d'implantation dans des pays étrangers, son anticipation dans les difficultés de recrutement (avec le papy-boom), son cadre de travail plus apaisé et plus harmonieux (« nous sommes tous différents et sommes unis pour la même cause »), sa capacité de fidéliser les salariés (limitant ainsi les coûts liés au turnover), son adaptation à la clientèle, diverse elle aussi (l'entreprise est à l'image de la société : imaginez un client qui rentre sur un site où il ne croise que des salariés blond aux yeux bleus ! Comment réagirait-il ?), ou encore son adaptation aux évolutions rapides du marché.

La gestion de la diversité inscrite dans une charte

La charte de la diversité est un engagement de l'entreprise de sensibiliser aux enjeux de la diversité l'ensemble des acteurs de l'entreprise (dirigeants, managers, DRH, collaborateurs) dont la mission est de recruter et gérer la carrière des salariés. L'engagement signé avec les représentants du personnel peut porter sur plusieurs points, notamment :

- Garantir une gestion de la diversité à tous les stades de la vie professionnelle d'un salarié (embauche, formation, promotion professionnelle) ;
- Donner des résultats concrets sur la politique mise en œuvre, inscrits par exemple dans un rapport annuel ;
- Favoriser le dialogue avec les représentants du personnel en cas de problème lié à la diversité.

Plus largement, l'employeur peut s'engager sur toutes les problématiques liées à la non-discrimination et à la diversité dans l'entreprise. Le but recherché étant de changer les mentalités.

Changer les mentalités dans l'entreprise

Instaurer la gestion de la diversité dans l'entreprise, c'est bouleverser l'organisation d'une entreprise et révolutionner les mentalités qui peinent à évoluer. Les freins à l'évolution des mentalités sont d'ordre :

- Culturel :
  - Résistance des préjugés et stéréotypes,
  - Peur de l'autre, de ce qui ne nous ressemble pas, des différences, de l'étranger, etc. ;
- Organisationnel :
  - Politique ressources humaines trop ancrée, arc-boutée,

- Management hostile à la diversité,
- Refus de remettre en cause son organisation, ses procédures de recrutement ;

- Conjoncturel :
  - Contexte économique défavorable,
  - En temps crise, la gestion de la diversité n'est pas la préoccupation majeure du chef d'entreprise.

Ces changements peuvent se faire à l'aide d'une campagne de sensibilisation utilisant tous les moyens possibles pour atteindre le résultat escompté :

- Ceux décrits dans le présent paragraphe (gestion de la diversité, charte de bonne conduite, audit, formation professionnelle, etc.) ;
- Diffusion de message de sensibilisation sur les comportements discriminatoires (films d'information, reportages d'entreprises, messages Intranet, plaquettes, documents, petit livret d'accueil pour les nouveaux salariés, etc.).

Communiquer sur la non-discrimination

Communiquer sur les thèmes de la discrimination et de la diversité constitue en soi une bonne pratique pour les entreprises. Toutefois, cette communication ne suffit pas si elle ne s'accompagne pas d'actes concrets. Les supports de diffusion sont nombreux. Il revient au DRH ou au responsable de la communication de les utiliser à bon escient :

- **Supports internes de diffusion** : bilans sociaux, rapports annuels d'activité, Intranet de l'entreprise, forums sur la discrimination, Intranet syndical, blog du dirigeant, charte de bonne conduite, reportages, films documentaires, newsletters et courriers ;
- **Supports externes de diffusion** : presse spécialisée dans le recrutement, site Internet marchand, blog du dirigeant (autant en interne qu'en externe), conférences, campagnes d'affichage.

Consolider une image positive de l'entreprise

La réputation et l'image constituent le plus important capital pour une entreprise, non seulement vis-à-vis des salariés et actionnaires, mais aussi des clients et fournisseurs, sans oublier les ONG et collectivités locales. Une plainte pour discrimination portée devant les tribunaux peut causer beaucoup de tort. Au contraire, l'entreprise qui a une approche proactive en faveur de la non-discrimination et de la diversité est perçue comme un acteur éthique et socialement responsable.

Instaurer la pratique du CV anonyme

La loi pour l'égalité des chances du 31 mars 2006 a mis en place dans les entreprises d'au moins 50 salariés un dispositif selon lequel les informations demandées aux candidats à un emploi et communiquées par écrit par celui-ci devront être examinées dans des conditions préservant l'anonymat du candidat (art. L. 121-6 du Code du travail). Le principe du CV anonyme est louable dans ses intentions, mais peu efficace dans les faits. En effet, ce système permet de surmonter l'obstacle de la discrimination lors de la première phase de recrutement. Mais, lors de l'entretien, le candidat fort logiquement n'est plus anonyme, et donc la discrimination peut avoir lieu à ce stade du processus d'embauche. Le CV anonyme est une bonne mesure, qui doit cependant être accompagnée par d'autres dispositifs, tels que :

- L'évaluation des candidats à travers des tableaux de bord et des grilles d'analyses des compétences objectives demandées pour le poste à pourvoir ;
- Le recrutement fondé sur des mises en situation, et non pas sur un simple entretien informel.

Le recrutement doit se fonder sur des critères rigoureux et objectifs. Le recours à un cabinet de recrutement peut éviter des déboires à l'employeur, sauf si, bien entendu, ce dernier souhaite avoir la maîtrise totale du processus d'embauche.

Auditer son entreprise

Ce qu'est un audit anti-discrimination

L'audit est un état des lieux des pratiques de l'entreprise permettant de détecter les discriminations ou des mesures paraissant anodines au premier abord, mais dont on se rend compte, lorsqu'on y regarde de plus de près, qu'elles peuvent être discriminantes à l'égard de tel salarié ou groupes de travailleurs. Si l'audit sert à déceler ce qui ne va pas, il a également pour fonction de dire ce qui va bien, ce qui fonctionne, voire de favoriser, et même développer, les bonnes pratiques qui existent déjà dans l'entreprise. Il s'agit donc d'une politique de prévention. C'est à partir de ces éléments recueillis que sont définis des axes de travail prioritaires.

Qui est l'auditeur

Pour auditer son entreprise, l'employeur dispose du choix suivant :

- **Il peut créer un groupe de réflexion ou une commission** (le nom du groupe importe peu). Ce groupe, pour asseoir sa légitimité et obtenir un accueil favorable parmi le personnel, devra être composé des personnes suivantes : des membres de la direction (DRH, DG, PDG, etc.), des représentants du personnel (fortement recommandé), des membres du CHSCT (éventuellement), des salariés de l'entreprise (hommes, femmes, cadres, agents de maîtrise, ouvriers ou employés). Il est important que toutes les tranches de l'entreprise soient représentées dans cette commission ;

À noter

Toutefois, le choix de la création en interne d'un tel groupe aboutit au fait que l'auditeur est aussi l'audité. Cette confusion des genres, car le groupe de réflexion est à la fois juge et partie, risque de rendre plus difficile l'évaluation, surtout quant à son objectivité. Analyser ses propres pratiques discriminatoires n'est pas chose aisée. Le caractère hétéroclite du groupe peut ne pas suffire pour établir un audit de bonne foi et sans reproche.

- **C'est pourquoi, il peut faire appel à des consultants externes à l'entreprise.** Ce cas précis ne se posera pas le problème lié à l'objectivité de l'audit.

Attention

Lorsque l'employeur fait le choix de recourir à un prestataire externe pour l'audit, il devra veiller au climat social de l'entreprise. Un audit est souvent mal perçu par le personnel. Conformément aux dispositions du Code du travail, l'employeur informera les représentants du personnel de sa volonté d'auditer l'entreprise sur les pratiques discriminatoires.

Une troisième voie peut être ouverte au chef d'entreprise. Celle-ci consisterait à faire appel à un auditeur externe, mais qui travaillerait avec le comité de réflexion créé par l'employeur. En quelque sorte, l'auditeur externe et le comité de réflexion travailleraient main dans la main. Ce partenariat est somme toute délicat à mettre en œuvre. Des conflits peuvent naître entre les deux auditeurs si préalablement rien n'a été prévu pour clarifier les relations entre les deux protagonistes.

Développer la formation

Pourquoi développer la formation

La formation est un levier de lutte contre les discriminations qu'il convient de ne pas négliger. En effet, si la « discrimination grossière » devient plus rare (par exemple, un acte flagrant de racisme : injure, diffamation), les discriminations invisibles, non perceptibles et bien qu'illégales, sont répandues. Elles sont souvent le résultat d'une prise de conscience insuffisante des pratiques discriminatoires et de leurs conséquences au sein d'une entreprise. D'où l'intérêt, voire la nécessité, d'introduire et de proposer aux salariés des modules de formations sur le thème de la discrimination ou sur la diversité dans l'entreprise.

Les types de formation

Trois types de formations sont principalement proposés : les formations juridiques, les formations liées à la sensibilisation aux valeurs de l'entreprise et les formations axées sur les préjugés et les stéréotypes face à la différence.

Les avantages de la formation

Former son personnel aux pratiques non discriminatoires et à la gestion de la diversité a des effets bénéfiques pour l'entreprise. Être en formation, c'est faire l'expérience d'une relation avec l'autre et avec soi-même. Le formateur propose au participant d'interroger son rapport à la différence. La prise de parole est facilitée par des exercices. Le dispositif se centre sur la qualité de la relation. Il donne la possibilité aux participants d'exprimer leurs craintes, pour aborder les questions de fond. Il faut écouter et déceler dans le discours les difficultés, les peurs, pour pouvoir les apprivoiser. Il s'agit donc de nommer ce que l'entreprise et la société ne nomment pas. Ces formations permettent à leur échelle de faire évoluer les mentalités et les pratiques. Elles aident ainsi à développer une véritable communication interculturelle.

La formation des représentants syndicaux

Proposer des formations à ces professionnels peut s'avérer for utile, dans la mesure où l'on constate souvent que les élus aux comités d'entreprise, les conseillers de prud'hommes et les délégués syndicaux peuvent manquer d'une formation de qualité sur les règles applicables en matière de lutte contre les discriminations. Les lignes budgétaires pour la formation sont la plupart du temps globales et ne permettent pas d'identifier les thèmes de formation. C'est justement l'occasion pour l'employeur d'entreprendre une nouvelle politique budgétaire en la matière.

L'expérience de la société Adecco

L'entreprise de travail temporaire Adecco a monté un plan de lutte contre les discriminations dans l'ensemble de ses agences, à la suite d'un état des lieux réalisé par le COPAS (Conseil en pratique et analyses sociales) en 2001. L'entreprise a créé en interne un pôle de lutte contre les discriminations et a initié le projet « Equal Latitude », en association avec l'État, des entreprises et institutionnels. Des conférences-débats ont été organisées pour des clients de la société, avec des représentants de services publics ou parapublics. Trois cents salariés ont suivi le module « Les discriminations raciales et les possibilités d'intervention ».

Aujourd'hui, le module « Faire face aux discriminations dans la relation commerciale » a pris le relais. Ce ne sont pas moins de 700 permanents qui ont été formés en 2004, et 700 en 2005. Depuis 2004, la société Adecco précise systématiquement son engagement à chaque nouveau salarié, lors du module d'intégration interne. La non-discrimination est devenue une règle interne, touchant tous les processus. Les salariés se déclarent libérés du poids de la décision d'accepter ou non une commande discriminatoire. Une culture commune est apparue. Pour la diffuser, un kit pédagogique, réalisé par l'entreprise, reprend tous le processus de formation destiné aux entreprises et aux intermédiaires. Plusieurs types d'argumentaires, réalisés par l'Institut du mécénat de solidarité, ont été produits. De plus, le site « Discrinet » créé va être un vecteur de diffusion des outils nationaux et transnationaux.

Limiter la mise en jeu de la responsabilité de l'employeur

Même si les condamnations ne sont pas fréquentes, elles ont le mérite d'exister. Les sanctions peuvent même être très lourdes, d'autant que le risque juridique encouru par l'employeur est croissant compte tenu du nouveau dispositif mis en place par la loi du 16 novembre 2001, ce qui n'exclut pas pour autant la possibilité de limiter la mise en jeu de sa responsabilité par la reconnaissance assumée de sa faute.

Le contexte : peu de plaintes ou de condamnations

En France, les plaintes pour discrimination sont peu nombreuses. En conséquence de quoi, le nombre des condamnations est encore plus faible.

Toutefois, malgré un nombre de condamnations restreint, le chef d'entreprise doit rester vigilant, car il n'est pas à l'abri de poursuites judiciaires engagées à son encontre. D'autant qu'en terme d'image, tout conflit peut se révéler être dangereux et néfaste. Il n'est jamais bon, aux yeux de sa clientèle, de l'Administration (pour une obtention d'un marché public, par exemple) et/ou de ses fournisseurs d'avoir une mauvaise réputation concernant la façon dont l'entreprise gère ses salariés. Une action en justice pour pratique discriminatoire restera toujours préjudiciable pour l'entreprise, quant bien même l'employeur aura par la suite été disculpé par la justice. Il en restera toujours un goût amer, dont parfois on ne se relève pas, car le mal aura été fait, et l'on peut imaginer le pire si l'affaire est relayée par la presse. Bien plus, le Garde des Sceaux a demandé, dans une circulaire, le 16 juillet 1998, aux procureurs de la République et aux procureurs généraux, de faire preuve d'une vigilance renforcée dans la recherche et la constatation de ce type d'infractions liées aux discriminations. C'est pourquoi, les entreprises doivent considérer les poursuites éventuelles comme un risque à part entière, qu'il convient d'anticiper et de juguler.

Un risque juridique croissant

Le nouveau dispositif mis en place par la loi du 16 novembre 2001

Les évolutions juridiques vont dans le sens d'un durcissement. Dernièrement, le législateur a prévu tout un dispositif juridique allant en ce sens. Il s'agit de la loi du 16 novembre 2001, précitée, relative à la lutte contre les discriminations.

La discrimination : une infraction élargie

La loi du 16 novembre 2001 a élargi la liste des discriminations (*cf.* p. 193), qui concernent désormais : l'origine, le sexe, les mœurs, la situation de famille, l'appartenance à une ethnie, une nation ou encore une race, les opinions politiques, les activités syndicales ou mutualistes, les convictions religieuses, les orientations sexuelles, l'âge, l'apparence physique (taille, poids, etc.), le patronyme.

En outre, la loi précise que toute discrimination est également interdite pour l'accès à un stage ou à une période de formation en entreprise.

Concernant les salariés, les mesures discriminatoires sont prohibées, non seulement à l'occasion des procédures de recrutement, de sanction ou de licenciement, mais également pour l'ensemble des actes de la vie professionnelle : rémunération formation, reclassement, affectation, qualification, classification, promotion professionnelle, mutation, renouvellement de contrat.

Un aménagement de la preuve au profit du salarié

Le principe de base : si j'agis en justice, je dois prouver ce que j'affirme

Le procès est gouverné par des règles juridiques qui organisent minutieusement son déroulement. La première d'entre elles, certainement la plus importante en droit français, est celle qui impose à la personne (le plaignant ou le demandeur) qui engage une action en justice (qui prétend donc à quelque chose) de rapporter la preuve de ce qu'il affirme. C'est à celui qui agit en justice qu'incombe la charge de la preuve. Cette règle de base s'applique évidemment dans les rapports entre le salarié et son employeur. Il en va tout autrement en matière de discrimination.

La naissance d'une nouvelle règle probatoire : c'est désormais à l'employeur de se justifier

C'est dans le cadre européen que l'attention portée aux discriminations entre les sexes a fait émerger un nouveau régime de preuve au profit du salarié. La Cour de justice européenne a instauré un régime probatoire original, défini, pour la première fois dans un arrêt Danfoss, rendu le 17 octobre 1989 (n° 106/88). Les juges considèrent que s'il revient au demandeur (le salarié) de prouver l'existence d'une différence de traitement préjudiciable aux personnes de son sexe, il incombe à l'employeur (défendeur) de démontrer que la discrimination de fait, ainsi mise en évidence, repose sur des raisons objectives, proportionnées au but poursuivi et étrangères à toute discrimination prohibée. Cette position a été suivie par la chambre sociale de la Cour de cassation dans l'arrêt précité du 12 février 1997. La loi du 16 novembre 2001 a repris ce régime probatoire, dans les articles L. 122-45 et L. 123-1 du Code du travail. Il figure aussi dans la directive 2000/78/CE du 27 novembre 2000, définissant un cadre général en faveur de l'égalité de traitement en matière d'emploi et de travail (article 10).

Concrètement, on a abouti à une nouvelle démarche, pour vérifier si une discrimination existe :

- Dans un premier temps, le juge va examiner les éléments de faits fournis par le salarié (le salarié ne peut pas se contenter d'impressions, il doit faire état de faits concrets, mais étant entendu qu'un simple élément peut suffire) ;
- Dans un deuxième temps, le juge va examiner les critères objectifs avancés par l'employeur pour justifier d'éventuelles disparités. L'employeur doit démontrer que la différence de traitement éventuellement constatée repose exclusivement sur des faits objectifs et professionnels.

À noter

La preuve ne peut être rapportée que par une comparaison faite au regard de la situation concrète des salariés dans leur environnement professionnel et par rapport à des personnes travaillant dans les mêmes conditions d'ancienneté et de technicité.

Concrètement, que fait le juge lors d'un litige sur la discrimination ?

Dans un arrêt du 19 décembre 2000 (Bull. n° 436), la chambre sociale de la Cour de cassation a admis que le juge prud'homal pouvait, pour vérifier l'existence d'une discrimination indirecte, effectuer une comparaison globale de la situation des hommes et des femmes dans l'entreprise, au regard de l'avantage invoqué, rejoignant ainsi l'approche « statistique » ou par groupe de comparaison prônée par la Cour de justice européenne, en particulier dans un arrêt Seymour-Smith, du 9 février 1999 (n° C 167-97).

Le testing reconnu comme preuve

Ce qu'est le *testing*

Comme son nom l'indique, le *testing* consiste à procéder à des tests de discrimination. L'objectif est de prouver qu'il est plus difficile pour des candidats atypiques (femme enceinte, personne handicapée, candidat d'origine étrangère, etc.) de trouver du travail, voire de décrocher un simple entretien d'embauche. Ce *testing* peut être pratiqué au stade de l'envoi des candidatures, lors d'appels téléphoniques préalables à l'entretien d'embauche ou au moment de l'entretien. Toute entreprise, quels que soient sa taille ou son statut, peut subir un tel test. Il s'agit d'un moyen de preuve redoutablement efficace, car il s'opère à l'insu de l'entreprise.

Le testing, reconnu par le juge et la loi

Dans un arrêt de 2002, la Cour de cassation a reconnu légalement le *testing* comme preuve. Elle a notamment cassé un arrêt de la cour d'appel de Montpellier qui avait réfuté la méthode du *testing* comme mode de preuve des discriminations. La Cour de cassation a estimé qu'*« aucune disposition légale ne permet aux juges d'écarter les moyens de preuve produits par les parties au seul motif qu'ils auraient été obtenus de façon illicite ou déloyale, il leur appartient seulement d'en apprécier la valeur probante après les avoir soumis à discussion contradictoire »*. Le législateur, a fait écho à la jurisprudence en reconnaissant le *testing* comme mode de preuve probatoire : notamment à l'article 225-3-1 du Code pénal issu de la loi du 31 mars 2006[1] qui prévoit que :

> *« Les délits de discriminations sont constitués même s'ils sont commis à l'encontre d'une ou plusieurs personnes ayant sollicité l'un des biens, actes, services ou contrats mentionnés à l'article 225-2 dans le but de démontrer l'existence du comportement discriminatoire, dès lors que la preuve de ce comportement est établie. »*

Une protection des témoins renforcée

Le salarié témoin ne peut faire l'objet d'une sanction

L'article L. 112-45 du Code du travail prévoit que :

> *« Aucun salarié ne peut être sanctionné, licencié ou faire l'objet d'une mesure discriminatoire pour avoir témoigné d'agissements discriminatoires ou pour les avoir relatés. »*

La nullité du licenciement d'un salarié qui agit en justice pour discrimination

L'article L. 112-45-2 du même code dispose que :

> *« Est nul et de nul effet le licenciement d'un salarié faisant suite à une action en justice engagée par ce salarié ou en sa faveur sur la base des dispositions du présent code relatives aux discriminations, lorsqu'il est établi que le licenciement n'a pas de cause réelle et sérieuse et constitue en réalité une mesure prise par l'employeur à raison de l'action en justice. »*

---

1. Article 225-3-1, inséré par la loi n° 2006-396 du 31 mars 2006, article 45, *Journal officiel* du 2 avril 2006.

Les sanctions juridiques encourues

Les sanctions pénales

L'employeur qui commettrait une discrimination dans son entreprise encourt, nous l'avons vu, une peine de trois mois d'emprisonnement et une amende de 45 000 €. À cet égard, doit-on rappeler la condamnation à six mois de prison avec sursis et 1 500 € d'amende pour discrimination à l'embauche d'une directrice d'une société de cosmétiques (décision de 2003), ou encore la condamnation à 10 000 € d'amende du responsable du restaurant d'un célèbre cabaret parisien qui avait indiqué qu'il ne « recrutait pas de noirs » pour le service en salle (décision de 2000).

Les sanctions civiles

Des dommages et intérêts peuvent être versés au salarié en raison de son préjudice moral. Des dommages et intérêts peuvent être versés au candidat à une offre d'emploi en réparation du préjudice résultant de la perte d'une chance d'être sélectionné pour des motifs illégitimes.

Les sanctions prud'homales

Le licenciement motivé par un motif discriminatoire est nul de plein droit (L. 122-45). Dans ce cas, le salarié peut demander sa réintégration. S'il ne le souhaite pas, le salarié victime pourra réclamer à son employeur : des indemnités de rupture pour licenciement non fondé sur une cause réelle et sérieuse, des dommages et intérêts au minimum égaux à six mois de salaire si le salarié à plus de deux ans d'ancienneté et si l'entreprise à au moins onze salariés, enfin des indemnités compensatrices de préavis (même si, en pratique, le salarié n'est pas en mesure de l'effectuer).

La possibilité d'une transaction pénale

La sanction pénale ne remplit pas toujours son rôle de dissuasion et de pédagogie. Pourtant, la justice doit maintenir le cap de la sévérité et démonter les processus discriminatoires, valider la parole des victimes et sanctionner les comportements prohibés. Avec la Haute Autorité de lutte contre les discriminations et pour l'égalité (HALDE) et son pouvoir de transaction la France vient de se doter d'un nouvel outil institutionnel pour permettre de traiter la discrimination avec efficacité et pédagogie.

Présentation de la HALDE

Sa création et ses domaines de compétence

La loi portant création de la Haute autorité de lutte contre les discriminations et pour l'égalité (HALDE) a été adoptée le 30 décembre 2004. La HALDE est compétente pour intervenir dans tous les domaines (emploi, éducation, logement, loisirs, soins, etc.), contre toutes les discriminations, notamment fondées sur des critères d'origine ethnique, de religion, de sexe, de conviction, de handicap, d'âge, de santé ou d'orientation sexuelle.

Elle va exercer une mission de traitement des réclamations individuelles et de soutien aux victimes de discriminations, qui pourront la saisir directement. Elle reçoit également une mission consultative et de proposition auprès des pouvoirs publics et, enfin, une mission d'observation et d'étude. La HALDE agira en complémentarité avec la justice, mais aussi avec les administrations et les instances actuellement en charge de la lutte contre les discriminations, ainsi qu'avec les associations et les syndicats, en sollicitant leur concours.

La HALDE en quelques chiffres

Sur l'année 2005, la HALDE a reçu plus de 2 300 plaintes :

- 40 % de discrimination sont fondées sur l'origine ;
- 14 % sur l'état de santé ou le handicap ;
- 6,2 % sur le sexe ;
- 5,6 % sur l'âge ;
- 4,6 % sur l'activité syndicale.

Chaque réclamation a eu une réponse juridique dans les 90 jours à compter du dépôt de la plainte. Ce qui est un délai très rapide (la situation des victimes impose des réponses rapides) contrairement à la durée de traitement des tribunaux, bien plus lents. L'emploi est le principal domaine de discrimination (39,6 % des saisines).

Le nouveau pouvoir de transaction pénale de la HALDE

En quoi consiste ce pouvoir de transaction pénale

La loi du 31 mars 2006 a élargi les pouvoirs de la HALDE qui a désormais le pouvoir de proposer une transaction à l'auteur d'une discrimination (personne physique et/ou personne morale). Cette transaction consiste dans le versement d'une amende de 3 000 € pour les personnes physiques et 15 000 € pour les personnes morales. Des sanctions complémentaires peuvent être prononcées : affichage ou diffusion (communiqués au CE ou au DP), publication au *Journal officiel* (JO) ou à un support de presse. De surcroît, la HALDE peut proposer le versement de dommages et intérêts à la victime par l'auteur de l'infraction.

Pourquoi, une transaction ? Car l'employeur devra dans tous les cas payer une amende et verser des dommages et intérêts ? Que ce soit devant la HALDE ou devant un tribunal, quelle différence cela fait-il ? Parce que la transaction, si elle est homologuée par le procureur de la République, aura pour effet d'éteindre l'action publique, ce qui permet à l'employeur d'éviter une condamnation pénale plus lourde de conséquences pour l'entreprise.

Le déroulement de la procédure

Dès que la HALDE a connaissance de faits discriminatoires, les agents constatent l'infraction (signalée par la victime elle-même ou des personnes tierces, ou encore *via* le *testing*). Un agent assermenté de la HALDE va alors recevoir l'auteur de l'infraction. Ce dernier peut accepter la convocation ou la refuser. Dans les deux cas, l'agent notifiera à l'auteur du fait discriminatoire par lettre recommandée avec avis de réception une proposition qui comportera :

- La nature des faits reprochés ;
- La nature et le *quantum* des sanctions envisagées ;
- Le montant des dommages et intérêts dus à la victime.

La proposition précise à cet égard que l'intéressé dispose de 15 jours pour faire connaître sa décision et qu'il peut se faire assister par un avocat. À défaut de réponse dans le délai imparti ou en cas de refus, la HALDE transmet sans tarder le dossier au procureur de la République. Le dossier suivra donc le processus judiciaire classique avec tous les désagréments que cela implique pour l'entreprise. En cas d'acceptation de la proposition, la HALDE transmet le dossier au procureur de la République pour homologation. Si le procureur donne son accord, l'auteur de la discrimination en est informé par la HALDE qui lui donne les modalités d'exécution de ses obligations avec un délai pour accomplir ses obligations. Si l'auteur n'exécute pas complètement ses obligations prévues par la proposition de transaction, la HALDE saisit le procureur ou saisit directement le tribunal correctionnel par la voie de la citation directe.

Allant vers ces objectifs de recherche d'efficacité et de pédagogie dans la sanction, le pouvoir de transaction de la HALDE va permette à l'employeur de reconnaître plus facilement son comportement discriminatoire. Une reconnaissance sans équivoque, n'est-ce pas le début de la guérison ? Le droit devient alors une menace crédible, favorisant la cohésion sociale de la société. On peut l'espérer…

Questions/Réponses

Les critères de discrimination

Question

« Je n'aime pas les hommes à lunettes, d'origine bourguignonne, et qui parlent avec un fort accent marseillais… Je n'en veux pas dans mon entreprise. Ai-je le droit d'agir de la sorte ? »

Réponse

La réponse est à l'évidence non ! Quels que soient les critères proposés, le principe de l'égalité des traitements et de l'absence de discrimination est total et absolu. Vous ne pouvez pas refuser du travail à cette personne (ou une promotion ou une formation) sous le prétexte que vous n'appréciez pas ses origines, ses caractéristiques physiques.

Les juridictions sont de plus en plus sévères à l'égard des employeurs qui auraient, sans raison valable, privilégié une catégorie plutôt qu'une autre et, par la même, exclu la personne discriminée d'un poste, d'une formation ou d'une promotion…

On voit encore par exemple des annonces recrutant une « hôtesse de caisse »… La bonne question à se poser est de savoir en quoi il est nécessaire d'être une hôtesse, donc une femme, pour effectuer le travail.

À de très rares exceptions près, la plupart des emplois peuvent être occupés indifféremment par des hommes ou par des femmes. Hormis les fonctions de ministre du culte, de mannequin et de quelques emplois très particuliers, pour lesquels le sexe est un critère déterminant, et à niveau de compétence égale, la plupart des tâches peuvent être accomplies indifféremment par un homme ou par une femme, et d'ailleurs par tout être humain sans distinction de « race, origine, religion, etc. ».

Réponse rapide

La discrimination ne peut être fondée que sur des critères de compétences et non pas sur des critères de sexe, de race, de religion, d'orientation sexuelle, d'opinion, etc.

Pouvoir d'organisation du chef d'entreprise dans le respect de la loi

Question

« La réponse que vous donnez à la question ci-dessus ne me plaît pas beaucoup, car en tant qu'employeur, j'estime que je suis totalement maître chez moi. »

Réponse

Oui, vous êtes maître chez vous, sous réserve de respecter les lois, les règlements et les textes légaux en vigueur. Ces textes légaux nous les connaissons. Ils sont par ordre d'importance : les conventions et textes internationaux, les règlements communautaires, les directives prises par l'Union européenne (dès lors que ces directives ont été transposées en droit français, ce qui est le cas, par exemple, pour la discrimination), les lois françaises, les règlements, arrêtés, conventions collectives, accords d'entreprise, contrats de travail.

Réponse rapide

Pour être complet, après avoir affirmé que « vous êtes maître chez vous », vous devez ajouter : « sous réserve que je respecte les lois et règlements en vigueur... » sinon, le procureur de la République se chargera de vous rappeler que nous ne sommes plus au Moyen Âge ou sous l'Ancien Régime.

L'impact d'une procédure sur le devenir de l'entreprise et de son dirigeant

Question

« On m'a dit que si j'étais condamné, j'aurais un casier judiciaire et que je ne pourrai plus travailler. »

Réponse

C'est vrai et faux. Toute peine prononcée par un tribunal correctionnel fait l'objet d'une inscription au casier judiciaire de l'intéressé. Toutefois, bien qu'il existe un seul casier judiciaire pour chaque personne (et également pour chaque personne morale), il y a trois niveaux de lecture de ce casier judiciaire :

- **L'extrait n° 3 du casier judiciaire** est accessible aux intéressés et, sur simple demande, fait l'objet d'une diffusion sans réelle restriction ; n'y sont portées que les condamnations les plus graves ;
- **L'extrait n° 2 du casier judiciaire** n'est accessible qu'aux services de la justice et qu'à certaines entreprises publiques ou accomplissant des missions de service public ; il concerne toutes les condamnations ;

- **L'extrait n° 1 du casier judiciaire** n'est accessible qu'aux services de la justice (et seul le procureur de la République peut le demander et l'obtenir) ; il contient également toutes les condamnations.

Pour pouvoir continuer à passer des marchés de travaux publics ou à travailler avec des services de l'État, on peut donc demander la « dispense d'inscription au casier judiciaire n° 2 ». Cela signifie que la condamnation existe toujours, bien sûr (elle continue à être mentionnée sur l'extrait n° 1). Toutefois, lorsqu'une entreprise publique, dans le cadre d'une soumission de marchés de travaux publics par exemple, demande l'extrait n° 2 du casier judiciaire, à supposer que le tribunal ait fait droit à la demande précitée, cet extrait n° 2 sera vierge.

À noter : si le tribunal peut autoriser cette dispense d'inscription au bulletin n° 2, il n'est jamais obligé de le faire.

En outre, il ne faut pas oublier que ; régulièrement, des lois d'amnistie ont pour effet d'effacer certaines condamnations du casier judiciaire. Il faut toutefois se garder de systématiser, puisque les lois d'amnistie sont des souvenirs de l'Ancien Régime. En effet, elles ne correspondent à rien de vraiment précis dans l'organisation des peines et du système judiciaire, mais plutôt à une sorte de « récompense » donnée par le président de la République à l'occasion du 14 juillet ou dans des circonstances sensiblement analogues. On parle ici du pouvoir régalien du chef de l'État (du latin *regalis :* « droit considéré comme inhérent à la monarchie » – *Le Petit Robert,* édition 2005). On ne peut donc jamais « parier » sur l'existence d'une future amnistie qui aurait pour effet d'effacer une condamnation.

Réponse rapide

La condamnation entraîne une inscription au casier judiciaire mais, dans certaines circonstances prévues par la loi, il est possible de continuer à soumissionner pour des marchés de travaux publics, à condition que le tribunal l'autorise, celui-ci n'étant jamais toutefois obligé de le faire.

Nouvelles procédures mises en œuvre pour éviter le passage devant le tribunal correctionnel

Question

« J'ai entendu dire qu'on pouvait maintenant plaider coupable... De quoi s'agit-il ? »

Réponse

La procédure de « plaider coupable » devrait être plus justement appelée « procédure de comparution sur reconnaissance préalable de culpabilité ». Elle est laissée à la discrétion du procureur de la République dans le cadre de l'opportunité des poursuites.

Pour les infractions les moins graves et lorsque la loi le prévoit, le procureur a la faculté de proposer à l'intéressé une peine ; sous réserve que le juge homologue cette peine, il n'y aura alors pas de véritable audience publique classique.

L'intérêt évident de cette procédure est, d'une part, la rapidité, la simplicité ; d'autre part, l'absence de caractère véritablement public (en effet, même si la deuxième phase appelée « audience d'homologation » est officiellement publique, il n'y a pas dans les faits de réelle publicité donnée à cette audience).

Le choix du plaider coupable peut donc avoir un avantage pour le chef d'entreprise qui ne souhaite pas voir donner de publicité particulière à une infraction commise dans le cadre de son activité professionnelle. Cette procédure de plaider coupable est une faculté offerte au procureur, et même si l'avocat du chef d'entreprise peut le proposer, le procureur n'est jamais obligé de l'accepter.

À noter : À côté de cette procédure de plaider coupable, il existe des procédures de médiation pénale ou de composition pénale qui lui ressemblent par leur caractère quasiment non public et leur caractère de discussion sur la peine.

Réponse rapide

La procédure de comparution sur reconnaissance préalable de culpabilité n'a pas encore véritablement fait ses preuves pour ce qui concerne les infractions en droit pénal du travail ou les infractions que nous avons évoquées plus haut. On ne peut raisonnablement donc pas dire aujourd'hui à un chef d'entreprise ou à un employeur que dans l'hypothèse où il commettrait une infraction, il n'y aurait pas d'audience publique.

Celui ou celle qui le dirait prendrait un énorme risque, ne serait-ce que parce qu'à tout moment cette procédure peut ne pas aboutir et on revient alors à une audience publique. Il faudra attendre le fil du temps pour savoir comment cette procédure évolue.

Chapitre 7

Le risque routier

Les accidents routiers, de trajet et de mission sont la première cause d'accidents mortels du travail. Lorsqu'ils ne sont pas mortels, ces accidents sont souvent plus graves que les accidents survenant dans l'entreprise. Ce risque encouru par les salariés est lié au développement considérable des déplacements routiers dans le cadre du travail.

L'accident d'un salarié sur la route est à la fois un accident de travail et un accident de la route. Comme accident du travail, il relève de la branche « accidents du travail » de la Sécurité sociale et, comme accident de la route, il concerne les pouvoirs publics. C'est pourquoi la sécurité routière et la Sécurité sociale ont décidé d'unir leurs efforts pour mieux prendre en compte la prévention de ce type d'accidents. Il existe en effet dans les entreprises une tradition, un savoir-faire et des règles pour éviter et réduire les risques liés au travail. Éviter les risques, évaluer ceux qui ne peuvent être évités, combattre le risque à la source, remplacer ce qui dangereux par ce qui l'est moins… Ces principes généraux de la prévention sont inscrits dans la loi du 31 décembre 1991 et offrent à tous les acteurs de l'entreprise un cadre pour aborder la prévention du risque routier.

La première étape consiste à « comprendre pour agir », c'est-à-dire repérer les facteurs de risque qui dépendent de l'activité professionnelle. Il est impératif d'avoir une vision d'ensemble du problème à traiter, avant de se lancer dans des actions ciblées. Dans un deuxième temps, il convient de définir les moyens de prévention adaptés pour prévenir les risques repérés. Que l'accident se produise dans le cadre d'une mission ou au cours d'un trajet entre le domicile et le lieu de travail, il sera considéré comme un accident de travail et suivra la législation de ce dernier, avec le coût qu'il implique. C'est pourquoi le risque routier en entreprise (ou risque routier encouru par les salariés) est un risque professionnel en tant que tel, et que sa prévention relève, comme les autres risques liés à l'activité de l'entreprise, de la responsabilité de l'employeur.

Prévenir l'accident de la route, c'est donc prévenir les dommages corporels des salariés et des tiers, prévenir un surcoût pour l'entreprise, prévenir l'absentéisme, prévenir une certaine dégradation de l'image de la société et, enfin, prévenir certains problèmes sociaux éventuels. Mais prévenir ne suffit pas toujours, et il s'agit alors d'en rechercher les causes. L'entreprise peut à cet égard engager sa responsabilité, tant sur le terrain du droit de la Sécurité sociale que sur celui du droit pénal.

Comment identifier le risque routier ?

Encore assez largement sous-estimé comme risque professionnel à part entière, le risque routier a été jusqu'à présent traité sous l'angle de la sécurité routière. Bien sûr, l'accident sur la route d'un salarié est avant tout un problème qui intéresse la collectivité dans son ensemble.

Qui sont les victimes et quelles sont les conduites à risque ? Voilà deux questions essentielles auxquels il convient de répondre avant toute chose.

Les victimes sont souvent des chauffeurs et salariés itinérants et autonomes

D'après une étude réalisée par l'Institut national de recherche sur la sécurité, portant sur 1 901 accidents mortels survenus à des salariés en mission entre 1990 et 1997, il apparaît que ce sont les chauffeurs routiers et les conducteurs de bus et d'autocars (732), puis les directeurs et les gérants d'entreprise (220) et enfin les commerciaux (216) qui constituent les catégories de salariés les plus exposés. Les petites entreprises (de 1 à 9 salariés) et de (10 à 49) sont parmi les plus représentées avec 381 et 445 accidents mortels. De même, les accidents de la route ont été la première cause d'accidents du travail mortels en 2001, selon la CNAM. En 2001, les accidents routiers, intervenus tant sur le trajet entre le domicile et le lieu de travail que dans le cadre du travail, ont représenté 61,2 % des accidents du travail mortels, avec 836 accidents. Parmi les accidents de mission intervenus du fait ou à l'occasion du travail, les accidents routiers représentent 35,9 % des décès.

Ces chiffres sont stables depuis quelques années et ce sont les professions les plus mobiles (services aux personnes et aux entreprises, techniciens de maintenance, services de livraison, visiteurs médicaux, etc.) qui sont les plus exposées. Selon la CNAM, le risque routier est pourtant un risque professionnel peu connu.

À noter

Aucune loi ni règlement n'encadrent l'usage des véhicules légers lors d'un usage professionnel.

Depuis 2001, l'assurance-maladie adresse un guide d'évaluation aux entreprises, diffusé à 20 000 exemplaires, pour qu'elles intègrent ce risque dans leur politique de prévention des risques professionnels. Elle a également mis en place un dispositif national, régional et départemental en partenariat avec la sécurité routière. La CNAM recommande ainsi aux entreprises d'organiser le travail de façon à éviter ou limiter les déplacements, d'intégrer le risque routier dans l'évaluation des risques, d'inciter les salariés à utiliser les moyens de déplacement (train, avion) et les itinéraires (autoroutes) les plus sûrs. Elle incite également les sociétés à choisir des véhicules adaptés à la tâche pour laquelle ils sont utilisés, à donner aux salariés le temps nécessaire de conduire en sécurité, et à s'assurer que le conducteur n'a pas à utiliser de moyens de communication pendant le trajet (téléphones portables, notamment).

Les chiffres chocs de la Sécurité routière (6 janvier 2004)[1]

1 sur 2	La vitesse intervient comme facteur déclenchant ou aggravant dans un accident mortel sur deux.
80 km/h	Lorsqu'un choc frontal se produit à cette vitesse et au-delà (après freinage), tout passager du véhicule, même ceinturé, n'a pratiquement aucune chance de survivre.
6 minutes	C'est le très faible gain de temps que l'on obtient sur un parcours de 100 km en roulant à 150 km/h au lieu de 130.
11 étages	Pour un corps humain, un choc à 100 km/h équivaut à une chute verticale de 40 mètres, c'est-à-dire de 11 étages.
9 mètres	C'est la distance que l'on peut gagner avec un bon freinage sur route sèche si on roule à 50 km/h au lieu de 60 km/h. Cela suffit pour épargner un piéton.
100 à 150 mètres	C'est la distance que des phares bien réglés peuvent éclairer. Mais à 130 km/h, la nuit, cela ne permet pas de freiner à temps devant un obstacle imprévu.
3 à 4	C'est le nombre de victimes épargnées chaque fois que la vitesse moyenne pratiquée baisse de 1 km/h.

1. Source : Centre européen de prévention des risques (http://www.cepr.fr).

Des facteurs de risque multiples

La fatigue au volant

Les dangers de la somnolence

La vigilance au volant est un élément fondamental de la sécurité. La concentration du conducteur est indispensable à une conduite parfaitement maîtrisée. Outre l'alcool, la fatigue et la prise de médicament sont parmi les facteurs qui peuvent altérer la vigilance au volant.

Malgré les améliorations récentes des chiffres de la sécurité routière, un grand nombre d'accidents sont encore causés par un facteur méconnu, la fatigue. En effet, outre la vitesse et l'alcool, il existe un troisième facteur d'accident, encore trop méconnu, celui des troubles du sommeil et de la baisse de vigilance. Il s'agit pourtant d'un phénomène très courant puisqu'un Français sur cinq se plaint d'insuffisance de qualité et de quantité de sommeil.

La somnolence au volant est à l'origine de 20 à 30 % des accidents, 30 sur autoroute et 20 sur la route. La fatigue est un facteur important d'insécurité ; elle entraîne la baisse de la vigilance au volant, diminue les réflexes et augmente le temps de réaction. Être au volant entre deux et cinq heures du matin multiplie le risque d'accident par 5,6. La privation de sommeil a des effets tout aussi nocifs que la prise d'alcool. Pour les experts de la sécurité routière, prendre la route après une journée d'activité équivaut à 0,5 gramme d'alcool dans le sang et c'est aussi dangereux qu'une alcoolémie à un gramme.

Les signes annonciateurs de somnolence sont :

- Les bâillements répétés ;
- Le picotement des yeux ;
- Les courbatures et la tête lourde ;
- Une sensation de nuque raide ;
- L'apparition de mouvements automatiques (cligner des paupières, se passer la main dans les cheveux).

Attention

Un seul de ces signes est parfois un indicateur suffisant.

Ce qu'il faut faire pour l'éviter

Il est vital de préconiser une bonne hygiène de sommeil avant de prendre la route. Avant tout trajet, il est recommandé de se reposer, et une nuit de sommeil complète est fortement conseillée. Pendant un long trajet, il est recommandé de s'arrêter toutes les deux heures et d'effectuer une pause d'au moins un quart d'heure. Lors de ces pauses, une activité physique peut-être réalisée afin de se détendre (marche, jeu).

Pendant le parcours, il est conseillé de :

- Aérer la voiture ou assurer une température ambiante basse (climatisation) ;
- Écouter la radio.

Bien évidemment, la prise de médicaments et de toxiques est vivement déconseillée en raison de leur pouvoir potentialisant.

Le portable au volant

Les écueils à éviter

Chacun connaît l'intérêt du téléphone portable, et il n'est pas question de le nier. Ce moyen de communication peut rendre de grands services, y compris sur la route, pour prévenir les secours en cas d'accident, pour téléphoner à un dépanneur, etc. Mais un conducteur se doit de respecter quelques règles simples :

- Ne jamais répondre si l'on conduit ;
- De préférence, éteindre son téléphone et le laisser sur messagerie. C'est peut-être l'occasion de mettre un message spécifique et ludique : « Bonjour, je suis au volant, je ne peux donc vous répondre »... Ce serait ainsi prévenir aussi son interlocuteur que l'on a intégré cette dimension de la sécurité... Ce qui n'est pas un mauvais message à faire passer en terme de communication pour l'entreprise ;
- Pour téléphoner ou écouter un message, s'arrêter dans un lieu adapté, c'est-à-dire ni sur une bande d'arrêt d'urgence sur l'autoroute, ni en double file ou au feu rouge en ville.

Ce que dit la loi

Depuis avril 2003, l'usage du téléphone tenu en main au volant est formellement interdit. Le conducteur s'expose à une amende de 35 euros et au retrait de 2 points de son permis de conduire.

L'usage du kit mains libres peut également entraîner une amende de 35 euros en application de l'article R. 412-6 du Code de la route qui prévoit que :

> *« Tout conducteur doit se tenir constamment en état d'exécuter commodément et sans délai toutes les manœuvres qui lui incombent. »*

Le kit mains libres est une fausse solution car l'attention demeure captée par la conversation téléphonique. En cas d'accident, la responsabilité du conducteur peut-être engagée.

En quoi est-ce dangereux

Près de la moitié des conducteurs décrochent dans les deux secondes, c'est-à-dire dans l'urgence, donnant la priorité à cette tâche. Ils doivent alors, le cas échéant, lâcher le volant d'une main pour appuyer sur la touche « répondre » et saisir le combiné.

Lors de la conversation, la concentration portée à la conduite diminue ; le regard se focalise sur la route et les temps de réaction augmentent. Le conducteur regarde moins souvent dans ses rétroviseurs et sur les côtés. Il relâche sa vigilance et fait moins attention aux différents signaux et aux piétons.

L'alcool au volant

L'alcool est en cause dans près d'un accident mortel sur trois. Et si les conducteurs impliqués sont rarement des alcooliques, c'est parce que le risque survient avant qu'apparaisse l'état d'ébriété. Sur nos routes circulent en permanence 2 à 3 % de conducteurs ayant une alcoolémie supérieure au seuil légal. Les nuits et les week-ends, le pourcentage est multiplié par 10 (jusqu'à 30 %).

L'alcool est dangereux ! Oui mais, concrètement, quels sont ses effets ?

Entre 0,3 et 0,5 g/l (dans le sang) :

- Début de sensation d'euphorie : le conducteur prend des risques qu'il n'aurait pas pris en temps normal ;
- Le conducteur ressent de légères perturbations de la vision : l'estimation des distances est faussée et la vision est moins nette sur les côtés.

Entre 0,5 et 0,8 g/l (dans le sang) :

- Allongement du temps de réaction ;
- Trouble de la vision latérale : le conducteur a du mal à distinguer les panneaux, ainsi que les usagers qui s'apprêtent à traverser ou qui arrivent des rues perpendiculaires.

Plus de 0,8 g/l (dans le sang) :

- Le conducteur a des difficultés à prendre des décisions et à adapter la conduite aux circonstances ;
- La coordination et la synchronisation des gestes cessent d'être totalement maîtrisées.

Le risque d'accident mortel est multiplié par :

- 2 à 0,5 g/l ;
- 20 à 0,8 g/l ;
- 25 à 1,2 g/l.

Comment prévenir le risque routier

La prévention du risque routier passe par l'entreprise. Bien sûr, des soutiens extérieurs peuvent s'avérer fortement utiles, mais c'est de l'entreprise elle-même que doit venir l'impulsion, et ce par une analyse des pratiques et des correctifs à appliquer.

L'entreprise doit adopter une démarche fondée sur l'étude de ses propres risques

Comment évaluer les risques

Les différents risques routiers existant doivent inciter les entreprises à adopter une attitude active de prévention du risque routier. À cet égard, plusieurs démarches sont envisageables. Il est par exemple possible de s'inscrire dans une logique d'évaluation des risques professionnels en respectant les prescriptions légales. D'autres voies sont envisageables : notamment, si l'entreprise se situe dans une démarche qualité certifiée, de type ISO 9001 version 2000, sa stratégie peut s'illustrer par la boucle dite « d'amélioration continue » suivante :

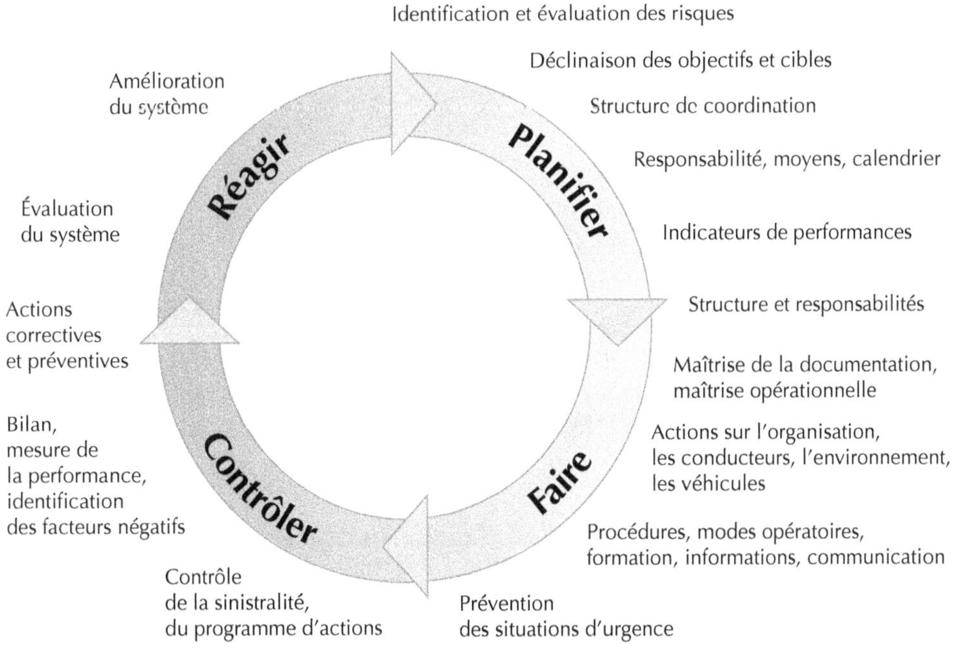

Bien sûr, cette procédure peut s'appliquer à toute autre entreprise non certifiée.

Les différentes étapes de l'évaluation

Il faut donc distinguer cinq étapes :

- **Avant la phase de planification, il convient de procéder à une analyse préalable du risque.** Il s'agit d'identifier et d'évaluer les facteurs susceptibles de générer des accidents (organisation des déplacements, conducteurs, environnement routier, nombre et état des véhicules, modes d'utilisation – professionnel ou mixte), d'analyser les accidents ayant déjà eu lieu ;

Important

C'est aussi l'occasion d'interroger et de travailler en partenariat avec le CHSCT et ses acteurs. Le CHSCT exerçant véritablement là son rôle de prévention auquel il est généralement très attaché.

- **Une fois cette démarche concrétisée, l'entreprise va pouvoir définir sa politique de sécurité routière** et donc passer à la phase de planification d'un « système de management sécurité routière ». Il s'agit donc d'établir un plan d'action en partant du réel pour aller vers le prescrit ;
- **Il s'agit ensuite de passer à la phase de mise en œuvre**, c'est-à-dire au « faire », donc mettre en œuvre un programme d'actions encadrées par diverses procédures, formations, informations. Le contrôle, quant à lui, permet de mesurer, d'enregistrer les résultats, de vérifier la pertinence des options retenues ;
- **La direction de l'entreprise pourra ensuite prendre les mesures correctives nécessaires**, et donc réagir afin de satisfaire au principe d'amélioration continue ;
- **Enfin, peut être mis en place un plan d'action** portant sur de nombreux domaines, tels que le management et la communication interne à l'entreprise (préparation, planification, gestion, réduction des déplacements), l'organisation des déplacements, le perfectionnement des conducteurs (sensibilisation du personnel, évaluation de la conduite, formations spécifiques), l'état des véhicules (véhicules de l'entreprise, campagne de contrôle des véhicules personnels), les trajets domicile/travail (inventaire des itinéraires empruntés, relations entreprise/collectivités locales/DDE, aménagements structurels), l'accès de l'entreprise et le parking (plan de circulation interne).

Comment mettre en œuvre un plan d'actions sincère

Une démarche globale de prévention du risque doit impliquer tous les acteurs de l'entreprise. Rien ne se fera si direction, représentants du personnel, hiérarchie, mais aussi et surtout l'ensemble des salariés ne sont véritablement impliqués dans cette démarche.

Les actions décidées doivent donc toucher les salariés, les véhicules, l'organisation du travail, les infrastructures, les relations avec les clients/fournisseurs. Par ailleurs, pour s'assurer de la pérennité de l'action sécurité routière, il faut évaluer les différentes actions et intégrer la démarche préventive au quotidien. Dans le cadre de la mise en place de ce plan de prévention, l'employeur peut préciser qu'il ne remboursera pas les amendes que les salariés auront pu se voir imputer au titre d'infractions au Code de la route.

Quelques bonnes pratiques pouvant être adoptées par les entreprises

Voici quelques exemples de bonnes pratiques que les entreprises peuvent adopter :

Évitement ou limitation du risque par une organisation du travail adaptée : par exemple, télé ou audioconférence, usage systématique des moyens de transports tels que le train ou l'avion en cas de distance importante, rationalisation des déplacements ;

Interdiction totale de l'utilisation du téléphone, même avec le kit mains libres. Ceci implique, par exemple, que l'employeur n'exige pas de joindre le salarié dans la minute et accepte de laisser un message ; que ce dernier n'appelle pas ses clients lorsqu'il conduit. Les pauses obligatoires toutes les deux heures sont réservées aux contacts téléphoniques. Pour compléter ces bonnes pratiques, la direction des risques professionnels étudie avec les entreprises un système d'alerte en cas d'urgence ;

Formation de post-permis professionnel. C'est une formation complémentaire au permis de conduire : sur une durée de l'ordre de 2 jours, il s'agit pour le salarié utilisant de manière habituelle un véhicule dans le cadre de son activité de confirmer et d'évaluer sa connaissance de la conduite du véhicule (distances d'arrêt, arrêts d'urgence...) ;

Formation au chargement d'un véhicule. Il s'agit de tout mettre en œuvre pour que les matériaux transportés ne constituent pas un facteur de risque supplémentaire pour le conducteur et ses passagers ;

Équipement, aménagement et entretien des véhicules utilitaires légers. Cela se traduit, par exemple, par l'équipement du véhicule de systèmes ABS et air bag.

Renault : un constructeur automobile montre l'exemple

En 2000, Renault, dans le cadre de son plan de sensibilisation au risque routier, décide de faire vivre à l'ensemble de ses salariés une expérience toute particulière : ils font des essais de freinage et testent les distances de sécurité sur le circuit de Montlhéry. Cette expérience pratique fait suite à une formation théorique.

Renault a choisi cette option suite à une augmentation du nombre des accidents de la route de l'ensemble de sa population salariée. Renault a aussi choisi cette stratégie pour soigner son image de marque : serait-il normal qu'un constructeur automobile reste indifférent à l'inflation des accidents de la route ?

En 2003, Renault choisit de faire du risque routier l'un des éléments de sa responsabilité sociale et signe une charte avec le ministère des Transports. Cette charte engage Renault à poursuivre la généralisation de certains équipements de sécurité et à sensibiliser non seulement le grand public, mais aussi les clients.

Par ailleurs, la société signe une charte avec la CNAMTS dans le but d'évaluer les risques, sensibiliser et développer les compétences du personnel, sans oublier d'impliquer les managers. L'objectif était de former 2 000 stagiaires en 2004. En trois ans, le nombre d'accidents a chuté de 26 %. Cette politique s'est donc avérée efficace.

EDF-GDF : des outils et des actions pour tous les acteurs de ces deux entreprises

Le service formation d'EDF-GDF a mis à disposition des salariés, par le biais de l'Intranet, un grand nombre d'informations relatives au risque routier. Ce site accessible sur l'Intranet permet d'aborder ce risque grâce à différents thèmes, tels que la ceinture de sécurité, la vitesse, les enfants, l'utilisation du téléphone.

Tous les salariés n'étant pas amenés à se déplacer régulièrement, les formations et les actions de sensibilisation ne s'adressent pas à l'ensemble de la population salariée. Par contre, les agents de terrain sont régulièrement visités par une personne spécialisée afin d'observer leur manière de conduire. Cela se déroule en général sur une journée. À l'issue de cette phase d'observation, « l'inspecteur » rend compte au salarié de ses comportements à risque. C'est donc une manière de responsabiliser chaque agent de l'entreprise.

Parallèlement, depuis plus d'une dizaine d'années, sur le circuit de Montlhéry, des stages de conduite sont organisés pour les agents se déplaçant souvent. D'après les salariés, c'est la méthode la plus efficace pour réaliser les dangers de la route.

Au même titre que Renault, la population formée voit le nombre d'accidents diminuer.

L'aide des pouvoirs publics

La prévention du risque routier constitue aussi un sujet de préoccupation pour les pouvoirs publics. C'est dans ce contexte qu'une charte nationale a été signée le 22 décembre 1999 entre la sécurité routière et la Caisse nationale d'assurance-maladie des travailleurs salariés (CNAMTS). Dans le cadre d'une démarche conjointe et complémentaire, ces deux organismes peuvent désormais signer des chartes avec les entreprises pour la sécurité routière de leurs salariés.

Un programme de travail a été conçu à partir de l'analyse des situations de travail, des risques propres aux contraintes professionnelles, en considérant que les métiers ciblés ne concernaient pas exclusivement les professionnels de la route. Les risques ne sont pas les mêmes pour un visiteur médical, un commercial, ou encore pour un ouvrier du bâtiment. La direction des risques professionnels de la CNAMTS a donc procédé à des études pour identifier les causes d'accident les plus fréquentes et élaborer un programme adapté aux salariés (formation, outils d'information).

La CNAMTS s'est également rapprochée, dans un premier temps, de grandes entreprises, misant ainsi sur un effet d'entraînement des petites entreprises dans cette démarche. Plusieurs d'entre elles ont déjà signé cette charte ou vont le faire dans les prochains mois : Renault (juin 2003), Arval PHH, entreprise de location de véhicules (juin 2003), AXA (décembre 2003), Cofiroute (décembre 2003) les Autoroutes du Sud de la France (fin janvier 2004). Au total, ce sont à la fin 2004 environ 50 000 salariés qui s'engagent aujourd'hui dans le respect de ce code de bonnes pratiques. La dynamique de cette action se poursuit, et des négociations sont en cours avec une dizaine d'autres sociétés...

La charte du 6 novembre 2002 pour la prévention du risque lié au déplacement (valable 3 ans) a pour partie la délégation interministérielle à la sécurité routière (DISR), la direction de la sécurité et de la circulation routières (DSCR) et le groupement des préventeurs du risque routier (GP2R). Elle fait suite à la charte nationale signée le 22 décembre 1999 par la déléguée interministérielle à la sécurité routière et le président de la commission des accidents du travail et maladies professionnelles de la CNAMTS, dont l'idée-force est : conduire est un acte de travail.

Le développement de politiques, de dispositifs et d'actions de prévention du risque routier doit permettre des progrès notables en matière de sécurité routière, en mobilisant et en responsabilisant toutes les composantes de l'entreprise, ainsi qu'en mettant à leur disposition les ressources liées à leur compétence et leur domaine d'expertise.

À ce titre, plusieurs points sont mis en avant :

- L'information et la communication, afin d'apporter à chaque entreprise les éléments favorisant l'existence de politiques de prévention du risque routier ;

- L'action de terrain, en engageant des actions de prévention et favorisant une démultiplication des initiatives, tant au niveau géographique qu'au niveau des branches professionnelles ;
- Le développement de deux grands leviers d'actions : le conseil aux entreprises et la formation.

Les mécanismes juridiques applicables en cas de survenance d'un risque routier

S'il y a lieu bien évidemment de privilégier la prévention du risque routier, il convient de gérer l'accident lorsqu'il survient. À cet égard, le risque routier peut relever de différents régimes qui emportent des conséquences distinctes pour le salarié victime. Le risque routier lorsqu'il se réalise dans un cadre professionnel est susceptible de relever de trois régimes distincts. Le Code de la Sécurité sociale couvre trois types de risques nettement distincts : l'accident de travail, l'accident de trajet et la maladie professionnelle. L'accident dit de mission qui peut frapper un salarié itinérant ne constitue pas un cas à part, mais la jurisprudence protège maintenant plus largement le salarié victime d'un accident en mission pour son entreprise.

Le risque routier et l'accident de travail

L'accident de travail constitue vraisemblablement un des risques auxquels tout employeur et tout salarié est le plus exposé.

Selon l'article L. 411-1 du Code de la Sécurité sociale :

> *« Est considéré comme accident de travail, quelle qu'en soit la cause, l'accident survenu par le fait ou à l'occasion du travail à toute personne salariée ou travaillant, à quelque titre que ce soit, pour un ou plusieurs employeurs. »*

La notion d'accident suppose un événement soudain qui cause un préjudice physique : un choc, une chute, par exemple. Le caractère de soudaineté qui caractérise l'accident s'oppose à une pathologie qui aurait une évolution lente et qui caractérise une maladie qui peut être professionnelle. Autre caractéristique de l'accident du travail : il doit survenir au temps et au lieu de travail, ces deux critères étant entendus de manière très large par les tribunaux. Le parking de l'entreprise et tout lieu où l'employeur exerce son autorité sont assimilés au lieu de travail.

Par conséquent, pour qu'il y ait un accident de travail, deux éléments sont nécessaires :

- Il faut qu'il s'agisse d'un accident ;
- Il faut qu'il s'agisse d'un fait lié au travail.

Les deux conditions sont requises :

- **Le fait doit être accidentel.** Une action violente et soudaine, d'une cause extérieure, provoquant au cours du travail une lésion de l'organisme humain caractérise l'accident. Par exemple, constituent un accident du travail :
  - Des douleurs dans le dos ressenties par un salarié au cours de son activité professionnelle, dès lors que celles-ci ont justifié un traitement approprié et un repos médicalement constaté,
  - Des lésions auditives apparues le jour même où le salarié s'est servi d'un pistolet de scellement,
  - Le malaise mortel dont un salarié est victime sur les lieux de travail, dès lors qu'il n'est pas démontré que le décès était dû à une cause entièrement étrangère au travail ;
- **Le fait doit par ailleurs être lié au travail.** L'accident doit survenir pendant le temps et au lieu de travail, c'est-à-dire lorsque le salarié est soumis à l'autorité de l'employeur. Le lieu de travail est entendu au sens large : c'est l'ensemble de l'entreprise, y compris les dépendances, les voies d'accès et de sortie et, d'une façon générale, tout endroit où le salarié se trouve par ordre de l'employeur, ou encore par la nécessité de son emploi.

Ainsi est victime d'un accident du travail :

- La salariée blessée dans le local mis à disposition des salariés pour prendre leur repas à l'occasion du nettoyage d'un plat ;
- Le salarié tué pendant le temps et sur le lieu de travail par deux individus qui n'ont pu être identifiés.

À savoir

La présomption d'accident du travail peut être détruite soit par l'employeur, soit par la caisse de Sécurité sociale, à condition de rapporter la preuve soit que la lésion a une cause totalement étrangère au travail (crise cardiaque, par exemple), soit qu'au moment de l'accident, le salarié s'était soustrait à l'autorité de l'employeur (un salarié qui quitterait son emploi pour aller faire des achats personnels pendant son temps de travail).

Le risque routier et l'accident de trajet

Ce qu'est un accident de trajet

L'exercice d'une activité professionnelle conduit le salarié à se déplacer. Ce déplacement fait encourir un risque au salarié. Un accident peut en effet se produire soit sur le trajet que le salarié emprunte pour se rendre sur son lieu de travail, soit lors d'un déplacement effectué pour les nécessités de ce travail. Aujourd'hui, les accidents de trajet et de mission constituent deux tiers des accidents mortels du travail et un tiers des accidents graves.

L'accident de trajet est assimilé par le Code de la Sécurité sociale à l'accident de travail, car il est assez tôt apparu, évidemment, que le salarié pouvait être victime non seulement d'un accident sur son lieu de travail mais également sur le chemin qui y mène.

Selon l'article L. 411-2 du Code de la Sécurité sociale :

> *« Est également considéré comme accident du travail, lorsque la victime ou ses ayants droit apportent la preuve que l'ensemble des conditions ci-après sont remplies, ou lorsque l'enquête permet à la caisse de disposer sur ce point des présomptions suffisantes, l'accident survenu à un travailleur mentionné par le présent livre pendant le trajet d'aller et retour, entre :*
>
> *La résidence principale, une résidence secondaire présentant un caractère de stabilité ou tout autre lieu où le travailleur se rend de façon habituelle pour des motifs d'ordre familial et le lieu de travail. Ce trajet peut ne pas être le plus direct lorsque le détour effectué est rendu nécessaire dans le cadre d'un covoiturage régulier ;*
>
> *Le lieu de travail et le restaurant, la cantine ou d'une manière plus générale, le lieu où le travailleur prend habituellement ses repas, et dans la mesure où le parcours n'a pas été interrompu ou détourné pour un motif dicté par l'intérêt personnel et étranger aux nécessités essentielles de la vie courante ou indépendante de l'emploi. »*

Selon cet article, il s'agit de l'accident survenu à un salarié pendant le trajet d'aller ou de retour entre :

- Sa résidence principale ou secondaire et son lieu de travail ;
- Le lieu habituel où il prend ses repas et le lieu d'exercice de son activité professionnelle.

À noter

Ce n'est que depuis une loi du 30 octobre 1946 que la protection du salarié victime d'un accident de trajet fut organisée. Cette loi fit la distinction entre les accidents de travail et les accidents de trajet.

La qualification d'accident de trajet présente un enjeu majeur pour le salarié comme pour l'employeur, d'où la nécessité de préciser la notion de trajet juridiquement protégé.

Ce qu'est le trajet juridiquement protégé

Une définition de la notion

L'article L. 411-2 du Code de la Sécurité sociale ne donne que la trame de fond de la définition qui est précisée par la jurisprudence. Le trajet juridiquement protégé est celui effectué entre le lieu de travail et le lieu où le salarié réside ou prend habituellement ses repas.

Le trajet part du lieu de travail, c'est-à-dire celui où est exercée l'activité professionnelle et où le salarié est placé directement sous le lien de subordination de l'employeur. C'est l'endroit où le salarié se trouve ou se rend sur ordre de l'employeur.

Attention

Les dépendances de l'entreprise (cantine au sous-sol, vestiaires et douches) font parties des locaux de l'entreprise. L'accident qui s'y produirait serait donc un accident de travail et non un accident de trajet (Cass. ass. plén. 3 juillet 1987).

Le lieu de résidence doit être celui de la résidence principale ou secondaire, si celle-ci présente un caractère de stabilité suffisant : une maison de campagne utilisée en fin de semaine (Soc. 17 juin 1965). Peu importe le fait que la résidence soit très éloignée du lieu de travail, dès lors que le salarié s'y rend directement à l'issue de son activité professionnelle.

Il convient néanmoins de préciser le moment où le salarié se trouve en dehors de son lieu de résidence : si le salarié habite un appartement, la victime subira un accident de trajet à partir du moment où elle ferme la porte de son appartement et pénètre dans les parties communes (couloirs, escaliers, portes de l'immeuble). En revanche si la victime réside dans un pavillon, elle ne se trouvera sur le trajet juridiquement protégé qu'une fois le portail du lieu de résidence dépassé. Un accident survenu dans le jardin n'est plus considéré comme un accident de trajet mais un accident de droit commun (Cass. soc. 28 juin 1989). La définition du domicile est ainsi restreinte par la jurisprudence. Le salarié commence à être protégé dès lors qu'il a quitté son habitation et ses dépendances (jardin, garage). Les limites de propriété sont donc particulièrement importantes ; si l'accident survient alors même que le salarié est en train de sortir sa voiture mais qu'il est en train de fermer la porte de son garage dans son jardin, il s'agit d'un accident de droit commun. S'il est accidenté alors qu'il est déjà sur la chaussée publique, il s'agit au contraire d'un accident de trajet.

Le lieu de prise habituelle des repas est celui de la cantine ou du restaurant d'entreprise, mais est entendu au sens large par la jurisprudence, car il peut s'agir d'un jardin public (Soc. 8 novembre 1977) ; mais peut encore être considéré comme un accident de trajet celui qui survient lorsque le salarié quitte une charcuterie pour se rendre dans un café et consommer son repas. Cependant, si le salarié victime a profité de sa pause de midi pour faire des courses en déjeunant d'un sandwich, l'accident dont il pourra être victime ne sera pas un accident de trajet.

Ce qu'il en est des interruptions, des détours et du co-voiturage

L'itinéraire du salarié est protégé quand il effectue un trajet normal d'aller et retour. Ce trajet doit être le plus court et le moins dangereux, c'est le trajet le plus direct. De plus, il doit avoir lieu au cours d'une période proche de celle de l'exercice de l'activité professionnelle. Au final, le trajet effectué doit être en rapport direct avec le travail. Si ce rapport s'estompe ou disparaît, la qualification d'accident de trajet s'éteint également ; c'est le cas lorsque le trajet est interrompu ou est détourné pour un motif étranger à l'emploi, ou dans l'hypothèse selon laquelle le détour est justifié par un intérêt personnel.

Certains détours sont néanmoins autorisés ; c'est le cas lorsqu'ils se déroulent pour satisfaire des nécessités de la vie courante. Il en est ainsi lorsque le salarié s'arrête pour acheter du pain ou passe à la banque au retour de son travail. Cependant, si l'accident survient sur le lieu de l'interruption elle-même, c'est-à-dire lorsque le salarié se trouve dans la boulangerie, il s'agira d'un accident soumis au droit commun. L'accident de trajet ne sera qualifié comme tel que lorsqu'il se produit pendant les déplacements. Les contraintes liées à la vie familiale sont aussi considérées comme des nécessités de la vie courante. Ainsi, faire un détour pour conduire son enfant à la maternelle avant de se rendre sur son lieu de travail constitue bien un événement intégré dans l'itinéraire protégé (Soc. 13 octobre 1994). Sera même qualifié d'accident de trajet le sinistre survenu alors que le salarié effectuerait un trajet en sens inverse pour déposer ses enfants dans sa belle-famille.

La notion de nécessité de la vie courante est empreinte d'une connotation morale puisque ne sera pas considéré comme un accident de trajet le déplacement du salarié vers un lieu réputé pour son caractère immoral. Mais sur ce point, les arrêts de la Cour de cassation sont peut-être amenés à évoluer.

Le déplacement doit être en rapport avec le travail

L'accident de trajet suppose que l'on se trouve au cours d'une période où le salarié exécute son contrat de travail. Ce dernier ne doit en effet pas avoir été suspendu. En cas d'arrêt maladie, si le salarié a eu un accident en se rendant sur son lieu de travail pour percevoir son salaire, cet accident relève du droit commun (Soc. 29 juin 1961). De plus, le parcours effectué doit être en rapport direct et immédiat avec le travail qui vient de s'accomplir ou qui va avoir lieu (Soc. 1er mars 1962). Il convient néanmoins de rappeler que le déplacement d'un salarié pour se rendre ou revenir d'une réunion du comité d'entreprise est bien considéré comme en relation avec le travail (Soc. 14 janvier 1954).

Pour être en rapport direct avec le travail, le déplacement doit par ailleurs s'effectuer au temps habituel du trajet (Soc. 7 février 1962). Si la présence du salarié se prolonge en raison d'une manifestation organisée par l'employeur, le trajet de retour au domicile reste couvert (Soc. 14 février 1980). En revanche, les salariés dont l'horaire de travail est variable devront prouver qu'ils effectuaient bien un trajet domicile-travail. Le salarié doit en effet prouver que l'accident s'est produit dans le temps et au lieu du trajet (Soc. 8 juillet 1980) et que celui-ci n'a pas été interrompu par un motif d'intérêt personnel. Pour qu'un salarié relève d'un accident de trajet, il faut qu'il soit victime d'un fait accidentel sur un parcours dit protégé que la Cour de cassation a défini de la façon suivante (Cass. ass. plén. 5 novembre 1992) : *« Tout accident dont est victime le travailleur, à l'aller ou au retour entre le lieu où s'accomplit le travail et sa résidence, dans des conditions où il n'est plus soumis aux instructions de l'employeur. »* Les déclarations effectuées par le salarié sont donc importantes.

L'interruption de trajet ou le détour

À la suite des mouvements sociaux de 1995, la loi a été modifiée pour admettre l'accident de trajet dans le cadre d'un covoiturage où les détours effectués ne sont pas considérés comme des interruptions de trajet.

Attention

Pour que le salarié accidenté soit protégé, encore faut-il que le covoiturage soit régulier !

Notre conseil

Un employeur aura tout intérêt à promouvoir ce covoiturage qui est à l'évidence un acte civique mais qui, en même temps, permettra d'étendre l'idée d'accident de trajet.

Les enjeux de la qualification d'accident de trajet

Si le salarié est protégé dans les mêmes conditions en cas d'accident de travail et de trajet, il convient de ne pas oublier qu'il existe des différences notables selon la nature de l'accident. Seul le salarié victime d'un accident de travail bénéficie du régime spécifique des accidentés du travail. Par conséquent, et *a contrario*, un salarié victime d'un accident de circulation qui relève de la catégorie des accidents de trajet relève du droit commun, notamment en matière de protection en matière contre le licenciement.

En cas d'accident de travail, le salarié ou ses ayants droit n'a pas de recours contre l'employeur ou ses préposés, sauf en cas de faute inexcusable (article L. 452-1 du CSS), ou en cas (rare en pratique) d'une faute intentionnelle (article L. 452-5 du CSS). Les accidents de trajet sont sans incidence sur le taux de cotisation de l'entreprise au titre des accidents de travail. On voit mal en effet dans quelle mesure l'employeur serait responsable d'un accident survenu sur la voie publique à un salarié. L'employeur doit cependant veiller à ne pas avoir contraint le salarié à dépasser ses limites horaires en lui causant une fatigue excessive.

> Dans une entreprise de distribution, les salariés sont très attachés à la bonne marche de l'entreprise et ont également une approche quasi familiale de leur métier. Pas question pour eux de quitter l'entreprise, l'entrepôt ou le dépôt avant d'avoir accompli la totalité de la mission qui leur est confiée. Il n'est ainsi pas rare que des salariés effectuent de nombreuses heures supplémentaires, sans même en réclamer le paiement, estimant qu'un travail « doit être bien fait ». L'employeur pourrait voir sa responsabilité engagée, en cas d'accident du travail, en raison d'une fatigue excessive occasionnée au salarié.

Comme on dit : « L'enfer est pavé de bonnes attentions » et il ne faut pas que l'employeur laisse se développer des pratiques qui, si elles peuvent sembler sympathiques, voire particulièrement intéressantes pour lui, entraîneront également sa responsabilité sans aucun doute.

L'accident de travail : un intérêt pour le salarié

L'avantage de cette qualification réside dans le fait que la victime d'un accident de trajet obtient la même réparation que si elle était victime d'un accident de travail. Le salarié victime pourra de plus exercer des actions en responsabilité civile ; ainsi, comme l'accident de trajet se révélera le plus souvent être un accident de la circulation, la victime pourra demander une réparation complémentaire du préjudice contre l'auteur de l'accident, même s'il s'agit d'un salarié de l'entreprise ou de l'employeur lui-même. L'article L. 455-1 du Code de la Sécurité sociale autorisant le recours contre le co-préposé ou l'employeur, auteur responsable d'un accident de trajet dont un salarié est victime. De plus, la victime sera considérée comme un tiers à l'entreprise et le régime de réparation offert par le droit commun pourra s'appliquer. Le salarié victime bénéficiera ainsi de la réparation spécifique et plus avantageuse instituée par la loi de 1985 sur les accidents de circulation.

L'accident de trajet : un intérêt pour l'employeur

Il s'agit de la différence de financement : le risque accident de travail n'est assuré que par les entreprises sur la base d'une cotisation fondée sur le coût réel du risque. À l'inverse la couverture du risque trajet est assurée par une cotisation forfaitaire et nationale.

Le risque routier et les accidents de mission

Il y a peu encore, l'accident qui survenait à un salarié envoyé en mission par son employeur pouvait être très mal couvert. Faute de rapporter la preuve du caractère professionnel, les salariés autonomes relevaient du droit commun.

La Cour de cassation a récemment opéré une évolution de sa jurisprudence en considérant que l'accident qui survient au cours d'une mission professionnelle, en France comme à l'étranger, est présumé être un accident du travail, peu importe qu'il survienne à l'occasion d'un acte professionnel ou d'un acte de la vie courante. (Cass. soc 19 juillet 2001). Le salarié doit ne pas avoir adopté un comportement complètement étranger à son activité. Un salarié victime d'une chute en regagnant sa chambre d'hôtel après avoir dîné sera donc protégé au titre des accidents de travail. En revanche, s'il se blesse en regagnant son hôtel en pleine nuit après avoir été en discothèque, on peut raisonnablement penser qu'il ne sera pas couvert.

Tous les salariés qui disposent d'une forte autonomie dans leurs missions sont donc en principe protégés, en particulier en cas de mission sur plusieurs jours. La CPAM dispose toujours de la possibilité de demander un complément de renseignements pour s'opposer à la prise en charge de l'accident à titre professionnel. Généralement, les salariés les plus touchés par ce type d'accident sont les VRP, les personnels naviguant de l'aviation civile, les routiers et les visiteurs médicaux, certains commerciaux. Il peut cependant survenir lors des déplacements effectués par d'autres salariés hors de leur entreprise.

Les conditions de couverture en cas d'accident de mission d'un salarié

L'accident de mission est le sinistre subi par un salarié lors d'un déplacement effectué pour les nécessités du service. La notion de mission est entendue au sens large. Le salarié qui se trouve en mission a droit à la protection offerte par l'article L. 411-1 du Code de la Sécurité sociale pendant tout le temps de la mission qu'il accomplit pour son employeur. Peu importe le fait que l'accident survienne à l'occasion d'un acte professionnel ou d'un acte de la vie courante, sauf si l'employeur apporte la preuve que le salarié avait interrompu sa mission pour un motif personnel.

Cependant, le salarié doit bien être placé sous les ordres et travailler pour le compte de l'employeur. La difficulté est en effet de déterminer si l'accident est survenu lorsque le travailleur se trouvait sous la subordination juridique de l'employeur. Si c'est le cas, alors cet accident sera réputé être un accident de mission. La difficulté vient aussi de la condition même d'exécution du travail, car les salariés ne sont pas dans une situation de contrôle et de surveillance. C'est quand ils accomplissent des actes entrant dans le champ de leur activité professionnelle ou de leur mission qu'ils sont placés sous la subordination de l'employeur. La qualification d'accident de travail sera écartée si la victime a retrouvé son indépendance. Il faut être sous les ordres de l'employeur et agir dans l'intérêt de l'entreprise pour que la qualification d'accident de mission soit reconnue.

Actes de la vie courante et actes de la vie professionnelle : les différences

Il y a encore peu, les juridictions distinguaient les actes accomplis dans le cadre de l'activité professionnelle et ceux naissant à l'occasion de la vie quotidienne.

Parmi les actes considérés comme requis par la mission figuraient les repas d'affaire, le transport, les visites de clients. En revanche, les actes tels qu'une chute dans la salle de bains de l'hôtel (Soc. 9 juin 1966) ou un accident dans la piscine d'un hôtel (Soc. 23 mars 1989) ne constituaient pas des actes requis par la mission, le salarié ayant retrouvé son indépendance.

Cependant, la Cour de cassation a opéré un revirement de jurisprudence en estimant que le salarié a droit à la protection de l'article L. 411-1 du Code de la Sécurité sociale pendant tout le temps de la mission effectuée pour le compte de l'employeur. En effet, dans les arrêts Salomon et SA Framatome du 19 juillet 2001, la Chambre sociale de la cour de cassation reconnaît une présomption d'imputabilité de l'accident au travail dans des affaires similaires : deux victimes retrouvées mortes dans leur chambre d'hôtel, l'une victime d'une hémorragie cérébrale, l'autre d'un malaise cardiaque. Ce revirement a été confirmé par un arrêt du 12 décembre 2002. Désormais, seul un acte dicté par un intérêt purement personnel retire à l'accident son caractère professionnel. C'est au juge du fond qu'il appartient d'apprécier de manière souveraine si l'employeur apporte ou non la preuve qu'au moment de l'accident le salarié avait interrompu sa mission pour un motif personnel.

La jurisprudence a par ailleurs tranché pour déterminer quels étaient les termes d'une mission. La question était en effet de savoir si l'accident du salarié qui se rendait sur son lieu de mission ou revenait de cette mission était un accident de travail ou de trajet. Les arrêts rendus par la 2e chambre civile, le 12 mai 2003 et le 1er juillet 2003, préconisant en effet que l'accident survenu pendant cette période constitue des accidents de travail et non plus des accidents de trajet. Cependant, dans l'hypothèse où l'on reste une semaine de plus en villégiature sur les lieux d'exercice de la mission, un accident survenant pendant le trajet de retour serait un accident de droit commun (2e Civ. 16 septembre 2003).

Le cas particulier de l'astreinte

L'astreinte se définit comme l'immobilisation forcée du salarié qui est tenu de rester à disposition de l'employeur sans avoir de tâche immédiate à accomplir. La tendance actuelle de la jurisprudence est de mettre l'accent sur l'agrément ou l'utilité personnelle de l'acte au cours duquel est survenu l'accident, notamment lorsque l'astreinte se réalise en dehors du domicile et à l'occasion d'une mission accomplie sur ordre.

La définition légale du temps de travail effectif est précisée par l'article L. 212-4 du Code du travail. Le temps d'astreinte n'est en effet pas considéré comme du temps de repos en France, mais bien comme du temps de travail effectif. Dès lors, quand bien même le salarié aurait un accident en effectuant un acte de la vie quotidienne pendant la période où il est d'astreinte, cet accident sera considéré comme un accident de travail.

La gestion administrative du risque routier

Lorsque l'accident de la route survient, l'employeur comme le salarié sont tenus d'accomplir certaines formalités.

Ce que doit faire le salarié

Il doit prévenir ou faire prévenir immédiatement l'employeur, et au plus tard dans les 24 heures (article R. 441-2 du CSS). Il doit par ailleurs préciser l'identité du ou des témoins éventuels de la ou des personnes rapidement averties. Cette déclaration peut-être effectuée de deux manières :

- Soit le salarié informe l'employeur directement de vive voix ;
- Soit il lui fait parvenir sa déclaration par lettre recommandée.

Lorsqu'une entreprise emploie un travailleur intérimaire, celui-ci doit alors procéder à une double déclaration, non seulement auprès de l'utilisateur, mais également auprès de son employeur, c'est-à-dire l'entreprise de travail temporaire.

Attention

Dans tous les cas, il est de l'intérêt de l'assuré de fournir tous les éléments relatifs à l'accident, et en particulier de signaler la présence de témoins dès la première déclaration d'accident :

- En accident du travail proprement dit, pour permettre de justifier des éléments caractéristiques de l'accident en cas de contestation de l'employeur ou de la caisse primaire d'assurance-maladie ;
- En accident de trajet, parce qu'il appartient à la victime d'apporter la preuve que l'accident s'est bien produit sur le trajet du domicile au lieu de travail (ou l'inverse) et pendant la durée habituelle de ce trajet.

Bon à savoir

En cas de doute, la CPAM peut diligenter une enquête administrative : tout employeur se doit d'être prudent, car s'il envisage de fournir une attestation de complaisance indiquant que le salarié se trouvait sous sa subordination alors qu'il n'en est rien, il s'expose à des poursuites judiciaires pour faux témoignage. La CPAM peut également demander toutes les informations nécessaires au salarié : horaires des transports en commun, trajet emprunté, retards éventuels dus à des travaux, etc. En cas de doute, la CPAM rejettera le caractère professionnel de l'accident de trajet. Il appartient alors au salarié de contester devant la commission de recours amiable, puis, éventuellement, devant le tribunal des affaires de la sécurité sociale

Ce que doit faire l'employeur

L'employeur se doit bien évidemment de déclarer l'accident routier qui vient d'être porté à sa connaissance.

Le premier réflexe

L'employeur doit évaluer la gravité de l'accident :

- Si l'accident est bénin, il doit demander à un collaborateur d'emmener le salarié au service des urgences de l'hôpital le plus proche ;
- Si l'accident est plus grave, sauf extrême urgence, il doit éviter de déplacer la victime, la couvrir et la maintenir dans un état de conscience, tout en appelant les secours.

Dès que l'employeur prend connaissance de l'accident de travail, il doit en informer la caisse d'assurance-maladie dont relève son salarié. Cette obligation de déclaration vise aussi bien les accidents de trajet que les accidents de travail. L'employeur doit déclarer dans tous les cas, même lorsque le salarié n'a pas bénéficié d'un arrêt de travail. Il ne faut pas oublier que cette obligation est sanctionnée en cas de carence par des sanctions civiles et pénales. Si l'employeur ne déclare pas l'accident, le salarié ou ses ayants droit a la possibilité de déclarer lui-même l'accident auprès de la CPAM, pendant un délai de deux ans. Au-delà de ce délai, l'accident de travail perd son caractère professionnel, mais le salarié dispose toujours de la possibilité de demander réparation du préjudice engendré par la faute de l'employeur.

Ce qu'il faut faire en cas de doute sur le caractère professionnel de l'accident

Très important

Même si l'employeur n'est pas certain que le salarié a eu réellement un accident de travail, il doit cependant toujours déclarer cet accident, en ayant le droit d'émettre des réserves afin d'éclairer la CPAM sur les circonstances de l'accident.

Il a toujours le droit de contester le caractère professionnel de l'accident. En effet, l'employeur peut transmettre à la CPAM les remarques et les observations qu'il juge utile, soit sur le formulaire, soit à tout moment de l'instruction, et en particulier lors de l'enquête légale ou administrative. En pratique, certains employeurs ont malheureusement tendance à être juge et partie et refusent de déclarer certains accidents. Quand bien même le salarié n'aurait pas été victime d'un accident de travail, dès lors que tout laisse à penser qu'il s'est produit dans l'entreprise, l'employeur est tenu de le déclarer. À défaut, il s'expose à une poursuite pénale pour non-déclaration d'accident de travail.

Le délai à respecter

L'employeur doit établir une « déclaration d'accident du travail » et la faire parvenir par pli recommandé avec avis de réception à sa caisse primaire dans un délai de 48 heures (non compris les jours fériés et les dimanches). Ce délai de 48 heures débute à partir du jour où l'accident est porté à sa connaissance où à la connaissance de l'un de ses cadres.

Lorsque l'accident se produit sur le lieu de travail, il est réputé connu dès lors qu'il est survenu en la présence d'un préposé sous la direction duquel était exécuté le travail (article L. 441-1 du Code de la Sécurité sociale). Si l'accident s'est produit hors des locaux de l'établissement, le délai court à partir du moment où l'employeur en est informé (article R. 441-3 et R. 441-4 du Code de la Sécurité sociale). Si l'accident s'est produit à l'étranger (par exemple, pour un chauffeur routier), ce délai débute à partir du moment ou l'employeur en est informé par le salarié par lettre recommandée avec accusé de réception (article R. 444-1 du Code de la Sécurité sociale).

Le registre des accidents du travail bénins : à quoi sert-il

L'employeur peut demander à la caisse régionale d'assurance-maladie (la CRAM) l'autorisation de tenir un registre des accidents de travail bénins. La CRAM se prononce alors après enquête (présence sur place de secouristes, d'un poste de secours). Ce document remplace la déclaration d'accident de travail ou de trajet à la CPAM pour des accidents qui ne demandent ni soins ni arrêt de travail. Il doit l'envoyer à la CRAM une fois par an en lettre recommandée avec accusé de réception. En cas d'accident, le salarié informe son employeur dans les 24 heures. Ce dernier dispose alors d'un délai de 48 heures pour remplir le registre. Si un accident inscrit sur ce registre nécessite par la suite des soins ou un arrêt de travail, l'employeur doit alors le déclarer à la CPAM et le délai court à compter de ce fait.

Attention

Le registre des accidents bénins n'a pas été conçu pour se dispenser de déclarer les accidents en faisant pression sur le salarié accidenté pour qu'il se fasse soigner par son médecin de famille. Une telle pratique peut constituer un délit de non-déclaration ou de déclaration tardive.

Il faut déclarer dans les 48 heures l'accident à la CPAM dont relève la victime (dimanche et jours fériés non compris) par lettre recommandée en joignant l'imprimé S 6000 ou S 6002 en cas d'arrêt de travail, de façon à faire reconnaître le caractère professionnel de l'accident. Si l'employeur a des doutes sur le caractère professionnel ou la matérialité de l'accident, il pourra formuler des réserves dans sa déclaration ou par lettre en annexe. Toutefois, en cas d'accident du travail n'entraînant ni arrêt, ni soins, l'employeur est dispensé de déclarer l'accident à la CPAM ; il doit simplement le mentionner sur le registre des accidents bénins.

L'employeur doit délivrer au salarié la feuille d'accident

Dès qu'il a connaissance de l'accident, l'employeur doit délivrer la feuille d'accident pour que le salarié puisse bénéficier de soins sans faire l'avance des frais. En effet, la présentation de ce document à tout praticien ou fournisseur permettra au salarié de bénéficier du tiers payant pour les soins se rapportant à son accident. Lorsque le traitement est terminé, la victime est invitée par sa caisse à lui restituer ce document. Cette feuille d'accident a trois volets (imprimé S 6201b) :

- Le volet 1 comporte, au recto, les renseignements concernant le dernier jour de travail et la date de reprise (renseignements apportés par l'employeur) ; au verso, sont inscrits tous les actes médicaux et fournitures auxquels donne lieu l'accident, attestés par la signature des praticiens ; ce volet est conservé par la victime jusqu'à la fin des soins ou jusqu'à complète utilisation ;

- Le volet 2 est destiné à établir la facture du praticien ou de l'auxiliaire médical qui y indique les actes médicaux, dates et montant des honoraires dus. Il adressera ensuite ce volet à la caisse de Sécurité sociale pour en obtenir le remboursement ;
- Le volet 3 est destiné au pharmacien ou au fournisseur.

La présentation de ces volets permet à la victime de ne pas faire l'avance du paiement des soins et ainsi de bénéficier du tiers payant.

La délivrance de l'attestation de salaire

Si l'accident nécessite un arrêt de travail, l'employeur doit fournir à la caisse de Sécurité sociale les informations nécessaires au calcul de son indemnisation (le montant du salaire perçu par la victime avant son accident, le nombre d'heures de travail et la date de début de l'emploi). Pour cela, il faut remplir l'attestation de salaire, l'imprimé S 6202. Durant toute la procédure d'instruction, la caisse peut demander tout renseignement complémentaire qu'elle juge utile.

Il ne faut pas perdre de vue qu'il existe des sanctions en cas de non-déclaration ou de déclaration tardive :

- Sanctions pénales : contravention de 4e classe (750 euros) ;
- Sanctions civiles : l'employeur devra rembourser à la caisse les frais que la CPAM a engagés.

Les démarches du praticien traitant

Il est choisi librement par la victime ; il examine celle-ci, puis :

- Rédige, s'il y a lieu, une ordonnance prescrivant des soins ;
- Établit en double exemplaire un certificat médical initial (CMI) qui doit comporter :
  - L'identification du médecin et de la victime,
  - Les dates de l'accident et du certificat,
  - La description précise de l'état de la victime et de toutes les lésions. Ceci n'est pas contraire au secret médical puisqu'il y a une dérogation légale au secret médical en matière d'accident du travail.

Il apprécie les suites éventuelles et la durée probable de l'incapacité temporaire. Il prescrit éventuellement un arrêt de travail et adresse directement, dans un délai de 24 heures, les volets 1 et 2 du certificat médical à la caisse primaire d'assurance-maladie dont dépend l'assuré, remettant immédiatement les volets 3 et 4 (qui vise à informer l'employeur de l'arrêt de travail) à la victime (c'est donc la victime elle-même qui transmet ce volet 4 à l'employeur). Il reporte sur les volets n° 1 et 2 du triptyque de la feuille de soins d'accident du travail les indications correspondant aux actes qu'il a pratiqués, conserve le volet n° 2, remet le volet n° 1 à la victime qui doit le présenter à chaque intervention d'un praticien ou d'un fournisseur.

Les démarches de la caisse de Sécurité sociale

Le certificat médical initial et la déclaration de l'employeur sont réceptionnés par le service « accidents du travail » de la caisse d'assurance-maladie. La caisse peut contester le caractère professionnel de l'accident dans un délai de 30 jours à compter de la date à laquelle elle a eu connaissance de l'accident ; faute de réponse dans ce délai, l'accident est réputé professionnel. Dans les 30 jours, la caisse peut procéder à une enquête complémentaire en cas de nécessité, si elle en a informé la victime ou ses ayants droit et l'employeur par lettre recommandée avec accusé de réception. Dans un nouveau délai de deux mois à compter de la date de cette notification d'enquête complémentaire et en l'absence de décision de la caisse, le caractère professionnel de l'accident est reconnu.

Quelles sont alors les voies de recours ?

- En cas de contestation de la matérialité de l'accident et de son caractère professionnel, la voie est celle du contentieux général : commission de recours amiable et tribunal des affaires de Sécurité sociale ;
- En cas de contestation de l'imputabilité des lésions décrites à l'accident du travail, la voie de recours est l'expertise médicale (article L. 141-1 du Code de Sécurité sociale).

Les enjeux liés à la présomption d'imputabilité

Ce qu'est la présomption d'imputabilité

Toute lésion ou douleur apparue au temps et lieu du travail bénéficie jusqu'à preuve contraire de la présomption d'imputabilité. Comme son nom l'indique, cela signifie qu'il suffit de ressentir une douleur ou une lésion au travail pour que celle-ci puisse être *a priori* considérée comme un accident de travail. Il s'agit d'une « super-protection » du salarié, comparable dans son esprit à la responsabilité qui pèse sur le conducteur à l'égard du piéton blessé.

En procédant par analogie, on pourrait dire qu'à défaut de présomption de culpabilité, il s'agit d'une véritable présomption de responsabilité qui pèse sur l'employeur dès lors que l'accident est intervenu dans les conditions décrites plus haut.

C'est surtout la contestation du lien de causalité qui présente ici un intérêt.

Le respect du principe du contradictoire

La procédure de reconnaissance du caractère professionnel d'un accident est contradictoire, elle garantit aux parties en cause, salarié et employeur, une information à toutes les étapes de la procédure. Cette information permet à l'employeur :

- D'une part, de prendre connaissance de l'ensemble des éléments sur lesquels s'appuie la caisse pour prendre sa décision ;
- D'autre part, de faire valoir contradictoirement ses observations auprès de ladite caisse (CPAM), et ce avant que celle-ci ne statue sur la demande dont elle est saisie.

Ainsi, avant de se prononcer sur le caractère professionnel d'un accident, la CPAM doit informer l'employeur de la fin de la procédure d'instruction, des éléments recueillis susceptibles de lui faire grief, de la possibilité de consulter le dossier et de la date à laquelle elle prévoit de prendre sa décision. La sanction peut être l'inopposabilité à l'employeur.

Dans un premier temps, la CPAM reconnaît le caractère professionnel de l'accident ; l'employeur, quant à lui, ne le remarque que trois ans plus tard, quand il reçoit de la CRAMIF son nouveau taux d'accident du travail. Il peut alors contester l'accident de travail sur le fondement du principe du contradictoire n'ayant pas été associé au dossier.

Lorsque l'employeur a raison, on dit que le caractère professionnel de l'accident lui est inopposable (donc la caisse revoit ses taux à la baisse).

Que se passe-t-il par rapport au salarié ?

- Dans les rapports assuré/caisse, la reconnaissance du caractère professionnel de l'accident est définitive (il ne faut pas que l'assuré soit lésé à cause d'une erreur de la caisse) ;
- Dans les rapports employeur/caisse, le juge peut décider que le caractère professionnel est inopposable à l'employeur, qui n'aura pas à en financer le coût.

La recherche des responsabilités

La responsabilité du conducteur/salarié

La responsabilité pénale du salarié

Le seuil légal d'alcoolémie à partir duquel la conduite est actuellement interdite en France est de 0,5 gr/l dans le sang ou 0,25 mg/l dans l'air expiré. À partir de ce seuil, le conducteur s'expose à la répression pénale :

- De 0,5 g/l dans le sang à moins de 0,8 g/l dans le sang, le conducteur s'expose à une amende pouvant aller jusqu'à 750 euros et un retrait de 3 points (article R. 234-1 du Code de la route), une suspension du permis de conduire jusqu'à 3 ans en cas de comparution devant le tribunal de police (article 131-13 du Code pénal) ;
- À partir de 0,8 g/l dans le sang ou 0,40 mg/l dans l'air expiré, c'est un délit. Le conducteur encourt une amende pouvant aller jusqu'à 4 500 euros ; un retrait de 6 points et une suspension du permis de conduire jusqu'à 3 ans, ou même une annulation avec interdiction de le repasser pendant 3 ans, ainsi qu'une peine de prison pouvant aller jusqu'à 2 ans. Le délit est jugé par le tribunal correctionnel, et la condamnation figurera sur le casier judiciaire de l'intéressé.

En guise de peine complémentaire, peuvent être prononcées la confiscation du véhicule, l'interdiction de conduire certains véhicules terrestres à moteur, l'obligation d'accomplir un stage de sensibilisation à la sécurité routière.

On voit donc qu'en dehors de tout accident, le simple fait d'être contrôlé positivement avec de l'alcool au volant entraîne déjà une kyrielle de conséquences. Pire, en cas de blessures causées à autrui, les peines encourues sont nettement plus lourdes encore pour le salarié :

- Elles sont portées à trois ans si, à l'occasion de la conduite d'un véhicule sous l'emprise de l'alcool, le salarié a occasionné des blessures supérieures à trois mois ;
- Elles sont portées à cinq ans :
  - Lorsqu'il y a la violation manifestement délibérée d'une obligation de sécurité ou de prudence (ne pas avoir respecté un stop, par exemple),
  - Lorsqu'il y a des blessures involontaires produites sous l'empire d'un état alcoolique,
  - Lorsqu'il y a l'une de ces circonstances : blessures involontaires suite à une conduite sous l'empire de produits stupéfiants, blessures involontaires commises à l'occasion d'un grand excès de vitesse supérieur à 50 km/h, ou encore lorsque l'intéressé a tenté de fuir après un accident ;

- Lorsqu'il y a deux circonstances, le maximum légal peut être porté à 7 ans.

À noter

Dans le cadre de la récidive, les peines encourues sont alors doublées… et il n'y a pas besoin d'avoir une calculatrice pour comprendre que la sanction est particulièrement lourde.

Les autres conséquences de la responsabilité pénale

Pour corser le tout, l'assurance n'indemnise pas le responsable alcoolisé, ni pour ses blessures, ni pour sa voiture, et n'assurera pas la défense devant le tribunal (par contre, la victime pourra, elle, être indemnisée). La prime d'assurance pourra être majorée jusqu'à 150 %, voire 400 % si d'autres infractions ont été commises, et le contrat pourra être résilié avant l'échéance.

Quelles poursuites devant quelles juridictions

Le salarié, poursuivi devant le tribunal de police ou devant le tribunal correctionnel devra bien sûr assumer seul l'entière responsabilité de son acte, dès lors qu'il est poursuivi. Le salarié incarcéré ou le salarié privé de son permis de conduire, alors même que son contrat de travail exige qu'il dispose de cet outil, se met dans l'incapacité d'exercer son activité professionnelle et oblige donc l'employeur à envisager de se séparer de lui… Si les sanctions prononcées ont donc une conséquence sur le contrat de travail, on peut imaginer qu'elles justifient un licenciement pour impossibilité de continuer à accomplir celui-ci. En cas de contestation, c'est le conseil des prud'hommes qui sera compétent pour statuer sur le litige.

Il n'y a pas toutefois en la matière d'automatisme et d'automaticité, et bon nombre d'employeurs considèrent qu'une faute commise à l'extérieur de l'entreprise ou ayant un caractère véritablement involontaire (salarié habituellement prudent, diligent et attentif) n'entraînera pas, *ipso facto*, la cessation du contrat de travail.

Ce que doit faire l'employeur en cas de suspension du permis de conduire d'un salarié

À l'occasion d'un pot un peu trop arrosé ou d'un départ en retraite ayant donné lieu à l'absorption d'un verre ou deux d'alcool en trop, une sanction importante peut être prononcée, qui aura des conséquences, bien évidemment, sur l'exécution du contrat de travail. Que faire en effet d'un salarié qui ne dispose plus de son permis de conduire nécessaire à l'accomplissement de son contrat de travail ?

De nombreuses entreprises font signer à leurs collaborateurs un document au terme desquels ils s'engagent à signaler à leur employeur toute modification sur leur capacité à conduire les véhicules. En effet, l'employeur n'est pas toujours informé de la perte de ce permis ; ainsi, si le contrôle survient pendant le temps de la vie privée et que le salarié prend une journée de congé pour être jugé, l'employeur peut très bien ne jamais le savoir ; alors, et en toute bonne foi, il peut laisser à son salarié l'usage d'un véhicule automobile, alors même que celui-ci n'a plus de permis... Ne pourrait-on pas imaginer qu'à la suite d'un nouvel accident, l'employeur puisse être reconnu coupable d'une sorte de négligence pour n'avoir pas su l'éviter ?

À savoir

En cas de récidive (et la fréquentation des tribunaux permet de constater que la récidive n'est pas toujours liée à une alcoolo-dépendance chronique), le juge n'a même plus le loisir de suspendre le permis de conduire : il est obligé de l'annuler. Les fonctions de juge se trouvent donc réduites à leur plus simple expression, puisque celui-ci, malgré les principes de la personnalisation de la peine, n'a aucune marge de manœuvre. Il doit appliquer cette règle.

Ayant obtenu une suspension de son permis de conduire et la perte de ses points, ne pouvant plus accomplir sa mission, ne pouvant plus être assuré dans des proportions normales, le salarié verra son avenir assombri dans l'entreprise. Le risque routier, qu'il survienne à la suite d'une prise de produits stupéfiants ou d'une alcoolisation excessive, ou qu'il survienne tout simplement à la suite d'un « banal » accident de circulation ayant occasionné des blessures, est bel et bien un risque très lourd pour tout un chacun. On pourrait presque parler de « double peine » lorsque les conséquences de ces sanctions entraînent la perte de l'emploi...

Mais l'employeur, que risque-t-il, quant à lui, à faire rouler un salarié qui n'a pas respecté les prescriptions du code de la route ?

La faute pénale du salarié peut entraîner la responsabilité pénale de l'employeur

L'employeur au courant, voire complice, ou pire coauteur

Le procureur de la République, informé des faits de nature à entraîner des poursuites, s'intéresserait très vivement à la situation de l'employeur qui aurait favorisé, organisé, l'alcoolisation du salarié, voire la prise de produits stupéfiants. Il serait très « intéressé » par :

- La situation de l'employeur qui aurait fait preuve d'une sorte de négligence coupable, en sous-estimant par exemple de nombreux avertissements qui lui auraient été donnés par la hiérarchie s'agissant d'un salarié posant problèmes (l'employeur n'ayant pas pris ses responsabilités et n'ayant pas mis en œuvre la procédure disciplinaire) ;

- L'employeur qui aurait volontairement feint d'ignorer une situation à risque signalée par les délégués du personnel ou qui aurait ignoré plusieurs mises en garde formulées par le CHSCT, par exemple.

Sur cette matière, nul ne peut préjuger de ce que serait l'attitude des autorités chargées des poursuites. Il suffit simplement de s'attarder sur la lecture des journaux pour constater que la tendance est à la répression de ce genre d'infraction. En effet, l'opinion publique s'émeut de plus en plus fréquemment, et la presse se fait largement l'écho de ce genre de faits divers, par ailleurs très douloureux.

Le parquet n'est pas totalement insensible à la pression de l'extérieur. En effet, parmi les raisons qui justifient, selon le ministère public, un placement en détention, on trouve une notion à géométrie variable mais dont on comprend bien ce qu'elle sous-entend : celle de trouble à l'ordre public local... Il est notoire que la même infraction ne sera pas envisagée sous le même angle selon qu'elle aura été commise dans un site urbain, où malheureusement le taux de délinquance est très élevé, ou en campagne, dans un lieu paisible où il ne se passe jamais rien.

L'employeur en a tout à fait conscience, lui qui sait combien les bons rapports avec les autorités locales sont utiles, voire indispensables.

L'employeur partiellement épargné en cas de faute du salarié : mais pour combien de temps ?

Le salarié qui, malgré toutes les mises en demeure, tous les avertissements, toutes les campagnes de prévention, aura enfreint le Code de la route se sera mis seul dans une fâcheuse posture. Après avoir examiné si l'entreprise et ses représentants avaient conscience des dangers et avaient donné toutes les instructions dans ce sens à leurs salariés, les parquets ne poursuivront pas systématiquement puisqu'en matière de risque routier, il s'agit bien là d'une faute individuelle n'entraînant pas juridiquement la responsabilité pénale de l'employeur (à la grande différence de l'accident du travail survenu sur un chantier, par exemple).

Toutefois, il s'agit là de l'état actuel de la loi et de la jurisprudence. Nul ne peut préjuger ce que sera la future responsabilité de l'employeur. Dans les prochaines années, il se pourrait que le juge n'hésite pas à rechercher systématiquement la responsabilité de l'employeur, suite à une faute commise par son salarié, à l'occasion de la conduite d'un véhicule automobile.

La responsabilité de l'entreprise en cas d'accident routier

Autant les juridictions peuvent être attentives à la situation du salarié qui perdrait son permis de conduire et qui de ce fait pourrait se retrouver privé d'emploi, autant un employeur pourra faire preuve d'une certaine bienveillance et de compréhension à l'égard d'un salarié qui a commis une infraction routière et dont la situation sociale deviendrait catastrophique en cas de privation d'emploi, autant une telle indulgence est rarement de mise lorsqu'il s'agit d'une infraction commise sous l'emprise de produits stupéfiants.

Alors même qu'il s'agit dans les deux cas d'une addiction, il semblerait que l'aspect moral de la question prenne le dessus, et que, fréquemment, « on ne fasse pas de cadeaux » à celui ou celle qui aurait usé de stupéfiants au volant. L'employeur souhaite encore moins qu'en matière d'alcool au volant, être suspecté d'avoir une conduite laxiste pour cette matière.

Lorsqu'un accident survient dans une entreprise, celui-ci est souvent dû au hasard, mais il a pu être également causé par une faute du chef d'entreprise a, par l'un de ses préposés, c'est-à-dire, souvent, en pratique, par l'un de ses cadres ou, plus rarement, par la victime elle-même. Les règles de réparation et la notion d'accident décrite plus haut ont bien sûr vocation à s'appliquer. Mais l'existence d'une faute va modifier les droits et devoirs de l'employeur et ceux de la victime. On distingue en pratique deux types de faute : l'une assez rare, la faute intentionnelle, l'autre, hélas plus fréquente, la faute inexcusable.

La faute intentionnelle

La faute intentionnelle se traduit par un acte, ou une omission, librement consenti et qui implique nécessairement l'intention de nuire. Cette faute peut émaner :

- **De la victime.** Cette hypothèse est, il faut le dire, assez rare en pratique et difficilement prouvable. En effet, la victime doit s'infliger à elle-même un préjudice physique ! Voilà quelques années, une enquête de la Cour des comptes avait révélé une épidémie de fractures de la main chez des dockers d'un port normand. Ceux-ci se provoquaient sous anesthésie des fractures afin de bénéficier d'indemnités substantielles. À condition de rapporter la preuve du caractère volontaire du dommage, la victime n'aura droit qu'aux seules prestations en nature de l'assurance-maladie ;
- **De l'employeur.** Cette faute se confond souvent en pratique avec une incrimination pénale. Par exemple, un chef d'équipe pousse un salarié qui tombera d'un échafaudage. Dans un tel cas, la victime est considérée comme accidentée du travail. Elle conserve le droit de poursuivre civilement l'auteur du dom-

mage en réparation complémentaire pour la part du préjudice non réparée par la Sécurité sociale ; des poursuites pénales pour coup et blessure volontaire, par exemple, sont également possibles.

La faute inexcusable

Une notion en pleine évolution

C'est certainement sur ce point que l'évolution de la jurisprudence a été la plus radicale. Même s'il s'agit d'un concept légal, la loi ne donne aucune indication. C'est donc la jurisprudence qui a été amenée à préciser le contour de cette notion. Par un arrêt du 15 décembre 1941, la Cour de cassation avait donné la définition suivante de la faute inexcusable comme la faute d'une *« gravité exceptionnelle, dérivant d'un acte ou d'une omission volontaire de la conscience du danger que devait en avoir son auteur et de l'absence de toute cause justificative ».*

Cette définition a été sensiblement bouleversée par une série d'arrêts en date du 28 février 2002 (SA Eternit c/ Veuve Hammou et a.). La haute juridiction a posé le principe d'une obligation contractuelle de sécurité de résultat en énonçant que : *« En vertu du contrat de travail qui le lie à son salarié, l'employeur est tenu envers son salarié d'une obligation de sécurité notamment en ce qui concerne les maladies professionnelles contractées par ce salarié du fait des produits fabriqués ou utilisés par l'entreprise. Le manquement à cette obligation a le caractère d'une faute inexcusable au sens de l'article L. 452-1 lorsque l'employeur aurait dû avoir conscience du danger auquel était exposé le salarié, et qu'il n'a pas pris les mesures nécessaires pour l'en préserver. »*

On observera que les critères de la faute inexcusable – la conscience du danger par l'employeur et l'absence de mise en place des mesures pour préserver le salarié – sont cumulatifs et non pas alternatifs. En l'absence de l'un de ces critères, la faute inexcusable ne peut pas être retenue (Cass. soc. 31 octobre 2002).

La conscience ou non du danger

Il importe peu sur ce point que l'employeur n'ait pas eu conscience du danger, dès lors qu'il aurait dû en avoir conscience du fait de son obligation de connaître les règles de sécurité en tant que professionnel averti. Cette condition s'apprécie en raison des circonstances, de la formation et de l'expérience professionnelle, de la réglementation et des habitudes de la profession.

Ainsi, par exemple, en l'absence d'anomalie du matériel à l'origine de l'accident, établie par expertise, l'employeur ne pouvait avoir conscience du danger auquel était exposé le salarié (Cass. soc 31 octobre 2002). Les tribunaux peuvent également retenir l'état des connaissances scientifiques. Dans les affaires relatives à l'amiante que la Cour de cassation a été amenée à juger, ce point est souvent apparu déterminant. Les employeurs avaient-ils, à l'époque, conscience de la dangerosité des fibres d'amiante ? la Cour de cassation l'a écarté pour les employeurs qui se contentaient d'utiliser de l'amiante, avec des outillages par exemple.

L'absence de mise en place par l'employeur des « mesures nécessaires » pour prévenir l'accident

Ce critère jurisprudentiel étant très récent, on ne dispose pas encore d'exemple jurisprudentiel concret. Les juges seront amenés à examiner concrètement les mesures effectivement déployées dans l'entreprise : changement d'équipements et remplacement d'équipements dangereux, mise en place d'une politique de sécurité, recensement des risques dans l'entreprise, etc. Le rôle que peuvent être amenés à jouer les représentants du personnel, et notamment le CHSCT, est particulièrement important.

L'article L. 231-8-1 du Code du travail prévoit à cet égard que :

> *« Le bénéfice de la faute inexcusable de l'employeur définie à l'article L. 452-1 du CSS est de droit pour le salarié ou les salariés, qui seraient victimes d'un accident de travail ou d'une maladie professionnelle alors même qu'eux-mêmes ou un membre du CHSCT avaient signalé à l'employeur le risque qui s'est matérialisé. »*

Tout chef d'entreprise a donc intérêt à prendre en considération les risques qui lui sont signalés : **l'employeur ayant été averti, il ne peut plus ne pas savoir** (Cass. soc. 17 juillet 1998, Bull. civ., n° 398 ; RJS 1998, p. 777, n° 1286). Lorsqu'il existera un CHSCT, les procès-verbaux joueront bien souvent un rôle essentiel, car il n'est pas rare que les représentants des salariés dénoncent le fonctionnement d'un matériel inadapté ou l'absence de mise en conformité d'installations. Si l'entreprise est dépourvue de CHSCT, mais si un salarié a averti à maintes reprises l'employeur, par courrier ou même par mail (sous réserve de preuves infalsifiables), là encore, une faute inexcusable peut être retenue. Par conséquent, il y a lieu de trouver un juste milieu entre paralysie et action et d'examiner le risque signalé. Un principe de précaution adapté doit, à notre sens, guider l'employeur.

Les incidences d'une faute inexcusable

Les incidences financières de la faute inexcusable sont importantes.

Les incidences à l'égard de la victime

La reconnaissance d'une faute inexcusable de l'employeur entraîne une indemnisation complémentaire de la victime. Le montant de la rente se situera entre un minimum constitué par le montant de la rente calculée dans les conditions normales et un maximum qui est celui de la rente calculée sur le salaire réel et le taux d'incapacité réelle. À l'intérieur de cette fourchette, l'importance de la majoration dépend du degré de gravité de la faute. Lorsque le salarié est victime d'une incapacité totale (100 %), une indemnité forfaitaire peut venir s'ajouter à la majoration de la rente.

Le salarié victime peut également demander réparation des autres préjudices (*pretium doloris*, préjudice esthétique, d'agrément, professionnel). Les proches, notamment les ayants droit, peuvent également demander réparation du préjudice moral. Le montant de ces réparations, particulièrement élevé, a conduit les pouvoirs publics à créer, dans le cas de l'amiante, le FIVA (Fonds d'indemnisation des victimes de l'amiante). La victime a désormais le choix entre une indemnisation par le FIVA et une action en justice avec des barèmes d'indemnisation judiciaire qui demeurent plus élevés.

Les incidences à l'égard de l'employeur

Une cotisation complémentaire sera mise à la charge de l'entreprise, afin de financer la majoration de rente dont bénéficie la victime. L'incidence peut-être assez lourde financièrement. En effet, le taux et la durée de la perception de cette cotisation sont fixés par la caisse régionale d'assurance-maladie. Toutefois, elle ne peut être perçue pendant plus de 20 ans, ni excéder 50 % de la cotisation normale et 3 % de la masse de salaires servant de base à cette cotisation (article R. 452-1 du Code de la Sécurité sociale). Un employeur ne doit sur ce point jamais oublier que le taux de cotisation varie selon le classement de l'entreprise qui est fonction du risque. Le doublement d'un taux bas peut-être peu important, mais la forte augmentation d'un taux élevé peut-être lourde de conséquences.

S'assurer contre la faute inexcusable

Tout employeur peut toujours, à titre volontaire, dans le cadre notamment de son assurance dommage d'entreprise, s'assurer contre les conséquences financières de sa propre faute inexcusable ou de la faute de ceux qui se substituent à lui dans la direction de l'entreprise ou de l'établissement. On observera que depuis les arrêts amiante du 28 février 2002, ces cotisations ont fortement augmenté.

La faute d'un tiers

Lorsque l'accident résulte de la faute d'un tiers, notamment au cours d'un trajet, la victime, ses ayants droit, l'employeur, ainsi que la CPAM peuvent demander réparation audit tiers et à son assureur :

- Pour la victime et les ayants droit, c'est-à-dire pour la réparation du préjudice non réparé par la Sécurité sociale (perte de salaire, préjudice moral) ;
- Pour l'employeur et pour la CPAM : remboursement de sommes engagées du fait de l'accident du travail (salaires et charges, prestations).

Question/Réponse

Exemple d'une pratique managériale dynamique… se garer en marche arrière

Question

« Je dois présenter prochainement en réunion devant mon équipe les avantages du stationnement en marche arrière, de manière à ne pas manœuvrer lorsque l'on quitte son stationnement. Que prévoit la loi ? Que dois-je faire appliquer par mon équipe ? »

Réponse

Le Code de la route ne prévoit pas que l'on stationne en marche avant ou arrière. L'article R. 415-9 dit : *« Tout conducteur débouchant sur une route à partir d'un accès non ouvert à la circulation publique, d'un chemin de terre ou d'une aire de stationnement en bordure de la route ne doit s'engager sur celle-ci qu'après s'être assuré qu'il peut le faire sans danger et à une vitesse suffisamment réduite pour permettre un arrêt sur place. Il doit céder le passage à tout autre véhicule. »*

Il est évident que la visibilité est meilleure en marche avant qu'en marche arrière. Mais il faut cependant tenir compte de certaines contraintes comme les places de parking des supermarchés où se garer en marche arrière interdit de remplir le coffre, ou encore de places près d'une habitation qu'on enfumerait avec ses gaz d'échappements, ou encore la présence d'un fossé au bout d'une place. Quoi qu'il en soit, la réintégration de la circulation doit se faire sans danger. Donc, il faut se faire aider pour cela par le passager ou un tiers si le conducteur n'a pas assez de champ de vision. C'est pourquoi, en cas de conducteur isolé, le stationnement en marche arrière est vivement recommandé.

Le règlement intérieur d'une entreprise peut prévoir une obligation en ce sens et peut donc s'appliquer à tous les salariés, et même à tous les visiteurs sur un site propre. L'employeur a aussi la possibilité de retenir cette règle comme une recommandation (et non comme une prescription) : « Dans le cas où l'emplacement de stationnement le permet, il est conseillé au conducteur de ranger son véhicule de façon à repartir en marche avant. »

En conclusion

Se garer en marche arrière s'impose par bon sens dans la grande majorité des cas. Ne pas le faire sans justification peut relever de l'imprudence. Sur un assez grand nombre de sites, en particulier industriels, il est possible de l'imposer par le biais d'un règlement intérieur.

Chapitre 8

Le risque prestataire

Dans un contexte économique de plus en plus orienté vers des gains de productivité, le recours à des prestataires est souvent perçu comme une des techniques les plus efficaces pour réduire les coûts et baisser les prix des produits et services. Lorsqu'elle décide d'une externalisation, une entreprise fait appel alors à un prestataire dans une perspective à long terme, pour lui confier un ou plusieurs pans de son activité. De fait, nombreuses sont aujourd'hui les fonctions qui sont assurées par un prestataire : gardiennage, propreté, sécurité, mais aussi études, développements, recherches, paie ou formation. Les entreprises sont aujourd'hui engagées sur un retour vers le cœur de métier et ont tendance à délaisser, pour les confier à d'autres, des activités jugées non stratégiques. Mais il n'est pas toujours facile de dessiner les contours du risque prestataire. S'agit-il ici de viser l'externalisation, la sous-traitance ou la réduction d'effectifs ? En fait, le risque prestataire recouvre différentes situations, souvent assez voisines les unes des autres. Le législateur a même commencé à poser les fondements d'un régime de mise à disposition de salariés, avec par exemple l'intérim. Pour autant cette notion demeure encore imprécise

C'est au travers de la prévention du risque que l'on cerne mieux la notion de prestation, que cela soit lors de la préparation de l'achat de prestation ou bien lors de l'exécution du marché conclu. Sur ce point, l'influence du droit social communautaire s'est avérée décisive. Sans chercher à réprimer le risque prestataire, le droit communautaire poursuit un objectif de prévention du risque, notamment en cas de co-activité. L'entreprise qui envisage le recours à une prestation de service, même immatérielle, se doit donc d'élaborer un plan de prévention. Cependant, la réalité du risque prestataire se découvre véritablement à l'épreuve de la sanction pénale. Si le Code pénal ou le Code du travail se gardent bien de donner une définition globale et précise des opérations de « sous-traitance », il existe toujours un risque de responsabilité pénale qu'il convient d'identifier, d'analyser, et enfin de prévenir. Le risque de condamnation pour délit de marchandage ou prêt de main-d'œuvre illicite représente dès lors un véritable risque prestataire.

Ce qu'est le risque prestataire

Il convient d'appréhender la sous-traitance sous ses différents aspects, pour découvrir que le législateur a partiellement tenté de l'organiser, avant de constater son développement en dehors des limites du droit du travail.

L'approche économique du risque prestataire

Le recours à des prestataires est aujourd'hui de plus en plus fréquent. Comment expliquer cela ? De nombreuses expressions sont employées les unes pour les autres. En réalité, il est possible de cerner le risque prestataire à la lumière de la notion d'externalisation, de sous-traitance, de réduction d'effectif et de *re-engineering*.

La prestation et l'externalisation

Une définition simple consiste à considérer que l'externalisation désigne la décision prise par une entreprise de recourir à un prestataire pour une période longue. On a tendance à rapprocher cette notion de la sous-traitance, et de faire de l'externalisation une sous-catégorie de sous-traitance dont on distingue habituellement trois formes : la sous-traitance de capacité ou concurrentielle (lors d'un surcroît d'activité), la sous-traitance communautaire (répartition d'activités entre entreprises exerçant des métiers différents) et la sous-traitance de spécialité à laquelle on recourt de façon durable afin de ne plus prendre en charge certaines activités. Cette dernière étant celle qui correspond dans l'esprit à l'externalisation.

La prestation et la sous-traitance

La sous-traitance a été définie par le CES (Conseil économique et social) comme *« l'opération par laquelle une entreprise confie à une autre le soin d'exécuter pour elle et selon un cahier des charges préétabli une partie des actes de production ou de services dont elle conservera la responsabilité économique finale »*. Ainsi, la distinction principale réside dans la nature de l'obligation du prestataire : une obligation de moyens pour la sous-traitance, le prestataire apportant des ressources et le client conservant le management de l'activité sous-traitée, et une obligation de résultat dans le cadre de l'externalisation, le prestataire apportant des ressources, mais assurant également le management de l'activité externalisée. À la différence de l'externalisation, la sous-traitance consiste donc à confier à un prestataire externe la responsabilité d'une fonction de l'entreprise, quitte parfois à transférer aussi les actifs et personnels concernés.

La prestation et la réduction d'effectif

L'externalisation s'accompagne fréquemment d'une réduction de la taille de l'entreprise. Selon une étude, menée par l'American Management Association en 1997, 23 % des réductions d'effectifs totales pouvaient être imputées à des opérations d'externalisation. Mais il existe une différence fondamentale entre ces deux phénomènes : la réduction d'effectif, également appelé dans le monde anglo-saxon *downsizing*, consiste à se débarrasser définitivement de personnel ou d'équipement, tandis qu'une activité externalisée reste nécessaire au bon fonctionnement de l'entreprise.

La prestation et le *re-engineering*

Il convient également de distinguer entre externalisation et *re-engineering* afin d'écarter toute confusion ou amalgame. Le *re-engineering* consiste à améliorer radicalement les performances de l'entreprise en refondant ses processus créateurs de valeur et en éliminant les processus qui n'en créent pas. Cette opération est une démarche globale de restructuration qui peut s'accompagner de l'externalisation des processus les moins créateurs de valeur. Toutefois, une assimilation serait abusive, l'une n'impliquant pas automatiquement l'autre.

L'approche juridique du risque prestataire

La sous-traitance s'est aujourd'hui diversifiée et il possible de distinguer juridiquement au moins deux hypothèses.

La sous-traitance à un travailleur indépendant (parfois appelée free-lance)

Cette forme de sous-traitance ne relève pas, *a priori*, du droit du travail, dans la mesure où l'exécution du contrat relève d'un contrat soumis au droit commercial. S'il apparaît toutefois que le travailleur indépendant se trouve dans une situation de subordination, le contrat peut alors être requalifié en contrat de travail. Pour déterminer les risques de requalification, il convient de se reporter aux critères du contrat de travail.

Défini par une jurisprudence constante comme *« la convention par laquelle une personne appelée salarié s'engage à mettre son activité au service d'une autre, appelée employeur, sous la subordination de laquelle elle se place moyennant une rémunération »*, le contrat de travail est toujours, sauf exception, présumé à durée indéterminée, mais, en l'absence d'écrit, la réalité pourra se prouver par tous les moyens. L'existence du contrat se déduira de l'existence d'un lien de subordination, et en particulier de l'intégration du travailleur au sein d'un service organisé. L'autonomie dans le travail n'est donc pas incompatible avec l'existence d'un contrat de travail, et les tribunaux, souvent à la demande de l'URSSAF, dans un souci d'extension du champ d'assujettissement du régime général de la Sécurité sociale, sont souvent conduits à requalifier en contrat de travail des relations de travail en apparence indépendantes.

Sur ce point, l'article L. 311-2 du Code de Sécurité sociale retient une notion très large du contrat de travail en disposant :

> *« Sont affiliées obligatoirement aux assurances sociales du régime général, quel que soit leur âge et même si elles sont titulaires d'une pension, toutes les personnes, quelle que soit leur nationalité, de l'un ou l'autre sexe, salariés ou travaillant à quelque titre que se soit, pour un ou plusieurs employeurs et quels que soit le montant et la nature de leur rémunération, la forme, la nature ou la validité de leur contrat. »*

C'est cet article qui est très souvent utilisé par l'URSSAF pour requalifier un contrat commercial en contrat de travail, en dehors de toute instance prud'homale, y compris si le travailleur est en règle vis-à-vis d'un régime de Sécurité sociale en qualité d'indépendant (régime social des indépendants).

La sous-traitance entre entreprises

Dans le cadre d'un contrat entre deux entreprises, la prestation de services s'accompagne souvent d'une mise à disposition de personnel. Pour être licite, cette convention ne doit dissimuler ni prêt de main-d'œuvre exclusif et lucratif, ni marchandage.

À défaut, une telle opération est civilement et pénalement sanctionnée. C'est cette dernière forme de sous-traitance qui sera ici envisagée. La sous-traitance entre entreprises permet à une entreprise donneuse d'ordre de confier à une entreprise exécutante la réalisation d'une tâche ou d'un service. En elle-même, l'opération n'est pas prohibée, à la condition de ne cacher ni un prêt de main-d'œuvre, ni un marchandage.

Les différents visages du risque prestataire

Le recours à des prestataires se manifeste dans le cadre de diverses opérations qui se rattachent toutes, de près ou de loin, au phénomène de la sous-traitance. Il existe en fait différentes opérations qui présentent toutes un risque :

- **La sous-entreprise**. Un entrepreneur obtient un marché qu'un donneur d'ouvrage lui a confié. Cet entrepreneur peut désirer se décharger de l'exécution de tout ou partie du contrat sur un sous-traitant qui fera réaliser les travaux par ses propres salariés ;

- **La convention de prestations de services.** Une entreprise sous-traite à une autre certaines activités (nettoyage des locaux, maintenance du matériel). L'entreprise prestataire de services fournit le personnel nécessaire à l'exécution des tâches ;
- **Le contrat de *renting*.** Cette forme de sous-traitance associe location de matériel et fourniture de main-d'œuvre pour la maintenance de ce matériel ; le bail porte à la fois sur du matériel et des salariés ;
- **Le travail en régie.** Dans cette hypothèse, le personnel d'une entreprise est mis à disposition d'un utilisateur pour l'exécution d'une tâche, moyennant une rémunération dont le montant est proportionnel au nombre d'heures effectuées ; ce type de contrat est fréquent dans l'informatique ;
- **La mise à disposition entre entreprises.** Ces conventions portent sur le prêt de salariés, en particulier dans le cadre de certains groupes de sociétés. Ces prêts gratuits sont en principe licites.

L'encadrement juridique du recours aux prestataires

Certaines opérations de fournitures de main-d'œuvre sont cependant permises et réglementées par la loi.

Le travail temporaire

Le travail temporaire constitue une opération licite de prêt de main-d'œuvre. L'intérim constitue avec le contrat de travail à durée déterminée l'une des deux formes d'emploi à laquelle on peut recourir en cas de nécessité, c'est-à-dire pour remplacer par exemple un salarié malade ou en cas de surcroît d'activité. Cependant, à la différence du CDD, l'intérim met en relation trois personnes : un employeur, un utilisateur et un salarié. Il permet à une entreprise de recourir à une main-d'œuvre en renfort sans être employeur ; l'entreprise utilisatrice peut alors concentrer ses efforts sur l'activité économique en se déchargeant des contraintes et des risques liés au recrutement d'un salarié.

Les groupements d'employeurs

Les groupements d'employeurs ont également pour objet la mise à disposition de salariés. Il s'agit d'associations régies par la loi de 1901, composées d'entreprises d'au plus 200 salariés, et dont le but exclusif est de mettre à disposition de ses membres des salariés liés par un contrat de travail. L'association est l'employeur des salariés mis à disposition des entreprises membres (articles L. 127-1 et suiv. du Code du travail).

Les associations intermédiaires

Les associations intermédiaires (dont la constitution et le fonctionnement sont soumis à un agrément de l'État) ont pour objet d'embaucher des personnes dépourvues d'emploi et éprouvant des difficultés particulières d'insertion, afin de les mettre à la disposition des personnes physiques ou morales pour exercer des activités qui ne sont pas déjà assurées sur le plan local par l'initiative privée ou par des collectivités locales. La concurrence déloyale exercée par certaines de ces associations a conduit certains de leurs présidents à être poursuivis pour prêt de main-d'œuvre illicite. C'est d'autant plus dommage qu'elles ont un rôle important dans l'insertion des populations précaires.

Comment prévenir et gérer le risque prestataire

Une prévention efficace du risque prestataire, sans être complexe, se doit d'être continue et d'associer l'ensemble des acteurs de l'acte d'achat, de sa préparation à sa réalisation. Elle débute dès la préparation de l'achat de la prestation en prenant certaines précautions. Sur ce point, tout acheteur de prestation doit être conscient, notamment, des risques pénaux liés au risque de marchandage de main-d'œuvre et au prêt de main-d'œuvre illicite. Par la suite, l'exécution du contrat conclu appelle aussi des précautions spécifiques liées à la co-activité.

La prévention du risque prestataire dans l'achat de prestations

Un grand nombre d'entreprises sont aujourd'hui engagées dans une course à la réduction des coûts. Pour atteindre cet objectif, la plupart des sociétés choisissent souvent de confier des pans complets de leur activité à des prestataires extérieurs. C'est alors, très fréquemment, la direction des achats qui intervient pour négocier les conditions financières du contrat qui est conclu avec le prestataire retenu. Il n'est pas rare que la DRH d'une entreprise ou d'un établissement ne découvre *a posteriori* l'identité d'un prestataire dans le cadre des mesures de sécurité d'un site.

Pour prévenir les risques inhérents au prêt de main-d'œuvre illicite, il convient de prendre en compte les recommandations suivantes dans le contrat, la commande ou le marché envisagé avec un prestataire.

Il faut choisir une entreprise dont l'objet social correspond bien à la prestation demandée

Il faut toujours veiller à ce qu'il existe une parfaite adéquation entre l'objet de la prestation du client et l'objet social du prestataire. Sur ce point, les statuts de la société (le contrat de société) constituent un bon indice à prendre en compte. Ils précisent en effet l'objet social de la société prestataire, c'est-à-dire la liste des activités retenues pas les fondateurs de la société. Il n'est donc pas possible de s'adresser à une entreprise pour une tâche qui ne relève pas *a priori* de son objet social. Il est toujours possible de prendre connaissance de cet objet social par l'intermédiaire des greffes des tribunaux de commerce et désormais par Internet sur le site euridile.fr pour un coût relativement modique.

Bien choisir son entreprise, c'est aussi veiller à retenir le bon code APE-NAF (activité principale exercée-nomenclature d'activité française). Le code APE-NAF, qui est attribué par l'INSEE et le RCS lors de l'immatriculation de la société, est un élément important, car il détermine la convention collective de branche applicable. Celle-ci peut notamment prévoir des minima de salaires et autres avantages incontournables. Si un acheteur se fonde sur cet élément pour retenir une entreprise, cela peut constituer un avantage pour celle retenue, tout particulièrement si les autres entreprises écartées appliquent la bonne convention collective, en adéquation exacte avec l'activité réellement exercée. Mais là encore, il faut veiller à être prudent, car le code APE n'est qu'une indication de la nature de l'activité de l'entreprise et il appartient au chef de l'entreprise cliente de s'assurer de la qualification du personnel, des références techniques, des conventions collectives, de la formation.

Il faut toujours établir une commande écrite ou rédiger un contrat précisant sans ambiguïté l'objet du marché qui doit porter sur une tâche nettement définie

Chaque prestation doit toujours faire l'objet d'une commande écrite, qui doit être spécifique à la prestation attendue. Le prestataire est toujours libre de s'organiser comme il le souhaite pour atteindre le résultat ou l'objet de la prestation qu'il lui appartient de réaliser dans le délai prévu et sous sa seule responsabilité.

Attention

Le contrat ne doit jamais prévoir une clause de mise à disposition nominative du type « au terme du présent contrat, la société X met à disposition M. Y ». Concrètement, le marché ou la commande ne doit donc pas spécifier le nom des personnes, ni le nombre de personnes. Mais il y a lieu, à notre sens, de relativiser la portée de cette règle. On peut admettre une telle clause prévoyant dans le contrat la mise à disposition d'une catégorie de personnel éventuellement nommé s'il est référencé et contrôlé. En effet, la spécification des qualifications est envisageable si elle est déterminante pour apprécier la qualité du résultat recherché. On peut donc envisager une clause pour certains types de salariés hautement qualifiés, ou travaillant par exemple sur des sites protégés.

Au terme du contrat, le prestataire ne pourra fournir au client n'importe quels salariés, mais uniquement ceux qui sont titulaires d'une qualification professionnelle déterminante (techniciens hautement qualifiés ou ouvriers professionnels hautement qualifiés). Le client peut se réserver le droit de faire figurer les noms de ces salariés lorsque la détention d'une qualification professionnelle constitue une condition déterminante en terme de sécurité au travail et de sécurité industrielle (travaux électriques, chimiques, pharmaceutiques, nucléaires, par exemple). Ce type de clause est envisageable, à condition bien sûr que le prestataire dispose d'un savoir-faire spécifique et qu'il indique précisément l'encadrement hiérarchique envoyé sur place par le prestataire.

L'utilisateur ne doit pas traiter le salarié du prestataire comme le sien

Le client doit toujours veiller à ce que le prestataire assure l'encadrement de son personnel, et il ne doit exister aucun lien de subordination entre le salarié et un salarié de l'entreprise cliente, par exemple un chargé d'affaires. D'une manière générale, le prestataire doit travailler dans une totale indépendance, même s'il reste tenu au strict respect des règles de sécurité en vigueur dans l'entreprise d'accueil. L'intégration d'un salarié du prestataire au sein d'une équipe du client et sous les ordres d'un manager du client (qu'il soit cadre ou contremaître) n'est envisageable à titre exceptionnel que dans la mesure où il s'agit d'un spécialiste.

À défaut, il convient, pour prévenir tout risque pénal, de désigner dans la commande un interlocuteur hiérarchique de la société prestataire qui aura la charge de diriger son équipe. De même, si la commande globale conclue porte sur un volume important d'interventions sur différents sites, la répartition des personnels du prestataire ne doit pas être effectuée par le chargé d'affaires du client.

Le prestataire doit disposer de ses propres moyens de travail

Le matériel et l'outillage doivent être en principe fourni par le prestataire. Dans un certain nombre de cas, les moyens sont mis à disposition par le client. Ces hypothèses doivent demeurer exceptionnelles, et, en cas de contrôle par l'inspection du travail, le client comme le prestataire doivent fournir une explication convaincante et logique. Ce seront essentiellement des contraintes liées à la sécurité (contamination éventuelle d'un outillage) qui pourront expliquer la mise à disposition par le client. À cet égard, il y a également lieu de vérifier que le prestataire est bien assuré pour les dommages éventuellement causés par l'utilisation de cet outillage, vis-à-vis du client ou d'autres prestataires travaillant sur site dans le cadre d'une coactivité.

La rémunération

Il y a encore quelques années, la plupart des entreprises préféraient utiliser la technique dite de la « régie ». Face au risque de prêt de main-d'œuvre illicite, beaucoup d'entreprises ont abandonné ce système au profit de celui du « forfait » jugé plus sûr. En fait, peu importe la qualification retenue par les parties en cas de contrôle de l'inspection ou de la CRAM, en particulier à l'occasion d'un accident grave du travail. Ce qui compte en réalité, c'est l'objet même de la prestation, c'est-à-dire ce qui est attendu de sa réalisation. Lorsqu'elle porte sur la réalisation d'une tâche immatérielle, par exemple un développement informatique, il n'est pas interdit de faire des « attachements », donc de constater le travail effectué, notamment en nombre d'heures. En revanche, ce qui est proscrit, c'est de faire contrôler directement et signer les heures de travail effectuées par le personnel de l'entreprise prestataire, en utilisant par exemple des feuilles de pointage interne à l'entreprise.

D'une manière générale, la pratique du forfait semble moins risquée que celle de la régie, mais, au-delà de l'intitulé du contrat, l'inspecteur du travail (ou de la DRIRE) s'efforcera de déceler l'esprit de la convention en demandant la production de toutes les pièces contractuelles, notamment la structure de la clause de prix chez le prestataire comme chez le client. Ainsi, si le bordereau de prix remis en cas de contrôle ne prévoit que des heures de main-d'œuvre, à l'exclusion de toute prestation matérielle et de toute heure de responsable d'encadrement des équipes, il existe un risque de poursuite judiciaire. Le prestataire pourrait être poursuivi pour un prêt de main-d'œuvre exclusif de toute autre prestation matérielle.

Attention

D'une manière générale, il faut veiller à prévoir une obligation de résultat dans la commande à la charge de l'entreprise prestataire ; si l'accomplissement d'heures supplémentaires par des salariés mis à disposition s'avère nécessaire, aucun accord préalable du client, par exemple celui d'un responsable du client, ne doit apparaître. À défaut, le juge pénal pourrait sanctionner les parties en estimant que le client s'est comporté comme un employeur.

Exiger les documents indispensables de la part du prestataire en cas de sous-traitance

La dernière précaution qui incombe à l'utilisateur est de contrôler la légalité de la main-d'œuvre fournie par le prestataire, afin de vérifier notamment que l'embauche de salariés sous-traitants n'aboutira pas à une opération de travail dissimulée.

Important

Le donneur d'ordre ou l'entreprise utilisatrice qui entend exécuter un contrat ou un marché en recourant à un ou plusieurs sous-traitants doit, au moment de la conclusion du contrat et pendant toute la durée du contrat ou du marché, faire accepter chaque sous-traitant et agréer les conditions de paiement de chaque contrat de sous-traitance par le client.

Dans l'hypothèse d'une relation tripartite, le sous-traitant n'a aucun lien juridique avec le client. Cependant, ce dernier peut exiger dans le contrat du donneur d'ordres d'être informé si celui-ci décide de recourir à la sous-traitance et de lui communiquer les contrats entre le sous-traitant et le donneur d'ordres. Dans le cas où l'entreprise principale aurait recours à une entreprise tierce pour lui confier certaines prestations, il y aurait fraude si celle-ci n'exécutait pas un véritable contrat d'entreprise mais se contentait de mettre à disposition des salariés. C'est pourquoi le chef d'entreprise peut exiger un certain nombre de documents de la part de la société extérieure ou sous-traitant. Dans le cas de la conclusion d'un contrat d'au moins 4 000 euros, toute entreprise utilisatrice doit se faire remettre l'un des cinq documents suivants :

- Une attestation de déclarations sociales de moins d'un an émanant d'organismes de recouvrement ;
- L'avis d'imposition sur la taxe professionnelle sur l'exercice précédent ;
- Une attestation de régularité de la situation au regard du code des marchés publics ;
- Une attestation de garanties financières en cours de validité ;
- Un récépissé du dépôt de déclaration auprès d'un centre de formalités des entreprises ayant moins d'un an, à défaut de présentation des autres documents.

La prévention du risque prestataire dans la réalisation de la prestation

Travailler chez les autres, dans des locaux inconnus où sont exercées des activités souvent étrangères aux siennes, entraîne des risques supplémentaires. C'est particulièrement vrai dans le domaine de la construction, mais également dans un nombre croissant d'entreprises où de nombreuses tâches sont désormais externalisées. C'est pourquoi une concertation préalable au déroulement des travaux et un suivi spécifique sont nécessaires afin de pallier les risques liés à ce type de configurations.

La réalisation de la prestation réglementée par une directive

De longue date, certaines entreprises s'étaient engagées dans une politique intégrée de sécurité, en particulier dans le cadre d'une démarche qualité. Depuis la transposition en droit français de la directive cadre CEE n° 89/396 du 12 juin 1989, par une loi du 31 décembre 1991 (loi n° 91-1414) sur l'amélioration de la sécurité et de la santé au travail, prévaut une nouvelle philosophie fondée sur la prévention, en particulier en cas de co-activité. Cette directive, selon une approche anglo-saxonne, sans lister une série de normes à respecter, pose simplement de grands principes généraux et une démarche de prévention que l'employeur doit mettre en œuvre, avec un sens des responsabilités, dans toutes les situations de travail. Il ne s'agit donc plus simplement, pour être en règle, d'appliquer strictement des normes techniques en matière d'hygiène et de sécurité, il faut encore faire de la protection de la santé et de la sécurité au travail un objectif prioritaire qui doit être intégré dans la conception et l'organisation du travail.

Il existe aussi, dans le Code du travail, un texte sur la coordination en matière de sécurité et de santé, issu de la loi du 31 décembre 1993 (loi n° 93-1418), transposant la directive CEE du 24 juin 1992, dite « Chantiers temporaires ou mobiles ». Les lois de 1991 et 1993 ont été mises en œuvre par un décret du 20 février 1992, qui est de portée générale et s'applique aux travaux effectués dans un établissement par une entreprise extérieure.

Les points clés du décret du 20 février 1992

Au moins une entreprise extérieure chez une entreprise utilisatrice

Travaux qu'il est impossible d'isoler matériellement

Interventions simples ou travaux d'entretien

Risques d'interférence avec les risques inhérents à l'exploitation du site de l'entreprise utilisatrice

Important

La prévention du risque repose sur un principe majeur : le chef de l'entreprise utilisatrice assure la coordination générale des mesures de prévention et des mesures de l'ensemble des chefs des entreprises intervenant dans son établissement ; mais chaque chef d'entreprise est responsable de l'application des mesures de prévention nécessaires à la protection de son personnel.

Les obligations de l'entreprise utilisatrice

La prévention repose sur l'implication de tous. Aussi l'utilisateur, qui connaît mieux que quiconque ses propres locaux, est-il tenu à certain nombre d'obligations :

- Assurer la coordination générale de sécurité ;
- Informer le CHSCT préalablement à l'ouverture de tout chantier ;

- Établir un plan de prévention écrit pour un travail de 400 heures et plus, continuel ou non, et pour tout travail dangereux indépendamment de la durée ;
- Connaître toutes les sociétés intervenantes (entreprises extérieures) et les noms de tous les salariés intervenants ;
- Tenir ces informations à la disposition des services de contrôles (inspection du travail) ;
- Aviser l'inspection du travail de l'ouverture de travaux faisant l'objet d'un plan de prévention écrit ;
- Suivre l'application des mesures prévues et coordonner les inspections et réunions périodiques avec les entreprises extérieures ;
- Alerter les entreprises extérieures des dérives et des risques correspondants ;
- S'assurer de la diffusion des instructions appropriées aux salariés des entreprises extérieures et à ceux de leurs sous-traitants.

Les obligations de l'entreprise extérieure

Le prestataire doit pour sa part :

- Faire connaître par écrit à l'entreprise utilisatrice la date de son arrivée, la durée prévisible de son intervention, le nombre prévisible de salariés affectés, le nom et la qualification de la personne chargée de diriger l'intervention ;
- Informer l'entreprise utilisatrice de l'affectation éventuelle de nouveaux salariés à l'exécution des travaux en cours de l'intervention ;
- Faire connaître à l'entreprise utilisatrice les noms et références de ses sous-traitants, le plus tôt possible et, en tout état de cause, avant le début des travaux qui leur sont dévolus, ainsi que l'identification des travaux sous-traités ;
- Fournir à l'inspection du travail, sur sa demande, l'état des heures réellement passées par les salariés qu'elle affecte à l'exécution de l'intervention.

L'utilisateur doit s'informer sur les conditions d'intervention du prestataire

L'entreprise utilisatrice adresse un questionnaire à remplir à l'entreprise extérieure avant l'inspection des lieux et la réunion d'ouverture de chantier. Cette dernière doit impérativement préciser :

- La date de début des travaux et la durée de l'intervention ;
- Le nom et la qualification de la personne chargée de diriger l'intervention ;
- Le service médical chargé de suivre le personnel engagé dans l'intervention ;
- Les noms des sous-traitants et de leurs propres sous-traitants éventuels, avec la raison sociale, l'adresse de l'entreprise, et la désignation des travaux confiés à chacun d'entre eux ;

- Le plan de prévention prévisionnel concernant les risques propres de l'entreprise extérieure et les mesures de prévention correspondantes à appliquer pour l'intervention ;
- L'attestation d'information, par leurs employeurs respectifs, des salariés de l'entreprise extérieure et de ceux éventuels des sous-traitants sur les risques et les instructions appropriées, avec les noms et signatures de chacun des salariés concernés ;
- S'il s'agit de travaux à surveillance médicale spéciale, la fourniture des certificats d'aptitude correspondants des salariés de l'entreprise extérieure et de ceux des éventuels sous-traitants.

L'inspection commune des lieux de travail

Au cours de l'inspection commune des lieux de travail, des installations qui s'y trouvent et des matériels éventuellement mis à disposition de la ou des entreprises extérieures, le chef de l'entreprise utilisatrice :

- Délimite le secteur d'intervention des entreprises extérieures et matérialise les zones de ce secteur qui peuvent présenter des dangers pour leur personnel ;
- Indique les voies de circulation que pourront emprunter le personnel, les véhicules et engins de toute nature appartenant aux entreprises extérieures ;
- Indique les voies d'accès aux installations sanitaires, vestiaires et locaux de restauration mis à disposition du personnel des entreprises extérieures ;
- Communique aux chefs des entreprises extérieures les consignes de sécurité applicables à l'intervention qui concerneront leurs salariés à l'occasion de leur travail et de leurs déplacements.

Les employeurs doivent se communiquer toute information nécessaire à la prévention, notamment la description des travaux à effectuer, des matériels utilisés et des modes opératoires, dès lors qu'ils ont une incidence sur l'hygiène et la sécurité.

Le contenu du plan de prévention

Le plan de prévention est complémentaire du document unique prévu par l'article R. 230-1 du Code du travail. Si les documents uniques de l'entreprise extérieure et de l'entreprise utilisatrice doivent contenir l'évaluation des risques liés aux métiers et aux activités qui leur sont propres, le plan de prévention est, quant à lui, fondé sur les résultats de l'analyse en commun (entreprise extérieure + entreprise utilisatrice) des risques pouvant résulter de l'interférence entre les activités, les installations, les matériels, et définit les mesures de protection à prendre. Chaque entreprise doit veiller à ce que son personnel ait reçu une formation adaptée aux missions qui lui sont confiées.

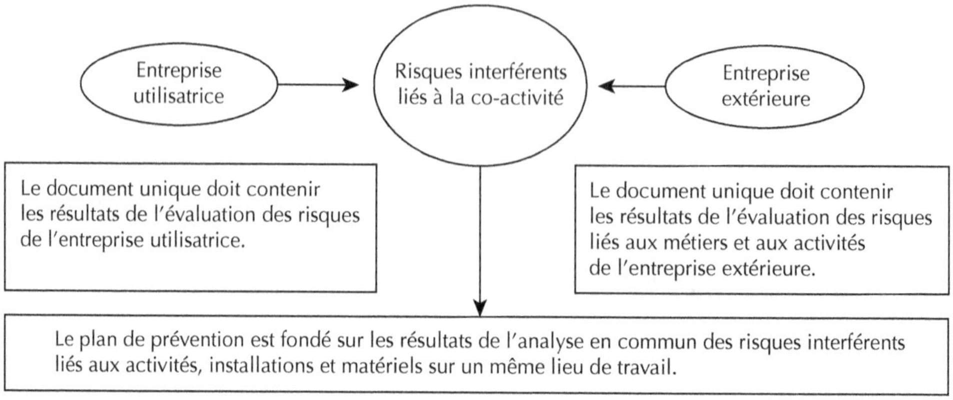

La circulaire n° 6 du 18 avril 2002 situe la prise en compte du risque d'interférence comme relevant non du document unique (DU), mais du plan de prévention. Néanmoins, en pratique, le DU pourra éventuellement, lors de la réunion et de la visite préalables, et en dehors de toute obligation incombant à l'entreprise utilisatrice, constituer une source d'informations parfois utile à l'élaboration du plan de prévention. Le DU pourra parfois s'instruire aussi, notamment lors de sa réactualisation annuelle, du retour d'expérience issu de la mise en œuvre du plan de prévention.

Le plan de prévention comporte au moins des dispositions dans les domaines suivants :

- Définition des phases d'activités dangereuses et des moyens de prévention spécifiques correspondants ;
- Adaptation des matériels, installations et dispositifs à la nature des opérations à effectuer, ainsi que la définition de leurs conditions d'entretien ;
- Instructions à donner aux salariés ;
- Organisation mise en place pour assurer les premiers secours en cas d'urgence et description du dispositif mis en place à cet effet par l'entreprise utilisatrice ;
- Conditions de la participation des salariés d'une entreprise aux travaux réalisés par une autre en vue d'assurer la coordination nécessaire au maintien de la sécurité et, notamment, de l'organisation du commandement ;
- Liste des postes susceptibles de relever d'une surveillance médicale particulière.

Un plan de prévention est obligatoirement arrêté par écrit si :

- L'opération représente un nombre total d'heures de travail prévisible égal au moins à 400 heures de travail sur une période égale au plus à 12 mois, que les travaux soient continus ou discontinus ;

- Quelle que soit la durée de l'opération, lorsque les travaux à effectuer pour réaliser l'opération sont au nombre des travaux dangereux[1] fixés par l'arrêté du 19 mars 1993. Par ailleurs, le plan de prévention est tenu, pendant toute la durée des travaux, à la disposition de l'inspecteur du travail, des agents des services de prévention de la CRAM et, le cas échéant, de l'organisme professionnel de prévention du bâtiment et des travaux publics. Enfin, sur le lieu même de l'exécution des travaux, le chef de l'entreprise extérieure doit :
  - Faire connaître à l'ensemble des salariés qu'il affecte à ces travaux les dangers spécifiques auxquels ils sont exposés et les mesures prises pour les prévenir,
  - Préciser les zones dangereuses et les moyens adaptés pour les matérialiser,
  - Expliquer l'emploi des dispositifs collectifs et individuels de protection,
  - Montrer aux salariés les voies à emprunter pour accéder aux locaux et installations mis à leur disposition,
  - Indiquer les issues de secours.

Attention au travail de nuit

Lorsque l'opération est exécutée de nuit ou dans un lieu isolé ou à un moment où l'activité de l'entreprise utilisatrice est interrompue, le chef de l'entreprise extérieure concernée doit prendre les mesures nécessaires pour qu'aucun salarié ne travaille isolément en un point où il ne pourrait être secouru en cas d'accident.

1. Liste des travaux dangereux : travaux exposant à des rayonnements ionisants ; travaux exposant à des substances et préparations explosives comburantes extrêmement inflammables, facilement inflammables très toxiques, toxiques, nocives, cancérogènes, mutagènes, toxiques vis-à-vis de la reproduction ; travaux exposant à des agents biologiques pathogènes ; travaux effectués sur une installation classée ; travaux de maintenance sur les équipements de travail ; travaux de transformation sur les ascenseurs… ; travaux de maintenance sur des installations à très haute ou basse température ; travaux comportant le recours à des ponts roulants… ; travaux comportant le recours aux treuils et appareils assimilés mus à la main, installés temporairement au-dessus d'une zone de travail ou de circulation ; travaux exposant au contact avec des pièces nues sous tension supérieure à la TBT ; travaux nécessitant l'utilisation d'équipements de travail ; travaux du bâtiment et des travaux publics exposant les travailleurs à des risques de chute de hauteur de plus de 3 mètres ; travaux exposant à un niveau d'exposition sonore quotidienne supérieure à 90 dB ou à un niveau de pression acoustique de crête supérieure à 140 dB ; travaux exposant à des risques de noyage ; travaux exposant à des risques d'ensevelissement ; travaux de montage, démontage d'éléments préfabriqués lourds ; travaux de démolition ; travaux dans ou sur des cuves et accumulateurs de matière ou en atmosphère confinée ; travaux en milieu hyperbare ; travaux nécessitant l'utilisation d'un appareil à laser ; travaux de soudure oxyacétylénique exigeant le recours à un « permis de feu ».

La mise en œuvre du plan de prévention

Chaque entreprise met en œuvre les mesures prévues au plan de prévention. Le chef de l'entreprise utilisatrice :

- S'assure que les mesures décidées sont exécutées ;
- Coordonne les mesures nouvelles qui doivent être prises, si nécessaire, lors du déroulement des travaux ;
- Organise avec les chefs des entreprises extérieures, selon une périodicité qu'il définit, des inspections et réunions périodiques pour assurer la coordination ;
- Assure la mise à jour du plan de prévention à l'occasion de la coordination.

L'inspection et les réunions

Lorsqu'ils l'estiment nécessaire en fonction des risques, les chefs des entreprises extérieures qui ne sont pas conviés participent, sur leur demande, aux réunions et inspections organisées par l'entreprise utilisatrice ou demandent au chef de l'entreprise utilisatrice d'organiser de telles réunions ou d'inspections.

Si l'ensemble des opérations des entreprises extérieures a une durée totale supérieure à 90 000 heures pour les 12 mois à venir, une inspection et une réunion sont obligatoires au moins tous les 3 mois.

La surveillance médicale des salariés

Le plan de prévention est tenu à la disposition du médecin du travail de l'entreprise utilisatrice et des médecins du travail des entreprises extérieures concernées. Ils sont informés des mises à jour.

Le médecin du travail de l'entreprise extérieure communique avec celui de l'entreprise utilisatrice sur tous les éléments du dossier médical individuel des salariés de l'entreprise extérieure. Le médecin du travail de l'entreprise utilisatrice fournit au médecin du travail de l'entreprise extérieure, sur demande de ce dernier, toutes les indications sur les risques particuliers que présentent ces travaux pour la santé des salariés concernés de l'entreprise extérieure. Le médecin du travail de l'entreprise utilisatrice assure pour le compte de l'entreprise extérieure la réalisation des examens complémentaires, rendus nécessaires par la nature et la durée des travaux effectués par les salariés de l'entreprise extérieure. Il en communique les résultats au médecin du travail de l'entreprise extérieure.

Le rôle des institutions représentant le personnel

Le CHSCT de l'entreprise utilisatrice et ceux des entreprises concernées sont informés :

- De la date de l'inspection préalable par les chefs des entreprises concernées dès qu'ils en ont connaissance et au plus tard 3 jours avant qu'elle ait lieu. En cas d'urgence, ils sont informés sur le champ ;
- Des dates des inspections et réunions de coordination ;
- De toute situation d'urgence et de gravité.

Ces CHSCT ont accès au plan de prévention et à ses mises à jour, ainsi qu'à toute information nécessaire à leurs missions. Les membres des comités désignés pour participer à l'inspection émettent un avis sur les mesures de prévention, avis porté sur le plan de prévention. Les CHSCT peuvent exercer toutes les prérogatives que la loi leur confère en cas de recours à des prestataires.

Les sanctions du risque prestataire

Le recours à un prestataire peut être une source de risque de nature essentiellement pénale. Le Code du travail, par le délit de marchandage et par celui de prêt de main-d'œuvre illicite, réprime certains cas de sous-traitance, sans toutefois les nommer. Les sanctions prévues frapperont alors souvent dans ce cas l'utilisateur comme le prestataire.

Une typologie des infractions encourues

Si la sous-traitance n'est pas interdite en tant que telle, le Code du travail réprime l'emploi de prestataires dès lors qu'il s'agit de contourner les règles posées par le code précité. À cet égard, il y a lieu de distinguer précisément deux incriminations :

- Le délit de marchandage de main-d'œuvre qui est sanctionné par l'article L. 125-1 ;
- Le délit de prêt de main-d'œuvre exclusif qui est sanctionné par l'article L. 125-3.

Ces deux textes étant distincts, un employeur peut donc être poursuivi sur ce double fondement, même si, en pratique, des condamnations sur le fondement de l'article L. 125-1 pour marchandage sont relativement rares, faute de satisfaire aux conditions prévues par ce texte.

Le délit de marchandage de main-d'œuvre

L'article L. 125-1, qui est l'un des textes les plus anciens du droit du travail (1848), prohibe le marchandage de main-d'œuvre, en disposant :

> *« Toute opération à but lucratif de fourniture de main-d'œuvre qui a pour effet de causer un préjudice au salarié qu'elle concerne ou d'éluder l'application des dispositions de la loi, de règlement ou de conventions ou accords collectifs de travail, ou "marchandage", est interdite. »*

Le délit de marchandage présente deux caractéristiques :

- Il s'agit d'une opération de prêt ou de fourniture de main-d'œuvre à but lucratif qui peut être exclusive ou non exclusive ;
- Le marchandage a pour effet de causer un préjudice au salarié concerné par l'opération.

À l'origine, le délit de marchandage n'était passible de sanctions pénales que s'il était abusif. À ce jour, ce sont bien toutes les opérations à but lucratif qui sont visées. Mais, précisément, ce sont les conséquences préjudiciables que l'opération aura sur les salariés qui sont répréhensibles.

Les éléments constitutifs du délit de marchandage reposent donc sur la privation du bénéfice d'un statut social dans l'entreprise utilisatrice. Ainsi, dès lors qu'un salarié se voit privé du bénéfice d'une convention collective ou, plus rarement, de la loi, le délit est constitué. En effet, la tentation est parfois forte pour certains employeurs de recourir au service d'une entreprise sous-traitante pour exécuter des travaux, plutôt que d'embaucher des salariés qui pourraient bénéficier d'un accord d'entreprise (dont les dispositions sont plus favorables) ou des œuvres sociales du comité d'entreprise.

Le juge, pour réprimer le marchandage, procède donc à une comparaison, mais la différence de statut ne suffit pas. Le salarié doit être perdant et il convient de démontrer qu'il aurait pu bénéficier d'avantages supplémentaires s'il avait été salarié de l'entreprise utilisatrice. Par ailleurs, à la différence de l'article L. 125-3, l'article L. 125-1 n'exige pas que l'opération prohibée concernant la main-d'œuvre ait un caractère exclusif. La particularité du délit de marchandage suppose l'existence d'un préjudice financier subi par un ou plusieurs salariés prêtés ou le défaut d'application de la loi, d'un règlement ou d'une convention collective.

La Cour de cassation a ainsi jugé que si les salaires, avantages et indemnités diverses n'étaient pas les mêmes dans deux entreprises, cette disparité ne permettait pas de savoir si les salariés de l'entreprise sous-traitante avaient plus d'avantages que les autres (Cass. crim. 18 avril 1989, « Syndicat national des personnels de l'énergie atomique »). En revanche, il a été jugé que subit un préjudice le salarié d'une banque qui perçoit un salaire inférieur à ceux des employés de banques utilisatrices pour un même travail (Cass. crim. 22 juin 1993, *Juris-Data*, n° 002083).

Le délit de prêt illicite de main-d'œuvre

L'article L. 125-3 réprime le prêt de main-d'œuvre exclusif en disposant :

> *« Toute opération à but lucratif ayant pour objet exclusif le prêt de main-d'œuvre est interdite sous peine des sanctions prévues à l'article L. 152-3 dès lors qu'elle n'est pas effectuée dans le cadre des dispositions du livre Ier, titre II, chapitre IV du présent Code relatives au travail temporaire. »*

Cette disposition, promulguée en 1972, a été avant tout conçue pour protéger les entreprises de travail temporaire d'une concurrence illicite. Les critères de licéité sont l'œuvre du juge pénal. Deux conditions sont nécessaires pour que l'infraction soit constituée :

- **Premièrement, il faut un objet exclusif.** Le délit est constitué dès lors que l'opération consiste exclusivement en un prêt de main-d'œuvre. Si l'opération englobe une formation ou le prêt de matériel, l'opération sera en principe licite ;
- **Deuxièmement, le prêt doit être à but lucratif.** Dans l'hypothèse où le prêt n'est pas à but lucratif, le délit n'est pas constitué. Cependant, le délit pourrait toutefois être constitué si l'objectif était de faire des bénéfices, même si le résultat n'était pas atteint.

Pour décider qu'une opération juridique constitue un prêt exclusif de main-d'œuvre ou une opération de marchandage préjudiciable aux salariés, les juges recourent à une technique de faisceau d'indices. C'est ainsi que non seulement la personne « prêtée » doit être un salarié (et non, par exemple, un conducteur routier indépendant – Poitiers 12 janvier 1990), mais encore le salarié doit être moins rémunéré que ceux de l'entreprise utilisatrice (Cass. crim. 23 février 1993). Mais à pousser ce raisonnement trop loin, toutes les sous-traitances ne sont-elles pas des opérations à but exclusivement lucratif, puisque le coût d'un artisan est en général moins élevé que celui d'une entreprise plus importante. En analysant les caractères d'une opération, le juge pénal va s'efforcer de découvrir ces indices qui peuvent être regroupés autour des cinq axes suivants :

- **L'objet du contrat.** Un contrat de sous-traitance est licite lorsqu'il a pour objet de confier la réalisation d'une tâche à une société spécialisée (par exemple, entretien des locaux, gardiennage, conseil en informatique, gestion du restaurant d'entreprise). La mise à disposition d'un salarié de l'entreprise, dès lors qu'elle apparaît nécessaire à la réalisation de la tâche, est donc nécessaire. Ce critère permet de déterminer si le prêt est exclusif ou bien s'il est englobé dans un objet plus vaste. Lorsqu'il existe un véritable savoir-faire, la prestation de service sera vraisemblablement licite. En revanche, si l'activité sous-traitée ne présente aucune particularité par rapport à la société donneuse d'ordre, les juges ont tendance à détecter une opération illicite ;

- **Le pouvoir de direction.** La tâche confiée au prestataire de service doit être assumée par lui seul. Aux termes du contrat, l'entreprise donneuse d'ordre est simplement tenue de réceptionner le travail effectué par le sous-traitant. Elle ne participe normalement pas à l'exécution de l'objet du contrat, mais est parfaitement habilitée à opérer des contrôles en cours d'exécution. Si le prestataire de service transfère le pouvoir de direction et disciplinaire à l'utilisateur, celui ci se comporte alors comme un employeur. Il existe alors une présomption de prêt de main-d'œuvre illicite. Ainsi, si les salariés travaillent sous l'autorité technique des cadres de l'entreprise donneuse d'ordre ou si le travail est distribué par un responsable de l'entreprise utilisatrice, l'opération sera illicite. Ce critère est d'un usage délicat lorsque plusieurs salariés appartenant à des entreprises différentes (dont les salaires et les conventions collectives applicables sont très différents) sont appelés à travailler ensemble sur un projet industriel et/ou de recherche sous la direction d'un chef de file. En effet, une collaboration doit s'imposer entre les entreprises pour favoriser la bonne exécution des travaux et l'entreprise donneuse d'ordre est parfaitement habilitée, pour éviter tout dysfonctionnement, à poser des règles relatives aux horaires ou à la sécurité, par exemple ;
- **La rémunération.** Lorsque les travaux sous-traités sont rémunérés selon un prix global forfaitaire fondé sur le savoir-faire ou sur la technicité particulière du sous-traitant, ou en fonction du nombre de travaux sous-traités effectués, le contrat de sous-traitance est présumé licite. En revanche, lorsque le mode de calcul du salaire du salarié envoyé par le prestataire dépend du nombre d'heures effectuées chez l'utilisateur, il existe une présomption de marchandage. Une somme forfaitaire éloigne le risque de présomption de marchandage, mais ce critère doit là encore être manié avec prudence, car certaines opérations ne peuvent être complètement déterminées par avance ;
- **Les moyens de travail mis à disposition.** Lorsque les moyens mis à disposition appartiennent à la société donneuse d'ordre, il existe une présomption d'illicéité de l'opération. À défaut, si l'entreprise prêteuse du personnel possède ses propres « outils », les risques de requalification sont plus faibles. Encore faut-il dans ce dernier cas que la fourniture de matériel ne soit pas accessoire, mais concerne bien l'outillage principal ;
- **L'identité de dirigeants.** Dans le but de se soustraire à certaines obligations légales et conventionnelles, certains employeurs sont parfois tentés de mettre à profit les ressorts du droit des sociétés, en créant des personnes morales qui ne

peuvent fonctionner sans recourir à un personnel extérieur souvent soumis à des contraintes plus faibles. Lorsque la société prestataire de services et l'entreprise donneuse d'ordre ont une direction identique ou si des liens étroits unissent leurs dirigeants, le prêt de main d'œuvre sera souvent illicite.

Exemples de prêt de main-d'œuvre jugés licites ou illicites

Exemples de prêt de main-d'œuvre jugés licites	Exemples de prêt de main-d'œuvre jugés illicites (arrêts diffusés mais non publiés au bulletin)
Cass. soc., 9 juin 1993, « SA Sotralentz c/ Ruiz Sanchez ». En l'espèce, un salarié avait été détaché sur un chantier pour superviser la pose d'un électrofiltre et avait refusé d'effectuer cette tâche. Licencié, il contesta la rupture du contrat en soutenant qu'il avait été l'objet d'un prêt de main-d'œuvre illicite. La haute juridiction, pour rejeter les prétentions du salarié, estima que le prêt de main-d'œuvre n'était pas prohibé par la loi dès lors qu'il n'est que la conséquence nécessaire de la transmission d'un savoir-faire ou de la mise en œuvre d'une technicité qui relève de la spécificité de l'entreprise prêteuse.	**Cass. crim., 5 janvier 1993, « Fouquier »**. La réalisation d'opérations logistiques relatives à la gestion du stock de pièces détachées d'une société donneuse d'ordre constitue en réalité une opération de fourniture de main-d'œuvre prohibée pour les raisons suivantes : • Le personnel était placé, quels que soient sa qualification et son rang hiérarchique, sous l'autorité technique des cadres de la société donneuse d'ordre ; • La fourniture du matériel de manutention était assurée par l'entreprise sous-traitante mais celle de l'outil informatique relevait du contrôle de l'entreprise utilisatrice ; • La formation du personnel « prêté » était assurée par la société donneuse d'ordre ; • La rémunération du service était forfaitaire mais indexée sur l'indice INSEE des salariés des industries mécaniques.
Cass. crim., 2 juin 1981, « Bernard », Bull. crim. n° 185. Un contrat de prestation de service est licite dès lors que le prestataire de service est resté responsable de l'exécution des travaux commandés et des salariés détachés qui étaient dirigés par des chefs d'équipe de la société prestataire. Cette société était tenue d'une obligation de résultat et sa rémunération forfaitaire était fondée sur l'apport technique de sa prestation.	**Cass. crim., 26 janvier 1993, « Rodrigo »**. Le prêt de main-d'œuvre est illicite dès lors que sur deux chantiers de construction, une SARL titulaire d'un lot de gros œuvre en confie l'exécution des travaux de maçonnerie, dallage et couverture à une autre entreprise par des contrats dits de sous-traitance. En effet : • Les ouvriers de cette entreprise étaient encadrés par un chef d'équipe de celle-ci mais se trouvaient placés sous l'autorité du conducteur de travaux de la SARL ; • Les travaux avaient été effectués avec des matériaux et l'outillage de la SARL ; • Les travaux de maçonnerie ne présentaient aucun caractère spécifique.

Cass. soc., 7 février 1984, « Adida » Bull. crim. 1984, n° 46. Une société de conseil en informatique ne commet pas de délit de prêt de main-d'œuvre prohibé dans la mesure où : • Le prêt du personnel est une obligation inhérente à son activité ; • Elle effectuait un contrôle hebdomadaire et établissait un rapport mensuel ; • Elle assurait la formation du personnel mis à la disposition de ses clients.	**Cass. crim., 3 novembre 1999, *Juris-Data* n° 004540, « Condamnation d'un chef d'entreprise principale (ou utilisatrice) et de l'entreprise qui fournit le personnel elle-même ».** Dans le cadre de la construction d'un centre de transit de déchets spéciaux et de pollutions locales, un contrat de sous-traitance a pour objet d'exécuter des travaux d'isolation et d'étanchéité. En l'apparence, le contrat de sous-traitance était légal. Mais le juge a relevé que le contrat de prêt de main-d'œuvre constituait un prêt de main-d'œuvre illicite dans la mesure où ces tâches étaient habituellement exécutées par des salariés de l'entrepreneur qui, en congés, ne pouvaient pas effectuer l'ensemble des travaux. Le juge a également relevé que l'ensemble des matériaux et le matériel nécessaire à l'exécution des travaux étaient fournis par l'entreprise principale. Enfin, le juge a examiné le mode de rémunération et a constaté que les salariés étaient payés en mètre carré et non au forfait.

Les sanctions encourues

Le risque prestataire peut être sanctionné à plusieurs titres.

Les sanctions pénales

L'article L. 152-3 du Code du travail dispose sur ce point :

> *« Toute infraction aux dispositions des articles L. 125-1 et L. 125-3 est punie d'un emprisonnement de deux ans et d'une amende de 30 000 euros ou de l'une de ces deux peines seulement. »*

L'article L. 125-3-1 du Code du travail précise par ailleurs que lorsque l'infraction est commise par une personne morale, la peine d'amende est multipliée par cinq.

En droit pénal, il convient par ailleurs de savoir que l'on distingue les peines principales des peines complémentaires. Les peines principales sont celles parmi lesquelles le juge, s'il décide de sanctionner l'auteur de l'infraction, devra choisir. En revanche, les peines complémentaires sont celles qui sont prononcées cumulativement avec les peines principales, mais que le juge n'est pas obligé d'appliquer.

Les deux peines principales prévues par l'article L. 152-3 du Code du travail sont :

- 2 ans d'emprisonnement maximum ;
- 30 000 euros d'amende maximum.

Les peines principales auxquelles une personne morale peut-être condamnée sont :

- Une amende de 150 000 euros ;
- La dissolution de l'entreprise ;
- L'interdiction d'exercer ;
- Le placement sous surveillance judiciaire ;
- La fermeture de l'établissement ;
- L'exclusion des marchés publics ;
- La confiscation de la chose qui a servi ou devait servir à l'infraction ou qui en est le produit.

Les deux peines complémentaires sont :

- L'interdiction d'exercer une activité de sous-entrepreneur de main-d'œuvre pour une durée de 10 ans ;
- L'affichage du jugement aux portes des établissements de l'entreprise et sa publication dans les journaux que le tribunal désigne.

À côté de ces sanctions spécifiques, le juge pourra lors d'un accident de travail mettre à la charge exclusive du donneur d'ordres (entreprise utilisatrice) l'entière responsabilité pénale pour homicide ou blessure involontaire, dans la mesure où il s'agit du véritable chef d'entreprise.

Il est rare en pratique qu'un chef d'entreprise soit condamné à une peine d'emprisonnement ferme, mais les tribunaux correctionnels se montrent en revanche assez sévères avec les chefs d'entreprise et/ou délégataires de pouvoir, pour prononcer des peines d'emprisonnement avec sursis et des peines d'amendes assez conséquentes.

À noter

Cette responsabilité pénale personnelle (avec, si le tribunal en décide ainsi, inscription au casier judiciaire de la condamnation) peut se doubler d'une responsabilité pénale de la personne morale.

Les sanctions civiles

Le délit de prêt de main-d'œuvre et le délit de marchandage exclusif sont civilement sanctionnés par la nullité du contrat, et la qualité d'employeur est transférée à l'utilisateur. Par conséquent, le prestataire ne saurait réclamer en justice le paiement par l'entreprise cliente des prestations fournies et non encore réglées. Si l'opération a pour effet de causer un préjudice au salarié concerné, celui-ci pourrait également demander réparation devant la juridiction pénale et solliciter le versement de dommages et intérêts. Les syndicats peuvent également agir en justice.

Si le juge décide que sous l'apparence d'un contrat d'entreprise ou de sous-traitance d'entreprise se dissimule un prêt de main-d'œuvre illicite à but lucratif, la requalification s'impose. Dès lors l'entreprise utilisatrice sera considérée comme le véritable employeur. Par conséquent :

- L'entreprise est rétroactivement débitrice des charges sociales ;
- La responsabilité de l'entreprise utilisatrice est exclusive en cas d'accident ;
- La responsabilité du sous-traitant ou de l'entreprise intervenante ne pourra pas être recherchée.

Questions/Réponses

Question

« Compte tenu de l'organisation de l'entreprise, je suis parfois amené à donner des ordres à des salariés d'une entreprise sous-traitante. Puis-je me le voir reprocher ? »

Réponse

Si vous prenez un sous-traitant, c'est pour qu'il effectue un travail. S'il effectue un travail, encore faut-il qu'il en ait les moyens. Parmi les moyens dont il doit disposer, il doit y avoir le pouvoir d'organisation et le pouvoir disciplinaire.

Si vous vous substituez au sous-traitant, on pourra effectivement imaginer que vous avez pris un sous-traitant uniquement pour des raisons économiques et que vous avez voulu exclure un certain nombre de salariés du bénéfice de votre convention collective, par exemple, ou des avantages sociaux propres à votre entreprise.

Il ne faut donc pas, par principe, s'immiscer dans la gestion et l'organisation d'une entreprise sous-traitante que vous avez mandatée pour travailler avec vous ou à vos côtés.

Question

« Et si je vois un salarié de cette entreprise sous-traitante effectuer une action dangereuse, dois-je rester sans rien faire ? »

Réponse

Bien sûr que non ! La priorité des priorités est bien évidemment la santé et la sécurité des travailleurs. Personne ne vous reprochera jamais de vous être ponctuellement comporté en véritable donneur d'ordres s'il en va de la sécurité d'une personne.

Pour prendre une comparaison, lorsqu'on voit une personne se faire attaquer dans la rue, ce n'est pas parce qu'on n'est pas policier ou gendarme qu'on ne doit pas tenter de la défendre ou de faire tout ce qui est en notre pouvoir pour lui venir en aide. Si un salarié ou un groupe de salariés méconnaissait de façon régulière les règlements sur la sécurité, par exemple, cela mettrait en cause la qualité du contrat de sous-traitance et les capacités du sous-traitant à gérer ses équipes.

Chapitre 9

Le risque Internet

En collaboration avec Alexandre ABLEIS

Dès l'embauche, l'employeur peut être amené à mettre à la disposition de son salarié un certain nombre de biens appartenant à l'entreprise, nécessaires à l'accomplissement de ses missions : voiture, carte bancaire, téléphone, ordinateur professionnel, avec un accès Internet dans la plupart des cas. Quelle est l'entreprise qui n'a pas accès au réseau Internet ? Elles sont rares, puisque 80 % des PME en France disposeraient d'une connexion Internet. Pour les grandes entreprises, la réponse est évidente, elles fonctionnement avec l'Internet, mais aussi en réseau interne, avec l'Intranet. Le net est en effet une vaste source d'informations, un moyen de communication et d'échanges sans précédent, apportant des atouts considérables pour l'entreprise.

Mais, parallèlement, l'ouverture de l'entreprise sur le monde, grâce à l'Internet et la messagerie électronique, va rendre celle-ci plus vulnérable à des attaques venant de l'extérieur. D'autant que les salariés qui disposent sur leur poste de travail de l'accès à Internet ont très vite compris l'intérêt de cet outil de communication, sur le plan professionnel mais aussi sur un plan plus personnel ou privé. Avec cette technologie, les possibilités d'activités ludiques, et donc extra-professionnelles, sont nettement plus nombreuses que celles offertes par le téléphone ou le minitel. Le salarié est souvent tenté de consulter des sites Web dont l'utilité professionnelle ne paraît pas évidente, surtout à l'employeur.

Ceci n'est pas sans causer des difficultés à l'entreprise. Inévitablement, des abus sont commis par les salariés. Ces dérives, qui peuvent être multiples (visites de sites pédophiles, création d'un forum Internet pour club échangiste, téléchargement de documents illicites, envoi d'un fichier client à la concurrence, etc.), font encourir des risques juridiques, économiques et financiers à l'employeur. Un salarié qui commet une infraction via l'Internet du bureau est susceptible d'engager la responsabilité du chef d'entreprise. Que doit faire l'employeur pour éviter une telle issue ? Quels sont les pouvoirs de ce dernier en cas d'abus ? Comment caractérise-t-on l'abus ?

Pour éviter de tels désordres, les entreprises ont souvent opté, lors de l'introduction d'Internet dans leurs locaux, pour une charte de bonne conduite[1]. Il s'agit d'un moyen préventif qui ne peut remplacer le pouvoir de direction de l'employeur lui permettant de réglementer l'usage d'Internet sur le lieu de travail. Toutefois, ce pouvoir de réglementation risque de ne pas suffire, surtout face à la volonté manifeste d'un salarié d'abuser de son droit à utiliser le Web. Dans ce cas, l'employeur devra mettre en place un dispositif de surveillance des salariés et sanctionner le salarié indélicat.

Prévenir les abus

L'accès à Internet est-il une obligation pour l'employeur ?

Il est important de rappeler qu'il existe au sein des entreprises une présomption d'utilisation professionnelle d'Internet au travail. L'utilisation personnelle ne peut être considérée comme un droit du salarié.

Rien n'impose à l'employeur de fournir un accès Internet au salarié pour lui permettre de développer une utilisation personnelle de l'outil de travail. En effet, l'accès est d'abord conditionné à l'activité économique du salarié. Si cet accès ne lui est pas nécessaire professionnellement, l'entreprise n'a aucune obligation de le lui fournir. De même, en cas d'abus, rien n'interdit à l'entreprise de priver le salarié déloyal de l'accès à Internet[2]. *A contrario*, si l'Internet est indispensable au salarié pour accomplir ses obligations prévues au contrat de travail, l'employeur doit le lui fournir. Dans ce cas, l'élaboration d'une charte Internet de bonnes conduites va constituer un bon moyen de prévention pour éviter les abus.

1. L'une des premières au niveau mondial fut la charte RENATER (Réseau national de télécommunications pour la technologie, l'enseignement et la recherche) destinée au réseau mondial de recherche universitaire (elle est consultable sur www.renater.fr).
2. Attention tout de même à ne pas priver le salarié de son outil de travail afin de ne pas commettre de faute.

La charte Internet

À quoi cela sert-il ?

Des entreprises de plus en plus nombreuses adoptent des « chartes d'information » ou des guides de « bons usages » dont l'objectif est d'assurer une parfaite information des utilisateurs, c'est-à-dire :

- Indiquer les mesures de sécurité à prendre ;
- Sensibiliser les salariés aux exigences de sécurité ;
- Indiquer les usages que les salariés peuvent faire des outils informatiques mis à leur disposition ;
- Attirer leur attention sur certains comportements de nature à porter atteinte à l'intérêt général de l'entreprise.

À noter

Il convient d'être vigilant sur la rédaction de telles chartes, car celles dont le statut est imprécis, peuvent engendrer des problèmes plus grands et être sources de litiges.

Les écueils à éviter dans l'élaboration de la charte

Des chartes mal rédigées, imprécises ou encore au statut juridique mal défini peuvent manquer l'objectif qu'elles s'assignent : prévenir les risques et les éventuels abus. À titre d'exemple, certaines chartes Internet ont tendance à cumuler, sans souci de pédagogie, les prohibitions de toutes sortes, y compris celles des usages généralement et socialement admis de la messagerie et d'Internet à des fins privées. Une interdiction générale et absolue irait à l'encontre de la position des tribunaux. La CNIL recommande un usage modéré en dehors du temps de travail à des fins personnelles.

Par ailleurs, certains employeurs soumettent individuellement aux salariés des engagements écrits équivalant à une abdication complète de leurs droits : notamment, une charte qui prévoirait que l'ensemble des données de connexions peuvent être révélées au responsable informatique de l'entreprise ou au DRH peut paraître disproportionnée par rapport au but recherché ; ou encore un code de bonne conduite du réseau informatique qui permettrait au chef d'entreprise de conserver les données de connexion pendant des longues périodes et faisant l'objet d'analyses individualisées. De la même façon, les salariés se trouvent le plus souvent contraints par ces chartes à n'utiliser le courrier électronique qu'à des fins exclusivement professionnelles, certaines entreprises précisant même que tout message électronique envoyé par un salarié doit être considéré comme un « enregistrement permanent, écrit, pouvant à tout moment être contrôlé et inspecté ».

Ces documents d'interdiction générale sont sans efficacité… À force de tout interdire, on n'interdit rien : cela ne serait pas très bien compris par les représentants du personnel et par l'ensemble des salariés de l'entreprise. Il paraît évident que ces chartes ne rentrent pas dans le cadre légal et peuvent être remises en cause et annulées devant un juge. De telles chartes existent pourtant encore dans les entreprises. La question est donc de savoir : comment rédiger une charte Internet qui soit conforme aux lois et règlements ?

Comment rédiger efficacement une charte Internet

Bannir les chartes Internet « type »

Comme il existe autant de systèmes, de conceptions du travail que d'entreprises, l'élaboration d'une charte Internet ne peut se réduire à remplir un questionnaire type ou a des simples formulations lapidaires.

Une charte Internet doit être adaptée à l'entreprise, à son mode de fonctionnement et à ses spécificités. Elle doit être à la carte. Pour remplir ses fonctions d'information des salariés, de mode de preuve, de rappel des règles qui régissent l'usage des technologies de l'information, la charte doit faire l'objet d'une réflexion approfondie. Cette réflexion, en elle-même, constituera déjà un premier pas, peut-être essentiel, dans la prévention des abus en tous genres. C'est pourquoi certains principes doivent être pris en compte pour mener cette réflexion et parvenir à la rédaction comme à la mise en œuvre de la charte Internet.

Donner à la charte Internet une force obligatoire

De deux choses l'une : soit la charte d'usage des outils de communication de l'entreprise prend la forme d'un mode d'emploi technique rédigé unilatéralement par l'employeur – dans ce cas, elle ne constituera qu'un document informatif qui ne pourra servir de base à d'éventuelles sanctions –, soit l'employeur décide de donner à ladite charte une force obligatoire que les salariés devront respecter.

Notre conseil

Nous vous recommandons de rendre obligatoire la charte Internet pour des raisons évidentes d'efficacité et de crédibilité de l'employeur. De surcroît, en l'absence de caractère contraignant d'un tel document, elle peut perdre aux yeux du juge la faculté de limiter la responsabilité de l'équipe dirigeante en cas d'infraction ou de préjudice causé par le salarié usant du système informatique de l'entreprise. Il est donc préférable de donner à la charte toute sa force en l'intégrant dans le règlement intérieur de l'entreprise.

Ce qui suppose qu'elle respecte les dispositions qui régissent le règlement intérieur :

- La saisine des représentants du personnel ;
- Le dépôt auprès de l'inspecteur du travail ;
- Le dépôt au greffe du conseil de prud'hommes ;
- L'affichage dans l'entreprise.

À noter

Il est également possible d'intégrer tout ou partie de la charte dans le contrat de travail, mais, en pratique, cela est plus complexe puisque, par définition, une telle charte évolue avec l'entreprise et que toute évolution supposerait de modifier le contrat de travail.

Rédiger la charte Internet avec méthode

La partie technique

Cette partie, qui est généralement la plus importante, du moins quantitativement, n'est pas autre chose qu'un mode d'emploi de l'outil informatique dont le contenu dépend de la configuration de chaque entreprise. Dans la mesure où il n'est que technique, l'élaboration de ce mode d'emploi et sa mise à jour, par nature fréquente, ne devraient pas poser de difficulté, sauf à prévoir un document distinct des aspects juridiques pour faciliter la mise en œuvre des modifications régulières.

La partie réglementaire et éthique

Cette partie réglementaire et éthique peut se décomposer en deux sous-parties.

- La première sous-partie, assez classique, qui rappelle les obligations légales qui pèsent sur tout internaute, et notamment :
  - L'interdiction de s'introduire et de se maintenir sans droit dans un système de données informatiques,
  - L'interdiction de contrefaire des logiciels ou d'utiliser des contrefaçons,
  - L'interdiction de se connecter sur des sites prohibés par la loi (pédophile, raciste, xénophobe, etc.),
  - L'interdiction de révéler des secrets de l'entreprise,
  - Le respect de la confidentialité des courriers électroniques personnels ;
- L'autre sous-partie qui exposera les limites que l'employeur entend fixer à l'utilisation personnelle des moyens de l'entreprise.

Ici, qu'elle que soit l'étendue de la liberté d'usage qui sera laissée au salarié, il est important à ce stade de rappeler le principe selon lequel les outils informatiques et de communication sont mis à la disposition du salarié par l'entreprise en vue d'une utilisation professionnelle. Au-delà de ce principe, il appartient à l'employeur d'en fixer les dérogations éventuelles dans les limites actuelles du droit positif.

Compte tenu de l'évolution de la jurisprudence toujours incertaine, surtout dans le domaine des NTIC, la charte devra prévoir l'obligation du salarié d'ouvrir un dossier « personnel » dans son ordinateur pour ranger ses courriers et fichiers. Il devra également veiller à marquer la même mention dans le titre de ses messages privés. La charte doit, dans le même esprit, préciser que le salarié s'interdit de qualifier de « personnel » des documents qui ne le sont pas et rappeler au salarié qu'il doit appliquer les règles sur la durée limitée de conservation des données personnelles.

De même, cette sous-partie peut être l'occasion de fixer des règles d'éthique propres à l'entreprise, et liées notamment au respect de la vie privée entre salariés, aux problèmes des salariés absents, etc. Sur ce dernier point, la Commission nationale informatique et libertés (CNIL) rappelle le devoir de loyauté du salarié qui lui fait obligation de communiquer à son employeur tous les éléments nécessaires à la poursuite de l'activité en son absence. Parmi ces éléments, peuvent figurer le mot de passe ou les fichiers dont dépend le bon fonctionnement de l'entreprise. Il est donc nécessaire de convenir à l'avance des modalités d'accès de l'employeur aux données informatiques stockées par un salarié absent.

La charte devra également mentionner clairement les systèmes de contrôle qui sont mis en œuvre pour en assurer l'exécution, et éventuellement les sanctions en cas de violation de ses dispositions. Dans ce prolongement, cette charte, pour être mieux acceptée, devra faire l'objet d'une discussion collective.

Se concerter avec les représentants du personnel : une nécessité

La concertation préalable des salariés est une condition essentielle de l'efficacité d'une charte Internet pour plusieurs motifs. La concertation répond avant tout (nous l'avons vu) à une exigence du Code du travail. Elle constitue aussi un outil de prévention consensuel. En effet, outre la prise de conscience des dangers de l'Internet et des risques encourus en cas d'usage abusif, la concertation permettra de responsabiliser chacun sur les moyens d'éviter les abus et de cerner les enjeux pour l'entreprise d'une utilisation loyale et responsable.

Cependant, il arrive que l'existence d'une telle charte ne puisse suffire. C'est pourquoi, la réglementation de l'usage d'Internet sur le lieu de travail va permettre à l'employeur de mieux exercer son pouvoir de direction sur les salariés et de mieux encadrer son utilisation.

Réglementer les abus

Réglementer l'utilisation de la messagerie professionnelle à des fins personnelles

Ce qu'est un courrier électronique

La loi pour la confiance dans l'économie numérique du 13 mai 2004[1], définit le courrier électronique en ces termes :

> *« Est un courrier électronique tout message, sous forme de texte, de voix, de son ou d'image, envoyé par un réseau public de communication, stocké sur un serveur du réseau ou dans l'équipement terminal du destinataire, jusqu'à ce que ce dernier le récupère. »*

La nature juridique d'un courrier électronique

Le courrier électronique échangé entre deux utilisateurs est assimilé à une correspondance privée au même titre qu'une « lettre papier ». La jurisprudence statue dans le même sens. L'argumentation retenue par le tribunal correctionnel de Paris dans un jugement du 2 novembre 2000 est à cet égard significative : *« La messagerie électronique permet de transmettre un message écrit d'une personne à une autre, de manière analogue au courrier. Chacune des personnes désireuses d'effectuer une transmission doit, à cette fin posséder une adresse électronique dont les deux composantes – son nom et celui de l'entité à laquelle elle est rattachée – définissent son identité informatique, qui est unique. À partir de là, l'une d'elles peut adresser à l'autre tout message qu'elle souhaite lui faire parvenir, son correspondant consultant alors sa boîte aux lettres dont l'accès peut être protégé par un mot de passe afin d'y lire les communications qui y ont été envoyées et s'y trouvent en attente. Le message ainsi transmis revêt les caractéristiques suivantes : il est exclusivement destiné à une personne physique ou morale ; il s'adresse à une personne individualisée, si son adresse est nominative, ou déterminée, si son adresse est fonctionnelle, le destinataire final du message n'étant pas précisé en ce cas, mais son récepteur ayant qualité pour recevoir ledit message ; il est personnalisé en ce qu'il établit une relation entre l'expéditeur et le récepteur, laquelle fait référence à l'existence d'un lien les unissant qui peut être familial, amical, professionnel, associatif, etc. ; il en résulte que l'envoi de message électronique de personne à personne constitue de la correspondance privée. »*

1. Article 1 IV alinéa 5 de la loi n° 2004-575 du 21 juin 2004, *JO* n° 143 du 2 juin 2004, p. 11168.

La conséquence juridique du caractère privé d'un courrier électronique

Assimilés à de simples lettres, les courriers électroniques sont par voie de conséquence protégés par le secret des correspondances prévu par l'article 226-15 du Code pénal qui dispose que :

> *« Le fait, commis de mauvaise foi, d'ouvrir, de supprimer, de retarder ou de détourner des correspondances arrivées ou non à destination et adressées à des tiers, ou d'en prendre frauduleusement connaissance, est puni d'un an d'emprisonnement et de 45 000 euros d'amende.*
>
> *Est puni des mêmes peines le fait, commis de mauvaise foi, d'intercepter, de détourner, d'utiliser ou de divulguer des correspondances émises, transmises ou reçues par la voie des télécommunications ou de procéder à l'installation d'appareils conçus pour réaliser de telles interceptions. »*[1] .

À noter

La répression d'un tel comportement suppose que soit rapportée la preuve de la mauvaise foi de l'auteur. Cette exigence permet donc d'écarter la responsabilité de l'administrateur de réseau tant qu'il ne divulgue pas le contenu des messages et demeure dans les limites de sa mission. L'ouverture par erreur d'un courrier électronique ne saurait d'avantage être punie.

Par ailleurs, le fait de prendre connaissance d'un courrier électronique personnel constituerait une atteinte à la vie privée du propriétaire de l'adresse électronique : vie privée protégée par l'article 9 du Code civil et par l'article 8 de la Convention européenne de sauvegarde des droits de l'homme et des libertés fondamentales (CEDH).

On sait désormais que la messagerie électronique est protégée par le secret des correspondances. Mais ce principe général va s'appliquer d'une manière particulière sur le lieu de travail.

Le statut juridique d'un courrier professionnel sur le lieu de travail

L'assimilation des messages électroniques à des correspondances privées est susceptible de poser une difficulté pratique, dans la mesure où l'employeur ne peut plus avoir accès aux messages échangés par ses salariés sans l'accord de ces derniers.

1. L'article 432-9 du Code pénal porte ces peines à trois années d'emprisonnement et 45 000 euros d'amende lorsque l'auteur est dépositaire de l'autorité publique ou chargé d'une mission de service public dans l'exercice de ses fonctions.

À cet égard, la première décision de justice condamnant un employeur pour violation de la correspondance électronique d'un salarié résulte d'un jugement du 2 novembre 2000 du tribunal de grande instance de Paris, qui avait sanctionné l'ouverture de courriers électroniques personnels d'un thésard d'un laboratoire du CNRS par des agents du centre[1]. Cette jurisprudence est à rapprocher d'un arrêt de la chambre sociale de la Cour de cassation du 2 octobre 2001[2], dit « arrêt Nikon », qui semble avoir réglé *a priori* cette difficulté à travers un attendu très clair ainsi libellé : « *Tout salarié a droit, même au temps et au lieu de travail, au respect de l'intimité de sa vie privée ; que celle-ci implique en particulier le secret des correspondances ; que l'employeur ne peut dès lors, sans violation de cette liberté fondamentale, prendre connaissance des messages personnels émis par le salarié ou reçus par lui grâce à un outil informatique mis à sa disposition pour son travail, et ceci même au cas où l'employeur aurait interdit une utilisation non professionnelle de l'ordinateur.* »

L'arrêt Nikon

En l'espèce, l'employeur a licencié pour faute grave un salarié qui avait utilisé l'outil professionnel à des fins privées. Pour le prouver, il a produit le contenu du courriel stocké dans un dossier personnel de l'ordinateur. Or, l'article L. 120-2 du Code de travail notamment visé par la Cour de cassation interdit à l'employeur d'apporter aux libertés individuelles des restrictions qui ne seraient pas justifiées par la nature de la tâche à accomplir ni proportionnées au but recherché. Pour établir la faute grave, l'employeur a pris connaissance d'un fichier expressément présenté comme « personnel » et d'un autre intitulé « fax » sur l'ordinateur du salarié, sans obtenir son autorisation au préalable. À la lecture de ces messages, l'employeur trouve confirmation d'une activité parallèle qui justifie un licenciement du salarié pour faute grave.

Dans cette affaire, le salarié avait créé un dossier personnel pour y transférer automatiquement tous les messages reçus ou envoyés sur son adresse électronique nominale. L'employeur ne pouvait pas, sans violer le secret des correspondances, prendre connaissance, à l'insu de ce salarié, des messages qui y étaient conservés.

1. TGI Paris, 2 novembre 2000, et CA Paris, 17 décembre 2001.
2. Cass. soc, 2 octobre 2001, n° 99-42.942, SA Nikon France c/ Onof (Bull. civ.V, n° 291).

La Cour de cassation consacre ainsi pour la première fois une liberté individuelle du salarié dans le domaine des nouvelles technologies. Le libellé de l'arrêt induit donc, *a contrario*, qu'il existe deux catégories de messages électroniques :

- La première constituée des messages que l'on pourrait qualifier de professionnels, auxquels l'employeur a librement accès ;
- L'autre catégorie résiduelle, composée des messages personnels dont l'employeur ne peut pas prendre connaissance.

Cette répartition ne fait que prolonger l'assimilation des courriers électroniques aux correspondances privées. L'employeur ne peut en effet ouvrir une enveloppe adressée à un salarié sur son lieu de travail et qui porterait la mention « personnel » ou « confidentiel ». Le salarié a droit au respect de sa vie privée, même au temps et au lieu de travail – liberté fondamentale que l'employeur est désormais tenu de respecter.

À noter

Cette décision de justice réévalue certainement la subordination, redessine les frontières de l'autorité de l'employeur. Ainsi, la surveillance de l'employeur, qui est licite, ne se confond pas avec l'indiscrétion.

Cependant, et bien évidemment, il faut raison garder et faire jouer le principe de proportionnalité figurant à l'article L. 120-2 du Code du travail : si le salarié passe tout son temps de travail à jouer sur Internet, le raisonnement précédent n'est plus approprié.

Comment distinguer entre un courrier professionnel et un courrier personnel sur le lieu de travail

En toute logique, sur le lieu de travail, le salarié est d'abord considéré comme étant dans une situation professionnelle. Ainsi, la quasi-totalité des courriels qui lui sont adressés ou qu'il envoie sont des courriels professionnels qui concernent son activité. De même, la quasi-totalité des fichiers qu'il stocke sur son disque dur sont des fichiers qui concernent l'entreprise. Il n'utilise alors les outils qui sont mis à sa disposition que pour le compte de l'entreprise. Il est normal que celle-ci puisse accéder à l'ensemble des messages ou des fichiers qui concernent son activité, dans le cadre par exemple d'une absence maladie du salarié ou pour cause de RTT (réduction du temps de travail).

Dans son rapport sur « La Cyber-surveillance sur les lieux de travail » du 5 février 2002, la CNIL a proposé d'appliquer une présomption : « *Le message envoyé ou reçu depuis le poste de travail mis à la disposition par l'entreprise revêt un caractère professionnel, sauf indication manifeste dans l'objet du message ou dans le nom du répertoire où il pourrait avoir été archivé par son destinataire qui lui conférerait alors le caractère et la nature d'une correspondance privée protégée par le secret des correspondances. »*

Cette présomption est en effet facile à mettre en œuvre, puisqu'elle pose une présomption simple qui reprend exactement la pratique admise pour les enveloppes. Ainsi, si le salarié souhaite protéger les informations qu'il considère comme étant personnelles, il doit les distinguer des informations professionnelles qui peuvent toujours être lues par l'employeur et échappent au secret de la correspondance. Car, en l'absence de toute indication, le message électronique doit être considéré comme un message professionnel, et non comme un message personnel. L'entreprise doit donc avoir accès à ces courriers, ne serait-ce que pour répondre aux courriels reçus pendant l'absence du salarié. En conséquence, le salarié doit veiller à bien distinguer les courriels personnels des courriels professionnels. Cette distinction peut être assurée par le salarié de deux manières :

- Le salarié peut décider d'envoyer et de recevoir ses courriers personnels par une boîte personnelle hébergée sur un serveur externe de messagerie via le réseau Internet. L'employeur aura alors accès en principe à l'intégralité des messages présents sur la boîte professionnelle ;
- Le salarié peut indiquer la mention « personnel » dans l'objet de son message. Il indique ainsi sa volonté de considérer son message comme une correspondance personnelle, protégée par le secret des correspondances, ce qui suppose que son employeur ne pourra alors pas prendre connaissance de son contenu.

Néanmoins, l'employeur doit faire attention, car même en l'absence de cette mention formelle, un message peut être personnel, et donc couvert par le secret. Il en est ainsi des messages dont l'objet ne laisse pas de doute sur leur caractère personnel. À titre d'exemple, la cour d'appel de Toulouse a considéré, dans un arrêt du 6 février 2003, qu'un message dont l'objet était « mon neurone est en vakance » constituait un message personnel dont aucun tiers ne pouvait prendre connaissance. Dans la même logique, devrait être considéré comme personnel un message adressé par un expéditeur ne figurant pas dans le répertoire de l'entreprise et/ou dont l'objet n'aurait aucun lien avec un dossier en cours.

Cette distinction opérée par l'arrêt de la Cour de cassation entre courrier électronique professionnel et courrier électronique personnel va emporter des effets juridiques, particulièrement au regard du droit social.

Les conséquences en droit du travail qu'emporte la distinction entre mail professionnel et mail personnel

L'employeur ne peut utiliser un message personnel de son salarié

Le message personnel ne pouvant être lu, l'employeur ne peut le produire en justice ou l'utiliser comme fondement à une sanction. Cette interdiction ne s'applique pas à un message électronique personnel dont le destinataire a transmis une copie à l'employeur de l'expédition. Dans ce cas, l'employeur peut sanctionner l'expéditeur en raison du contenu du message lui-même.

C'est ainsi que la Cour de cassation a jugé le 2 juin 2004[1] que : « *Le fait pour un salarié d'utiliser la messagerie électronique que l'employeur met à sa disposition pour émettre, dans des conditions permettant d'identifier l'employeur, un courriel contenant des propos antisémites est nécessairement constitutif d'une faute grave rendant impossible le maintien du salarié dans l'entreprise pendant la durée du préavis.* »

L'employeur ne peut interdire un usage personnel du mail professionnel

Même s'il ne peut pas lire les messages personnels, l'employeur peut limiter l'utilisation de la messagerie de l'entreprise à des fins privées. La question se pose de savoir si l'interdiction peut être totale. Dans ce cas, le seul constat de l'existence de dossiers ou de fichiers « personnels » constituerait une infraction au règlement intérieur, sans qu'il soit besoin de dévoiler le contenu du dossier personnel et/ou des messages.

Une telle interdiction est néanmoins en contradiction avec l'évolution du droit positif. L'arrêt Nikon rejette (nous l'avons évoqué ci-dessus) une telle interdiction, puisqu'il reconnaît au salarié le droit de recevoir des messages électroniques personnels pendant les heures de travail, même si l'utilisation des moyens informatiques de l'entreprise n'est pas autorisée à des fins privées. Dans le même esprit, l'article L. 120-2 du Code du travail impose que les restrictions aux libertés soient justifiées et proportionnées :

> « *Nul ne peut apporter aux droits des personnes et aux libertés individuelles et collectives de restrictions qui ne seraient pas proportionnées au but recherché.* »

Dans son rapport sur « La Cyber-surveillance sur les lieux de travail » du 5 février 2002 mis à jour le 18 décembre 2003, la CNIL décline l'interdiction totale en ces termes : « *L'utilisation de la messagerie électronique professionnelle pour envoyer ou recevoir, dans des proportions raisonnables, un message à caractère personnel correspond à un usage généralement et socialement admis.* » Rappelons que la charte informatique

1. Cass. soc., 2 juin 2004, n° 02-45.269.

devra expressément prévoir les modalités de cet usage occasionnel et imposer aux salariés de porter spontanément la mention « personnel » sur les messages qui n'intéressent pas l'employeur (*cf.* p. 301).

Réglementer l'usage d'Internet sur le lieu de travail

La navigation sur Internet : un fait de société

L'Internet est aujourd'hui bien ancré dans les entreprises, devenant de fait un lieu privilégié d'accès au réseau. Mais force est de reconnaître que les salariés consultent parfois, voire souvent, des sites Web dont l'utilité professionnelle ne paraît pas évidente. Il est certainement difficile de croire que toutes les connexions aient été autorisées par l'employeur. Bien plus : le surf au bureau devient, au comble du paradoxe, une exigence des salariés « internautes[1] », se transformant en une véritable exigence sociétale, voire en une règle coutumière, à l'égard de laquelle l'employeur ne peut que se plier.

On constate en effet une forte attente des salariés d'utiliser Internet à des fins personnelles. Car ils estiment que cette utilisation n'est souvent que la contrepartie de l'interpénétration entre vie personnelle et vie professionnelle. Si leur employeur peut empiéter sur leur vie personnelle, par exemple en leur confiant des ordinateurs portables pour pouvoir assurer leur activité de manière nomade ou en les joignant sur leur téléphone portable, il apparaît logique qu'ils puissent utiliser Internet à des fins personnelles sur leur lieu de travail. C'est pourquoi les entreprises, souvent devant le fait accompli, n'envisagent pas d'interdire purement et simplement le surf personnel sur le lieu de travail. Un usage raisonnable est même généralement et socialement admis par la plupart d'entre elles.

Une telle interdiction, pourrait, au demeurant, être contre-productive, surtout dans les entreprises où l'employeur a permis aux salariés d'accéder au réseau et où un usage s'est instauré depuis plusieurs années. De plus, une interdiction générale et absolue de toute utilisation d'Internet à des fins autres que professionnelles ne paraît pas réaliste dans une société de l'information et de la communication, et semble disproportionnée au regard des textes applicables et de la jurisprudence.

1. Salariés qui peuvent d'une seconde à l'autre, travailler pour le compte de l'employeur puis surfer sur Internet, pour de nouveau consacrer leur temps à leur travail puis repartir sur le Net, etc.

La navigation sur Internet : un droit accordé par le juge

Le principe de respect de la vie privée a permis la création de droits périphériques, et notamment la création d'un espace privé pour les salariés au sein même de l'entreprise. C'est un arrêt de la Cour de cassation[1] qui a reconnu que bien que la personne soit dans l'entreprise, elle peut disposer d'un lieu privé, c'est-à-dire un lieu où l'entrée dépend de l'autorisation donnée par celui qui en a la jouissance, qui est matérialisé par le bureau du salarié, un vestiaire, un casier, un tiroir, etc.

Cette jurisprudence est à rapprocher de l'arrêt « Nikon » précité, qui, rappelons-le, a considéré que : « *Tout salarié a droit, même au temps et au lieu de travail, au respect de l'intimité de sa vie privée ; que celle-ci implique en particulier le secret des correspondances ; que l'employeur ne peut dès lors, sans violation de cette liberté fondamentale, prendre connaissance des messages personnels émis par le salarié ou reçus par lui grâce à un outil informatique mis à sa disposition pour son travail, et ceci même au cas où l'employeur aurait interdit une utilisation non professionnelle de l'ordinateur.* »

L'impact dans l'entreprise du droit du salarié au respect de sa vie privée

Le fait que le juge accorde aux salariés le droit d'utiliser l'Internet à titre personnel emporte certaines conséquences juridiques non négligeables, dont l'employeur devra tenir compte. Le salarié peut faire les choses suivantes :

- Naviguer pour ses besoins personnels (virement bancaire, réservation d'un billet de train, contact avec l'Administration, visite des sites marchands) ;
- Accéder à sa messagerie personnelle (*via* un service offert par un prestataire comme Yahoo, Hotmail, Wanadoo, télé2, etc.) ;
- Accéder à des services de chat (comme MSN Messenger ou Yahoo Messenger) ;
- Participer à des forums de discussion ;
- Télécharger des documents sur son disque dur professionnel.

La libre expression du salarié sur des forums de discussion

Pour la Revue Fiduciaire Social[2] : « *la libre expression des salariés via des forums est possible dès lors qu'ils respectent leur obligation de discrétion et ne divulguent pas de secrets professionnels. Cependant, le chef d'entreprise a la possibilité d'interdire un tel accès après avoir consulté les représentants du personnel et informé les salariés.* » Le choix de laisser ou non l'accès à ses salariés aux différents forums sur Internet reste donc à la dis-

1. Cass. crim., 8 décembre 1983, Bull. crim., n° 333.
2. *RF social*, mars 2004, Cahier juridique n° 40.

crétion de l'employeur. Ce sera à lui de juger, selon le climat social de l'entreprise, s'il doit autoriser ou au contraire refuser l'accès.

Le droit pour le salarié de télécharger des documents personnels

Comme pour la messagerie professionnelle utilisée à des fins privées, le salarié doit clairement distinguer ses fichiers personnels sur son disque dur. Cette distinction entre sphère personnelle et sphère professionnelle peut passer par la création d'un répertoire intitulé « personnel ». Celui-ci pourra contenir les fichiers que le salarié considère comme personnels afin que son employeur ou un autre salarié n'y ait pas accès.

Important

Pourtant, une condition apparaît comme indispensable au bon fonctionnement de ce système. En effet, la distinction entre fichiers et messages personnels et professionnels permet de préserver la confidentialité de la vie personnelle du salarié sur le lieu de travail. Elle doit néanmoins passer par un engagement du salarié à ne pas qualifier des informations professionnelles en informations personnelles. Cette obligation doit être mentionnée dans le règlement intérieur. Elle découle du principe selon lequel « le contrat de travail est exécuté de bonne foi ».

Dans ce prolongement, la création obligatoire d'un répertoire privé accordée au salarié ne signifie en aucune façon que le salarié soit libre de faire ce qu'il veut et y placer tous les documents voulus dans ce fichier classé comme étant personnel. Le salarié se doit, en effet, de respecter la loi et ne doit donc pas intégrer dans son fichier personnel des documents qui seraient contraires à l'ordre public. Le salarié doit également utiliser le fichier personnel avec réserve et parcimonie, car, rappelons-le à nouveau, le salarié travaille avant tout pour le compte de son employeur. Il peut gérer un dossier personnel seulement à titre accessoire. Car, quoiqu'en dise, l'ordinateur mis à la disposition d'un salarié dans le cadre de la relation de travail est la propriété de l'entreprise et ne peut comporter que subsidiairement des informations de la vie privée.

Même si l'ordinateur peut être protégé par un mot de passe et un « login[1] », cette mesure de sécurité est destinée à éviter les utilisations malveillantes ou abusives par un tiers ; elle n'a pas pour objet de transformer l'ordinateur de l'entreprise en un ordinateur à usage privé. L'employeur se trouve dans l'impossibilité d'accéder, aux courriels indiqués comme étant personnels ou ainsi requalifiés par l'administrateur

1. Identifiant personnel et secret remis à chaque salarié et lui permettant de protéger les données inscrites sur son ordinateur professionnel.

réseau[1] et aux fichiers contenus dans l'espace personnel du disque dur. Il ne pourra accéder en principe qu'aux informations de nature professionnelle. Cependant, ces messages personnels et/ou fichiers personnels ne peuvent être considérés comme un sanctuaire à l'abri de tout contrôle de l'employeur. Ce dernier, pour protéger les intérêts de son entreprise et contrôler les abus, pourra mettre en place un dispositif de surveillance des salariés.

Surveiller les abus

Ce qu'est la cyber-surveillance

La cyber-surveillance peut se définir comme le fait de l'employeur de contrôler le salarié dans l'usage d'Internet. Pour ce faire, il va introduire sur le lieu de travail, notamment sur le réseau de l'entreprise, un dispositif informatique lui permettant de savoir ce qu'effectue le salarié à tel moment de la journée : est-il en train de travailler ou vaque-t-il à ses occupations personnelles ? Surfe-t-il sur des sites illégaux et immoraux ? Bref, que fait le salarié lorsqu'il utilise Internet ?

La question de la légitimité de la cyber-surveillance...

Il n'est guère envisageable de laisser aux salariés une libre utilisation totale des outils informatiques mis à leurs dispositions. En effet, compte tenu de sa responsabilité de gestion de l'entreprise, l'employeur doit être particulièrement vigilant par rapport aux risques pour l'entreprise que soulève l'utilisation d'Internet, tant il est vrai qu'il peut fragiliser l'intégrité des systèmes d'information. Par ailleurs, un salarié déloyal est susceptible d'utiliser Internet :

- Pour communiquer avec ses concurrents et mettre ainsi en danger les secrets de l'entreprise, par exemple en envoyant par courriel le fichier client ;
- Pour consulter à sa guise des sites libertins ;
- Pour procéder à l'envoi de messages moralement douteux, voire illégaux, depuis le lieu de travail (sites pédophiles, racistes ou xénophobes), ce qui pourrait nuire incontestablement à l'image de l'entreprise.

Ceci étant dit, l'employeur qui a toute la légitimité pour mettre en place un dispositif de surveillance des salariés n'a pas un pouvoir absolu. Il doit respecter certains préalables avant la mise en place d'un tel contrôle.

1. Ce sont des salariés de l'entreprise qui sont chargés *« d'assurer le fonctionnement normal [du réseau] ainsi que [sa] sécurité »*, CA Paris, 17 décembre 2001.

La cyber-surveillance : les règles à respecter par l'employeur

Il faut savoir que la cyber-surveillance est très facile à mettre en œuvre pour l'employeur, mais que celle-ci ne peut valablement exister sans le respect de certaines règles auxquelles l'employeur doit se conformer. C'est une loi du 31 décembre 1992 qui a posé les jalons d'un droit « informatique et libertés » dans l'entreprise. L'employeur devra donc respecter les règles décrites ci-dessous.

Le principe de proportionnalité

Selon l'article L. 120-2 du Code du travail :

> *« Nul ne peut apporter aux droits des personnes et aux libertés individuelles et collectives de restrictions qui ne seraient pas proportionnées au but recherché. »*

Ce principe est cependant d'une application très délicate à l'heure des nouvelles technologies. En effet, le phénomène de convergence ne permet plus de distinguer nettement ce qui relèverait de la vie professionnelle et ce qui ressortirait de l'intimité de la vie privée : le disque dur de l'ordinateur est « bavard », autant dans un domaine que dans l'autre ; la consultation de sites Internet s'opère à l'identique, quels que soient la nature du site et le motif de la connexion. Par nature, l'ordinateur peut enregistrer tout ce qui a été fait sur la machine. Il constitue une véritable boîte noire des activités numériques de l'utilisateur (textes, images, messages envoyés et reçus, mémoire cache enregistrant les pages Internet consultées afin d'optimiser le temps de chargement et d'éviter l'engorgement du réseau, etc.).

La proportionnalité, c'est le bon sens : il s'agira pour l'employeur d'avoir un usage raisonnable du dispositif de contrôle, particulièrement dans la nature des informations recueillies et dans leur traitement.

La consultation du comité d'entreprise

L'employeur doit consulter le comité d'entreprise lors de l'introduction de nouvelles technologies (article L. 432-2 du Code du travail). Cette consultation facilitera davantage la discussion collective.

L'information des salariés

L'employeur doit informer préalablement les salariés sur tout dispositif de collecte de données le concernant personnellement (article L. 121-8).

À noter

Ces principes et droits font écho à la loi du 6 janvier 1978 qui impose que tout traitement de données personnelles soit déclaré à la CNIL ; que les salariés soient informés de son existence, de ses finalités, de ses caractéristiques et qu'ils aient accès aux informations les concernant.

La Cour de cassation donnera sa substance à ces principes : nul moyen de preuve ne peut être opposé par l'employeur aux salariés si le dispositif de contrôle a été mis en œuvre à leur insu. La cour d'appel de Paris, dans un arrêt du 14 mars 2000, a rappelé le principe en des termes très clairs : « *L'employeur a le droit de contrôler et de surveiller l'activité de ses salariés pendant le temps de travail ; seul l'emploi de procédé clandestin de surveillance est illicite.* »

Ainsi, non seulement l'employeur a le droit de contrôler, mais il en a également le devoir. Y renoncer exposerait l'entreprise à des risques considérables, et ses dirigeants à des sanctions pénales et/ou civiles en cas d'utilisation illicite de l'Internet par un salarié. Ainsi, à l'aide d'un dispositif de cyber-surveillance, l'employeur peut déceler les abus de salariés indélicats et irrespectueux de leurs contrats de travail pour, *in fine*, prendre des sanctions à leurs encontre.

Sanctionner les abus

Le devoir pour l'employeur de sanctionner un salarié indélicat

Par nature, l'employeur exerce une activité économique. À ce titre, il doit assumer la responsabilité des éventuelles nuisances qu'il peut provoquer à l'égard d'autrui. L'employeur est non seulement responsable de ses propres actes, mais aussi des actes commis par ses salariés. À défaut, si l'employeur a été négligent dans la direction de ses salariés, le juge lui en fera reproche, notamment si le salarié commet avec le réseau de son lieu de travail une infraction pénale grave.

C'est ainsi que le tribunal de grande instance de Marseille (TGI), dans un jugement du 11 juin 2003, a reconnu la responsabilité civile de l'employeur dans une affaire de site illicite réalisé par un de ses salariés à partir du poste informatique mis à sa disposition. En l'espèce, un salarié de la société Lucent Technologies a réalisé pendant son temps de travail et avec le matériel fournis par l'entreprise un site diffamatoire envers la société Escota, filiale des Autoroutes du Sud de la France. Ce site parodie notamment le nom de la société en la dénommant « Escroca ». La société avait décidé d'agir en justice contre la société Lucent Technologies, en sa qualité d'employeur, au motif qu'il n'avait pas suffisamment surveillé le salarié fautif. Les juges du TGI de Marseille ont fait application de l'article 1384 du Code civil relatif à la responsabilité du fait des personnes

« dont on doit répondre », et en constatant que *« le site litigieux a été réalisé sur le lieu de travail grâce aux moyens fournis par l'entreprise »*.

On l'aura compris, la surveillance et la sanction des salariés dans l'utilisation abusive de l'Internet deviennent pour les entreprises une véritable obligation.

Les sanctions pénales

L'abus de confiance du salarié

Le salarié qui utiliserait de façon abusive le matériel informatique ainsi que le réseau Internet de l'entreprise commettrait à l'égard de l'employeur un abus de confiance. Cette infraction pénale est définie à l'article 314-1 du Code pénal :

> *« Le fait par une personne de détourner au préjudice d'autrui des fonds, des valeurs ou un bien quelconque qui lui ont été remis et qu'elle a accepté à charge de les rendre, de les représenter ou d'en faire un usage déterminé. »*

Les peines prévues sont de 3 ans d'emprisonnement et 375 000 € d'amende.

Si l'on prend le texte à la lettre, la moindre incursion de la vie personnelle dans l'espace professionnel constitue un détournement. Par exemple, l'appel téléphonique d'un salarié à son domicile pour prévenir chez lui qu'il aura du retard serait constitutif d'un détournement. Il est évident que cela n'est pas envisageable, sauf à déshumaniser totalement les rapports professionnels. Ainsi, donc, une tolérance s'est-elle fait jour, selon laquelle, dans bien des cas, il a été refusé de sanctionner sur le fondement de l'abus de confiance cette pratique courante et logique. Car il serait fort irrévérencieux de sanctionner pénalement un salarié qui passerait un coup de fil à son épouse, à ses enfants ou encore à un ami. Il s'agit ici de pratiques non abusives, c'est-à-dire que celles-ci ne sortent pas du cadre normal de l'activité de l'entreprise.

Toutefois, puisqu'il s'agit d'une tolérance, l'abus doit être sanctionné. Il y a des limites qu'il convient pour le salarié de ne pas franchir ! Quelles sont-elles ?

Des exemples de jurisprudence

Jugement du tribunal correctionnel du Mans du 16 février 1998

Le directeur du cabinet d'un conseil général a utilisé un ordinateur mis à sa disposition par son employeur pour un usage professionnel pour se connecter le soir dans les locaux professionnels à des sites pédophiles. De plus, des photographies ont été stockées sur le disque dur de l'ordinateur. Le tribunal correctionnel du Mans l'a condamné à une peine de 6 mois d'emprisonnement dont 3 mois assortis du sursis simple pour détournement d'un ordinateur à usage professionnel (donc pour abus de confiance).

Arrêt de la chambre criminelle de la Cour de cassation du 19 mai 2004

La Cour de cassation a confirmé une condamnation pour abus de confiance à l'encontre d'un salarié (6 mois d'emprisonnement avec sursis et 20 000 € d'amende). Le salarié avait utilisé son outil de travail « *pour des connexions sans rapport avec son activité salarié* » ; il visitait « *des sites à caractère pornographique et stockait sur son disque dur de nombreuses photos et messages de même nature* » ; le salarié utilisait « *la messagerie ouverte à son nom au sein de la société pour des envois et des réceptions se rapportant à des thèmes sexuels* », et notamment des offres ou propositions échangistes ; enfin, le salarié avait « *créé son propre site à caractère pornographique et échangiste, qu'il hébergeait sur un serveur extérieur de l'entreprise, mais qu'il alimentait et consultait pour prendre connaissance des messages reçus et y répondre depuis son ordinateur professionnel et aux heures de travail* ».

Les sanctions disciplinaires

Le pouvoir de sanction de l'employeur

Dans le cadre des relations de travail, le salarié qui abuserait de sa liberté dans l'exercice de ses fonctions s'expose au pouvoir disciplinaire de son employeur, et donc à des sanctions disciplinaires. Ces sanctions peuvent aller du simple avertissement au licenciement pour faute lourde.

Il est évident que l'on ne peut pas mettre sur un même plan la consultation occasionnelle, lors de la pause déjeuner, des sites de voyage ou des sites d'achats en ligne et le surf sur un grand nombre de sites comportant des contenus illicites, pendant une partie très importante du temps que le salarié est censé consacrer à son travail. Selon les cas, les juges vont considérer que la faute est constitutive :

- D'une faute pour cause réelle et sérieuse ;
- D'une faute grave ;
- D'une faute lourde.

Des exemples de jurisprudence

Arrêt de la Cour de cassation du 14 mars 2000

En l'espèce, il s'agissait d'un trader qui, pendant le temps de travail et avec le matériel de l'entreprise, effectuait des paris. La Cour de cassation avait considéré que le salarié avait commis une faute qui rendait impossible son maintien dans l'entreprise et justifiait son licenciement immédiat pour faute grave.

Jugement du conseil des prud'hommes de Montbéliard le 19 septembre 2000

En l'espèce, il s'agissait d'un comptable qui avait fait l'objet d'une mise à pied puis un licenciement pour avoir entretenu avec un excès manifeste une correspondance privée avec une ancienne collègue pendant son temps de travail. La faute grave avait également été retenue. L'attendu de la cour était ainsi libellé : « En entretenant au moyen de la messagerie électronique une correspondance avec une ex-salariée à laquelle ont notamment été communiquées des informations sur la réorganisation en cours de l'entreprise. »

Arrêt de la cour d'appel de Bordeaux du 10 juin 2002

Le litige soumis aux juges portait sur l'usage d'un micro-ordinateur de l'entreprise à des fins personnelles par une salariée. Il s'agissait en l'espèce d'une assistante du port autonome de Bordeaux qui avait exercé, sur son lieu de travail et pendant l'exercice de ses fonctions, une activité parallèle, la gestion d'une autre société. Par constat d'huissier, il a été établi que cette salariée avait créé 233 fichiers à toute heure de travail. La cour d'appel de Bordeaux avait considéré que le licenciement était justifié pour faute grave. De plus, la cour a estimé qu'il n'y avait pas atteinte à la vie privée, l'employeur pouvait légitimement exercer son pouvoir de contrôle de l'utilisation des TIC, dès lors que les documents ont été appréhendés à partir d'un ensemble de disquettes et non sur la messagerie.

Arrêt de la cour d'appel d'Aix-en-Provence du 17 décembre 2002 (Fiker c/ Société française des ascenseurs Kone)

Ici était une fois encore en cause l'usage de l'Internet à des fins personnelles. Un salarié avait été licencié pour avoir visité des sites pornographiques et pédophiles alors qu'il avait été averti que l'usage de l'Internet était réservé à des fins professionnelles. C'est l'informaticien qui, à l'occasion d'un contrôle de routine, a pu constater que le salarié visitait des sites pornographiques. La cour d'appel d'Aix-en-Provence avait donc considéré que ces faits étaient constitutifs d'une faute grave. La cour a en effet pris en compte les risques de poursuites que le préposé a fait encourir à son commettant. Des sites à caractère pédophiles ont également été consultés.

Questions/Réponses

La lecture des mails d'un salarié par son employeur

Question

« J'ai mis en place Internet dans l'entreprise. Puis-je contrôler la nature des correspondances privées échangées par mes salariés ? »

Réponse

Une décision de justice précise que le salarié a droit, même au temps et au lieu de travail, au respect et à l'intimité de sa vie privée, y compris le secret des correspondances. Toutefois, de cet arrêt on peut déduire qu'il existe une catégorie de messages qu'on peut qualifier de professionnels auxquels l'employeur peut avoir accès, et une autre catégorie composée de messages personnels dont l'employeur ne peut pas prendre connaissance.

La question de la vidéosurveillance

Question

« J'ai apposé des caméras pour surveiller un entrepôt et il m'a été indiqué que sur les vidéos, on pouvait voir un salarié dérober du matériel. Que puis-je faire ? »

Réponse

Vous aviez le droit d'apposer des caméras, à condition d'avoir respecté la consultation du comité d'entreprise s'il existait, et que l'apposition de ces caméras n'ait pas pour but exclusif d'attenter aux libertés individuelles des salariés.

Chapitre 10

L'âge dans l'entreprise : vers des nouveaux problèmes juridiques

Saviez-vous que 60 % des nouvelles recrues estiment que les entreprises ne gèrent pas bien leur intégration professionnelle ? Et saviez-vous que la plupart des blessures subies par les jeunes travailleurs se produisent dans la première année sur le lieu du travail ? Savez-vous également que c'est en France que le taux d'activité des salariés âgés de 55 à 65 ans est le plus faible en Europe ? L'âge en entreprise est aujourd'hui une réalité incontournable qui se pose aux deux extrémités de la vie active.

Quelle place pour les jeunes dans les entreprises ? Un jeune est-il dangereux ? Bien sûr, la question ainsi posée frise ouvertement la provocation, mais l'intégration d'un nombre conséquent de jeunes dans des secteurs professionnels vieillissants où la moyenne d'âge s'élève souvent à 48 ou 50 ans pose de véritables problèmes. Quel doit être le rôle d'un manager, dont les propres enfants sont déjà entrés dans la vie active, à l'égard d'un plus jeune dans un contexte professionnel quotidien ? Comment ne pas revivre ou transposer dans un cadre professionnel les difficultés rencontrées par ailleurs ? Quelle valeur faut-il accorder à la ponctualité, à l'exactitude, à l'incivilité, etc. ? Ces affirmations approximatives doivent vraisemblablement faire réagir tout lecteur avisé ou doté d'un minimum de sens critique. En effet, tous les jeunes ne font pas preuve d'incivilité… Les émeutes urbaines de l'automne 2005 et la crise liée au projet de Contrat première embauche du printemps 2006 ont retenti comme un double avertissement. Mais à qui ? À une société française qui prend doucement des rides. Il faut ici bien sûr se féliciter que la moyenne d'âge des Français augmente chaque année. La population vieillit de mieux en mieux et est en meilleure santé. On se plaît régulièrement à rappeler le combat homérique de la génération du baby-boom dans les années soixante pour imposer sa culture, ses modes de vie, ses aspirations. Cette lutte culmina avec Mai 68. Cette génération a su imposer sa vision à une société française qui avait connu les rigueurs et privations de l'Occupation.

Par ailleurs, la situation des travailleurs « âgés » et la question des fins de carrières deviennent de plus en plus préoccupantes. Il ne s'agit pas ici d'opposer faussement les « jeunes » aux « vieux ». Un nombre croissant de salariés dits « âgés » vit une fin de carrière délicate. De longues périodes de chômage conduisent de plus en plus souvent à de maigres retraites, pour tout solde d'une carrière qui a vu alterner diverses périodes d'emploi, de sous-emplois et de chômage. Dans certains pays, notamment en France, l'emploi a eu tendance à se concentrer sur les âges médians (25-49 ans) et les jeunes comme les plus âgés ont été mis en marge du marché du travail. Ce processus a souvent été qualifié de « gestion des âges à la française ». Il se traduit par de profonds changements aux deux extrémités de la vie de travail. Pour les plus jeunes, l'insertion dans les emplois stables se fait de plus en plus tardivement, alors que la scolarité s'allonge. Pour les actifs âgés, la transition entre l'emploi et la retraite est devenue floue et incertaine. Elle passe plus souvent par le chômage de longue durée et/ou la cessation précoce d'activité. Ne dit-on pas que la France est l'un des pays ayant les étudiants les plus âgés et les retraités les plus jeunes ? Dès lors, la question du maintien en emploi des salariés âgés nécessite d'être soulevée. Mais que recoupe cette notion de salariés âgés ? Les expressions employées pour désigner ces salariés sont diverses et variées. Les ergonomes ont introduit la notion de « travailleur vieillissant », les gérontologues utilisent la « gérescence » de la population active, tandis que l'usage a consacré le terme de « senior » ou de « quinqua » pour parler de ces travailleurs âgés.

Pourtant, cette même réalité démographique revêt des significations différentes selon les sociétés et selon la manière dont leurs institutions, notamment en matière de protection sociale, construisent la définition sociale des âges et fixent, par exemple, l'âge de travailler et de cesser de travailler. En fait, la notion de salarié âgé est un construit social. Ainsi, abaisser l'âge effectif de la retraite, comme cela a été pratiqué dans de nombreux pays européens ces vingt dernières années avec la multiplication des dispositifs de sortie anticipée du marché du travail, revient à élever l'âge social de toute une génération. Celle-ci se retrouve vieillie avant l'âge, puisque projetée dans l'inactivité définitive et devant vivre comme ses aînés de transferts sociaux. Quant aux quinquagénaires encore en activité, ils se retrouvent étiquetés comme des travailleurs âgés en entreprise, car ils sont proches du seuil de la sortie. De proche en proche, c'est toute la définition sociale de l'âge de travailler qui est remise en cause, indépendamment de tout processus de vieillissement démographique. Il n'existe donc pas de déterminisme démographique. Tout dépend de la manière dont chaque pays construit les rapports entre les âges et les générations et quel sens chacun donne au vieillissement.

L'âge en entreprise : état des lieux

Il faut tout d'abord partir du constat selon lequel, en France, tout particulièrement, l'emploi est fortement lié à l'âge. S'il existe un âge légal pour travailler ainsi qu'un âge minimum pour pouvoir bénéficier d'une retraite à taux plein, en pratique, le marché du travail en France est marqué par une période de vie active concentrée entre 25 et 59 ans. La question de l'âge en entreprise est inséparable d'un contexte global.

Le poids de la démographie en général

On assiste aujourd'hui à un vieillissement de la population française, et en particulier à un vieillissement de la population active. Ainsi, quelles que soient les hypothèses envisagées sur la mortalité, la fécondité et les flux migratoires, la population française va vieillir inéluctablement. Si les tendances démographiques perdurent, la France métropolitaine comptera 64 millions d'habitants en 2030 selon l'INSEE. De plus, la part des personnes âgées de 60 ans ou plus serait de 30 % contre 20 % en 2000. La France est marquée comme nombre de pays industrialisés par un accroissement de l'espérance de vie. En 2005, l'espérance de vie s'élève à plus de 76 ans pour les hommes et à 84 ans pour les femmes.

L'âge moyen des salariés du secteur privé ne cesse d'augmenter pour s'établir à près de 39 ans. Il pose ainsi le problème des départs massifs à la retraite. Les 50-54 ans, les plus concernés, représentent une part croissante des effectifs qui a plus que doublé depuis 10 ans. Cependant, on assiste aussi à une baisse du poids des actifs âgés de plus de 55 ans dans la population active, passant de 18,7 % à 8,6 % entre 1968 et 1995. Les chiffres sont encore plus parlants en ce qui concerne la tranche d'âge 60-64 ans. En effet, cette classe d'âge connaît une forte chute de sa proportion d'actifs passant de 65,7 % à 16,5 % chez les hommes et de 32,4 à 14,6 % chez les femmes. Il existe cependant des différences entre les secteurs d'activité. Ainsi le vieillissement est plus marqué dans le secteur industriel, en raison d'un faible renouvellement des effectifs, que dans le secteur tertiaire. Enfin, l'analyse ne serait pas complète sans opérer une distinction selon les métiers. Selon la DARES (services d'études du ministère des Affaires sociales), certains métiers sont plus touchés par le vieillissement de sa population active que d'autres. Il en est ainsi des métiers de la banque et des assurances avec une moyenne d'âge de 44 ans, moyenne qui s'explique par des recrutements massifs dans les années soixante-dix, qui n'ont pas été renouvelés postérieurement ; des métiers des services aux particuliers et de la recherche-développement avec une moyenne d'âge de 41,2 ans. Certains métiers de l'industrie connaissent aussi un vieillissement important, comme les cadres de l'industrie avec une moyenne d'âge de 43 ans. Tous ces exemples permettent de mieux comprendre l'ampleur du problème. Même si tous les métiers ne connaissent pas un vieillissement aussi important, à terme ils seront tous touchés.

Le vieillissement de la population active s'explique aussi par une relative absence des jeunes, et en particulier des moins de 25 ans sur le marché de l'emploi. Ainsi, sur la période 1990 à 1999, l'activité diminue en ce qui concerne les jeunes (moins de 25 ans) de 60 000 individus par an. Le taux d'activité des garçons est ainsi passé de 82,6 % en 1968 à 56,9 % en 1999. Les jeunes semblent eux aussi connaître une véritable discrimination sociale sur le marché du travail.

La conséquence en est que sur le marché du travail, on assiste à une diminution de deux classes d'âge qui sont les jeunes et les plus âgés. Les entreprises ont tendances à privilégier les carrières courtes et intensives. L'ensemble de ces chiffres, d'ailleurs spécifiques à la France, s'explique notamment par une culture d'éviction par l'âge.

Une culture d'éviction par l'âge

La baisse générale du taux d'activité des personnes âgées résulte des modifications des comportements à la fois des offreurs et des demandeurs de travail. Cette baisse s'est ainsi réalisée autour d'un certain consensus avec la mise en place de dispositifs de retraite anticipée. Les employeurs ont géré leurs problèmes de sureffectif par le départ des salariés âgés. Pour ce faire, les employeurs ont été relayés par les pouvoirs publics qui, en accord avec les partenaires sociaux, ont instauré un système généreux de préretraite. Ces mesures ont fait l'objet de financements publics importants, par le biais du Fond national de l'emploi. Les entreprises y ont trouvé un moyen de rajeunir leur pyramide des âges ou de réduire les coûts de main-d'œuvre. Les salariés ont longtemps considéré alors le départ précoce comme un véritable droit acquis. Il est vrai que les salariés ne sont pas encouragés à rester dans la vie active en France, et ce même s'ils désirent pourtant continuer une activité professionnelle.

Aujourd'hui, les salariés âgés qui souhaitent conserver une vie professionnelle le font au prix d'une précarisation grandissante. De surcroît, lorsqu'un salarié continue de travailler alors même qu'il a atteint l'âge de partir avec une retraite à taux plein, il ne bénéficiera que d'avantages réduits. C'est pourquoi une révision du système de surcote issu de la loi Fillon sur les retraites de 2003 a été envisagée. Cette gestion permet ainsi à une entreprise de faire partir les plus âgés pour les remplacer par de jeunes diplômés. Cette culture d'éviction par l'âge est aussi mise en place par des processus dits de « placardisation », plus hypocrites, qui ont pour but d'inciter ces salariés à quitter prématurément la vie active. Ces mesures dénotent la façon dont notre société considère les quinquagénaires. Appartenant à une génération moins diplômée que la suivante, ils sont considérés comme des individus moins flexibles et ayant en particulier du mal à s'adapter aux nouvelles technologies. Ils sont aussi considérés comme étant beaucoup moins productifs que la nouvelle génération.

Dans ce prolongement, force est de constater qu'en 2006, la génération du papy-boom en âge de partir en retraite commence à quitter le monde du travail. Les départs en retraite au cours des 10 ans à venir vont être massifs. Ces postes ne seront pas compensés, car il n'y aura qu'un nombre insuffisant de jeunes sur le marché de l'emploi. Les ressources humaines des entreprises vont donc devoir faire face à de multiples problèmes comme gérer les départs en retraite, l'augmentation de l'âge moyen des salariés. Le manque de personnel sera un problème majeur que certaines entreprises et secteurs d'activités devront résoudre.

Une pénurie de personnel

Dans de nombreux secteurs, entre 2005 et 2015, comme pour les banques, 5 % des effectifs vont partir à la retraite chaque année. En moins de 10 ans, c'est un salarié sur deux qui quittera l'entreprise. On assiste d'ores et déjà à une véritable hémorragie qui touche le BTP, l'industrie et les services aux particuliers, autant d'activités où les plus de 50 ans dépassent déjà 20 % des effectifs, selon une étude récente de la DARES.

Le problème majeur sera alors de combler ces départs, ce qui selon de nombreuses prévisions ne sera pas possible ; le pays connaîtra alors une période de pénurie de personnel. Au total, selon les projections de l'APEC (Association pour l'emploi des cadres), entre 40 000 et 60 000 cadres pourraient faire défaut chaque année jusqu'en 2010, soit un total de 440 000 personnes. Même s'il y a toujours lieu de relativiser la portée des études prospectives, force est de constater que cette pénurie va entraîner au sein des entreprises des dysfonctionnements des services, des équipes, des pertes de savoir-faire, une surenchère salariale pour les recrutements.

Le paradoxe français : un fort taux de chômage et une pénurie d'emplois

Le fort taux de chômage (environ 9 %) existe aussi bien pour les jeunes que pour les personnes de plus de 55 ans. Le chômage des jeunes peut s'expliquer par le fait qu'en France, le nombre d'emploi est limité et que pour éviter que les plus jeunes prennent la place de leurs aînés, ils doivent attendre, pendant une période plus ou moins longue de chômage, que des places se libèrent sur le marché de l'emploi. Or cette pénurie d'emploi a favorisé la course aux diplômes, qui elle-même a eu pour conséquence d'entraîner certains effets comme un déclassement professionnel et social. Les individus disposant de diplômes n'étant pas tous absorbés dans les emplois qualifiés se sont reportés sur des emplois moins qualifiés, et ce au détriment des moins diplômés. Tout ceci explique pourquoi les plus jeunes sont les premiers destinataires des aides à l'emploi en France. Les personnes de plus de 55 ans connaissent elles aussi le chômage de façon importante, et ce en raison d'une forte culture d'éviction par l'âge qui tend à les faire apparaître comme étant moins productifs, moins flexibles et inadaptables.

Pour autant, et il s'agit ici d'un paradoxe très français, certains secteurs économiques vont être confrontés à de véritables difficultés. Les recrutements seront importants pour faire face aux départs massifs en retraite. Il est à craindre un risque de surenchère des entreprises pour attirer et fidéliser des jeunes salariés indispensables.

Cette situation aura ainsi des conséquences positives pour une partie de la population. En effet, les jeunes, notamment les plus diplômés, seront sollicités par les entreprises, ce qui réduira leur période de chômage avant leur entrée sur le marché du travail. Cependant, les jeunes diplômés ne devraient pas être les seuls à profiter de cette situation. Les femmes devraient elles aussi pouvoir bénéficier d'un taux d'activité en augmentation. Les jeunes sans qualification pourraient également recueillir les faveurs des recruteurs. Pour contourner la concurrence des jeunes diplômés plus exigeants et surtout plus chers, l'accent sera mis sur la formation des jeunes sans qualification. Les formations en alternance, contrats de qualification, contrats d'apprentissage devraient s'étendre. Enfin, le troisième vivier qui pourrait prendre le relais, ce sont les seniors. S'ils connaissent encore une situation de sous-emploi massif, la situation pourrait se renverser rapidement. Avec la fin des préretraites, les DRH (directions des ressources humaines) révisent en effet leur politique ressources humaines à l'égard des quinquas : préretraite progressive, formation, promotion interne, transfert des compétences. Elles cherchent aujourd'hui à mettre en place des dispositifs pour les motiver et les fidéliser. La plupart des branches se prononcent pour un maintien en activité des salariés les plus âgés. Autant de leviers à actionner pour éviter le choc démographique !

Le choc des générations

La France connaît enfin une autre particularité : il n'existe sur son marché du travail qu'une seule tranche d'âge sur-représentée. Les autres classes d'âge sont ainsi peu ou pas du tout existantes. On pourra ainsi parler de véritable choc des générations ; en effet, les entreprises, pour faire face à la pénurie de main-d'œuvre à venir, devront recruter toutes les générations, c'est-à-dire les plus jeunes ainsi que les plus de 55 ans et ne plus se contenter de faire travailler qu'une seule génération. Il va falloir faire travailler un ensemble de personnes différentes quant à leur âge, leur état de santé, leur relation au travail, leur objectif de vie, leur stade de vie, leur manière d'appendre et de réfléchir.

Pour éviter ce choc des générations, il sera très important de gérer la cohabitation de ce nombre plus important de générations de salariés. Certains DRH parlent des 20-35, 35-50 et plus de 50 ans, et souhaitent mettre en place un management plus intergénérationnel, prenant en compte la gestion des âges. C'est l'occasion de transformer ces problématiques en opportunité pour permettre aux entreprises d'être plus réactives, plus productives et plus en phase avec leurs clients qui eux aussi vont vieillir. Les enjeux principaux vont être d'harmoniser les relations entre un plus grand nombre de générations et de prendre en compte les attentes des salariés seniors pour les motiver et profiter de leur expérience.

Agir sur l'âge : des bonnes pratiques à mettre en œuvre

Le constat est posé : l'âge a été utilisé par la société française comme une variable d'ajustement. Il est temps de changer de logique et de mettre en œuvre de bonnes pratiques pour éviter les écueils qui nous menacent.

Repenser la gestion des seniors

La réforme progressive des retraites, initiée par la loi Veil de 1993, allonge année après année la durée d'activité requise pour bénéficier d'une retraite à taux plein. Plus récemment, la loi Fillon de 2003 a même rendu impossible toute mise à la retraite d'un salarié par son employeur avant 65 ans. Même si cette réalité entre progressivement dans les faits, les entreprises, tout comme les salariés, vont devoir changer de mentalité. Les entreprises ne pourront plus faire l'impasse sur les salariés âgés. Nombre de directeurs des ressources humaines connaissent cette réalité et cherchent à sensibiliser l'encadrement comme les salariés, mais l'habitude et le poids des contraintes du court terme ne favorisent pas la réception de ce discours.

De plus, les attentes, les comportements et les attitudes des seniors ne sont pas identiques. Le rapport au travail est extrêmement complexe et dépend pour large part de l'histoire de chacun. Il est nécessaire de tenir compte de la formation du salarié, de ses aspirations, de sa vie personnelle et familiale, et de son implication dans la vie de l'entreprise. Mais, pour tous, pour rester motivé et concerné, ce qui importe, c'est d'avoir des perspectives, de se sentir soutenu par sa hiérarchie, d'être rassuré sur sa capacité à rester en adéquation avec l'évolution de l'entreprise. À ce titre, la gestion des quinquagénaires ne peut débuter une fois le cap des 50 ans passé. Il est nécessaire d'anticiper. Un suivi tout au long de la carrière facilitera grandement cette démarche.

Des actions à mettre en œuvre tout au long de la carrière

Développer la formation tout au long de la vie professionnelle

Afin de maintenir et développer les compétences et performances des salariés, il est nécessaire que des démarches aient lieu tout au long de la vie professionnelle. Il faut en premier lieu développer la formation professionnelle continue tout au long de la vie. En pratique, la formation bénéficie encore trop à une minorité d'actifs, formés et âgés de 30 à 45 ans. Les seniors en sont majoritairement exclus. Dans ces conditions, la formation professionnelle continue ne pourra jouer un rôle significatif dans le maintien en emploi des seniors qu'à la condition de s'intégrer dans un processus de formation permanente.

Dans cette perspective, quatre conditions sont souhaitables pour une meilleure utilisation de la formation dans la gestion des âges au travail :

- **Ne pas focaliser l'action sur les fins de carrière.** À 50 ou 55 ans, l'évolution des carrières est déjà largement déterminée. L'accentuation de la formation des seniors risque d'être trop tardive pour modifier les parcours professionnels, alors que se sont fortement raréfiées les opportunités de mobilité ou de promotion ;
- **En finir avec le caractère surdéterminant du diplôme initial.** Les formations professionnelles préparant à une mobilité ou une promotion sont actuellement essentiellement destinées aux plus diplômés ;
- **Mettre en œuvre des stratégies combinant formation professionnelle et validation des acquis de l'expérience (VAE) tout au long des parcours professionnels.** C'est un point sur lequel il serait possible de progresser s'il y avait une forte implication des partenaires sociaux de branches ;
- **Construire des organisations du travail plus ouvertes à l'initiative, plus apprenantes, plus favorables à l'acquisition d'expérience et de compétences et sachant les valoriser.** Par rapport aux secondes chances de qualification, le handicap maximal incombe au salarié âgé, d'un faible niveau de qualification initial, formaté par un travail très répétitif ou très formalisé, peu habitué à l'initiative et à l'échange.

Améliorer des conditions de travail

Il faut par ailleurs poursuivre l'amélioration des conditions de travail qui doit concerner l'ensemble des salariés. Mais lutter contre l'usure au travail et réduire la pénibilité est aussi une façon de favoriser le maintien dans l'emploi des salariés prenant de l'âge. Toutefois, le thème de l'usure au travail ne doit pas justifier l'exclusion des seniors. Faire le lien systématique entre prise d'âge et altération progressive des capacités aboutit en effet à une forme de stigmatisation de l'âge.

Trois catégories de facteurs de pénibilité ressortent des études menées[1] :

- Des efforts physiques répétés (le port de charges lourdes, des postures pénibles, de longs déplacements, etc.) ;
- Une exposition à un environnement traumatisant (chaleur, bruit, humidité, etc.) ;
- L'organisation du travail (le travail en équipe, le travail à la chaîne, les cadences très élevées, etc.).

L'entreprise se doit d'établir, par service ou par atelier, les données démographiques et d'état de santé. Il faut ensuite déterminer quels sont les parcours professionnels où des problèmes potentiels sont prévisibles. Enfin, il convient d'analyser les conditions réelles de travail pour chaque poste concerné. Les actions conduites doivent partir de l'étude du travail et de l'analyse des situations de travail. Ces études permettent de mettre à jour les difficultés rencontrées par les salariés et les stratégies individuelles et collectives qu'ils mettent en œuvre pour y remédier. Une fois le diagnostic établi, il est alors possible d'imaginer comment mieux répartir les tâches et composer des équipes où les expériences et les âges vont se compléter. Les anciens peuvent ainsi transmettre leurs connaissances et les plus jeunes prendre en charge les gestes sollicitant des efforts particulièrement difficiles, tout en apprenant des anciens des tours de main atténuant la pénibilité.

Le métier et la trajectoire professionnelle suivie ne suffisent pas pour mettre en place des solutions efficaces. La forme d'organisation du travail et les processus mis en place sont sans doute les facteurs les plus déterminants, notamment ceux qui permettent une action utile et prédictive. Les conditions et l'environnement subis par le salarié peuvent avoir plus d'effet sur la pénibilité du travail que la nature propre de l'activité concernée. L'action sur la réduction des postes physiquement lourds et sur la diminution de leur pénibilité est une réponse essentielle. Cela facilite le maintien en activité des salariés âgés, mais c'est aussi une action favorable à l'ensemble des salariés intervenant sur ces postes. Ce type d'intervention peut même rendre l'entreprise plus attractive dans son recrutement.

Une étude ergonomique des postes de travail, concernant aussi bien les chaînes de fabrication que les activités de bureaux ou de services, constitue certainement l'un des leviers essentiels d'intervention et de changement. Par ce biais, il est envisageable d'adapter, dans la mesure du possible, l'organisation du travail en réduisant, par exemple, certaines contraintes d'horaires, de fréquence des situations d'urgence, de pression de l'environnement extérieur. La dimension psychologique,

1. Enquête menée par la Fondation européenne pour l'amélioration des conditions de vie et de travail, Union européenne, 2000.

dans le sentiment d'usure, ne peut être négligée. La possibilité de diversifier ses activités professionnelles, la valorisation des actions effectuées, l'opportunité de transmettre son savoir et le partager avec d'autres, sans tenir compte de l'âge, aura sans nul doute un effet positif sur les seniors. L'intervention sur les conditions de travail est une autre façon de contribuer à « rajeunir » les salariés prenant de l'âge.

Responsabiliser les managers

Il faut également responsabiliser les managers. Les politiques en faveur de l'emploi des seniors sont d'autant plus faciles à mettre en œuvre qu'elles sont soutenues par l'encadrement. La direction d'une entreprise ne peut pas, à elle seule, porter un tel projet. C'est pourquoi, les managers doivent tout d'abord être sensibilisés à cette question. Ils doivent également apprendre à pratiquer l'inter-génération. Enfin, ils seront amenés à revoir leur approche de la motivation des équipes.

Comprendre les enjeux de l'emploi des seniors

L'encadrement doit être convaincu du caractère stratégique de la politique de mobilisation des seniors et de l'importance de développer une gestion dynamique des âges au sein de l'entreprise. C'est pourquoi, la direction a tout intérêt à aller vers les managers pour leur faire entrevoir cette situation nouvelle. Mais cette prise de conscience ne va pas de soi. Les managers ne voient bien souvent rien de valorisant porter ce discours. Certains estiment que leur carrière ne va pas se faire sur leur capacité à entraîner, motiver ou redonner confiance aux seniors. Il convient donc de motiver les managers à la réussite de la gestion dynamique des âges.

Pour cela, il est envisageable de formaliser et d'intégrer cet élément dans l'évaluation des cadres. Réussir à remotiver les salariés les plus âgés, bien gérer le mélange des générations et la mixité des histoires peut faire partie des objectifs assignés à un manager d'équipe.

Apprendre à coopérer entre les générations

Apprendre à coopérer entre les générations est essentiel, tant sur le plan de l'organisation interne que sur celui de la capacité de l'entreprise à se saisir des attentes du marché. Dans un type d'organisation du travail où priment l'échange et la responsabilisation des acteurs, la coopération est centrale.

Le modèle post-taylorien rend le salarié plus seul, mais aussi plus dépendant de son environnement et des autres acteurs au sein de l'entreprise. Ces bouleversements offrent plus de marge de manœuvre aux salariés et donnent de fait plus de sens à leur action. La coopération intergénérationnelle est d'autant plus nécessaire que dans des systèmes d'organisation plus souples, la dimension service entre les acteurs est un élément fort de la performance. La constitution d'équipes qui mélangent les générations et les origines doit être encouragée. Mais la France a, jusqu'à présent, essentiellement développé une culture de l'éviction en faisant le choix du renvoi des salariés les plus âgés. C'est pourquoi, il est nécessaire d'évoluer et de mettre fin à ces pratiques.

Il s'agit pour les managers d'être en capacité de créer des synergies entre des salariés d'âges différents. Faire travailler ensemble et en bonne intelligence trois générations de salariés, dont les attentes et les perspectives globales sont divergentes, représente un défi ambitieux.

Motiver les seniors

Pour impulser une dynamique de changement, il est nécessaire que l'ensemble des acteurs de l'entreprise s'approprie les enjeux et les objectifs liés à l'emploi des seniors. Certes, l'encadrement doit être mobilisé, mais les seniors doivent être acteurs de ce changement. En effet, certains salariés les plus âgés font parfois preuve d'un certain attentisme et ne sont pas force de proposition.

Développer la seconde carrière

Mettre en place des actions permettant de dynamiser la seconde partie de la carrière n'est pas toujours évident, mais cela est possible. Encourager les salariés à changer de fonctions, avec plus ou moins de responsabilités, leur accorder certains avantages, tant au niveau de l'aménagement de leur temps de travail que de leur rémunération, cela ne permettrait-il pas de remobiliser les seniors ?

Mettre en place un bilan professionnel en milieu de carrière

Instaurer un bilan de compétences approfondi vers 45-50 ans et développer les entretiens annuels d'évaluation pour l'ensemble des salariés permet de mener une politique ressources humaines dynamique. Cette dernière ne vise pas exclusivement les seniors. En effet, il est préférable d'éviter de mener une politique envers les seniors qui soit trop spécifique, au motif que cela risquerait de créer des « emplois vieux », et donc de stigmatiser encore plus ces derniers.

La mise en place d'un entretien annuel d'évaluation permet de suivre, année après année, les salariés de l'entreprise, quel que soit leur âge. Il s'agit d'un moment privilégié où ils peuvent exprimer leurs souhaits d'évolution, leurs projets professionnels. Cet outil permet ainsi une meilleure gestion de la vie professionnelle et d'anticiper les évolutions de carrière, qu'ils aient lieu avant ou après 50 ans. Toutefois, si cet entretien n'était pas suivi d'effet, la démotivation qui s'en suivrait pourrait être grande.

Le bilan de compétences s'adresse, souvent, prioritairement aux salariés qui n'ont jamais bénéficié d'entretiens annuels et qui, à un moment de leur carrière, ont besoin de faire le point. Un suivi année après année permet d'éviter cette remise en question du milieu de carrière, mais même si tel n'était pas le cas, ce suivi présente l'avantage certain de permettre une meilleure anticipation des évolutions. Bien souvent, aujourd'hui, le bilan de compétences s'adresse en effet au collaborateur « en panne » dont il faut réorienter la carrière. Mais il importe de changer l'image de ce bilan, d'en faire un outil dynamique porteur de solutions d'avenir. Il ne doit pas être vécu comme une sanction mais comme une opportunité, un moment essentiel dans la vie professionnelle du salarié, où il se donne la visibilité nécessaire pour bien conduire sa seconde mi-temps professionnelle. Dans l'idéal, il conviendrait que l'ensemble des salariés, après par exemple cinq ans d'ancienneté, bénéficie d'un tel bilan. Ainsi, ils auraient les moyens d'agir plus facilement sur leur avenir, et, surtout, cela permettrait d'éviter d'isoler les 45 ans et plus.

Dans cette phase essentielle d'une politique de gestion dynamique des âges, plusieurs éléments doivent être réunis :

- Amener clairement le senior à se projeter dans l'avenir à 5, 10 ou 15 ans en fonction de ses aspirations et de ses projets personnels et professionnels ;
- Aborder franchement l'adéquation des compétences du senior et de sa volonté à les développer pour garder une employabilité suffisante qui lui permettra d'envisager différentes fonctions et de mettre en adéquation ses projets de vie personnels et professionnels ;
- L'encourager à se positionner sur la liste des transferts internes ;
- Accompagner les formations de courte ou de plus longue durée d'un changement effectif de fonction ou d'affectation.

Développer la mobilité horizontale

Changer de poste à l'intérieur de son entreprise permet d'entretenir la dynamique personnelle et celle de l'entreprise. Cette mobilité peut également être géographique car, contrairement à ce qui est fréquemment avancé, les seniors peuvent être plus mobiles que leurs cadets, sachant, par exemple, que, le plus souvent, ils n'ont plus d'enfants au foyer ou que l'acquisition de leur résidence est réalisée. Par ailleurs, à un certain moment, il devient difficile d'ouvrir des perspectives de mobilité verticale à l'ensemble des seniors. Dans le même temps, un maintien trop long au même poste peut avoir un effet néfaste sur la motivation et l'efficacité des salariés. C'est pourquoi il est envisageable de favoriser une mobilité horizontale, un échange de responsabilités entre différents salariés, cadres et non cadres.

Cependant, l'avantage de la mobilité horizontale ne se limite pas à l'amélioration de l'efficience et de la motivation des salariés concernés. Cette piste trouve aussi son intérêt pour l'entreprise dans l'optimisation du coût du travail. L'un des freins principal à l'emploi des seniors est le coût salarial par rapport à des personnes plus jeunes, et la mobilité peut conduire à une diminution des revenus. En effet, la reprise d'études, la perte d'emploi, la réorientation de carrière, le changement de vie sont autant de situations qui peuvent s'accompagner d'évolutions importantes des revenus. Mais la mobilité horizontale peut conduire à proposer des solutions qui ne conviennent pas toujours aux personnes concernées. L'objectif est de rapprocher la réalité de l'entreprise des besoins des seniors, mais cela n'est pas toujours une chose aisée. La mobilité horizontale peut donc s'accompagner d'une mise à niveau, d'un parcours de formation. C'est un moyen d'affirmer une progression de la personne, un moyen aussi de la rendre plus efficace et capable de prendre son destin en main.

Dans tous les cas, il doit s'agir d'une démarche individualisée et fondée sur la base du volontariat. La direction se doit d'expliquer à son personnel qu'il ne s'agit pas de mises à l'écart, encore moins de sanctions, mais d'une nouvelle forme moderne d'appréhender le monde du travail. Les entreprises qui entendent développer ce type d'actions doivent dans un premier temps préparer des plans annuels d'évaluation et mener des campagnes de communication et d'explication pour préparer les mentalités. Un fort soutien de la direction est de fait indispensable.

Par ailleurs, ce type d'approche permet d'ouvrir plus de perspectives aux salariés plus jeunes. D'une part, ouvrir le champ de la mobilité interne, créer des fonctions transverses, c'est aussi adresser un signe aux plus jeunes pour leur indiquer que la voie est libre s'ils savent profiter des opportunités. D'autre part, savoir que de telles opportunités existent au sein de l'entreprise peut également jouer en faveur de l'entreprise qui cherche à recruter de nouveaux collaborateurs. En effet, ces derniers peuvent être attirés par le fait qu'après 45 ans des perspectives d'évolution existent encore.

Détecter les seniors à haut potentiel

Longtemps la notion de hauts potentiels fut réservée aux jeunes cadres issus des grandes écoles de commerce et d'ingénieurs. Mais de nouveaux hauts potentiels, sur des critères différents de ceux de la première vague, peuvent aussi être identifiés au tournant de la cinquantaine. En effet, les quinquagénaires peuvent encore agir au sein de l'entreprise pendant 15 ans et contribuer à son futur. Certes, ces hauts potentiels ne représentent pas la majorité des seniors, mais il apparaît nécessaire de mettre en œuvre une politique de détection et d'accompagnement de ces femmes et de ces hommes, dont l'expertise ou la capacité de management peuvent être utilement mobilisées au service du projet de l'entreprise. Ces salariés, qui peuvent être des cadres mais aussi des employés placés à des niveaux hiérarchiques plus modestes, doivent être repérés par l'entreprise. La compétence, l'expérience, le savoir-faire, le sens du relationnel, la capacité à appréhender les demandes des clients, le goût du management sont autant de caractéristiques qui permettent de détecter la potentialité de ces seniors.

Certes, ces profils sont plutôt minoritaires. On pourrait donc s'interroger sur la nécessité d'investir sur ces publics alors qu'ils sont déjà naturellement mobilisés. Mais les seniors à haut potentiel sont une double ressource pour l'entreprise. D'une part, au vu de la diversité de leurs expériences, ils ont toutes les chances d'être des contributeurs positifs pour le développement des activités de l'entreprise. D'autre part, l'entreprise peut d'autant plus facilement investir sur cette population qu'elle est assurée de recueillir les fruits de ses efforts parce que les seniors sont plus fidèles que les autres salariés. Par ailleurs, le fait même d'être retenu est une gratification symbolique qui peut contribuer à dynamiser l'action des personnes concernées.

Cette politique de distinction des seniors, qui s'inspire de ce qui se pratique depuis longtemps dans de nombreuses entreprises concernant les hauts potentiels juniors, est un axe de progrès à ne pas négliger. Cette nouvelle approche devrait ainsi être élevée au rang de priorité et d'outil incontournable d'une gestion dynamique de la carrière des seniors. Ces actions visant à développer la mobilité des seniors peuvent s'accompagner d'aménagements du temps de travail ou encore de nouvelles formes de rémunération.

Étude de cas : PSA et AXA, deux exemples de bonnes pratiques

Ces deux entreprises ont développé des pratiques intéressantes relatives au développement de la formation tout au long de la vie, à l'amélioration des conditions de travail et l'adaptation des postes, et à l'aménagement des fins de carrières. Bien entendu, l'approche diffère selon qu'il s'agisse d'une entreprise industrielle (PSA Peugeot Citroën) ou d'une entreprise de services (Axa France).

PSA Peugeot Citroën

PSA Peugeot Citroën est le 6e groupe automobile mondial. Il emploie 130 000 personnes dans sa branche automobile et 50 000 personnes dans l'équipement automobile (Faurecia). Il a recruté 60 000 personnes en 4 ans, dont 35 000 en France. La problématique de la gestion des âges est la suivante : permettre à chacun de demeurer parfaitement intégré à l'entreprise jusqu'à l'âge du départ à la retraite.

La croissance du groupe PSA Peugeot Citroën s'est accompagnée de recrutements importants de jeunes. Cependant, cette dynamique de l'emploi ne rééquilibre que lentement une pyramide des âges vieillissante. Dans une industrie de main-d'œuvre composée à 60 % d'ouvriers, 26 % de techniciens et agents de maîtrise et 14 % de cadres, l'âge moyen dans le groupe est de plus de 40 ans. Cette situation résulte notamment de la restructuration indispensable que le secteur automobile français a dû mener dans les années 1980 pour s'adapter à un marché mondial en baisse et fortement concurrentiel.

Le dispositif de préretraite CASA, destiné à des personnes ayant tenu des postes d'une certaine pénibilité, constitue une réponse transitoire et conjoncturelle permettant de recruter des jeunes et d'équilibrer progressivement la pyramide des âges. Ce dispositif n'est plus pour l'entreprise un système automatique de préretraite liée à l'âge mais un moyen de résoudre des problèmes de reconversion difficiles. Des mesures structurelles ont donc été nécessaires pour favoriser l'adaptation du personnel sur le long terme. Cette exigence est liée à des éléments macroéconomiques tels que la modification des conditions de départ en retraite et la question des équilibres financiers des régimes de retraite, mais également aux évolutions technologiques, aux changements d'organisation de la production dans l'entreprise. Dans cette optique, un accord sur les retraites a été conclu en mai 2002 pour répondre aux préoccupations des salariés sur leur taux de couverture lors de leur départ en retraite.

Le groupe PSA Peugeot Citroën a recherché des solutions structurelles pour permettre le maintien des salariés dans l'emploi, de manière active, jusqu'à l'âge de départ à la retraite. Des démarches ont été engagées portant sur un programme ambitieux d'amélioration des conditions de travail dont bénéficient tous les salariés, et plus particulièrement les quinquagénaires, une politique de formation favorisant l'adaptation des salariés aux changements et permettant de maintenir leur employabilité, l'intégration des jeunes recrutés et la valorisation des expériences acquises par ceux qui sont dans l'entreprise depuis plusieurs années.

L'amélioration des conditions de travail est un axe majeur de ce dispositif. Un accord conclu avec les organisations syndicales fixe les objectifs et les moyens de cette action. Les CHSCT sont également impliqués dans le suivi de cet accord. Cette politique vise à utiliser l'ergonomie pour permettre une meilleure adéquation des hommes et des postes de travail. L'industrie automobile doit en effet adapter ses méthodes de production afin de prendre en compte l'évolution de la population. Ces évolutions se font en synergie avec la recherche d'une plus grande efficacité. Ce double mouvement a conduit le groupe PSA Peugeot Citroën à mettre en œuvre un important travail basé sur l'ergonomie. Le pilotage de cette politique passe par un suivi précis des populations, d'une part, et de la pénibilité des différents postes de travail, d'autre part. Les outils d'évaluation ergonomique des postes, de la montabilité des différentes pièces et des facilités de conditionnements permettent d'optimiser l'adéquation homme-poste. Pour mettre en œuvre cette politique d'amélioration des conditions de travail, une équipe de plus de 50 ergonomes a été mise en place dans les usines, sur les projets de nouveaux véhicules et au sein des différents métiers de production. Cette équipe travaille étroitement avec les médecins du travail et les spécialistes de la sécurité.

Axa France

Le secteur des assurances cherche également à redynamiser ses salariés, dont près d'un tiers a plus de 50 ans et a du mal à quitter ses habitudes. Les employeurs s'étant penchés sur la question sont encore peu nombreux. Tel n'est pas le cas d'Axa France. Ce groupe spécialisé dans les assurances a négocié et mis en place un système de mobilité interne : les salariés, quel que soit leur âge, peuvent demander à être réorientés vers un autre poste.

« Cap métiers », ce dispositif de mobilité interne, lancé en 2003 à grand renfort de publicité, garantit l'emploi aux salariés en échange de leur mobilité. L'objectif est de transformer, sur la base du volontariat, une entreprise vieillissante : 34 % des effectifs ont plus de 50 ans, la moyenne d'âge est de 45 ans et la moyenne d'ancienneté de 20 ans. Afin de sensibiliser les salariés et de les faire adhérer à cet ambitieux projet, une plaquette a été distribuée aux 16 000 collaborateurs du groupe en France. *« Nous avons sur-communiqué en interne en nous centrant sur l'histoire des personnes »*, reconnaît volontiers Cyrille de Montgolfier, directeur des ressources humaines (DRH) d'Axa France. Le pari est en passe d'être remporté puisque 700 salariés ont bénéficié d'une mobilité fonctionnelle en 2004 (comme en 2003), dont 47 % âgés de plus de 45 ans. Cette vaste opération est la contrepartie de la décision de mettre fin au très généreux système de retraite maison. En effet, jusqu'à la fin de 2002, les salariés d'Axa pouvaient quitter l'entreprise dès 57 ans avec un chèque d'un montant moyen de 150 000 €. Un avantage fort coûteux pour l'entreprise et à contre-courant total de la politique gouvernementale d'allongement des carrières, nécessaire pour financer notre régime de retraite. Désormais, les salariés ne peuvent plus quitter l'entreprise avant 60 ans, sauf cas exceptionnels.

Mais Cyrille de Montgolfier insiste : *« Le sujet n'est pas la gestion des fins de carrière, mais le projet d'entreprise. Nous voulons tourner notre organisation vers les clients, ce qui exige de reconvertir des salariés vers des fonctions commerciales. Or le succès d'une mobilité ne dépend ni de l'âge ni de l'ancienneté. »* En une vingtaine d'années, l'assurance est en effet passée d'une dominante administrative (la gestion des comptes et des contrats) à une logique commerciale proche de la grande distribution (la vente de produits en tout genre). Cette initiative a ainsi permis de jouer sur des « poches de sureffectifs » pour renforcer les services commerciaux.

Ce passage de la gestion des fins de carrière à une gestion de tous les âges a créé une réelle dynamique au sein de l'entreprise. Certains salariés ont avoué avoir été surpris, dans un premier temps, que l'entreprise soit prête à réinvestir dans une personne de leur âge. Mais après quelques hésitations, ils se sont pris au jeu et ont accepté de changer de métier. Ces salariés éprouvent désormais une réelle fierté et se sentent revalorisés. Cyrille de Montgolfier renchérit : *« J'ai vu des salariés pleurer en recevant leur diplôme. Leur regard sur eux-mêmes s'était transformé. Quant à l'effet d'entraînement sur les collègues, il est incalculable. »* Dans l'univers de l'assurance, Cap métiers fait figure d'accord phare. Rares sont en effet les entreprises de ces secteurs à s'être souciées de la gestion de leurs seniors. Plus rares encore sont celles qui se sont penchées sur la question cruciale de l'employabilité de leurs salariés, quel que soit leur âge, malgré la métamorphose en cours.

La branche de l'assurance dispose d'une certaine longueur d'avance en matière de ressources humaines. Elle a tout d'abord stoppé net tout dispositif de préretraites en 2002. Le résultat n'a pas tardé. Entre fin 2002 et fin 2003, l'âge moyen de départ est passé de 55,6 à 57 ans pour les non-cadres et de 57,3 à 58,5 ans pour les cadres. En outre, la branche a commencé à s'intéresser à la mobilité de ses quadragénaires et à leur formation préventive pour limiter le risque d'obsolescence, alors que les exigences en qualification ne cessent de croître. Par ailleurs, en octobre 2004, un accord global sur la formation professionnelle a été signé. Il prévoit quelques mesures clés, telles que le passeport formation personnalisée, une facilité de recours à la validation des acquis de l'expérience (VAE) ou au droit individuel à la formation (DIF). L'objectif est toujours le même : aider à la mobilité interne ou externe pour garantir l'emploi dans la durée.

Le plan emploi des seniors : une première prise de conscience des pouvoirs publics

Une réaction des pouvoirs publics à la suite de la signature par les partenaires sociaux de l'accord interprofessionnel du 13 octobre 2005 relatif à l'emploi des seniors était attendue. Dévoilé le 6 juin 2006, le plan national d'action concerté pour l'emploi des seniors prévoit plusieurs mesures concrètes, quoiqu'insuffisantes :

- **Un des premiers objectifs poursuivi est de favoriser le maintien dans l'emploi.** L'État s'engage ainsi à mobiliser les centres interinstitutionnels de bilan de compétences et l'ANPE à mettre en œuvre, tous les 5 ans à partir de 45 ans, des entretiens professionnels de deuxième partie de carrière.

  En outre, un appui conseil sera apporté aux PME afin de favoriser la conclusion d'accords de gestion prévisionnelle des emplois et des compétences. De même, les possibilités de dérogation par accord de branche autorisant une mise à la retraite avant 65 ans moyennant des contreparties en termes d'emplois et de formation professionnelle devraient être supprimées. Les accords conclus cesseront en tout état de cause de produire effet au 1er janvier 2010. Par conséquent, aucune mise à la retraite par l'employeur ne sera plus possible.

- **Le deuxième objectif poursuivi est de favoriser le retour à l'emploi.** Trois idées fortes sont retenues. Il s'agit tout d'abord de lever les freins à l'emploi. Pour ce faire, la contribution dite « Delalande », pénalisant financièrement tout licenciement d'un salarié de plus de 50 ans devrait être progressivement supprimée. Il s'agit ensuite de développer de nouvelles formes d'emploi au travers de nouveaux dispositifs (groupement d'employeurs, association ou entreprise de temps partagé, portage salarial) ou de mécanismes connus. Ainsi devrait voir le jour un CDD senior d'une durée de 18 mois, renouvelable une fois, pour les salariés de plus de 57 ans. Il s'agit enfin de réorienter les mécanismes d'aides pour aider les employeurs à recruter des seniors.
- **Le troisième objectif du plan emploi senior est d'aménager au mieux les fins de carrière.** Trois idées devraient être là encore développées. Le gouvernement voudrait tout d'abord rendre plus incitatif le système de surcote issu de la loi Fillon de 2003. La surcote, c'est-à-dire la valeur des années supplémentaires au-delà de 60 ans, devrait être fixée à 3 % la première année, 4 % les années suivantes et 5 % à partir de 65 ans. Par ailleurs, les conditions du cumul emploi-retraite, déjà assouplies en 2003, devraient être là encore revues, avec un deuxième plafond fixé à 1,6 fois le SMIC. Il s'agit de rendre plus attractif le cumul d'une faible pension avec une nouvelle activité, sans référence au montant de la pension perçue. Un retraité pourra donc cumuler sa pension avec un salaire sans dépasser ce seuil. Enfin, conscient que les départs en retraite entraînent des pertes de savoir, les pouvoirs publics souhaitent favoriser la possibilité pour les entreprises de recourir à des tuteurs. Les retraités pourront donc revenir en entreprise pour transmettre leurs savoirs. Ils seront affiliés à la sécurité sociale et leurs rémunérations ne seront pas prises en compte au titre du cumul emploi-retraite.

Réinventer une politique en direction des jeunes

Il faut réinventer une politique en direction des jeunes, qu'ils soient diplômés ou non. Les sociologues sont unanimes à l'affirmer : la nouvelle génération est plus individualiste. Ouverte sur le monde et loin d'être repliée sur elle-même, elle est en revanche plus critique à l'égard de l'autorité qui ne serait pas fondée sur des compétences. Éprouvant des difficultés à s'orienter dans le monde de l'entreprise, cette génération éprouve un vif sentiment de précarité.

Attirer les jeunes

Certes, à l'heure des plans sociaux, les entreprises sont sommées de réduire la voilure. Les recrutements de jeunes diplômés ont d'ailleurs chuté de 25 % en 2002, selon l'APEC. Mais en dépit de la conjoncture, les DRH savent qu'une gestion du personnel à court terme pourrait être contre-productive. Les jeunes seront bientôt une denrée rare et chère, les entreprises ont donc tout intérêt à anticiper. De ce fait, elles cherchent à se prémunir du risque en les fidélisant de plus en plus tôt.

La société Otis tente de faire coïncider les offres de stage avec des besoins potentiels. Si la société affirme que seulement 20 % des stagiaires cadres sont actuellement recrutés en CDI, l'objectif est d'arriver à 80 %, voire 100 %, dans les prochaines années.

Certains sont allés plus loin cette année, en proposant une promesse d'embauche à chaque étudiant candidat à « job-trotters », un programme de stage à l'international d'une durée de 6 à 12 mois (Pechiney).

Mais pour parvenir à leurs fins, les entreprises doivent aussi être beaucoup plus regardantes sur les moyens utilisés. Fini le sponsoring aux retombées plus ou moins incertaines. Aujourd'hui, plusieurs axes de développement en matière de relations école sont présents.

Les campus managers

Ils sont en charge de promouvoir l'entreprise sur les campus d'entreprises cibles. Ils communiquent sur leur activité, leur politique ressources humaines, les perspectives d'évolution, et proposent également un certain nombre de stages qui déboucheront sur une embauche. Toutes les grandes entreprises, quel que soit le secteur, se sont dotées d'un ou plusieurs campus managers.

Les chaires

Depuis plusieurs années, les chaires d'entreprise se multiplient. Il s'agit d'un soutien financier pour les écoles et d'un vivier d'expertise pour les entreprises. Initié en France par le groupe LVMH en 1980, un grand nombre de grandes entreprises s'y sont mises : Carrefour, Xerox, Adidas, La poste, Airbus, Pernod Ricard, EDF, IBM, etc. Il s'agit ici d'approcher les étudiants différemment, de les attirer au sein de l'entreprise avant même leur sortie, d'apparaître dans leur carnet de contacts.

Les jeux d'entreprise

Plus stratégiques qu'académiques, ils permettent aux recruteurs d'entrer en contact avec les étudiants et de détecter de futurs potentiels. Le premier remonte à 1979 ; Euromanager proposait la gestion pendant 12 mois d'une entreprise virtuelle à 5 000 équipes. Depuis tous s'y sont mis : l'Oréal en 2000 avec son E.strat Challenge, Bouygues en 1997 avec son Défi Bouygues, Ford avec son Cas marketing, et bien d'autres comme BNP Paribas, Carrefour, Hewlett-Packard ou Hilti. Ces actions sont également très utiles pour la promotion de certains métiers, souffrant parfois d'*a priori*. Pour d'autres comme L'Oréal qui ne souffrent d'aucun manque de notoriété, il s'agit de faire connaître plus largement le secteur du luxe. Même s'il est difficile aujourd'hui de connaître l'impact réel de telles actions, les entreprises continuent de les développer, surtout aujourd'hui à l'aube d'un choc démographique sans précédent, qui laisse présager une nouvelle guerre des talents, de laquelle les entreprises proactives tireront un avantage stratégique.

Le développement de l'apprentissage

Longtemps plutôt réservé à certains métiers nécessitant une connaissance étroite du milieu et des pratiques professionnelles, l'apprentissage se développe assez rapidement pour les formations supérieures longues (DUT, licence professionnelle et master).

Il faut ici rappeler que l'apprentissage constitue un autre mode d'acquisition des connaissances, avec une alternance de périodes en entreprise ou dans une école. Certaines grandes entreprises, et on songe ici à Schneider, par la voix de son PDG, entendent développer fortement l'apprentissage. Il est vrai qu'un discours nouveau prévaut dans ce domaine, en particulier depuis le vote de la loi sur l'égalité des chances au printemps 2006. Les entreprises de plus de 250 salariés sont invitées à accroître la part des apprentis pour atteindre en 2007 et en 2008 2 % puis 3 % de leur effectif.

Fidéliser les jeunes

Les DRH vous le diront, recruter est une chose, mais garder ses jeunes talents en est une autre. Et là, la tâche est tout aussi difficile, car en période de pénurie on peut s'attendre à ce que les cabinets de chasseurs de tête mettent les bouchées doubles. Mais alors, comment les garder ? Les DRH possèdent plusieurs armes à déployer :

- **Certaines financières.** On songe aux techniques de rémunération comme les plans d'épargne entreprise, les comptes épargne temps, la participation, l'intéressement, les actions, les stock-options, la prévoyance, les avantages en nature ;
- **D'autres plus subjectives.** Aujourd'hui, tout cela ne suffit plus, les jeunes diplômés veulent plus. Ils s'intéressent de très près, par exemple, à leur plan de carrière, même s'ils savent que l'on ne reste plus toute sa vie dans la même entreprise. Ils regardent de très près aussi les conditions de travail, l'ambiance, l'image que l'entreprise donne à l'extérieur. Ils se demandent aussi de quelles formations ils vont bénéficier.

Ne pas négliger les jeunes peu ou pas qualifiés

Face à la pénurie annoncée, les jeunes sans qualification pourraient également recueillir les faveurs des recruteurs. Notamment pour contourner la concurrence sur les jeunes diplômés, plus exigeants, et surtout plus chers, mais aussi pour remplacer les départs nombreux dans certains métiers manuels comme dans le secteur automobile. Il faudra mettre l'accent sur la formation et développer l'alternance, les contrats de professionnalisation, les contrats d'apprentissage favorisé et mis en valeur par la loi du 4 mai 2004 sur la formation tout au long de la vie.

Mais, tout comme pour les jeunes diplômés de l'enseignement supérieur, il faut aller les chercher. C'est pour cela que Renault, dès la première année de collège (la 6e), intervient pour présenter son entreprise et ses métiers, car à leurs yeux il ne faut pas que les jeunes aillent vers des filières techniques lorsqu'ils sont en échec scolaire, mais bel et bien parce qu'ils sont attirés par ces métiers. Ensuite, il est nécessaire d'intervenir à tous les niveaux du cursus scolaire en proposant des missions, en accompagnant les jeunes, en les accueillant. Tout comme les jeunes diplômés, une fois en poste, il faut les garder et surtout les motiver. Pour cela, de nombreuses entreprises misent sur la formation dès l'arrivée du jeune. Ainsi, tout ouvrier entrant chez Renault est formé intensivement les 18 premiers mois.

Pour les garder, il faut à eux aussi proposer une carrière. C'est ainsi que Renault a revu tout son système de classification des emplois pour permettre aux ouvriers d'évoluer plus rapidement, et surtout plus haut, et d'atteindre ce qu'ils appellent entre eux « les métiers nobles » comme celui de chef d'équipe. Il s'agit aussi de leur donner des responsabilités et qu'ils aient un sentiment d'appartenance à l'entreprise. Toutefois, il est aussi intéressant de noter que certaines entreprises craignent déjà que l'intégration de certains jeunes difficiles, en échec scolaire, ressemble au parcours du combattant. Là encore, tout le savoir-faire du service ressources humaines sera mis à contribution, pour que tout se passe au mieux dans l'intérêt de l'entreprise, bien entendu, mais aussi des salariés.

Pour conclure cette réflexion sur cette pénurie annoncée, on peut dire que les entreprises ont à leur disposition plusieurs viviers, sur lesquels elles pourront agir pour ne pas avoir de difficultés à recruter.

Le nouveau régime des stages en entreprise depuis le 1er juillet 2006

On se souvient qu'avant même le rejet du CPE, de nombreux étudiants légitimement lassés des stages à répétition s'étaient rassemblés au sein du mouvement « Génération précaire ». Depuis l'adoption de la loi relative à l'égalité des chances, au printemps 2006, un nouveau régime des stages a été mis en œuvre. Les nouvelles dispositions applicables reprennent d'ailleurs assez largement les dispositions issues de la Charte des stages signée le 26 avril 2006 par les pouvoirs publics. Voici les nouvelles mesures applicables :

- Convention obligatoire. Une convention de stage est en principe exigée dans tous les cas (sauf pour les stages relevant de l'article 211-1 du Code du travail, c'est-à-dire les visites d'observations et les stages d'initiation en milieu professionnel, ainsi que dans le cadre de la formation professionnelle continue) ;
- Limitation de la durée. Sauf s'il s'inscrit dans un cursus pédagogique, tout stage donnant lieu à convention est limité à 6 mois (renouvellement inclus) ;

- Rétribution obligatoire du stage. Au-delà de 3 mois continus, le stage doit donner lieu à gratification. La fixation du montant est du ressort des partenaires sociaux ;
- Régime social des indemnités. Contrairement aux dispositions précédentes où il y avait lieu de distinguer selon la nature du stage accompli, désormais, que le stage soit obligatoire ou non, les sommes versées sont soumises, au-delà du plafond horaire de la Sécurité sociale, aux cotisations sociales ;
- Couverture accident de travail. Tous les stagiaires bénéficient désormais de la couverture accident de travail et maladie professionnelle (sauf l'indemnité en capital versée en cas d'incapacité permanente inférieure à 10 %), peu importe que le stage soit obligatoire ou non.

Mettre en place une procédure d'accueil et d'intégration

Accueil et intégration : deux notions bien distinctes

Intégrer un jeune salarié, ce n'est pas seulement lui préparer un bon accueil le jour de son arrivée et lui expliquer furtivement quelle sera sa tâche. La phase d'intégration prend souvent la forme d'une véritable procédure qui doit être formalisée et différenciée de l'accueil, car elle est bien plus poussée. Elle va au-delà de la procédure d'accueil.

L'accueil consiste en une présentation du site, des personnes et des activités du service ou du département d'affectation. Il peut être assuré par le supérieur hiérarchique direct. Les pratiques d'accueil des entreprises françaises sont, en général, présentées dans leurs bilans sociaux. Dans un grand nombre de cas, il n'existe pas de procédures formalisées. Cependant, certaines entreprises formalisent davantage cet accueil en proposant de véritables séminaires d'accueil, en remettant un livret de bienvenue, en confiant le nouveau salarié à un tuteur. L'accueil se limite donc à quelques opérations ponctuelles et se prolonge généralement par une phase beaucoup plus longue d'intégration.

La période d'intégration recouvre la période d'apprentissage et de familiarisation avec l'ensemble des tâches à assurer, des procédures à utiliser, des relations à maîtriser. Cette phase peut être plus ou moins longue selon le degré de complexité des tâches, la durée du cycle des opérations, les capacités d'assimilation du salarié ; elle peut nécessiter également des stages de formation spécifiques et aboutir à certains correctifs dans la période d'essai[1]. Le processus d'intégration d'un nouveau salarié doit toujours être personnalisé, c'est-à-dire adapté au poste qui va être occupé et à la personne qui va l'occuper. Cependant, dans tous les cas, il est pri-

1. Disposition d'ordre juridique permettant au salarié et à l'employeur de confirmer ou non leurs engagements respectifs au regard du contrat de travail.

mordial de transmettre aux candidats sélectionnés un maximum d'informations sur les valeurs, la culture, la philosophie et les attentes de l'entreprise au moment de l'embauche. Souvent, l'intégration est présentée comme un parcours et prend la forme d'une grille ou d'un emploi du temps. En voici un exemple.

Exemple de plan d'intégration

Nom : M. Bertrand Paul
Poste : Ingénieur production

Missions	Parrainage	Durée	Résultats attendus
Audit des produits fabriqués et vendus par l'établissement A	M. Dupont Ingénieur chef de produits	5 jours Du 10 au 15 janvier 2007	Audit, rapport écrit rendu au DRH et exposé à la réunion du comité Qualité du…
Proposition d'une nouvelle prestation au sein de l'établissement B	M. Nicolas Chef des ventes région B	10 jours Du 20 janvier au 2 février 2007	Propositions écrites pour la fabrication et les modalités de commercialisation
Stage aux ateliers de Nancy	M. Courtois Chef d'atelier	45 jours Du 14 février au 15 avril 2007	Connaissance des postes de…
…	…	…	…

Les paramètres de l'intégration : qui, où et quand

L'accueil et l'intégration des nouveaux embauchés se font en général pendant la période d'essai. En cas d'échec, il est plus facile, tant pour l'entreprise que pour le nouvel arrivant, de se libérer de son engagement. Ensuite, l'intégration peut se faire de différentes façons qui varient selon la taille de l'entreprise et l'importance du poste que va occuper le salarié :

- Pour les plus grandes entreprises, l'intégration se fait à l'échelle du service ou du département, puis à l'échelle de l'entreprise ou du groupe. Il s'agit en général d'actions très formalisées qui permettent une appréhension de l'entreprise selon des cercles concentriques de plus en plus larges. Ce processus s'inscrit dans une durée qui peut atteindre une année ;
- Dans les plus petites entreprises, les actions d'intégration ne sont pas nécessairement programmées ou standardisées. Cela passe parfois par des apprentissages au hasard des événements, c'est-à-dire « sur le tas », ou des contacts qui permettent la découverte des habitudes maison.

Souvent, les entreprises différencient également leurs actions d'intégration selon l'importance des postes que vont occuper les nouveaux arrivants. Notons que pour un poste de moyenne importance, la période d'intégration dure environ trois semaines intensives.

Dans un processus d'intégration (de son projet d'élaboration à sa réalisation), il est important que plusieurs collaborateurs soient mobilisés. Interviennent notamment :

- **Les opérationnels.** Ce sont les membres de la direction générale, qui prennent notamment les décisions de création de poste, organisent des entretiens avec des candidats ; les futurs supérieurs hiérarchiques et leur secrétariat, qui prennent par exemple les décisions de recrutement, font des entretiens ; les futurs collègues, notamment en cas de cooptation ;
- **La direction des ressources humaines**, c'est-à-dire ceux qui s'occupent du recrutement (le responsable du recrutement, les assistantes, l'accueil) ; les services administratifs (le chef de service et les employés) ; le service médico-social (médecin et assistante sociale) ;
- **Les autres services fonctionnels** (contrôle de gestion, service comptable, direction de l'informatique pour la création d'une messagerie, par exemple) ;
- **Les cabinets de recrutements, les annonces de presse** (frais d'annonce, honoraires des cabinets conseil en recrutement).

Il est important de sensibiliser un maximum de personnel quand on met en place une politique d'intégration des jeunes diplômés et des nouveaux embauchés afin d'obtenir l'adhésion de tous. Il est également important que tous les frais dégagés par un tel processus soient pris en compte par la direction générale et la DRH avant de recruter un jeune.

Comment accueillir et intégrer

Afin de mener à bien les procédures d'accueil et d'intégration, et, par conséquent, la procédure de recrutement d'un nouvel embauché, les services ressources humaines des entreprises disposent de plusieurs outils, plus ou moins utilisés et compliqués à mettre en place mais tous conseillés. Certains organismes proposent également des formations pour savoir comment élaborer une politique d'intégration efficace et comment utiliser ces outils correctement et en créer de nouveaux.

Les stages

Les stages sont, outre des portes d'entrée dans la vie active, des moyens d'information sur l'entreprise. Ils permettent au nouvel embauché de se familiariser avec la culture de l'entreprise, mais aussi de faire connaissance avec les différents intervenants. Cette période de stage permet à l'entité chargée du stage d'évaluer le nouveau collaborateur. Cette évaluation doit être remise à la DRH pour confirmation. Cela a le mérite de pouvoir faire un suivi personnalisé du collaborateur et de rectifier, si nécessaire, le cheminement du stage et, parfois même, la durée afin que la découverte se fasse dans les meilleures conditions.

Le livret d'accueil

Le livret d'accueil présente les principales activités de l'entreprise (implantations à l'étranger, filiales, chiffres clés) sur un support écrit généralement bien présenté. Une présentation de bienvenue signée par le président précise les objectifs et la stratégie de l'entreprise. Ce livret, dont le contenu est libre, peut se présenter sous forme de fiches qui décrivent l'entreprise et chaque filiale ou bien qui varient selon les secteurs (la production, le service commercial, le service ressources humaines, etc.).

La journée d'intégration et/ou tournée des sites de l'entreprise

La journée d'intégration et/ou tournée des sites de l'entreprise permet aux nouveaux collaborateurs de se familiariser avec l'entreprise, en rencontrant notamment les membres de la direction générale. Elle peut consister en une simple présentation orale de l'entreprise, mais cela peut également être l'occasion de faire la tournée de l'ensemble des sites de l'entreprise. Ces visites favorisent le décloisonnement, y compris pour les spécialistes d'un métier industriel, car elles tempèrent l'opinion que chacun a de ses propres qualités et, souvent, le regard sur les autres.

Le parrainage

Le parrainage, lui, a pour objet de faciliter cette période de transition du jeune vers la vie professionnelle en favorisant son intégration au sein de l'entreprise. Ce parrainage lui permet de trouver écoute et conseil chez un responsable. Le jeune est ainsi orienté et conseillé par son parrain, profitant de son expérience et de ses recommandations.

Le tutorat

Le tutorat est également une fonction managériale qui ressemble au parrainage, sauf que le tuteur est responsable du nouveau salarié embauché. Il assure le lien avec le centre de formation, détermine les activités progressivement confiées au jeune, assure un accompagnement de proximité. Son rôle est de participer à la construction des compétences professionnelles du jeune, contrôler la qualité de son travail, évaluer ses progrès. Il est beaucoup plus impliqué à l'égard du jeune que le parrain.

Les séminaires, formations et parcours pédagogiques

Les séminaires, formations et parcours pédagogiques permettent une transmission active des savoirs, du savoir être et des valeurs de l'entreprise. Ils ont également pour mérite de souder les troupes dès les premiers jours et de renforcer le sentiment d'appartenance à un groupe. Souvent, l'imagination des personnes chargées d'organiser ces séminaires peut se révéler sans limites : il peut être proposé un puzzle reconstituant les dates clés de la société, une maquette sur les valeurs de l'entreprise ou bien un jeu de piste avec énigmes où les nouveaux apprennent dans la foulée le lexique « maison » grâce à des mots-croisés. Tout est permis, à condition bien sûr qu'il y ait un lien avec l'entreprise et que cela ne finisse pas en « cour de récréation ».

Index

E

F

G

H

I

J

K

L

M

www.ingramcontent.com/pod-product-compliance
Lightning Source LLC
Chambersburg PA
CBHW082136210326
41599CB00031B/5997
9782708137325